―共産主義者の星霜

酒井定吉とその時代

酒井誠

知道出版

酒井定吉とその時代　◯目次

第六章　父と周辺の人々のこと

この小文を、亡き父と母に捧げる。

まえがき

これは私の父、酒井定吉の歩んだ道を辿った「小伝」である。

父は一八九三（明治二六）年に生まれ、一九七四（昭和四九）年に亡くなっているから、明治、大正、昭和の各時代を八十年余り生きたことになる。

父の生涯は、革命ロシアへの密航と日本の敗戦を境にして、三つの時期に区切られる。第一の時期は、丁稚小僧から労働者生活に入り、やがて勃興期の労働運動を通じて階級的自覚に目ざめ、十月社会主義大革命から八年後のロシアへ旅立つまでの三十二年。第二は、東方勤労者共産大学（クートヴェ）留学中に日本共産党員となり、党再建の任務を帯びて帰国するも検挙投獄された、敗戦まで十五年の獄中生活を含む二十年。第三は、政治犯釈放による出獄後の公然たる党活動、五〇年代前半の非公然活動と六全協後の公然活動時代を含む二十八年である。

序章では、父子の関係に異変が起きる発端となった私の北京留学の背景について。

第一章は、一転して、父の革命ロシアへの密航と、その中継連絡拠点として上海に設けられていたコミンテルン機関について。

第二章は、父の生い立ちと大正期労働運動での敗北、そして最初の検挙・投獄。

第三章でクートヴェでの留学生活、第四章で「三・一五事件」後の帰国と「四・一六事件」で逮捕・入獄、そして党再建運動で再入獄し戦後を迎えるまで。

第五章では、戦後の党活動、とくに朝鮮戦争下の極左冒険主義を生むことになった国際的な背景に言及した。また白鳥事件関係者とのかかわりや、今もなお闇に包まれたトラック部隊とのかかわりなどにふれた。第六章は記憶のなかの父と、父の周辺にいた印象深い人々について、第七章では、北京留学時代の私と父との間に起きた断絶とその原因、私自身の思想の変化、そして父の死までを振り返っている。終章では本稿を書き終えた後に浮かんだ私の想いを綴った。

後述するように、父が生きてきた道を当人から聞く機会を、私は永遠に失ってしまった。父についての記憶は、一九五五年に地下生活から戻ってきた後、私が十八歳で日本を離れるまでのわずか十年ほどにすぎない。その後、私と父の間には深刻な修復できない亀裂が生まれることになり、父の死に目に会えなかったばかりでなく、本来喪主をつとめるべき立場の私は、葬儀を執りおこなうどころか、参列することすらできなかった。それ以後、私は父の記憶を封印したまま過ごしてきた。

この小伝は父が生きた時代とその歩んだ軌跡を記したものではあるが、前述した私と父との間に生じた断絶にも触れることになった。その意味では父と息子の物語であるといえるかもしれない。

そこで父子の亀裂が生じる起点となった私の北京留学から書きはじめることにしたい。

二〇二三年一一月吉日

著者

序章　プロローグ

私の北京留学

その日の朝、私は東京駅のプラットホームで、両親と中学、高校の同級生である小野民樹、川口訓平、倉科彰夫ら諸君の見送りを受け、新神戸行きの新幹線に乗り込もうとしていた。発車間際に父が言葉をかけた。「身体に気をつけてしっかり勉強してきなさい。名古屋駅では加藤の小父さんたちが待ってくれている」。

このときは、それが親子らしい会話を父と交わす最後になるとは知る由もなかった。秋晴れのこの日、東京オリンピックを機に開業してちょうど一年が経った東海道新幹線の車体は眩《まぶ》しいほどに白く輝き、万歳の声に送られて列車に乗り込む新婚カップルの光景がそこかしこに見られた。一九六五（昭和四十）年一〇月二五日のことであった。

この日のことが、畏友《いゆう》小野民樹君の著書『60年代が僕たちをつくった』(1)（以下、『60年代』）に書かれている。同君によれば確かな記録にもとづいているそうだから、著者の了解を得て、些《いささ》か記憶が怪しくなってきた私に代わり、この先も折にふれて登場してもらうことにする。

酒井くんは、十月二十五日に、中国に旅立った。

国交がなかったから、外務省との長い旅券獲得交渉が必要だった。新幹線の東京駅に見送りにいったのは、川口くん、倉科くん、ぼくの三人だった。三十人ばかりの人が集まっていた。そのころは、転勤や新婚旅行などでもけっこう同僚が集まってきて、万歳や胴上げなどをしたりして、ホームで騒いでいたものである。そんな中で、酒井くんは、いっしょに留学する三人と並んで、中国人民の先進的経験をしっかり学んできて、日本の革命に寄与することを誓います、というようなことを言った。頭の大きな学者ふうの老人が、日本共産党を代表して、なんだか励ましの言葉をのべた。

酒井くんは、神戸から上海行きの船に乗った。一枚の葉書が、ぼくの手元に残っている。

「今は、新居浜におりてそこらをブラブラしている。最後の日本の土地だが、全然ピンとこない。船旅は快適だ（もっとも瀬戸内海を通っただけのことだが）。船酔いもまだでない。夜の星空がきれいだ。川口に本のお礼を伝えてほしい。倉科のセンベツはなかなか気が利いている。皆によろしく」

当時外国にいく、とくに中国となれば大変なことだったから、感傷的になったのか、速達である。五円葉書に、速達料として三十円の切手が貼ってあった。

この頃、私は両親と、杉並区上高井戸五丁目の借家に住んでいた。中学は渋谷と吉祥寺を結ぶ井の頭線「富士見ヶ丘駅」の踏切を越えて坂を上がりきった右手にある区立富士見ヶ丘中学校、高校は水道道路と呼ばれる通り沿いにあった都立西高等学校に通った。両校とも自宅から徒歩十分ほどで行ける距離で、駅前の商店街を一歩裏に入れば細い神田川を挟んだその辺りは一面の畑や田圃で、そこかしこに雑木林が茂る田園風景が広がっていた。

高校を卒業した年の春、私は外務省へ旅券を申請しに行った。だが審査は遅々として進まず、途中からは外務省ビルの斜向かいにある法務省の窓口にまわされて、中国へ行く目的や動機などをしつこく説明させられた。中国の新学年は九月に始まるので、早く発行してくれるよう催促しに毎月一回は通ったと記憶している。結局、旅券を手にするまで半年かかり、この年の一〇月一六日にやっと発給された。東京を発つ九日前のことだ。今とは違い、海外、とくにまだ外交関係がない中国へ行くには様々な制約があって、なかなか面倒な手続きが必要な時代だった。当時の旅券を見ると、渡航先ページには、香港と中華人民共和国に対してのみ有効であると、英文で印字されている。国交のない国への渡航には、このような一回限りの旅券が使われていた。出発までの半年間は、前年に設立された共産党が関係する富士国際旅行社でアルバイトをしていた。中国貿易の友好商社がお得意先で、渡航申請手続きや外貨申請などのための書類を整えて届けたりするのが主な仕事だった。

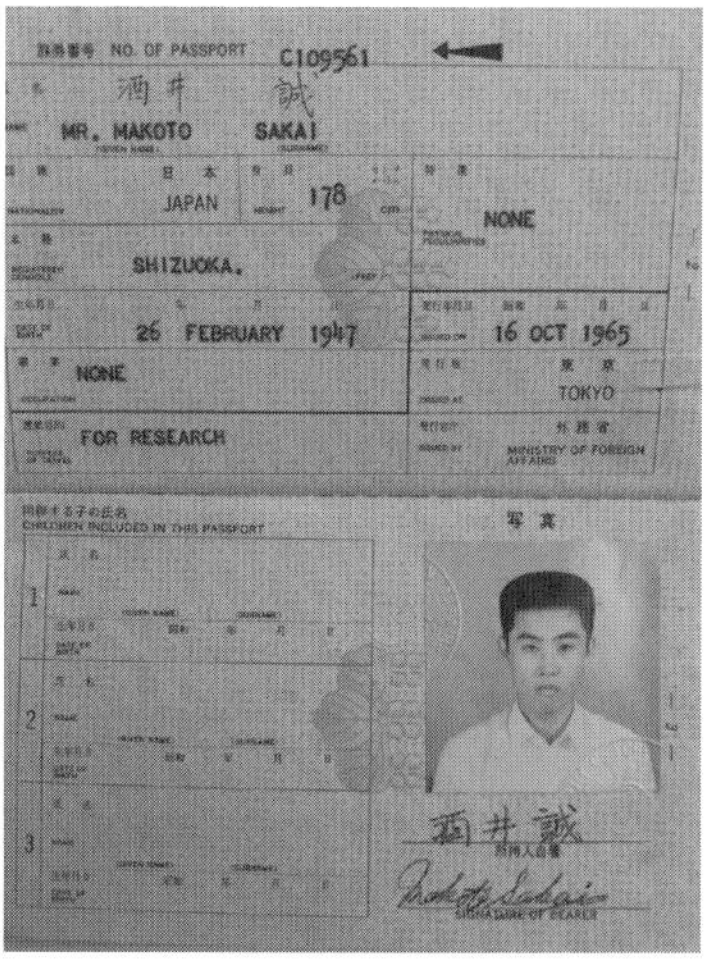

香港と中華人民共和国のみ有効と印字された1965年10月16日発給の旅券。

日中両共産党の取決め

私が向かおうとしていた先は、中国の首都北京である。神戸から海路で上海に行き、数日滞在した後、列車で北京へ向かう旅程を告げられたのは、代々木の日本共産党本部の一室においてだった。一緒に留学する男女三人とともに、党中央国際委員会責任者の西沢富夫、立木洋ら党幹部と面会した。私たちはいずれも党幹部の子弟で、日中両共産党間の取り決めで派遣されることになっていた。まず中国語習得のための補修授業を北京語言学院で一年足らず受けてから、翌年九月に始まる新学年に合わせて、北京外国語学院という名の外国語大学へ転校するのである。両校のキャンパスは、片側一車線ほどの狭い道路を隔てて隣り合っているので、転校といっても環境は大して変わらないらしい。帰国後は党の国際部門で仕事に就くことがすでに計画されており、私にはフランス語が割り当てられた。他の人には、スペイン語、インドネシア語に加え、ベトナム語であったか朝鮮語であったか、今となってははっきり思い出せないが、各人バラバラであった。

このとき私たちに申し渡された次の言葉が、今も耳の奥底にかすかに残っている。

「君たちは向こうへ渡ったら、『人民日報』を読む機会も多いことだろう。だが、君たち日本共産党員が世界を見る観点は『人民日報』ではなく『アカハタ』の観点と立場でなくてはならない。君たちに送られる『アカハタ』をよく読み、党中央の考えと方針をしっかり身につけるようにしてもらいたい」。

緊張と高揚が入り交じったなかで何気なく聞いていた私に、この言葉のほんとうの意味が分かるのは、それから半年ほど後のことになる。

行きそこねた〝ルムンバ大学〟

ところで、中国への留学が決まる前の一時期のことだが、私はソ連へ派遣されることになっていた。行き先がモスクワにあるルムンバ大学だと聞かされたのは、たしか高校に入学して一年が過ぎ、二年生に進級して暫く経った頃ではなかったか。一九六二年末から六三年にかけてのことである。この大学は、正式名称をパトリス・ルムンバ名称民族友好大学と云い、アジアをはじめ第三世界に属する友好国の留学生に、共産主義思想及びその経済政策を教えるための大学としてソ連政府が一九六〇年に設立した。ルムンバの名が冠されているのは、一九六一年に米国ＣＩＡが関与して殺害されたコンゴ民主共和国の初代首相、パトリス・ルムンバを讃えてのことであった。ソ連崩壊後は、ロシア諸民族友好大学に名称が変更され、現在は一五二か国からの大学生や大学院生二万八千人を擁しているそうだ。

では、なぜ私の留学先が変更されることになったのであろうか。そこには、当時の国際共産主義運動における中ソ両共産党の対立を背景とした日ソ両共産党関係の悪化があった。一九五三年三月、ソ連共産党書記長スターリンが死去するとフルシチョフが第一書記の座に就き、一九五六年の第二〇回党大会でスターリン批判の秘密報告をおこなった。スターリン評価をめぐる中ソ両党間の意見の不一致はやがて両党間の全面的な論争、さらには世界の共産党を二分する国際的な対立へと拡大していった。その間には、当然のことながら世界各国の共産党だけでなく、第三世界諸国の民族解放運動や資本主義国の国際平和運動をすすめる反帝平和勢力、進歩人士までもがその渦中に巻き込まれ、どちらの側に身を置くか、その態度を迫られた。一九六三年八月に核兵器を保有する米英ソ三国が調印した部分的核実験停止条約に対して、日中両共産党は反対の立場に立った。それを支持する社会党と共産党の対立は、原水爆禁止運動に混乱と分裂をもたらした。翌六四年五月の国会での条約批准の採決に際して、共産党最高幹部の一人で衆議院議員の志賀義雄は、参議院議員の鈴木市蔵とともに、党の決定に背いて賛成票を投じ除名される。同年七月、志賀らを後押しするソ連共産党は日本共産党に対する公然たる名指しの批判を始め、日ソ両共産党の関係は決定的に悪化していった。

私の留学先がある日、モスクワから北京へ替えられたのには、以上のような背景があった。一九六四年の春ごろ、私が高校三年次に進級する前後のことであったと思う。卒業年次が一年早ければ、おそらくモスクワへ行っていたのではないだろうか。そうなれば、その後の人生はまったく違うものになっていたのかも知れない。

玄界灘を越え上海へ

話を元へ戻す。やがて東京駅を滑り出した列車は途中、名古屋駅に着いた。第二章で後述するように、労働運動の勃興期に若き日の情熱を燃やし、名古屋で協友会名鉄支部を父と共に結成した加藤兵太郎さんの一家がホームまで見送りに来てくれていた。停車時間は一分であったか、二分であったか、別れの挨拶を慌だしく交わしたのが、つい昨日のことのように思い出される。

新神戸駅に着いた私たちは、まっすぐ神戸港に向かった。生まれて初めて日本の外へ出るための出国手続に戸惑いながらもなんとか無事に済ませて、ようやく目ざす「玄海丸」に乗り込むことができた。この船は三千トンほどの貨物船で、当時はもっぱら中国やソ連沿海州、北朝鮮など社会主義国の港との間を往復していた。以前はアメリカ西海岸の港までも行っていたが、東西冷戦が激しくなると、アメリカから入港を拒否されるようになった、と船のパーサーが話してくれた。私が中国から帰国して十年ほど経った頃のことだが、この船がフィリピン沖で老朽化のため船体が真二つに裂けて沈没したという記事を、たまたま開いた新聞で見た。驚くと同時に妙に懐かしい気がしたものである。そのぐらい使い古された船だった。

船には数少ないキャビンがついていて、私にあてがわれた船室の壁には、一枚の色紙が額に入れて飾られてあった。色紙に筆書きされたサインには自民党の元文部大臣・松村謙三、全日本空輸社長・岡崎嘉平太ら数人の氏名が書かれていたことをおぼろげに憶えている。しかし、あやふやな記憶がどうも気になり、数年前に松村謙三氏の出身地、富山県南砺市福光町にある松村記念館に問い合わせてみた。電話口に出た記念館の土井さんが丁寧に調べてくれたところによると、松村謙三氏は一九六四年四月九日に日本を発ち、同年五月六日に帰国しており、門司港から玄海丸に乗って秦皇島港に着いたことが記録に残っていた。このときに同行した人のなかには前出の岡崎嘉平太氏のほかに、松村氏側近の古井喜実、竹山祐太郎両衆院議員がいたことも分かった。

ところで、もうひとりの高校の同級生、浜下昌宏君が私を見送ろうと神戸に来てくれていたことを後になって知った。その頃、浜下君は関西で一年過ごすといって京都で下宿していた。やっとのことで神戸港湾事務所を探し当てたものの、出入国名簿を見せてもらうと、一日違いですでに出港したあとだったそうだ。

「ちょっとした虚脱感。かんたんに行ってしまうもんだなあと思いました。でも会えなくて残念でした。ただ、それだけ」(浜下書簡)

一〇月二六日、神戸港を出た船は瀬戸内海に入り、途中四国の新居浜に寄って荷積みし、その翌日には、宮本武蔵と佐々木小次郎の決闘で名高い巌流島を右手に見ながら関門海峡を抜けて玄界灘へ出た。甲板で見る満天の星に感嘆して眠りにつくと、その翌朝にはそれまで群青色だった海の色が薄青くなっていた。やがて船が進むにつれて海水は茶褐色を帯び始め、いつの間にか長江へ入っていたらしい。長江の河幅はとてつもなく広く、見渡す限り岸辺が目にはいらなかった。

父も見たバンドの光景

神戸を出港してから四日目の一〇月二九日早朝、長江下流の呉淞《ウースン》口から黄浦《こうほ》江へ入ると、ランチに乗った中国の国境管理係官が乗船してきて入国手続がはじまった。呉淞は砲台がある有名な軍事要地だ。やがて船首が正面に向きを変えると、上海のバンドと云われる黄浦江沿いの街並みが、船の舳先《へさき》に立つ私の目に、ウワッと飛び込んできた。まるでパノラマを見ているような壮観な光景だった。港に近づくにつれて居並ぶ建物が、全て堂々たる石造りの壮麗な建築物であることが分かった。

私が中国へ行こうとしていた一九六五年という年は、第二次世界大戦が終わってからやっと二十年が過ぎたばかりの頃である。してみると、日本が盧溝橋事件を機に中国への全面侵略を開始した一九三七年、松井石根大将を司令官とする二十万の日本軍は、張治中将軍麾下の国民革命軍第九集団軍と激闘を繰り返したのち、南京に攻め入り悪名高い南京大虐殺を起こしたわけだが、それからわずか二十八年しか経っていないことになる。日本の敗戦直後に生まれた私たちの世代は、その時間感覚の中に、戦前と戦後の断絶と連続を併せ持っているようだ。ときどき思い返しては不思議な気持ちに襲われる。

父が、長崎港から日本の商船に乗って、同じ上海の港に着いたのが、ちょうど四十年前の一九二五年九月だったことに、父の足跡を調べるようになってはじめて気づいた。

第一章　革命ロシアへ密航

1、中継地「上海」へ

「旅行しないか、遠いところだが……」

父酒井定吉は、その年、再建中であった日本共産党中央ビューローの推薦と派遣により、コミンテルン〔第三インターナショナル或いは国際共産党とも称され、ロシア革命勝利後の一九一九年三月、ロシア共産党の指導者レーニンによって創設された国際共産主義運動の指導組織〕がアジアの有色系民族を対象に革命運動活動家を養成する教育機関として設置した東方勤労者共産大学〔以下、「クートヴェ」と表記〕に留学するため、最初の経由地である上海に着いたのであった。

日本共産党は一九二二年七月一五日に、山川均、堺利彦、荒畑寒村らによって創立された。その翌年の二三年六月に多数のメンバーが検挙、投獄されたが〔第一次共産党事件〕、それがかえって幸いし、続く九月一日に東京を襲った関東大震災の混乱に乗じ軍部と官憲による社会主義者と朝鮮人・中国人労働者への虐殺から免れることになった。しかし、当局の苛烈な弾圧を前にして、党内に解党論が生まれ、翌年初め頃に解党が決議されると、徳田球一、渡辺政之輔らは中央ビューローを組織してコミンテルンの指示で再建を進め、二六年一二月、山形県五色温泉で第三回（再建）党大会を開いた。父がロシアへ渡った頃は、その再建の途上であった。

後に一九三〇年に帰国して共産党中央委員長になり、翌一九三二年に逮捕され獄中で転向した風間丈吉(1)は、このとき満二十三歳で、父らと一緒に入露した。風間は戦後になって、当時のことを次のように書いている。

「大正十四(一九二五)年九月五日の夜、松尾(直義)(2)氏が私を訪ねてきて『旅行しないか、遠いところだが……』といった。どういうわけか私は『ロシアかい?』と反問した。……その場からただちに浅草橋に近い柳橋にあった徳田(球一)(3)氏宅へ連れていかれた。残暑厳しい夜だったからでもあるが、褌《ふんどし》一つの徳田氏は、『君か、よし、明晩出発だから今夜はここに泊まれ』といった。……翌日午前中に、ズックの鞄にロシア語辞書と洗面用具を入れて徳田氏宅へ行った。そこで信任状(小さな絹切れに英語で何か書いてあった)をズボンの裏に縫い付けてもらい、一緒に行く人たちに紹介された。こうしてその夜八時半頃の汽車で東京駅を出発した。同行者は中川為助、亀田金司の両氏であった。三人とも旅行になれていなかった。神戸港へ行き、日本郵船の何丸か忘れたが上海経由の船に乗った。上海までの船賃が三等で十七、八円であったと思う。あるいはもっと安かったかもしれない。……上海に着いたけれども、まったく不案内である。日本人学生らしい人に大陸報ビルの所在を尋ねてようやく探し当てたのがロシアの或る機関であった。そこで副領事のウェルデに会えというのであったが、どんな人相の人かは皆目知らされていなかった」(4)

一九二九年に作成された「在露共産大学の邦人主義者に対する共産主義教育ほか」と題する外務省機密文書がある。これは、帰国後に検挙されたクートヴェ留学生が自供した内容にもとづいて書かれた報告書で、そこには以下の記述があり、風間の言葉を裏付けている。

「邦人主義者の入露するものは、大部分徳田球一などの斡旋に係わるものにして、出発に際し同人より上海までの旅費並びに支度料として、平均百円内外を支給せられ、各自に変名を授けられ、且つ『マンダート』(5)を受領して、一人若しくは数名宛に別れ、或いは門司或いは神戸より、日本郵船又は大阪商船の定期航路船に便乗して、上海に渡航するものの如し。」

上海へ行くには、まず鉄道で長崎まで行き、そこから上海行きの定期専用旅客船に乗るのが最もてみじかなルートであったが、ここは官憲の見張りが厳しく、父らのような「危険思想」をもった密航者には危険きわまりなかった。だが父と同時期に密航した袴田里見によれば、父はこの長崎から、自身は門司から出航したという。この頃、長崎と上海を結ぶ国際定期旅客航路であった日華連絡船は、父が乗船する二年前の一九二三（大正一二）年に日本郵船により開設され、戦前における日本と上海を結ぶ重要な航路のひとつとなっていた。所要時間は長崎―上海間は二十六時間、三等運賃十八円で、父が乗船した当時は四日に一便運行しており、午後一時に長崎港を出港すると翌日の午後四時には上海・日本郵船匯山碼頭《わいざんまとう》に着岸した。上海航路に投入された長崎丸と上海丸は英国で建造された姉妹船で、総トン数五千二百余トン、最高速力は約二十一ノットと、当時としては快速の貨客船であった。長崎港までは鉄道線路が引き込まれていて、埠頭の目の前に長崎港駅の駅舎が建っていたという。現在は、その跡地に設置された小さな説明板が、往時の繁栄ぶりをわずか

長崎出島岸壁の日本郵船貨客船「長崎丸」。左手は鉄道の「長崎港駅」駅舎。

に伝えている。

「副領事のウェルデに会え」

風間の文章に、「ロシアの或る機関」が所在している大陸報ビルと書かれてある「大陸報」を調べてみた。創刊は清朝最後の年の一九一一年八月で、米国人のミラーほか数人が中国側と折半で出資した新聞社となっていた。中国側の出資者には清朝の米国駐在大臣の伍廷芳らの名前がみえる。英文名はChina Press、上海で最古の米国式編集スタイルの新聞として在上海米国人社会の読者を多数獲得し、一時は英国人が一八五〇年に創刊した『字林西報』(North China Daily News)の発行部数を上回ったこともあるらしい。中国側の資料には、正式な中国名は「大陸日報」と書かれていた。

大陸日報社がオフィスを構えたビルは移転を数回繰り返しているが、ある資料に一九二五年当時は虬江路《きゅうこう》一四号を所在地としていたとあった。上海市中心部の黄浦江外灘から人民広場に向かって西へ伸びる南京東路を中程まで歩き、交差する河南中路を右へ曲がり、蘇州河を越えて川沿いに左へ少し入ったあたりである。「副領事に会え」とあるのは、領事館がこのビルにあったということか、或いは副領事の身分を持つコミンテルン要員が連絡場所として借りていた事務所なのかは不明である。

因みに、このウェルデという人物は実在していたことが、調べてみて確かめられた。一九二二年前後の一時期、ウェルデはツェントロソユーズ〔全ロシア消費者協同組合中央同盟〕上海駐在事務所会計主任の身分で上海に常駐し、ロシアとの連絡任務に当たっていた(6)。風間が日本を発つ前に「ウェルデに会え」と指示されたことはすでに書いた通りだが、一九二五年当時には、このウェルデの身分が副領事にかわっていたということなのだろうか。

当時、コミンテルン執行委員会の下には東洋部が設置され、その中に三つの部門すなわち近東部、中東部と極東部が置かれて、極東部が中国及び朝鮮、日本を担当していた。一九二三年一月、この極東部はコミンテルン執行委員会東洋部極東局〔別名、コミンテルン・ウラジオストック局〕に改編され、日本問題で度々登場するヴォイチンスキー(7)を常駐責任者として、ウラジオストックに置かれたが、半年ほど活動しただけで同年七月に解消されている。

一九二五年ごろ、まだ上海にはコミンテルンの常設機構は置かれていなかった。上海にコミンテルン極東ビューローが正式に置かれたのは、一九二六年三月のソ連邦共産党中央政治局の決定による。これは中共及び朝鮮、日本の両共産党に対する直接指導を強化するためであった。四月二九日、ソ連邦共産党中央政治局会議は、コミンテルン極東ビューローをヴォイチンスキー、ラフェス、グリエル、フーキンおよび中国、朝鮮、日本の三国共産党の代表で構成し、ヴォイチンスキーをビューロー責任者とすることを決定した。極東ビューローの核心はロシア代表団で、一九二六年六月一八日、ヴォイチンスキーら極東ビューローのメンバーが「上海に集結し、ただちに活動を開始した」(8)とされる。

全露消費者協同組合上海事務所

一九二五年九、一〇月当時、前記のツェントロソユーズは、コミンテルンの機構の中でも東洋部の線とは別に、国際連絡部からの派遣による通信連絡・財務担当者の駐在拠点となっていたのだ。複雑な上海での地下工作をカモフラージュする役目を負っていたのであろう。当時、日本共産党がコミンテルンから資金を受け取るのは上海でおこなわれていたが、その送金ルートにもこの上海駐在事務所が介在していた。これについては、中国側の資料に詳しい記述があるのを見つけた。

「ある場合には、中共の資金が逼迫したため、上海駐在のコミンテルン通信連絡・財務担当者が、他国の共産党に送られるべき資金の一部を一時的に中共へ流用して急場をしのいだ。たとえば、一九二三年三月十一日、ウェルデは上海からヴォイチンスキーに手紙を送り、次のように述べている。『私は、貴方から日本共産党に送られる七千五百ルーブルの内より、ヨッフェ同志（北京からの特別外交クーリエ）を通じて五千五百ルーブルを日本共産党へ転送した。マーリン同志の強い要請にもとづき、中国共産党が緊急に資金を必要としていること、およびストライキ闘争が生じたこと（この状況については、マーリンから詳しく説明する）を考慮して、残余金を手もとに残すことにした。この問題への私の対処が妥当であることを確認していただきたく、また今後の対処法についての指示を与えられたい』」。

「……資金はどのようにしてヴォイチンスキー、マーリンらの手に届いたのか？　機密解除された公文書が手がかりを与えている。例えば、一九二〇年八月十七日に、ヴォイチンスキーが上海から、ロシア共産党中央シベリア局東洋民族部に宛てた暗号電報で、上海における送金先を特に強調して、次のように述べている。『私宛の新聞雑誌等（送金ではない）の郵送先はツェントロソユーズ（全ロシア消費者協同組合中央同盟）上海駐在事務所、受取人グリゴリエフ、送金先はツェントロソユーズ上海駐在事務所、受取人タラソフ、とする』。この暗号電報は、上海のヴォイチンスキーが、ツェントロソユーズ上海駐在事務所を経由して、コミンテルンの活動資金を受領していたことをはっきり示している」

「……これらの資金はどのようにしてツェントロソユーズ上海駐在事務所に届いたのか……。一九二三年五月二二日付けで、上海のウェルデからコミンテルンに送られた密書が答を与えてくれる。『私は昨日、極東銀行九千六百を受け取ったが、誰から送られたのか、その使途が何なのか、分からない。ご返事を願う』。ウェルデがここで述べた『極東銀行』は、ソビエトロシア政府が設立した金融機関の一つであり、その主要な事務所はハバロフスクに置かれた。この銀行が設立されたのは、主に『満州及び全中国におけるコミンテルンの工作資金を提供するために、大量の金塊をモスクワへ運び込み、ソビエトロシア領内で集めた貴金属類を売却して外貨に換金し、コミンテルン諜報員の口座で入出金できるようにした』。……モスクワは先ず極東銀行へ振り込み、さらに極東銀行からツェントロソユーズ上海駐在事務所に送金した」(9)

敗戦の前年の一九四四年一一月七日、ロシア革命記念日に当たるこの日に、ゾルゲ諜報団の首魁《しゅかい》として日本で死刑に処されたリヒャルト・ゾルゲは、一九三〇年代に上海で、ソビエト赤軍参謀本部情報局の秘密諜報活動に従事していたことがある。後に盟友となる尾崎秀実とは、このときアグネス・スメドレーの紹介で知り合っている。この間、彼はコミンテルン極東ビューローとある種の重要な協力関係を築いたといわれる。ゾルゲは処刑される前に、大量の供述を残しているが、そのなかに、コミンテルン極東ビューロー内部の分業について触れている箇所がある。

ゾルゲによれば、当時、上海に置かれた極東ビューローは、「政治」と「組織」という二つの部門に分かれていた。前者の任務は、コミンテルンの政策指令を伝達すること、極東諸国の政策問題を研究しコミンテルンに報告することなど。後者の任務は、各国共産党へ活動資金の転送、上海―モスクワ間秘密ルートの確保、文書の送受、無線通信の確保などであり、特に機密を要した。

コミンテルンの内部では、前者は東洋部、後者は国際連絡部と、担当部門が分かれていた。当時の東洋部の部長はコミンテルン書記局書記のクーシネンであったが、実際には東洋部副部長のミフが主宰していた。国際連絡部の責任者は大きな権力を握っていたコミンテルン副書記長のピヤトニツキーで、国際連絡部内で各国共産党との連絡および資金の転送を担当したのは、国際通信連絡処主任のアブラモフであった。

一九二五年当時、極東ビューローはまだ上海に設立されていなかったが、それ以前にコミンテルン国際連絡部から派遣されて上海に駐在していたウェルデは、極東諸国の共産党へコミンテルンが資金援助を行う送金ルートや各国共産党との通信連絡など技術的な任務を担っていた。一九三一年六月一五日に上海フランス租界警察に逮捕されたヌーランは、当時の極東ビューロー組織部門の責任者であり、ウェルデの後任にあたる。

2、旧コミンテルン極東局を探して

地図にない「広東路四一号」

ここまで書いてきて、少し気になったので袴田里見(10)の回想録を繰ってみたところ、父と同じ時期にクートヴェに送られた袴田が、別々に日本を発った父らと上海で合流したときのことが書かれていた。

「上海に着いたら、いま名前はちょっと思い出せませんが、とにかく黄浦江に面した、六、七階建てのビルディングの四階に、こういう人がいるから、その人のところへ行って、マンダートを渡せばいいといわれた」(11)

さらに風間丈吉の回想記にあたってみると、よりいっそう詳しく書かれていた。

「私たちは自分たちが怪しまれたらそれっきりの身分であることも一瞬忘れて、唯迫り来る夜を過ごすことに夢中になった。そして通りがかりの日本人学生（同文書院）の一人を呼び止めた。

『お尋ねしたいんですが、あの、大陸報社というのは何処でしょうか？』

この名前だけ知らされてきたのである。

『ああ大陸報社ですか、それならこの南京路のもう一つ裏通りの、此方から二つ目の横町の角のビルディングです、直ぐ分かりますよ』（中略）ビルディングは間もなく見つかった。今度は目指す部屋を探さねばならない。三階へ上がると、『俄国何々』といふ看板が目についた。中川が『これだよ、俄国といふのはロシヤのことだよ』と云った。ハハア俄国がロシヤかと感心した。早速その扉をノックした」(12)

そこで私は、この記述を手がかりにして、上海の友人に依頼し、一九二〇年代に上海市に登記されていた各機関・企業の名簿にあたって、大陸報社の住所を調べてもらった。すると一九一二年から一九二三年までは広東路四一号を所在地としていたことがわかった。ここはまさに横浜正金銀行や英国資本のチャータード銀行など金融機関や税関ビルが櫛比していた黄浦江外灘（バンド）の一角である。ただ年代がわずかにずれているのだが、本社が前記の虬江路へ移転した後も業務の一部を残していて、そのビルを使っていたとも考えられた。

これで、ようやく場所を特定できたように思えた。彼らクートヴェ派遣留学生が指示された連絡場所は、まさに広東路四一号にあった大陸報社ビルディングの一室だとみえる。上海市内地図で探すと、広東路と四川中路か或いは江西中路が交わった辺りになるようだ。上海随一の目抜き通りである南京路へはものの数分で行ける距離だ。父らより九か月ほど後にクートヴェに派遣された山本正美(13)は、大陸報社の一室にあったのは「ソ連通信社」だったと自著に書いている。(14)

一方、前出の外務省機密文書には、次のように記載されていた。

「上海に到着するや、直ちに指定の場所たる共同租界（元英租界）南京路なる大陸申報社（新聞社）五階

『ツエントロ、ソユーズ』（表面は茶貿易商）を訪ね、其の指示に依り露国総領事館に赴き、担任者某に会見し、又は直接付近の支那宿に分宿して便船を待ち、夜陰に乗じて埠頭に於いて先着者と会して、共同租界の対岸一哩（マイル）余の沖合に停泊中の半貨物船たる丁抹（デンマーク）船、露国船又は支那船に搭乗、浦鹽に直行するを例とす。而して上海滞在費は総て『コミンテルン』又は露国総領事館に於いて之れを支弁するものの如し。」

この文書に書かれている「浦鹽」とは、ウラジオストックの日本語漢字表記で、中国語の地名は「海参崴」という。清朝までは中国の領土だったが、一八六〇年の「中露北京条約」によって、ウラジオストックを含むウスリー江以東は帝政ロシアに割譲された。

一九一七年ロシア二月革命の直後、寺内正毅内閣は中国東北部へ一個師団を派遣し、シベリアの白系ロシア反革命軍に協力し、翌年八月には在朝鮮の一個師団を出兵して、英仏米日など帝国主義諸国による対ロシア革命干渉戦争に参加した。ウラジオストックは、このとき出兵した日本軍の上陸地点だったところである。日本は総数七万三千人の軍隊を派遣したが、その結果は、五億円とも九億円とも云われる巨額の戦費と数千人の死者を出して、為すところなく撤兵した。父たちが通過した一九二五年のわずか三年前、一九二二年末のことであった。

さて話を戻すと、一読して分かるように、ここでは、「大陸報社」は「大陸申報社」に、同ビルの「三階」は「五階」に、山本正美が書いている「ソ連通信社」は「『ツエントロ、ソユーズ」（表面は茶貿易商）に置き換わっている。情報源は帰国後検挙され自供した留学生とされているから、供述した者の派遣時期によってはソ連機関の所在地が移転していて、それによって生じた違いとも考えられた。

幻の〝大陸報社ビル〟

七十回目の国慶節（中華人民共和国建国記念日）が間近に迫った二〇一九年初秋のある日、私は上海市内の地下鉄二号線「南京東路駅」を降りて、黄浦江外灘に向かって歩きはじめた。真夏の盛りはすでに峠を越したはずだが、中天にかかる太陽は容赦なく照りつけて、背中を汗が伝う。しばらく歩き、南京路と交わって南北に延びている江西中路との交差点に出ると右に折れた。片側一車線に歩道がついたさほど広くない道路を南に進む。途中、南京路と平行して市内を東西に走る九江路、漢口路、福州路を越えて、目ざす広東路に出た。この辺りは旧英国租界に属する地域だが、周りの建物はいずれも二階建てばかりで、探そうとしている五階建て以上のビルは見当たらない。左折して広東路を外灘に向かって進む。地番表示は左側が偶数番号、右側が奇数番号と分かれているので、道路の右側歩道を歩いて行くと、四川中路との交差点まで来た。手前右角に鉄筋コンクリート三階建てのビルがあり、一九一〇年に英国生命保険会社が建てたとの説明書きが附された「優秀歴史建築」のプレートが外壁に貼られていた。だが、ここの地番表示は広東路九十三号で、目ざす番地ではない。

交差点を渡った右角には高級ホテル、ウォルドルフ・アストリア上海が建っている。中に入ってマネージャに尋ねたが、ここは元々更地だったというだけで詳しいことは知らないらしい。奥に進んで別の従業員に聞くと、ここは以前は海員倶楽部であったと教えてくれた。広東路をさらに進むと右手に鉄筋コンクリート造りの堂々とした七階建てビルが現れた。地番表示は五十一号と五十九号の二つのプレートが貼られている。ここも「優秀歴史建築」に登録されており、一九二一年にロバート・ダラー船舶会社のビルとして使用されたと書かれていた。その隣りのビルも同じく「優秀歴史建築」のプレートが掲げられており、一九一八年に英国の銀行が建造した、上海で最初の鉄骨コンクリート建築だとあった。このビルが広東路の最後の建物で、黄浦江に沿って南北に走る中山東一路に面しており、現在は高級レストランの看板が出ていた。地番表示は、外灘側が中山東一路六号、広東路側が広東路十七号となっている。ここまで尋ね歩いてきたところでハタと行き詰まってしまった。広東路四十一号という地番は何処を探しても見つからなかった。

日本へ戻ってから、中国側の資料をさらに当たったところ、ツェントロソユーズ上海駐在事務所の住所は九江路十四号であることが、上海社会科学院副院長を務めた歴史学者である熊月之氏の書いた文章のなかに出ていた。(15)ところが上海市街地図でこの住所をいくら探しても「九江路十四号」という地番は見つからないのである。あの日、私が南京路を右に折れ江西路を進んだ最初の四つ角を向こう側へ渡った左角に古びた四、五階建てのビルが建っていたのを覚えているが、あれがそうだったのか。それとも風間丈吉が「この南京路のもう一つ裏通りの、此方から二つ目の横町の角のビルディング」と言われたことからすると、もうひとつ先の交差点だったのか。

そういえば旧英国船会社のビルと旧英国銀行ビルに入って、古手の従業員に尋ねたときに、「この辺の地番表示は、租界時代、国民党時代、解放後と、時代ごとに何度も変更が繰り返されたから、今では旧番地と現在の番地との整合性が失われてしまっていて、いくら聞かれても分からない」と、あっさり片付けられたことを思いだした。どうやら九十余年の歳月は、かつて魔都と呼ばれたこの大都会の様相をその地相と共にすっかり変えてしまったようだった。

モスクワへシベリア横断十六日

前年の一九二四年三月、誕生間もない日本共産党は、赤松克麿、山川均らの主導で解党を決議したが、将来の党再建を視野に入れて少人数の委員会（ビューロー）が残された（翌年八月に、渡辺政之輔、徳田球

一、市川正一、佐野学らによりビューローに再組織された）。翌年一月、コミンテルン執行委員会から派遣されたヴォイチンスキーらと、徳田球一ら日本の委員会（ビューロー）メンバーが、上海で会議を開き、党再建の方針「一月テーゼ」を決定した。組織労働者の先進分子のなかから選抜してクートヴェに送る計画は、この党再建活動の一環として行われていた。

この年、選抜派遣された留学生は全部で十五人であった。官憲の目につくのを避けて、神戸や長崎など複数の港から分かれて出国し、上海で落ち合うことになっていた。父のほかには、袴田里見、中川誠三、中川為助、南巌、世古重郎、与田徳太郎、虎田万吉、佐藤広次、船貝幸作、亀田金司、風間丈吉、細木某、横田某、小堀某らの人々であった。上海で合流した一行は、在上海コミンテルン機関と連絡をつけ、その手配によって九月二五日、モスクワへの最初の経由地であるウラジオストックへ向かう船に乗り込んだ。

「私たちの乗った船はノルウェー国籍でソ連政府のチャーター船であったとのことだ。それは私たちが浦塩へついて間もなく手に入れた大阪毎日新聞紙上に私たちの密航記事と共に掲載されていたので判った」

「月の明るいある夜、私たち十数名は中国人に案内されてソ連チャーターのノルウェー船に乗り移った。……四、五日かかってウラジオストック港に着いた。……夜明けとともにロシア側の検疫があり、……出迎えに来る人を待っていた。……息せき切って駆けつけたのは意外にも私の知人で、いつの間にか行方不明となっていた谷口鉱次郎氏（名古屋地方で葉山嘉樹氏らとともに活動していた）であった」(16)

九月三〇日にはウラジオストックに着き、ここで三週間ほど待機した後、一〇月二一日にシベリア鉄道でウラジオストックを発ち、途中バイカル湖畔を走り、イルクーツクで車中一泊し、エニセイ川とオビ川に架かる鉄橋を渡河、ユーラシア大陸をヨーロッパとアジアに分かつウラル山脈を越えて、一一月六日にモスクワに到着した。北海道の稚内から鹿児島までの直線距離の三倍にあたる全長九二八九キロを十六日間かけての長旅だった。現在のシベリア鉄道「ロシア号」は同じ路線を七日間で走破するそうだ。モスクワに着いたのは、ロシア革命八周年記念日の前日のことだった、と袴田里見は書いている。(17)

第二章　労働運動の中へ

1、彷徨《ほうこう》の青年時代

十二歳で丁稚小僧《でっちこぞう》に

父は、一八九三年〈明治二十六年〉三月一日、静岡市鷹匠町で父松五郎と母たけの長男として生まれた。それからほぼ十か月後の一二月二六日に湖南省韶山で出生した毛沢東とは同じ巳年になる。父親は手工業者（桶製造業）、母親は自作農の子だった。父が二歳のときに、母親は産褥で亡くなり、生まれた妹も産後の肥立ちが悪く早世している。父親は桶づくりをしながら同地に開いていた雑貨店（田舎のよろず屋で、郵便局も兼ねていた）の商売に忙しく、父は母方の親戚の福本家（東京下谷の機械商・福本家当主の母親）に預けられていた。その間に、父親が後添えをもらうと、父が学校へ上がる前に自分の家に連れ戻し、継母が面倒を見るようになった。この頃のことであろうが、後に書かれた自筆の経歴書には、寺侍であった祖父の儒教的な教育を受けた、とある。

鷹匠町をネットで検索したところ、明治初年に鷹匠町城端に士族授産場が開かれた、とあった。ここでは、明治維新後に江戸から移住してきた旧幕臣たちが、生計をたてるために、内職としてはじめた竹細工を産業として育成し、外国向けの笠を製造していた。静岡近辺では良質の淡竹《はちく》が産出され、これを使って各種の竹細工が古くから作られていたが「駿河竹千筋細工《するがたけせんすじざいく》」と称されるほど精巧な製品が出来るようになったのは、江戸天保年間以後のことといわれる。

父がまだ小学校に上がる前、家の向かいに三味線を教えている小母さんが住んでいた。福本家では兄弟のように可愛がられたが、自分の家では継母に疎まれ、食事も十分に与えられていなかった父は、向かいに住んでいた新内だか小唄だかの師匠だった小母さんの家に始終出入りし、可愛がってもらうようになっていた。あるとき、毎日遊びに来ていた父がその日にかぎって姿を見せないのを訝《いぶか》った小母さんが、継母に尋ねると、「二階で寝ている」と言うので、かけ上がって様子を見ると、父は疫痢に罹《かか》り高熱を出してウンウンうなっていた。吃驚《びっくり》してすぐに抱え上げ自分の家に連れ帰り、医者を呼んで手当てを施してくれた。そのお陰で父は命が助かったという。戦後になって、その小母さんの消息を尋ねまわったものの手がかりを掴めなかった。父がときどきラジオに耳を寄せて聞き入っていたのは、その小母さんがよく弾いていた三味線の曲で、母親のように可愛がってくれた人のことを懐かしんでいたという。父の死後に母から聞いた話である。

父は七歳で静岡県立師範学校附属小学校〔現静岡大学教育学部附属小学校〕に入学し、一九〇五年三月、十二歳の時に同小学校単級編制尋常小学科内部学習生五年を終了、製茶問屋の丁稚《でっち》小僧となった。後述するいわゆる「名古屋共産党事件」（一九二三年）で検挙された父は、予審判事の尋問に対して、「徴兵検査を受けるまで鎌倉、静岡で丁稚奉公をした」と答えている。

炭鉱夫や機械工を転々と

一九一四年、父は、徴兵検査で不合格になったのを機に、労働者生活に入った。足尾銅山機械工、三菱新入炭鉱鉱夫、高島炭鉱三池炭坑鉱夫及び日本紡績福島（大阪）工場、東洋紡績工場機械工など、三年ほどの短い間に、いくつもの仕事を転々と変えているのが目を惹く。第一次世界大戦が勃発すると、日本はその翌月参戦し、山東半島に上陸、ドイツが権益を持っていた青島を占領した。さらに赤道以北の南洋諸島も占領して、ドイツに替わってこれらの権益を手中に収めた。一九一六年、父は日本が支配下に置いた南洋ポナペ島〔現在はポンペイ島と改称され、ミクロネシア連邦の首都が置かれている〕で南洋繊維会社の繊維採取夫に雇われ労働していたが、病気に罹り一年ほどで帰国している。人生のたしかな目標が見つからないまま彷徨していたようである。

この前後、日本社会には、世界大戦の推移につれて、大きな地殻変動の様相があらわれようとしていた。資本家と地主が成金景気に沸く一方で、全国平均で二倍半にのぼる物価の高騰は、国民を深刻な生活苦に直面させた。賃金値上げのストライキは、一九一五年の六十四件から、一九一六年百八件、一九一七年三百九十八件、一九一八年には四百十七件と、爆発的な増加を見せた。一九一八年に入ると、七月下旬から約五十余日間にわたって、全国に米騒動が勃発した。富山県の一漁村の魚津で起きた主婦たちの「米よこせ」一揆は、たちまちのうちに一道三府三十八県に波及し、一千万人に及ぶあらゆる階層の人々を動員し、三十八市、百五十三町、百七十七村の広範囲にわたる空前の大暴動となった。寺内内閣は、この鎮圧のために軍隊の出動を余儀なくされた。一万人が逮捕され、起訴或いは投獄されたものは七千七百七十六人にのぼった。寺内正毅首相はこの責任をとって辞職し、その後継に平民宰相原敬が就いた。南洋から帰国した父が目にしたのは、このような日本社会の大きな転換期の複雑な様相であった。

国鉄を馘首《かくしゅ》される

やがて一つの転機を迎える。

父は一九一八年一月、国鉄（この時代は内閣直属の鉄道院）神戸鉄道局の採用試験を受け、全受験者数百人中七、八番の好成績で合格し、大阪荷扱所貨物掛、大阪車掌室車掌、伊賀上野駅の駅務員などを務めた。その頃のことだが、親しくしていた熊本出身の同僚の妹が、とある駅の切符売り場で働いていた。そのうち二人はつき合うようになり、やがて同棲した。ところが女性の兄が突然亡くなり、その女性は実家の後を継ぐために呼び返されることになって仕方なく別れた。父は母と結婚した後に、あるとき「泣き泣き階段を降りていったよ」と話していたという。父が二十五歳頃のことだ。その年の八月、全世界で猛威を振るったスペイン風邪が日本へも上陸、一九二一年三月にかけて大流行した。当時の人口五千五百万人に対し、二千三百八十万人が感染し、約三十九万人が死亡したといわれる。その女性の兄も、あるいはこの疫病に命を奪われたものであろうか。

一九二〇年四月、東京、上野、田端、飯田町、錦糸町の五機関庫乗務員からなる「大日本機関車乗務員会」が結成される。結成当初は加盟機関庫五、会員七百人にすぎなかったものの、その後会員数は約三千人に達し、機関庫乗務員一万三千人の四分の一近くを占めた(1)。父もこの年、大日本機関車乗務員会に加入している。この頃には、ロシア革命の影響が日本の社会主義者たちにも伝わり、同年五月二日には初めてのメーデー集会が、十五団体、労働者ら一万人余を集めて、上野公園でおこなわれるなど、労働運動は大戦後の高揚期を迎えていた。このように急速に伸びつつあった労働運動は、しだいに社会主義運動と結びつく方向に向かい、一九二〇年一二月、労働組合と社会主義団体の大同団結を目的とした日本社会主義同盟が、堺利彦、大杉栄、山川均らによって結成された。当時の労働運動に支配的な影響力を及ぼしていたのは、大杉栄を指導者とするアナルコ・サンジカリズムで、科学的社会主義の運動はまだ確立されてはいなかった。この年一月には、大杉栄らによる雑誌『労働運動』が創刊されていた。初期の社会主義運動や労働運動において、大杉栄らのアナルコ・サンジカリズム派〔無政府組合主義〕と山川均らのボリシェビキ派〔マルクス・

レーニン主義〕はまだ蜜月の時代であった。いわゆる「アナ・ボル論争」が激しくなるのは、翌年に入り九月三〇日の日本労働組合総連合会結成大会に至る過程で両者の対立が頂点に達するまで待つことになる。のちにアナ派は衰退し、マルクス主義に拠るボル派が主流となっていく。

父は職場の同僚達と労働問題の研究会を組織したため、一九二一年に国鉄を解雇されている。これについて、労働運動史研究家の斉藤勇は、名古屋における労働運動史をまとめた労作のなかで、「酒井定吉は、かつて国鉄の大阪車掌室に勤務していたが、(第一次世界)大戦後の労働運動高揚期に、機関車乗務員の組織結成の動きに参加し、同志二、三人と回覧雑誌をつくっていた。また彼は当時、雑誌『改造』や『解放』を読んでいた。そのようなことが当局に警戒され、大正九年(一九二〇年)、酒井は国鉄を解雇された」と書いている。(3)(第一次共産党事件で検挙された際、検事の聴取を受けた記録によると、国鉄を解雇されたのは「大正十年四月」となっている。斉藤の記述は一九二〇年に解雇としているが、これではその後の経歴と時間的に齟齬《そご》が生じる)

前述の検事聴取書によると、国鉄をクビになった父は、太平洋と三河湾を望む渥美半島先端の伊良湖岬にしばらく滞在して、哲学書などを読んでいたが、その後一ヶ月半程かけて名古屋から日光まで徒歩旅行をしている。さらに大阪に行き駅前の運送屋に一ヶ月半程いて、その後、大正一〇年(一九二一年)九月頃に徒歩で大阪から名古屋へ出てきて、市内西枇杷島町の長谷川青物店に雇われ、仲仕同様の仕事をしていた。また「大阪に行ったとき、関西大学専門部予科へ半年ばかり通学致しました」とも供述しているが、いつの時期を指すのか詳細は不明である。

2、名古屋での労働運動

協友会名鉄支部を結成

名古屋へ来て二か月ほどが過ぎた一九二一年一一月、父は運転主任をしていた縁戚の伝手《つて》を頼り、名古屋鉄道に就職した。この名古屋鉄道は一八九四年に設立された愛知馬車鉄道がその前身で、一八九六年に名古屋電気鉄道に社名を改め、以後、市内各所へ鉄道路線網を構築し、尾張北中部の各市町と名古屋市を結ぶ郊外路線を充実させていった。二一年、市内線の市営化が決定するが、その前段階として名古屋電気鉄道は郊外線部門を引き継ぐ（旧）名古屋鉄道を新たに設立した。父が名古屋鉄道に入ったのはこの頃のことである。翌二二年八月には名古屋市電気局〔後の名古屋市交通局〕へ市内線部門を乗務員ごと譲渡して名古屋市電が発足し、名古屋電気鉄道は解散した。就職するやすぐさま葉山嘉樹らボル派の左派労働者が集まっていた名古屋労働者協会(2)に参加しているのは、この頃にはすでに本格的に労働運動を始める覚悟だったからであろう。

このとき父は満二十八歳になっていた。名鉄に職を得た父は、一年後に名古屋市電協友会名鉄支部を結成し、その支部長になる。名古屋時代の父の足跡については、前出の斉藤勇の著書が大量の資料を渉猟し、当事者への直接インタビューもおこなって詳細に書いており、当時の雰囲気もよく伝えているので、少し長くなるが以下にその一部を引用しながら書き進めていくことにする。

「D　市電協友会名鉄支部（十一年十一月十六日創立、支部長酒井定吉）

かつておなじ職場に働いていた市電従業員が市電協友会を組織したのに刺激されて、名古屋鉄道会社二百余名の従業員中の活動家数名は、「中部労連」や市電協友会の幹部と組合結成について話し合いを進めていたが、(一九二二年)十一月十日、「中部労連」事務所で、理事長荒谷宗治、市電協友会幹部吉原・加藤らと名鉄側から柳橋(駅)勤務の酒井定吉を中心とする四、五名が出席して、具体的な組織方針を決定し、『労働組合早わかり』というパンフレットを全従業員に配布して、急速に組合結成にふみだした。

酒井らの呼びかけに応じて、組合加入を申込んだ従業員は、またたく間に一五九名をかぞえた。組合結成の中心となった酒井定吉……(中略)が名古屋にきて名古屋鉄道に就職したのは大正十一年であったという(酒井談話)。名鉄に入った酒井定吉は、まもなく組合結成に指導力を発揮した」

〔——父の談話として、名古屋鉄道に就職した年を大正十一年としている上記の記述は大正十年の間違いである。半世紀近くを経たゆえの記憶違いであろう〕

このときの模様を、地元紙名古屋新聞が伝えている。

「十六、十七日の両夜に分かち、市内西区押切町の従業員宅に於て創立総会を開催した。一宮市・犬山町・津島町等の各方面からの参集者もあり、酒井君を議長に推し、名称・規約・事業案等につき熟議を凝らし、産業別組合の主張に基づき、駅長・助役以下の上級現業員をも包括することとし、地理区別を顧みず市電協友会名鉄支部として、市電従業員組合と一切の行動を共にする事となった」(名古屋新聞(以下、名新)、十一月十八日付)。

会社側の弾圧と警察の暗躍

だが、すでに前年からの、自然発生的におこった従業員の「不穏」な動きを注意深く警戒していた会社側は、素早い行動に出た。

「組合結成にたいする会社側の弾圧は――のちに述べるように――十八日からはじまった。名鉄支部はただちに反撃を開始した。この争議のなかで、役員選出がおこなわれ、次のような役員が選出された。柳橋駅――(幹事長)酒井定吉、(幹事)杉山保之助・加藤兵太郎・吉田寅吉……(以下略)

このように、名鉄従業員が協友会支部として組合を結成したことは、市電従業員が八月まで同僚であったという事実のほかに、経営分離後、明らかに名鉄従業員の待遇が市電に劣ってきたという事情が伏在していた。つまり、市電従業員は名鉄から分離すると同時に、等級手当が一日五銭ずつ昇給したほか、月額十二円の臨時手当の本給繰入れ、乗務歩合の優遇などで、勤続六、七年の従業員が、名鉄と市電とでは月に十三円前後の差がでるにいたった。勢いにのった協友会は、これより十二月にかけて、中村電鉄・愛知電鉄……(中略)など、郡部線の従業員にたいして「交通労働組合を作れ」の宣伝を開始し、翌春をめざして中部交通関係労働者の一大産業別組合たる「中部交通労働組合」の結成を計画した。(中略)

しかし、このような急速な発展を遂げようとした交通労働者の産業別組合結成の運動は、警戒しはじめた警察の暗躍(名新、十二月五日付)に加えて、名鉄支部の破壊をめざす名鉄当局の猛烈な弾圧のために、名鉄支部長酒井定吉の馘首によって、支部が壊滅した大正十二年二月を契機として挫折し、中部交通労働組合の結成はついに不成功に終わる」

斉藤勇は、挫折に終わった協友会名鉄支部の組織を賭けた争議は大きな教訓を残したとして、その組合結成から壊滅にいたる経過を詳述している。

「名古屋電鉄争議――大正十一年十一月から翌一二年一月にわたる名鉄争議は、たんに名鉄の労働組合である協友会名鉄支部の組織を賭けた大争議であったのみならず、名古屋地方の労働組合組織に大きな教訓を与えた争議であった。名鉄従業員は、この組織を賭けた争議までに、二つの争議を闘い、その余勢をかって順調な発展をとげてきた」

この二つの争議は、いずれも名鉄の市内線が市営に移管される際に、名鉄会社側が移る社員・現業従業員と残る者の待遇を差別したことが反発と怒りを買い、自然発生的に起きたものであった。二つの争議が労働者の要求をほぼ満足させて解決したことで、名鉄の労働者は自信を強めた。この成果の中から市電協友会が生まれ、ついで協友会名鉄支部が結成されていくのだが、その中核となったのは名鉄柳橋駅であった。

「第三戦は、名鉄の組合結成を妨害し、破壊しようとする会社側の攻撃によっておこされた。

十一年十一月十六、十七の両日に創立総会を終えた協友会名鉄支部は、つづいて十八日、協議会を開いて、従来から問題視されていた報徳談話会――会社の指導でつくられた修養会で精神訓話・宗教講話などを主な事業とする。強制加入で会費月額二十銭、これに加えて傷害保険の名目でさらに十銭、計三十銭、会社からの補助はないうえ、創立以来四年六ヶ月になるのに、一度も会計報告がなされなかった――を解消し、組合員の実質的な福祉・共済事業を計画しようとした。

ところが、会社側は午後三時になって、急にこの会合の中止を命じてきた。これより以前、名鉄現場従業員の組合結成運動が盛んとなるにつれて、会社側は裏面でその切り崩しに躍起となっていたが、十八日の協議会中止命令は、組合にたいする公然たる攻撃の開始とみなされた」

会社側の弾圧に怒った組合は、直ちに柳橋駅をはじめ、各拠点駅の非番の組合員を集めて対策を協議し、全従業員に固い団結を訴える檄を飛ばした。ところが、会社側は、父の遠縁で名鉄への就職を世話した西川運転主任に命じて、下宿先である西川宅に父を監禁させる。これを知った組合員は一段と結束を固め、「中部労連」からは荒谷理事長ら幹部が応援に駆けつけ、「名古屋労働者協会」も裏面で活発な支援を行った。すると二一日になって会社側は組合の行動を傍観すると口約した。

その夜、監禁から脱出した父をまじえ、組合幹部は初めての幹事会を開いて、組合員の救済事業を推進すること、消費組合設立の踏み台としてまず購買組合を設けること、などを決める。翌大正十二年一月十日の名古屋新聞は、結成まもない名鉄支部組合の動きをつぎのように報じた。

「名古屋市電気局従業員二百余名を網羅している中部日本唯一の交通労働組合たる市電協友会は、発会後いくばくならずして、着々初期の目的を達成しつつある。（中略）

又名古屋鉄道の同会支部は工務部員まで合せ、一時は三百余名を網羅し、幹事の酒井定吉氏は、当局の圧迫を一掃してますます努力を続けている……」

支部長解雇で組織が壊滅

こうして組合が順調に発展しようとした矢先、会社側は傍観の口約を破って、まず支部長である父を配置転換する。「第一段階は、御器所の加藤兵太郎ら活動分子が積極的に活動し有利に展開したが、その裏で再度弾圧の牙を研いでいた会社側は、一月一二日になって、履歴書不実記載を理由として支部長の酒井定吉に解雇を通告してきた」。名鉄支部は一三日夜、緊急従業員大会を開き、集まった百名の組合員は十名の実行委員を選び、六項目の要求を決議した。酒井不当解雇にたいする手当要求、団体交渉権の確認、飯島運輸課長の辞職要求、従業員退職手当金増額、などである。

だが、決定された要求事項は、最初から支部長の不当解雇を認めてしまっていた。そのうえ上部団体や友誼団体の支援体勢も十分でなかった。協友会本部は、前年一一月の争議にも殆ど支援しなかったが、さらに一三日の緊急従業員大会への出席も、市電当局から出席したものは解雇すると脅かされると、取りやめてしまった。そのうえ「名古屋労働者協会」幹部と「中立労連」荒谷理事長らとの確執は感情的になっており、支援団体間の足並みもバラバラであった。

その間隙を縫うようにして、会社側は従業員大会の翌一四日、組合の切り崩しを開始する。組合員名簿をもとにして、個別に組合員を威嚇し、脱会声明書に捺印を強要した。名古屋新聞の記事によれば、「午後一時半頃、名鉄の柳橋駅を訪ねると、駅長室では林駅長を名簿の前に座らせた飯島運輸課長が、従業員を一名ずつ引き入れて『脱会することに決めたのだな……』と押印させている最中……」とあり、まるでお代官の前に座らされた百姓の有様であった。

しかし、拒絶したものも数多く、とくに、車両・架線・電工・軌道の工夫は一致して捺印を拒絶した。その日の晩、捺印させられた者も、拒絶した者も会社側の露骨な圧迫に憤り、前日に続いて第二回の緊急従業員大会を開き、前日に決定した六箇条の要求を再確認し、さらに、この争議で犠牲者を出さないこと、争議実行委員を半年以内に解雇しないことを要求に加えた。だが会社側の回答は全面的な拒絶だった。

この間にも会社側は組合の切り崩しに狂奔し、まず工務課組合員が屈服すると、次第に他にも波及していった。強硬派と軟派に分かれ分裂が決定的になった組合は、なおも一月一七、一八、一九日と体制立て直しに奔走したが、もはや有効な反撃はできず、敗北は決定的となり、協友会名鉄支部は組織が壊滅するほかなかった。

3、検挙・投獄の洗礼

「プロフィンテルン」規約を渡される

名鉄を馘首された父は、一九二三年二月下旬から三月上旬にかけて、労働問題を勉強するために上京し、東京月島で谷口鉱次郎、寄田春夫(4)らと同じ家に下宿しながら、金子健太(5)、田所輝明(6)らのところに出入りしていた。金子健太と田所輝明は、前年に結成された日本共産党にすでに入党しており、労働運動の中心的活動家であった。そこは、日本共産党創立時からの党員である弁護士徳田球一が他の人と共同で借りていた家であった。この数ヶ月後、父は愛知県下の麻裏労働争議の弁護のために来名した徳田を自分の借家に泊め、革命後間もないロシアの労働運動事情などを聞いている。徳田は前年一月から二月にかけてモスクワで開かれた極東共産主義的革命団体第一回大会に出席していた。父が三月半ば過ぎに帰名してから六月に名古屋共産党事件で検挙されるまでの間のことだった。此の時に父と徳田の間でどんな話が交わされたかは分からないが、この直接の接触がその二年後に党再建ビューローによって父がクートヴェへ派遣される下地となったことは容易に想像がつく。

「寄田とは、名鉄岩倉駅の出札係をしていたとき知り合い、親密な仲であった。しかし、この当時、酒井はレフトについて、まだ知らされてはいなかった。三月半ばに、谷口から、ただ『これを読んでおけ』と言われて、プロフィンテルン〔赤色労働組合インターナショナルの略称〕の規約を書いたものを渡され、間もなく名古屋に帰った。」

斉藤勇によると、一九二三（大正十二）年二月四日、日本共産党は市川で第二回大会を開いたが、この大会で労働組合部が設置され、杉浦啓一(7)が部長になった。これより「レフト」の組織も軌道にのりだした。同年二、三月頃(三、四月頃との説も)、大森の野坂参三方で開かれたレフト創立の協議会には、西尾末広らも参加していた。「レフト」は党直接指導下の秘密組織で、総同盟の左翼化のために活動する急進分子のグループであり、他方プロフィンテルンに加入していた。一九二四年三月の党組織解体とともに、「レフト」もまた自然解体になったとされる。この当時、渡辺政之輔(8)、杉浦啓一らによる党の直接指導の下に、各組合内の革命的労働者を結集して、「労働組合レフト」を組織し、機関紙『労働組合』を発行する方針が立てられた。

「四月中旬、前年夏より金子健太宅にいた寄田春夫が、労働組合赤色インターナショナルの規約を持って帰名した。この頃、杉浦啓一(共産党執行委員・労働運動担当)が来名し、酒井定吉・葉山嘉樹(9)・寄田春夫・清水石松(10)・小沢健一(11)の五名が葉山嘉樹宅に集まり、杉浦から左翼労働運動について話があった。席上、杉浦は間もなく雑誌を出すから、雑誌の同人になってくれ、『前衛』や『社会主義研究』の論文を読むようになどと勧め、五人は雑誌『労働組合』の同人になることを承諾した。このとき杉浦は、とくに『赤大根は首を切ってしまうゾ』と言ったという。この時もまだ、酒井はレフトについて知っていないし、清水・小沢も知っていない。つまり、葉山と寄田だけがレフトについて知っていたことになる」

この頃の事情について、戦後になって金子健太は次のように話している。

「私が入党したのは一九二二年八月で大阪の労働組合総連合大会の前であった。新富細胞は大井町の田所を中心とした組織で、細胞名は番号で呼ばれていた。当時はまだ工場に根がなかったから工場細胞は一つもなかった。キャプテンが田所輝明で杉浦啓一と私と三名であったが間もなく谷口幸太郎〔「鉱次郎」の間違い〕

と寄田春夫の二名が加入して五名になった。田所を除いて全部関東機械工組合員であった。寄田は間もなく名古屋地方のオルグとして派遣され所謂名古屋共産労働党といわれている赤色労働組合グループの中心となった」

秘密結社「エルピー会」を組織

この会合以後、父たちは名古屋労働者協会の組織を、工場労働者に基礎を置く労働組合の連合体として再建すること、またどのような形で中部労連と合同し、それを左翼化させるか、これらの課題を抱えて、信頼できる仲間を増やしていき、メンバーは十二名となった。十二名の「エルピー会」は、組織としてはなお不明確な点はあるものの、左翼労働組合の基礎をつくるための、そして、既存労働組合の左翼化をいかに実現するかを研究討議するための会だったといえよう。そのメンバーのうち、葉山と寄田の二人だけが東京のレフトとつながっていたことになる。

「五月一日、名古屋市中区鶴舞公園奏楽堂で、各組合に加入する労働者約五、六百名が参加して、名古屋市最初のメーデーが開催され、『エルピー会』のメンバーも参加した。

五月六日、名古屋市中区西日置町北鵜垂九番地の寄田春夫宅で、酒井定吉、寄田春夫、篠田清、三好覚、清水石松、小沢健一、大野正己、鈴木箕三郎、南部岩造、倉林次郎らが秘密裡に集会し、労働組合赤色インターナショナル規約について協議し、『エルピー会』（別名、レッド・プロレタリア会）を組織した」

一方、労働組合の産業別組織及び一大合同の運動は世界的な趨勢となって日本へも及び、名古屋労働同盟の四組合が中部労連に加盟する形で合同することになり、五月二六日、名古屋労働同盟四組合の宣言をもって、新しい中部労働組合連合会が成立した。改組された中部労働組合連合会（公称千八百名）は、六月二四日の第一回役員総会で新陣容を確立した。主な役員は、理事長荒谷宗治、主事岩田秀一、評議員兼書記酒井定吉、評議員会議長山崎常吉らであった。

この少し前、当局は前年に結成された秘密結社である共産党の存在を知るところとなり、六月五日、堺利彦、山川均、徳田球一、市川正一、渡辺政之輔、野坂参三らを検挙し、二十九名を治安警察法違反で起訴していた。いわゆる第一次共産党事件であった。

いわゆる「名古屋共産党事件」

第一次共産党事件の検挙と踵《きびす》を接して、名古屋「エルピー会」メンバーに対する尾行捜査がはじまり、六月末、一斉に検挙された。

「六月二十一日、名古屋自由労働組合の金八十二円を横領していた倉林次郎が、第一次共産党事件に恐れをなし、笹島警察署に秘密結社「エルピー会」のことを自供すると、その日から葉山嘉樹ら同会関係者に刑事の尾行がついた。六月二十七日、倉林次郎の供述により、午前五時を期して、笹島署は小沢健一、篠田清、三好覚、清水石松、南部岩造、鈴木箕三郎、飯田正行、伊藤長光を、新栄署は酒井定吉、梅田定広、望月源吉を、門前署は葉山嘉樹を一斉に検挙した。伊藤長光、飯田正行、望月源吉は夕刻釈放された」（前掲書）

これが、いわゆる名古屋共産党事件で、父は葉山嘉樹ほか十一人と共に検挙、送検された。

「各被告は間もなく予審に附され、十月二日に予審終結して、全員有罪とされ、十一月に入って葉山を除く他の人たちは保釈出獄した。ついで翌十三年三月十九日、名古屋地裁刑事法廷で傍聴禁止のまま第一回公判が開かれ、数回の公判ののち四月七日、次のような判決がいいわたされた。
葉山嘉樹……懲役八ヶ月、酒井定吉……同八ヶ月、寄田春夫……同八ヶ月、清水石松……同七ヶ月、小沢健一……同七ヶ月（以下略）
一審判決を受けた十二名は全員控訴し、控訴審は五月二十七日、六月十日、二十日とつづけられ、二十七日控訴判決がでたが、その結果は、葉山が原審八ヶ月を七ヶ月に、その他は懲役刑が禁錮刑に変わったのみであった。十二名は再び上告し裁判は大審院にもちこまれた。しかし、十月十四日、上告棄却となり、未決通算六十日で十二名は服役することになった」

1924年4月発行の「社会通信」92号は「名古屋共産党事件」の第一回公判を報じた。

父は、この年一〇月、大審院での上告が棄却されるとすぐに下獄し、翌一九二五年四月中旬に出所したとみられる。この事件は、次いで起こった群馬共産党事件、長野共産党事件（いずれも日本共産青年同盟の検挙事件）とともに、名古屋共産党事件として喧伝されたが、その真相は秘密結社共産党の検挙でなかったことは、以上の事実から明らかであり、官憲によるフレームアップであった。

この事件について、加藤哲郎氏（一橋大学名誉教授）が、ソ連崩壊後にモスクワで発見したコミンテルン関係文書類のなかの、「松村」署名の日本語手書き報告書の一節に、次の記載がある。

「学生五十名をモスクワのクートヴェへ送るの件は、到底不能と信ずる。目下東京の在監者と其の家族の外は、先月中名古屋に於ても葉山、依田（注・正しくは寄田）、酒井氏等十数名が突然検挙された（新聞は共産党事件と関係ありと報じたがあやまりと思ふ。然し同じく治警（注・治安警察法のこと）の秘密結社で起訴されてゐると云ふ。之れ亦た通信接見禁止の為め内容は少しも分らぬ）。其後聞き得たところによると前衛同盟の暴露であることがわかった。為に此の方面の費用も巨額に上って居る。故に此の際多くの旅費を支弁することは不可能である。且つ人の足らぬことが痛切に感じられて居る。折角多少でも動き得る人は内地に止める必要あり」

第一次共産党事件に続く名古屋の左翼労働者たちの検挙事件によって、治安警察法違反事件の裁判費用が多額に上り、予定したクートヴェ留学生五十人の派遣費用を賄うことが到底できないと苦境を伝えている。

強烈な印象の総同盟大会

一九二四年二月上旬、保釈出獄中の父は清水石松とともに上京した。二月一〇日、機械技工組合本部で杉浦啓一、田所輝明、金子健太らに会い、そこから直ぐに総同盟大会に出席している。総同盟の正式名称は、日本労働総同盟で、一九一二年八月一日にクリスチャンの鈴木文治らによって結成された友愛会が前身である。友愛会は当初、任侠と浪費や遊蕩の徒として蔑まれて社会的地位の低かった労働者の地位を向上させることを目ざして修養主義を唱えた。しかし、第一次世界大戦の好景気が終わり、貧困の波が労働者を襲うようになると、労働争議が激しくなり、友愛会は次第に労働組合的な性格を強めて左翼化していき、一九年に大日本労働総同盟友愛会に、二一年には日本労働総同盟に改称された。関東大震災後は、同盟内部で共産主義者と社会民主主義者の対立が先鋭化し、二五年に分裂し、右派の総同盟は組織が半減した。三七年、盧溝橋事件が起こり日本の中国への全面侵略が開始されると、総同盟は「聖戦に協力するためストライキを絶滅させる」と宣言して、日本軍国主義の侵略政策に協力する立場に転落し、四〇年七月には、総同盟は自主解散して戦争遂行装置の産業報国会に組み入れられていくことになる。

関東大震災から未だ半年も経たないこのとき、亀戸事件の労働組合幹部虐殺や朝鮮人虐殺事件で動揺した総同盟内の鈴木文治、松岡駒吉、西尾末広ら右派社会民主主義者と共産主義者ら左派勢力との間の対立は先鋭化しており、それを反映した総同盟大会の論戦は二人に強烈な印象を与えたようだ。父と清水は、大会を傍聴する一方、杉浦、田所、金子らと名古屋の組合再建について相談し、ほぼ方針をまとめると名古屋に戻っていった。

三月、父は清水石松、小沢健一らと名古屋機械技工組合を設立し、組合事務所を御器所町砂田（酒井定吉名義の借家。清水石松、小沢健一と一緒に住んでいた）に置いた。組合長には清水石松がなった。

四月一八日、中部労連傘下の名古屋紡績（名紡）支部が理事長荒谷宗治を介して会社側に待遇改善を要求したところ、会社側は四月二〇日、組合員への圧迫に抗議した職工二人を即日解雇し、さらに二八日に至って組合活動家八名を解雇した。中部労連本部は支部幹部の報告を受けて三〇日にストライキを計画、一方、名古屋機械技工組合の幹部も途中からこの争議に参加した。二八日の晩、父と清水石松は名古屋市内砂田の機械技工組合本部にいたが、そこへ名紡支部組合員が訪れ、八名解雇を告げてその応援を依頼した。

父は二九日に市内清滝寺で開かれた中部労連の最終的な作戦会議にも出席した。五月一日、名古屋で第二回メーデーが行われたが、誕生したばかりの唯一の左翼組合、名古屋機械技工組合の幹部である父と清水は、予備検束の対象とされる。

以下、清水石松の談話である。

「名紡争議を応援することにした酒井と私とは、こまったことに、メーデー前で予備検束されるおそれがあったので、名紡で解雇された人の家に泊まった。決行当日、弘法堂へ女工たちを連れてきてから二、三〇分して、私たちはスパイを警戒してその場から逃れた。そして四時頃に様子を見に工場会（名紡支部）にやってきたところ、工場会では女房連中が検挙で大騒ぎをしていた。その女房連になんとかしてくれと頼まれたので、何食わぬ顔で、熱田署に検挙された連中を貰い下げにいった。

ところが熱田署に顔を出した途端、や、いいところへ来た、捜していたところだ、というわけでそのまま放り込まれてしまった。このときはメーデー前の予備検束か名紡事件による検挙かわからなかった。そのまま何も聞かれないで築地署に移され、一日の夕方釈放された。名紡へ参加したことは知られていないなと思った。

そして二日、勤めていた五十君（自転車部品製作所）へでかけて、夕方砂田へ帰ってきたら、八高の生徒、井上進・籔内好男・宇都名・渡辺（愛知医大生）たちがきていて、清水・酒井の名が警察の名簿に載っていると知らせてくれた。おそらく小林茂弁護士からでも聞いたのだろう。ともかくそこで慌てて逃げることとし、酒井は中津川の葉山のところへ逃げ、私は大阪へ逃げた」

「政治研究会」静岡支部を組織

中津川の葉山嘉樹宅に身を潜め、しばらく過ごした後、静岡に戻った父は、清水市の母方の従兄の家（福本家）に寄寓し、やがて同志とともに静岡で「政治研究会」の地方組織の設立準備活動を進める。

「政治研究会」は、島中雄三（中央公論社長・嶋中雄作の兄）、青野季吉、市川房枝、賀川豊彦、鈴木茂三

郎、片山哲らが、当初「政治問題研究会」として創立した団体で、普通選挙法の実施が近いことを見越して、「無産階級の利害に立脚する政党の樹立」を目的として翌一九二四年六月に設立された。「政治研究会」の各地の支部が確立するなかで、それまで孤立し、個人的グループにすぎなかった進歩的知識人と労働者組織が結びつきはじめ、一九二五年六月、多数の労働団体が参加し、無産政党組織準備会がもたれる頃から、左翼的色彩を強めていくが、やがて会内部の左右両派は、思想上の違いから分裂し、その中から、社会民衆党（安部磯雄委員長）、農民労働党（浅沼稲次郎書記長）、労働農民党（大山郁夫委員長）が組織されることになる。

　父が、吉見春雄[12]、大橋幸一[13]らと、政治研究会静岡県支部づくりをはじめたのは、ちょうど「政治研究会」設立から間もない一九二四年夏から初秋にかけてのころであったようだ。一九二五年には、政治研究会中駿支部が設立されている。

　一〇月一四日、大審院にもちこまれた名古屋共産党事件控訴審は上告棄却の判決を下し、父ら被告は直ちに下獄している。この頃、共産党は解党決議後の無党状態で、無産政党問題について基本方針が定まったのは、翌一九二五年一月の「上海会議」においてだった。「一月テーゼ」は天皇制廃止に向けた労働者及び農民の結集体として「合法的無産政党」を樹立し、これを共産党のヘゲモニーのもとにおくことを指示していた。こうして無産政党問題は最も重要な政治課題の一つとなった。

　成年女子を除く満二十五歳以上の全ての成年男子に選挙権が与えられる普通選挙法が、悪名高い治安維持法との抱き合わせで成立したのは、一九二五年三月のことである。労働者階級が全体として政治への傾斜をはじめたとき、政府はまさにアメとムチ、懐柔と弾圧の政策で、クサビを打ち込んだといえよう。この運動の流れは、その一年後の一九二六年三月に、労働農民党の結成となって結実するのだが、そのときには父はすでに日本を後にしていた。

「評議会」創立大会に参加

出獄したと思われる一九二五年四月頃から、日本を出る九月まで、父はどこで何をしていたのか。ひとつだけ分かったのは、この年五月に神戸で開かれた評議会創立大会に、後に政治研究会静岡県支部の活動を共にする福島義一(14)と一緒に参加していたことで、父は出獄した後に再び静岡に戻って活動していたようだ。

この前年から日本の労働運動には大変動が起きようとしていた。一九二四年四月二〇日、総同盟（日本労働総同盟）傘下の関東鉄工組合大会は、主事選出をめぐって左右両派の間で紛争が起きた。これに端を発して、この年の暮れには総同盟関東労働同盟会が加盟左派四組合を除名、これに対抗して左派六組合は総同盟関東地方評議会を結成した。そして翌一九二五年四月一六日、日本労働総同盟中央委員会が、全組織のほぼ半分にあたる左翼組合を除名処分するに至って、ついに総同盟は真二つに分裂した。

五月二四日、左翼三二組合一万二千五百名〈総同盟は三五組合、一万三千百十名〉は神戸で、日本労働組合評議会創立大会を開く。この勢いを駆った評議会は、翌年一月には徳永直が小説『太陽のない街』に描いた共同印刷争議、つづく四月の浜松・日本楽器争議、この二つの大争議を相次いで指導し戦闘的に闘ったことによって、労働運動全体における主導権を確立していった。評議会は、結成一年後の第二回大会当時には、組合費完納三万三千三百名というめざましい急増ぶりを示したのだった。

左派労働組合を総結集した評議会が、日の出の勢いを示しているのを目の当たりにして、やがてロシアへ旅立つことになる父は、はやる気持ちを抑えかねていたのではないだろうか。

4、父と葉山嘉樹の間

葉山の妻・喜和子の出奔《しゅっぽん》

この頃の父の足跡を調べているうちに、思いがけない話が飛び出して驚かされた。浦西和彦関西大学名誉教授が葉山嘉樹について論じたなかの次の一節である。

「五月中旬、小沢健一と篠田清の直話によると、大正十三年五月中旬、葉山嘉樹が名古屋へ出かけて留守の間に、葉山の妻・喜和子が酒井定吉と一緒に出奔したとされる。葉山嘉樹は、小沢健一に母・トミと二児の世話を頼み、静岡まで喜和子を連れ戻しに行ったという。この時の出来事を扱ったのが、『歪みくねった道』『遺書』などである」(15)

葉山嘉樹は「名古屋共産党事件」で服役中、短編小説「歪みくねった道」を書いている。この小説では波田という男が主人公で葉山自身である。波田は中津川の家で胃癌で寝ついたきりの母親と病身の妻と二人の子どもを抱えて暮らしている。そこへ酒田という「一緒に監獄に入った同志」が名古屋から逃げてくる。ある日、名古屋へ出かけていた波田のもとに「ヤスコキトクスグカエレ」という電報が届く。やす子とは葉山の妻喜和子である。妻が死にでもすれば誰が子どもを育てるのか、後妻のきてもありはしないだろう、と思い悩む。家に帰り着くなり、酒田に言う。

「酒田君、君がこっちへ帰って呉れてよかったよ。まったく天佑だね。済まないけれど、東京行きを暫く見合わせて、助けて呉れ給え。いいだろう。どうせ君、いま差し迫った用事がある訳でもないのだろうから。さうすれば、君の居て呉れる間に、僕はもう一度N(名古屋)へ行って何とか話をつけて来るから……。

波田は、酒田と自分は同志だし、同じ事件で、一つ監獄の飯も食ってる兄弟以上ともいえる親しい仲で、しかも今のところは官憲も全く気づいてないようだから、中津に居る方が安全だ、してみれば自分の家に居て呉れればどちらにも好都合と考えていた。ところが酒田の返事は、暫くは居てもよいが、今度は計画もあるし、遊んでばかりも居られないし、少しは勉強もしたいから、長くは居られない、というものだった。波田は、酒田のこの言葉になんとなく違和感を覚える。しばらくして波田は極度の興奮と疲労から深い眠りに落ちた。すると、酒田は静かに這いながら波田の妻のやす子の処へ行きその口にキッスするが、やす子は目見開いてイヤイヤをし、酒田は自分の寝間へ帰って行った。そして、これを波田は少しも知らなかった。」

酒田とはいかなる人物か？　波田は言う。

「一体酒田は几帳面な、女のような優しい、親切な男であった。そして声までも優しい嗄れたやうな声をもってゐた。けれども運動へかけては中々熱心であった。同志の中でも、日は割合に浅かったけれど、真剣なのと、おとなしいのと、理論的な頭をもってゐるのとで、重要視されてゐるのであった」

小説では、この後、二日ごとに三円かかる二人の病人の医療費と生活費を工面するために名古屋へ出かけて駆けずり回る波田の心身ともに疲れ切った姿がこまごまと描かれている。波田を酒に溺れさせ堕落に引きずり込んだ最初の動機は、あるとき友人の前で波田が妻を打ったり蹴ったりした上プイと家を飛び出し、帰ってみると妻が家出していて、そのときから波田は安心して運動ができないと感じだしたことだ、とも書いている。

再び名古屋へ出かけた波田に、今度は「ヤスコイヘデ　スグ　カヘレ」の電報が届く。打ちのめされた波田が家に帰り着くと、一通の遺書を母が持ってきた。そこには「私には、もうこんな貧窮と病院みたいな生活を続けては行けません。子供たちを二人分可愛がってやってください」と書かれていた。葉山はこの小説の最後を、波田は「これでも気が狂いはしないかと思う程狂おしい気持ちであったが、狂いはしなかった。彼は冷たい理性を持ったまま、その魘《うな》されたような運命を、切り拓いて行かねばならなかった」と結んで終えている。

小説『歪《ゆが》みくねった道』の虚実

この小説に登場する酒田は、父酒井定吉をモデルにしているとみて間違いなさそうだ。葉山の描く人物像がその多くの点で父の特徴と酷似しているからである。先に書いた葉山の妻喜和子の出奔の事情と重ね合わせて書いていると思われる。葉山が事実でもないことを書いたとは考えにくいから、葉山の妻が逃げるようにして父と一緒に静岡へ行ったことは間違いないのだろう。一説には、葉山の妻喜和子は、夫不在の家庭での母の病気と生活問題の二重苦に悩み、葉山が未決で服役中に労働運動の仲間のKと恋愛関係になり家出したことがあったともいわれる。父との間に恋愛感情があったのか、同情から出たものだったのか、今となっては確かめる術もないが、果たして事実はどうであったのだろうか……。

葉山嘉樹のその後だが、名古屋共産党事件で検挙、名古屋刑務所に未決囚として投獄され、獄中で「淫売婦」「海に生くる人々」を執筆した。一九二五年出獄後、「淫売婦」「セメント樽の中の手紙」を『文芸戦線』に、「海に生くる人々」を改造社から書き下ろしで発表し、一躍文壇の新進作家となった。「海に生くる人々」は日本プロレタリア文学の傑作とされ、小林多喜二も葉山のこの作品から大きな影響を受けたといわれる。

特高警察による思想弾圧が激しくなり、中国大陸侵略が日本全体を覆う国論になると、葉山は転向し、自らを翼賛体制支持の立場に置いた。一九四五年六月、「満州」開拓村に移住するため渡満したが、そのわずか四か月後、敗戦により日本へ引き揚げる途中の一〇月一八日に、満鉄列車内で脳溢血を起こし死亡した。享年五十一歳であった。

第三章　クートヴェでの日々

1、革命運動の道を決断

敗北から学んだ天皇制国家の本質

父は出獄した年の一九二五年初秋に日本を発ち、ロシア十月革命からわずか八年を経たばかりのモスクワへ旅立った。徳田球一の推薦でクートヴェ留学生に選ばれたのだった。この年一月、日ソ両国は「日ソ基本条約」を調印し、国交を樹立している。父は半年前に満三十二歳になっていた。当時の平均寿命から云っても、社会の荒波を二十年以上もくぐり抜けてきた人生経歴から云っても、三十歳を疾《と》うに過ぎた父にとって、このロシア密行は、二十歳そこそこの若者が勢いのままに国を飛び出す、というようなものではなかったはずである。

決断を下すことになった最大の動機は何だったのだろうか。その転機となったのが、前年の十月十四日の大審院控訴審で禁固八か月の刑が確定し、翌年四月中旬まで過ごした獄中生活だったのではないかと、私は想像する。後の治安維持法時代と違い、治安警察法(1)下の当時はまだ書物の差し入れなどの扱いが比較的緩やかだったろうから、監獄生活はそれまでの緊張した生活から解放された、或る意味で自由な時間と空間を与え、それまでの半生を振り返ることが十分にできたのではなかろうか。名古屋での労働運動の実践と敗北は、父に幾多の教訓をすでに残していたはずだ。其の間に、杉浦啓一や田所輝明、金子健太ら地下共産党員と接触し、その指導を受けて、マルクス主義の初歩的な理論書やプロフィンテルン、コミンテルンの規約等の非合法文書をすでに研究もしている。大正十二年（一九二三年）四月に創刊された共産党の宣伝理論機関誌『赤旗』や、その前身で一九〇六年に堺利彦らが創刊し、「共産党宣言」の全訳をはじめマルクス、エンゲルスの文献を紹介していた『社会主義研究』誌などは検挙前にすでに入手して購読していたから、それまでの運動経験を理論的にも整理し、それをより広い視野から検討する格好の機会となったにちがいない。

労働階級が自己の力に目覚めたこの時代について、戦後になって書いた父の文章の次の一節は、自身のかつての体験と重ね合わせているように思える。

「有名な革命的大衆行動として知られている米騒動は、かような革命的情勢のなかに勃発した。参加人員数百万といわれ、強大な天皇制支配の土台石まで、揺り動かしたこの大闘争も、これを全国的統一行動にまで高め、指導する革命的組織が欠けていたため、ついに次々と鎮圧され終わったのである。しかしこの革命的大衆闘争の中心となり、先頭に起って闘った労働階級は、自己の階級的力と、その大衆行動の威力を知ることができた。

米騒動に引きつづいてストライキ闘争はさらに発展し、また組織的となり、全国的となった。組合組織は急激に増加し、ストライキの波は大工場、大経営に次々と、全国的に高まり、その大多数は勝利を収めた。

この大正八年の労働攻勢時代を峠に、九年四月戦後初の経済恐慌がおこった。所謂資本攻勢の時代がはじまった。資本家階級の必死の攻勢と天皇警察の弾圧、暴力団の横行で、ストライキはいたるところで騒擾化し、流血の犠牲者まで生じた。ストライキ闘争と検挙投獄は紙一重であった。しかもみじめな敗北で退却を余儀なくされたのである。このみじめな敗北を通じて労働階級は、つくづく天皇制国家の本質を教えられた。サンジカリズムは闘争が発展すればストライキさえ指導できない日和見理論であることを知らされた(2)」

二〇一九年の梅雨明け直後のある日、私は法政大学多摩キャンパスにある大原社会問題研究所を訪ねた。大原社研はそれまでにもたびたび訪れて貴重な資料を入手していたが、この日は戦後の五〇年非公然時代の資料を調べる目的であった。資料目録に目を通していたとき、偶然に名古屋共産党事件の裁判資料綴りがあることを発見した。その中にあった予審調書に、父の供述内容がすべて記録されていたのは思いがけないことであった。(3)その調書を丹念に読み終えて、私は、秘密組織「エルピー会」に関する肝心なことについては、すべて供述拒否が貫かれていることに気づいた。他の事件関係者がほぼすべて自白しているのと比べ、国家権力に対する姿勢が際立っているところに、すでに覚悟をきめた意志の強さが感じとれるようだった。

父はこのとき、天皇制権力の獄中にあって、合法的な労働組合運動の枠内にとどまるのか、それとも非合法の地下生活を意味する革命運動の道に突き進むのか、いずれを選択するか、問われたであろう。その去就には、それまでの人生に区切りを付ける重大な決意を必要としたにちがいない。それなくしては、クートヴェへ行くことにはならなかったはずである。だが、幼くして味わった徒弟生活での被搾取体験を経て、労働者生活に入り、さらに労働運動活動家として実践してきた父の胸中には、ほかの選択肢はすでになかったのではないか、と思える。他方、徳田ら共産党中央ビューロー指導部は、検挙から入獄に至る間の父の言動を注意深く見守り、将来の党員候補としてふさわしいかどうか、観察していたのであろう。

解党危機と「ボリシェビキ化」

一九二二年七月一五日に山川均、堺利彦、荒畑寒村らによって創立された日本共産党は、結党して一年足らずの一九二三年六月五日、早稲田大学軍事教練事件で同大学教授佐野学の研究室が捜索されたのが発端となって第一次検挙を受け、幹部二十九名が治安警察法によって起訴された(第一次共産党事件)。これによって実践機能はほとんど停止し、回復しがたい混乱をまねき、内部崩壊の第一のきっかけとなった(4)。このときすでに解党意見が一部に擡頭していたが、同年九月一日に襲った関東大震災を機に吹きすさんだ暴虐な白色テロルは、党内のこの状勢に拍車をかけたのだった。

翌一九二四年二月末か三月初め頃、山川均、赤松克麿ら党内に擡頭《たいとう》した右翼日和見主義が多数を占めるに至り、正式な決議権をもつ会議を経ずに、日本共産党の解党が決議された。同時に、将来の再建を見越して荒畑寒村、徳田球一らによる少数の党再組織委員会（ビューロー）が置かれた。解党の直接的な原因は、革命戦略を規定する綱領に、天皇制反対を掲げるかどうかであったが、その遠因は、結党時から抱え込んでいた、党内の長老と言われる社会民主主義グループとボリシェヴィキグループの思想上の違いであった。それがこの時期に鋭く立ち現れ、抜き差しならない対立にまで発展したということではないだろうか。解党による出直しは必然であったと言えよう。

一九二二年共産党綱領草案に「君主制の廃止」が掲げられたとき、一九一〇年に起きた幸徳秋水らの大逆事件の生々しい印象からの圧迫が、彼らの脳裏に浮かんだであろうことは容易に想像できる(5)。一九二三年六月の一斉検挙と関東大震災直後に襲った天皇制権力による残虐な恐怖政治は、党内の動揺に拍車をかけ、党内に生まれた赤松克麿ら一部の反共的自由主義理論は労働組合運動の保守的・右翼的指導と結びついて、大衆的な抗議運動の先頭に立つべき前衛党の任務は放棄されてしまった、と歴史学者の渡部義通は述べ、解党決議の根因は、「小ブルジョア的指導者」の動揺や裏切りをもふくめて、党全体の脆弱性にあった、としている(6)。

これに対して、一九二四年六月に片山潜(7)、佐野学(8)らが参加して開かれたコミンテルン第五回大会は、「日本委員会」を設け、党の即時再建を指示した。一九二五年一月上旬、コミンテルン極東部代表のヴォイチンスキーの指導下に、日本問題委員会が開かれ、荒畑寒村、佐野学、徳田球一ら日本共産党再建ビューロー首脳部らが上海へ密行、会議に出席した。この会議では解党の根本的な誤りと無党状態の危険性を確認し、日本の党の重大な欠陥と誤謬に痛烈な批判を与えるとともに、党を再建すべき当面の諸方針についての決議、いわゆる一月テーゼが作成された。

一月テーゼは、党の重大な欠陥のひとつが、労働者階級の前衛とされる党が、自らの姿を労働者大衆の前に現さずに、日本労働組合評議会の陰に隠れて、これに代行させていること、また党自身が少人数のグループにとどまっていて、労働者党員を大胆に獲得し、生産拠点に党細胞を建設する方針が実践されていないことなどを、鋭く批判していた。これらの批判を受け入れた徳田球一、渡辺政之輔ら党再建ビューロー首脳部は、党のボリシェビキ化のために、その影響下にある労働者の中から積極分子を選抜してクートヴェへ派遣し、マルクス・レーニン主義の教育を受けさせて、党の中堅幹部活動家に育てようとした。その第一陣として、すでに前年の一九二四年一一月には春日庄次郎(9)、服部麦生(10)、吉村英(11)、相馬一郎(12)ら八名が密航し、翌一九二五年一月にはモスクワに到着、クートヴェに入学していた。その一年後に入露した父らは労働者出身のクートヴェ第二期生ということになる。

2、クートヴェの学生たち

百を超える学生の人種

ところで、モスクワでの生活とクートヴェでの学習はどのようなものだったのか。父は何も書き残していないので、一緒に行った風間丈吉の回想記『モスコー共産主義大学の思ひ出』と『雑草のごとく』から、以下に引用してみることにする。なお、『モスコー共産主義大学の思ひ出』は、風間が一九三二年に検挙されその後転向を表明した後、十年の拘禁生活の間に刑務所内で書き留めたのを戦後になって出版したもので、時間的にみて、記憶はより正確だと思われる。

「大正十四（一九二五）年十一月六日、私たちはモスクワに到着した。駅頭には相馬一郎氏が出迎えていた。彼とは前から面識があった。……この日はちょうど十月革命記念日の前夜祭当日であったのでよく覚えている。その夜は学校のクラブで催された前夜祭行事に眠い目をこすりながら参加させられた」

一一月のモスクワといえばすでに真冬と云っていいほどである。夏支度で日本を離れた父らは、途中でいくらか衣類を買い足したではあろうが、日本とは比べものにならない冬将軍の寒さに震え上がったことだろう。

ロシア革命の父、コミンテルンの創設者であるレーニンはこの前年の一九二四年一月二一日に亡くなっていた。ソ連各地から訪れる弔問者のために、遺体には防腐処理が施され、赤の広場に木造の遺体安置所が三日間で建設されたといわれる。石造りの恒常的な施設としてのレーニン廟が完成するのは一九三〇年のことだから、父らが着いた翌日に赤の広場で目にしたのはこの仮安置所だったのだろう。遠い日本からの留学生に果たして弔問の機会は与えられたのだったろうか。

「学校──東洋勤労者共産大学──頭文字を取ってKYTB（クウトヴ）という。この学校はソ連邦最高会議の管理下にあって、帝政ロシヤの植民地諸国並びに東洋諸国の進歩的（主として共産党）団体に属する勤労者を収容し、教育することを目的とする。ジョルジャ（現ジョージア、旧名グルジア）、キルギス、カルムイク（旧ソ連邦内のカルムイキア共和国）、モンゴル、トビンスク（現ラトビア共和国）、アルタイ（旧ソ連邦内のアルタイ共和国)、トルコ、ペルシャ(イラン)、印度、アラブ(現アラブ諸国)、中国、朝鮮、印度支那(フランス領支配下にあったインドシナ半島東部地域で現在のベトナム、ラオス、カンボジアを合わせた領域に相当する)、フィリッピン、日本等々その人種は多種多様、凡そ百を超えると云われ、ソ連邦内の東洋人とソ連以外の東洋人とは別に扱われた。後者は特に外国人部と呼ばれた。私たちも勿論外国人部に属する。外国人部は更に各国別に班(クルジョック)を形成する。日本人クルジョック、中国人クルジョックという具合に。中国人のように人数の多いところでは更に二つか三つに分かれる」

中国からの留学生は特別に多かったようだ。風間は驚きをもって次のように書いている。

「とにかくロシア政府が戦争と革命後の国内復興もまだ十分でない時期に、外国に共産党を創立させ、その幹部あるいは幹部候補者をモスクワに招いて教育したという事実は、これで明らかであろう。学生数の多くなかった日本人でさえ以上の人数である。中国人のごときはクウトヴに三個中隊ぐらいいたのとは別に、モスクワ河のほとりにある孫逸仙(中山)大学(13)に一千名もの学生がいたのである。さらに中国人、朝鮮人はロシアの士官学校学生としても相当数が学んでいた」

台湾から来た謝雪紅

風間丈吉は戦後になって書いた回想記のなかで、当時モスクワに留学していた学生の大多数は弱小民族の国家、つまりまだ独立していない国家から来ていたが、日本の学生だけがすでに独立した国家から来ていた、弱小植民地からの学生の中では朝鮮人が最も多かったが、台湾人はわずか二人だけで、日本人と一緒に学習していた、と記している。

「その中の一人は謝飛英(14)（当時二十四、五歳くらいの婦人、今は台湾で有力な指導者となっていると噂に聞いている）（註・謝飛英は謝雪紅の仮名）といい、もう一人は林木森（謝女士より二、三歳若い男である）（註・本名は林木順）といった。謝女士は日本語を聞くのには不自由ではなかったが、自分の意見を述べる段になると中国語を使用し、それを林が通訳していた。林は日本語が非常に上手であった。二人とも上海にいたことがあり、そこで中国共産党か共産青年同盟と関係していたということである。私たちはこの二人とはきわめて親密であり、一回も口論めいたことをしたことはなかった」

風間がこのなかで「今は台湾で有力な指導者となっている」と書いたのは、謝雪紅が一九四七年に台湾で起きた「二・二八事件」の武装蜂起指導者として内外にその名をとどろかせていたことを指しているのであろう(15)。

謝雪紅（本名は謝氏阿女）は、一九二五年にモスクワに送られ、父と同時期にクートヴェで学び、一九二七年一一月に卒業した後、上海へ戻って台湾共産党創設に加わり、台共指導者の一人となった。台湾共産党（略称、台共）が存在したのは、一九二八年四月一五日から三一年九月までの短い期間であった。二八年四月、上海フランス租界で、コミンテルンの指導のもとに結成された台共は、当時、台湾が日本の植民地であったため、コミンテルンの一国一党の組織原則に基づいて、日本共産党の指導下に置かれ、台湾民族支部と位置づけられた。台湾総督府は、これを非合法政党と見なして厳しく取り締まった。二八年の三・一五事件と翌二九年の四・一六事件により、相次いで日本共産党の重要な指導者が逮捕されたため、台共は中国共産党の指導下に置かれることになった。結成時の綱領には、日本帝国主義打倒、中国革命の擁護とならんで、台湾民族の独立、台湾共和国の建設が掲げられた。書記長に林木順（二二歳）、中央常任委員には他に林日高（二四歳）、蔡孝乾（二〇歳）が選出された。また、東京特別支部および日本共産党連絡員として、陳来旺（二三歳）、謝雪紅（二七歳）が選ばれている。この陳来旺は、父と同じく二九年の四・一六事件で逮捕され、懲役六年の刑を受けた。三一年九月、台湾総督府警察によって、台共指導者はすべて逮捕され、組織は壊滅した。

一九三〇（昭和五）年六月、上海で逮捕起訴された佐野学（当時、日本共産党委員長）は、次のように供述している。

「昭和二（一九二七）年十一月に渡辺政之輔がモスクワから戻ってきた時に、台湾の共産主義者は日本共産党に属し、民族支部として組織されることになる、と話していました」

「一九二七年末かまたは一九二八年一月初めに、一人の台湾人同志が渡辺政之輔を訪ねてきて、民族支部という形式について相談をしました。私はその同志と会いませんでした。渡辺はその同志から渡された資料に基づいて政治・組織綱領草案を起草しましたが、政治綱領については私も相談を受けました」(16)

この「台湾人同志」とは謝雪紅のことである。彼女は、一九三一年六月に台湾で逮捕されたが、そのときの供述でこのことを認めている。

「一九二七年十二月下旬、被告人謝阿女（謝雪紅）は東京に呼び寄せられて、渡辺政之輔から政治綱領と組織綱領を受け取りました。これは渡辺政之輔が起草し、一九二八年一月中旬に日本共産党中央常任委員会で討議され決定されたものでした」(17)

台湾共産党に対して、コミンテルンの指示を伝達し指導をおこなう責任を負った日本共産党は、その前後

「三・一五」、「四・一六」と打ち続く大規模な検挙で、主要な幹部をほぼすべて失い、台湾共産党との連絡は途切れてしまった。それに取って代わった中国共産党中央は、瞿秋白、李立三、王明と続いた左翼冒険主義路線の時代で、日本統治下にある植民地台湾の実情から遊離した誤った指導によって、一九三一年六月、台湾共産党は謝雪紅らを除名し、組織は分裂した。その直後に日本の官憲当局による一斉検挙が襲いかかり、台湾の共産党員は根こそぎ逮捕され、党組織は壊滅して、日本の敗戦まで再建されることはなかった。

蒋介石の長男・蒋経国の場合

辛亥革命の指導者孫文とソビエト連邦代表のヨッフェは、一九二三年に中国統一をソ連が支援することを約束する共同声明を発表し、ソ連との関係を緊密化させた。中国国内では、一九二一年に誕生した中国共産党と、孫文が率いる国民党との間で第一次国共合作が成立し、広州にはソ連の援助で黄埔軍官学校がつくられた。そこでは国共両党の党員が入学し、北方の軍閥を制圧するための革命軍幹部を養成した。

そうした背景のもとで、一九二五年秋に中ソ両共産党が合意し、モスクワに中国労働者孫逸仙大学（逸仙は孫文の号、略称は「モスクワ中山大学」）が設立され、国民党と共産党双方の学生が多数送られて、マルクス・レーニン主義の教育を受けた。だが、孫文が一九二五年三月に死去した後、国民党の実権を握った蒋介石は、その二年後に北伐途上の上海でクーデターを起こし、ソ連との関係を断絶したため、中山大学は一九三〇年に解散され、わずか五年という短い期間でその歴史の幕を下ろしている。

短命に終わりはしたが、中山大学は中国現代史に大きな足跡を残している。国民党では、蒋介石の息子で後に台湾総統となる蒋経国が、第一期留学生九十人の一人として、一九二五年一一月下旬にモスクワに到着し学んでいる。また共産党からは、朱徳をはじめ廖承志、鄧小平、楊尚昆、董必武、葉剣英ら後に主要な指導者となる人々が留学していることが注目される。

蒋経国はモスクワで共産主義に傾倒し、共産主義青年団に加入するが、一九二七年に父蒋介石が起こした反共クーデターによって、大きな衝撃を受け、学生集会で父との絶縁を宣言する。この後、蒋経国はソ連での生活を続け、生涯の伴侶となるロシア人の女工と結ばれ男子を授かった。しかし、一九三一年一〇月に中国共産党コミンテルン駐在代表団長としてモスクワへ来た王明からは、執拗な政治的迫害を受けつづけた。

転機となったのは、一九三六年一二月に起きた、東北軍閥張学良が蒋介石を西安華清池に押し込めて兵諫した西安事件である。その頃、ナチスの台頭でヨーロッパは緊張の度を加えていた。ヒットラーのドイツは、建国間もないソ連を率いるスターリンにとって、一大脅威となりつつあった。また極東方面では、日本が満州全域を支配下に置き、精強な関東軍をソ満国境に張り付かせていて、片時も油断できなかった。西安事件を、抗日統一戦線の結成を実現させて、極東からの日本の脅威を減らす好機とみたスターリンは、中国共産党と国民党との第二次国共合作の動きを加速させるため、周恩来を通じ、蒋介石との関係を改善するための有力な取引材料として、蒋経国の帰国を利用したといわれる。蒋経国のソ連滞在は、一九三七年三月二五日にモスクワを後にして帰国するまで、実に十二年の長きに及んだ。

3、学校生活と革命教育

優遇された生活条件

クートヴェでの生活面について言えば、外国からの留学生は相当に優遇されていたようである。食事はご馳走とまでは云えないにしても、ソ連の庶民が食料不足に苦しんでいたこの時期に、特別に配慮されていたことが、風間の以下の記述からうかがえる。

「約一千人と云われるクートヴェ学生の中、外国人は約三百名であった。学生の生活は規律正しい合宿生活である。（中略）起床も就寝（消灯）も鐘で合図される。小学校で鳴らされるあの鐘である。朝起きるとどんなに寒いときでも体操を一五分間やることになっていてそのための教師が別に雇われている。それが済むと朝食である。食堂は学校の直ぐ近くにある元教会堂の付属建物を利用したものと、五番の家と二ヶ所にあった」

「食堂は、朝は八時―九時、昼は一時から二時、夕は六時から七時というように時間が決まっていたように記憶するが、三十分位の記憶違いはあるかもしれない。学生は朝・昼・晩食と書いてある食券をその度毎に出して、各人が皿に盛られたのを受け取る。朝は大抵バターかチーズ、蜂蜜、ヨーグルトなどのうちの一つと、砂糖入りの紅茶にパンは好きなだけというようなもの。昼はスープ、コロッケ、マカロニ、肉などの種類と、それに一週間に二回位は第三プリュードとして乾燥果実の甘実の甘煮、ゼリーなどがつく。夕食は肉又はマカロニ、米飯、燕麦などが一種類にパンとお菓子というところである」

「学生の生活水準は一般市民の上であった。レーニン時代には、官公吏、党役職員の給与には、労働者の平均賃金よりも高くてはいけない、という原則があったが、私たちがモスクワ入りをしたころにはこの原則適用が無視され始めていた。党幹部には高い給与が支払われていた。私たちに食堂で与えられるものは、一般市民の口にははいらないくらいに質量ともによいものだったそうである。食堂に働く人たちが、『ソ連市民が貧しい生活で我慢しているのに、外国人になぜこんなご馳走をするのか？』と不平をいったと聞いている。コミンテルン（国際共産党）会議、プロフィンテルン（赤色労組国際機関）会議に出席する各国代表の食事は一段と（質量とも）高いものであった。レーニン学校の食事はクウトヴよりも上であった」

レーニン学校（略称はＩＬＳ）は、コミンテルン及びその支部の「ボルシェビキ化」のための手段として、一九二六年モスクワに秘密裏に設立された。レーニンスクール、レーニン大学と呼ばれることもある。創設から一九三八年に閉鎖されるまでの間、三千人に及ぶ共産主義者に幹部教育を行った。後の東欧社会主義諸国の指導者には同校の出身者が少なくない。国際レーニン学校は最高幹部養成のための学校であると位置づけられており、コミンテルン関連機関であるクートヴェや西欧勤労者共産大学などよりも上級の学校であるとされていた。

「学校は、予科二年、本科二年、さらに成績の優秀なものはアスピラントに進む仕組みになっていた。予科では算数から教えられるというので、日本人はすぐに本科へ入った。それが適当だったかどうかには疑問がある。現に私のごときは、代数、幾何などの初歩しか知らなかったのだから、予科で一般教養科目を勉強した方がよかっただろうと思う。日本人以外は全て予科からやった」

「校長の下に管理課と学務課がある。校長は党中央委員会から任命されていたようで、中央委員会アジプロ部員が兼任していたと記憶する。常勤ではなく、校長事務はセクレタリーが代行していた。私がいた当時はドブロビンスカヤという四〇歳くらいの堂々たる体躯の婦人であった。その仕事ぶりは実にテキパキしていて女丈夫の感を与えた」

「このほかに学生党員の中から選ばれた党細胞三役―書記、オルグ部長、アジプロ部長―がいて、党の立場から学校のすべてを監督するのである。学生全部が共産党員ではないので、学生組合をつくり、組合分会事務所も設けられていた。別格として外国人党部があり、その指導者には教師の一人が当てられていた。外国人はそれぞれ国別にグループを結成し、そのグループに一人ずつソ連共産党員が付き添っていた。日本人グループのスタ―ロスタ（組長、長老ともいうべきか）には相馬一郎氏がなっていた。当時の日本人学生の中で正式の日共党員は相馬と春日庄次郎氏の二人だけだったが、春日氏はレニングラード市のある学校で日本語を教えていて、モスクワにはいなかった」

春日庄次郎は当時、日本人をなぜ後進国のアジアの留学生と一緒に教育するのかと学校側に抗議したと云われ、後のちまで批判の材料の一つにされている。

「革命幹部候補生」の教育とは

さて、それではクートヴェで行われていた肝心の「革命幹部候補生」教育はどんなものだったのだろう。「学校では何を教えたか？にも一言する必要があろう。ロシア語、世界史、ロシア共産党史、マルクス経済学、史的唯物論等々である。もちろんすべては階級闘争史観に貫かれている。ロシア語の方は、階級闘争まで教えてもらうほどには進まなかった。しかし、誰もがロシア語を知らずしては勉強できないので、明けても暮れてもロシア語の本にかじりついていたから、語学の教師からではなく、独習によってロシア語を覚えたのである。こうして、日常会話はできないが、共産党中央機関紙やプラウダを読むことはできるという奇妙なことになったのである。私もその一人で、こうなるのには約六ヶ月ないし十ヶ月くらいを要した。それでも、ことロシア語に関するかぎり成績は上の部に属した」

ロシア語の習得には誰もが苦心したようだ。ことに父の場合は年齢が三十二歳という高齢だったから、その苦労は並大抵ではなかったであろう。私自身の経験から云っても、二十歳前とそれ以後とでは、追いつくのには数倍の努力が必要だったに違いないと思える。

第二章でも引用した外務省機密文書には、「クートヴェ」の教育内容などが、検挙された留学生の供述をもとにまとめられていて、さらに詳細に書かれている。

授業科目については、正科として、

「第一学年は、露西亜語、労働組合論、経済学（参考書として『カウツキー』の資本論解説高畠訳本を用う）、世界革命運動史、露西亜共産党史。

第二学年は、露西亜語、経済学、唯物史観（併せて弁証法を教う）、『レーニズム』の理論及び実際、『第三インターナショナル』の戦略と戦術。

第三学年は、経済学、唯物史観（附弁証法）、『レーニズム』の理論と実際、哲学。」

このほかに、毎週二回、日本人教授（註・高橋貞樹）の「日本研究」と題する講義があった。また正科以外には、軍事訓練もあったとあり、「革命準備のため、赤衛軍の将校を招きて、半強制的に機関銃、小銃、拳銃等の操縦を教え（日本に於いて軍隊に入りたるものは之れを免れる）、又一週二回位宛仏蘭西革命、露西亜革命等を取り扱うる映画を無料観覧せしめ、以て革命心の鼓吹をなしつつありと云う」

と書かれているのが目を惹《ひ》く。

一日の授業時間は、昼間の九時間だったと云うから、学校での生活はかなり緊張したものだったようだ。学生はすべて附属の寄宿舎が用意され、一室に三名或いは六名が入居し、各民族が混合して住み、同じ民族は二人以上同室させなかった。しかも互いに変名で呼び合い、同じ民族の間でも自分の本名や経歴を語ることは厳重に禁じられていた。

生活費については、次のように書かれている。

「学生生活費（但し、学用品は現品給与）、治療費その他一切大学側より支給され、且つ小遣いとして一人宛毎月十留（ルーブル）を支給さる。又学生は国内旅行は総て無賃とす。尚、大学には東京朝日、時事、無産者新聞等を備え付く」（以上「クートヴェ」留学生の供述）

風間の回想記の別の箇所に、父の名前を見つけた。

「……これから毎日、朝から晩までまずロシア語のＡＢＣを口ずさむことになった。八杉貞利のロシア語文法の本を持ってきた酒井定吉氏（現在、日共中央部員）に頼んで、語尾変化の表を作ってもらうなどのこともやった」

クートヴェでの学習と生活の一端が綴られた風間の回想記『雑草のごとく』は、戦後になって書かれたものだ。彼は戦前すでに獄中で転向しており、戦後になると、反共の旗を振った鍋山貞親と政治行動を共にしていたから、その立場は過去を振り返るときにも投影しないわけにはいかなかったであろうが、それでも彼が綴るクートヴェ時代の思い出には、なお幾ばくかの懐かしさが混じっているようである。

通訳者エロシェンコ氏

再び風間丈吉の回想に戻る。

「どんな風にして教えられたか？　ここに通訳者が登場する。通訳として一番多く働いたのは盲目の詩人エロシェンコ(18)であろう。彼は日本にも相当長く滞在しており、秋田雨雀等とも深交の仲であった。彼の日本語は上手の部類に属する。日本に居たとき二冊ばかり童話を発表したことがあり、私もロシヤ人の本だというので買って読んだこともある。警察からは始終つけ回され、検束されたこともあり、時には偽盲目ではないかと瞼をむりやりむかれたこともあったということだった。それやこれやで私にとって全然未知の人とは思えなかった」

「そして、日本ではあんなにまで謂わば迫害された人であるから赤いモスコーではある程度優遇されていることだろうと想像していた。然るに何ぞや、事の意外なのには一驚せざるを得なかった。見るからに貧乏ったらしい衣類を着ているではないか。聞けば汚らしい地下室——その窓と道路とが丁度同じ高さ位になっている——から通っているという。日本警察が『赤』の折り紙をつけていたのに赤い都では彼は『白』乃至は灰色位に見られていたようである。彼の親類筋に富農が居たという理由からだと先輩の一人が説明してくれた。ゲーペーウーは彼の経歴に対して有力なパスポートを与えなかったわけである。私たちは彼を『エロさん』と呼んでいた」

国立近代美術館所蔵のエロシェンコ像（中村彝・画）。

エロシェンコはウクライナと接する人口百五十万人ほどのロシア連邦ベルゴロド州で生まれ、四歳で失明、盲学校へ入りエスペラントを学んだ。一九一四年に来日し東京盲学校（現在の筑波大学付属視覚特別支援学校）で学び、後にシャム（現タイ王国）、ビルマ（現ミャンマー）、インドを旅したが、インドではロシア革命の影響で国外追放された。

一九一九年に日本に逃れ、新宿中村屋で秋田雨雀、江口渙、神近市子ら多くの文化人と交流した。そのなかの一人だった中村彝《つね》が描いた「エロシェンコ氏の像」をはじめて見たのは、私が中学か高校のときの美術教科書の口絵写真ではなかったろうか。その顔立ちは印象深く今も記憶に残っている。この絵は重要文化財に指定され、国立近代美術館に収蔵されている。中村屋が一九二七年に喫茶部を開店した折にはエロシェンコから伝授されたボルシチを提供し、同店の人気メニューになったそうだ。エロシェンコは、一九二一年のメーデーと社会主義者の会合に参加したかどで逮捕され、国外追放となり、敦賀からウラジオストックに送られた。そこからハルビン、上海、北京と移動し、魯迅などの知己を得て、翌年には北京大学や女子師範学校でロシア文学について講演した。魯迅の小説「あひるの喜劇」のモデルにもなっている。後にモスクワ盲学校などで盲人教育にあたったが、一九五二年に六十二歳で不遇の生涯を終えた。

クートヴェの旧址に立って

ところで、クートヴェの校舎はモスクワの何処にあったのだろうか？　風間の回想は続く。

「トベルスカヤ通りというのはモスコーでのメインストリートで、レニングラードのネプスキー通りに匹敵する。この通りには、メーリルホリド劇場、革命博物館、プラウダ、イズベスチャ両新聞社、コミンテルンやプロフィンテルンで働いている人々の宿舎であったホテルルックス、モスコー・ソヴェート・レーニン研究所、中央郵便電信局などがある。そしてメーリルホリドを一端とし、中央郵便電信局を他の一端とするその中央部にストラストナヤ広場がある。この広場を囲んで、イズベスチャ新聞社があり、それに向かって右へ少し行くと学校の図書室がある。道路をはさんでこれと殆ど反対側に元教会の煉瓦塀が高く築かれている。この塀の中へ入って右側の建物の一階が食堂で、二階が学校直属の病院である」

「教会の入り口に向かって右、病院の外は有名なトベルスカヤ・プリバールで、この散歩道を学校とは反対の方向、モスコー河の方向へ道路を横切ったところに片手を背後にあてて考えこんでいる文豪プーシキンの銅像が立っている」

風間丈吉の記述によると、クートヴェが位置した場所は、近くにプラウダ新聞社、トベルスカヤ通りを下ればホテルルックス、レーニン研究所と続き、さらに十分か十五分でクレムリン城壁に達するという、まさにモスクワの中心部にあったことになる。右手に歴史博物館を見て進めば赤い広場があり、レーニン廟の斜め前には、ナポレオンが一八一二年にモスコーを攻めたときに馬を繋いだと言い伝えられる立派な礼拝堂があった。それらの背後にはクレムリン城壁が高々と聳えていたとされる。

米国共産党初期の党員、高谷覚蔵は一九二三年にクートヴェに入学した。彼の目にはどのように映っていただろうか。

「学校のあった場所は、前にも一寸述べたがストラストナヤ広場の一角であった。学校の横にはツヴェルスコイ遊歩通りが通っていて、モスクワでもなかなかハイカラないい場所であった」

「ストラーストヌイなる名称はストラーストヌイ僧院より来ているという。昔は此処に城門や市場があり、一七世紀頃は華々しくその名を謳われた土地柄である。此の広場にはオペクシーンの作ったプーシキンの像があるのでご存じの方もあるであろう。一八九〇年代では既に学生運動デモの常習的場所であり、一九一八年頃は此の付近で屢々街頭集会が行われ、十月革命当時は砲兵隊が大砲を備えたなどなど革命運動にもゆかりの場所である」

「付近にある著名な建物では共産党中央機関紙プラウダと政府機関紙イズベスチヤの発行所である。その他ツヴェルスカヤ修道院等の尼寺もあった。私が学校に居た頃は此の尼寺は学校の病院となっていた。診察を受けに行く人と、ほの暗いその尼寺の奥まった暗がりに、白い影が流れて、寂《さ》びそうな尼僧の姿を見かけることもあった……」(19)

二〇一六年八月、私は妻と二人でロシアを旅行した。行き先はモスクワとサンクトペテルブルク(旧レニングラード)で、私たちが参加したツアーの目玉はエルミタージュ美術館の見学だったが、父がかつて学んだクートヴェの場所に立ってみたいという思いからのモスクワ行きであった。

私たち二人は赤の広場をひとまわりしたあと、クレムリン宮殿から西北に延びるトベルスカヤ通り(現在のゴーリキー通り)の緩やかな坂をゆっくりと上っていった。一五分ほども歩いて坂を上りきった頃、大通りを挟んで、左手に緑地帯と右手にプーシキン像の立つ小さな広場のある場所に出た。暮れかけた夕陽に照らされたプーシキン広場(旧ストラーストナヤ広場)に面して、イズベスチヤ新聞社の社屋が見える。父より少し遅れてクートヴェで学んだ山本正美は、戦後、モスクワを訪れた際に、大学の建物はそのままノーボスチ通信社になっているのを日にした、と自著に書いている。革命前、その建物には作曲家のラフマニノフが住んだこともあったそうだ。だが、それらしき建物を確かめることはできなかった。夏の陽ざしが落ちかかり、暮れなずむ街に夕闇が迫ろうとしていた。「ああ、此の辺りにあったんだな」と、私は思わず呟いていた。

この時のロシア旅行から六年ほどが過ぎたある日、クートヴェの所在地を確定できなかったことが心残りになっていた私は、山本正美が自著に書き残した「大学の建物はそのままノーボスチ通信社になっていた」という言葉をたよりに、同通信社東京支局に電話をしてみた。電話口にでた奈加キセーニヤさんという女性支局員は私の用件を聞き終えると、流暢な日本語で調べてみると約束してくれた。その翌日のこと、奈加さんから、ノーボスチ通信社の本社ビルは一九六一年から八〇年までプーシキン広場の東側にあったことが社史に記載されていた、と知らせてくれた。山本正美の著書は一九八五年に出版されていて、文中では数年前にモスクワを訪問したとあるから、山本が目にした建物はノーボスチ通信社が移転する前の最後のころと思われ、ピタリと平仄が合った。併せてウィキペディアのロシア語サイトにあったクートヴェの項目を教えてもらい、当時の画像とより詳細な資料も入手できた。その同じ場所に新築された旧ノーボスチ通信社ビルの建物は、今はロシア連邦政府のある部門が使っているようだった。

プーシキン広場は東西に長く延びた長方形の形をしているのだが、かつてのクートヴェの校舎は、その南北両側を、プーシキン広場を取り囲むマリー・プチンコフスキー通りとボリショイ・プチンコフスキー通りに挟まれて、同広場の東側に位置していたことが分かった。六年前に私が立った場所は広場の西側にあたっていたから、そこからは遠すぎて夕闇のなかで目視できなかったのも当然だったわけである。

左側の建物がプーシキン広場にあったクートヴェの本館。

4、任務をおび帰国の途へ

玉石混淆《こんこう》だった学生たち

クートヴェ留学生の人数についての正確な記録はないが、一九二四年入露の第一期生から一九三〇年代にかけて、五〇数名が卒業しているようだ。その中には、元中央委員長で獄中転向した風間丈吉や戦後復党した山本正美、戦前最後の中央委員で戦後は党副委員長になった袴田里見らがいた。帰国後に戦線を脱落し、転向したものも少なくない。後述する共産党中央指導部に潜り込んでいたスパイMもまたクートヴェに学んだ一人である。前出の一九二九年外務省機密文書には次の記載が見られる。

「邦人留学生は、大正十二年震災以後、毎年十名内外宛入学せるものの如く、現在判明せる所に依れば、留学生総数四十八名中目下留学中のもの六名、滞在中死亡せるもの一名、帰朝せるもの四十一名、帰朝後検挙されたるもの二十六名。未検挙者十四名、死亡者一名とす」

風間が検挙された後に帰国し中央委員長になった山本正美は、クートヴェ卒業生には資質に恵まれた者がかなりいたにもかかわらず、期待に応えられなかったのは何故なのか？　また帰国後に指導的地位に就いた者が多くいたのに、共産主義者として晩節を全うできなかったのは何故なのか？　と自問している。

その答として、彼は、一、二の例外を除いてクートヴェ学生は非共産党員から選抜され、一般的な労働運動の経験はあったにせよ、苛烈な弾圧下での党生活の経験がなく、心情的な同調者ではあっても系統的なマルクス・レーニン主義の理論的修養に欠け、それに加えて当時の幼稚な党の発展段階では彼らを養成する能力もなかったことをあげ、さらに続けて、そうした状況のもとで、第一に、「三・一五」「四・一六」の大検挙で党の最高幹部と大衆運動の経験ある指導者を失ったため、クートヴェ卒業生が地下活動の実践で鍛えられないまま、帰国早々にその空席を埋める役割を負うことになったこと、第二に、当時の最高指導者の大多数がたちまちのうちに転向したばかりか、日本軍国主義の手先に成り下がってしまったことにある、としている(20)。

「三・一五」前夜に入党

父は、クートヴェに在学中の一九二七年八月、折から党再建と二七年テーゼ作成をコミンテルンと協議するため訪露していた渡辺政之輔による党員資格審査をうけ、その年の一二月、コミンテルン執行委員片山潜から入党確認の通告を受けた。父の自筆経歴書には、「一九二七年八月、クートヴェ在学中、故渡辺政之輔同志より〈党員の〉資格審査を受け、一九二七年十二月故片山潜同志より確認通告をうく」とある。父はすでに三十四歳になっていた。

この「二七年テーゼ」は、日本共産党に対して、「革命的理論なくしては革命的運動はあり得ない」と同時に、「革命的大衆闘争なくしては、大衆との生き生きした鞏固な結合なくしては、すべての理論は灰色である」ことを体得しなければならない、と指摘していた。

「こうして、昭和のはじめには、わずか百名ほどの前衛的知識人、二七年テーゼのいわゆる『マルクス主義的に思索する人々』の集団であった日本共産党は、党費、入会、除名に関し、あらためて規約をつくり、当時の日本の労働者四五〇万、組織労働者三〇万の中から、党員五千名を獲得することを目標として、新しい組織活動に入る」(21)

日本共産党は、この二七年テーゼによってはじめて正式に綱領的文書をもって、本格的な党建設と大衆運動の指導に踏み出したのだった。そのいわば初陣が、一九二八年二月の第一回普選であった。共産党は、労農党をつうじて徳田球一、山本懸蔵らの候補者を立て、合法部隊を活用すると同時に独自活動の展開をもはかった。選挙戦真っ最中の二月一日、非合法機関紙『赤旗』を発刊し、選挙に臨む共産党の政策と中心スローガンを掲げた。

その政策は、君主制の撤廃、労農の民主的議会の獲得、男女十八歳以上の選挙権被選挙権獲得、言論・出版・集会・結社の自由、一切の反労働者法の撤廃、団結権・選挙権・示威運動の自由、失業手当法の獲得、大土地所有の没収、所得税・相続税・資本利子税にたいする極度の累進賦課、帝国主義戦争反対。ソヴェトロシアの防衛、植民地の完全なる独立、であった。

また、その中心スローガンを、「天皇と結びついた資本家と地主の議会を破壊、労農の民主的議会をつくれ！」「労働者に職と仕事を与えよ！」「大土地を没収せよ！」「労農大衆は日本共産党の旗のもとに戦え」としていた。

共産党のこうした大胆な挑戦に対し、頃合いを見澄まして加えられた強烈な一撃が、三・一五の大検挙だった。父のクートヴェ留学から二年半後の一九二八年三月一五日、非合法下の日本共産党に大弾圧が加えられた。党員と革命的労働者、農民、インテリゲンチャら検挙された者一五六八人、起訴された者四八三人にのぼった。共産党はこの「三・一五事件」で、徳田球一、佐野文夫、福本和夫、野坂参三、志賀義雄(22)ら主要幹部と多数の活動家を失い、大きな打撃を受けた。

党再建の先発隊として

検挙をのがれ地下に潜った佐野学と難波英夫はウラジオストックに逃げ、そこからモスクワに三・一五事件を報告した。コミンテルンはただちに日本共産党の再建を計画し、その先発隊としてクートヴェ在学中の父と南巌、吉村英、舟貝幸作ら四人を帰国させることにした。モスクワを三月下旬に出発しているところを見ると、素早い動きである。間庭末吉は後に、その年の夏に日本へ帰国する途中の父と、ウラジオストックで会ったと語っているが、後述するように、相馬一郎が六月上旬に銀座松坂屋付近でロシアから帰国した父と会ったと証言していることから見ると、間庭の記憶違いであろう。

ともかく、往路に経由したときは比較的安全であった上海は、すでにその様相を一変させていた。前年の一九二七年四月、国民革命軍を率いて北伐途上にあった蒋介石は、孫文が結んだ第一次国共合作を裏切って反共クーデターを起こし、白色テロが猛威を振るっていたのである。この年四月一二日、蒋介石は上海の秘密結社青幇《チンバン》の頭目黄金栄、杜月笙らに命じて、中国共産党指導下の労働者を襲撃させ、数十人を殺害した。翌一三日、これにゼネストで抗議し街頭デモを行った十余万人の上海の労働者に対して、国民党軍が銃弾を浴びせ百余人が殺された。こうして一二日からわずか三日の間に三千余人が殺され、五千人が行方不明となった。中国革命はそれまでの発展期から転じて退潮期に入り、中国共産党は、上海の地下深くに身を潜めることを余儀なくされた(23)。

これよりさきの一九二七年三月三日、ソ連邦共産党はコミンテルン極東ビューローの人事刷新を決定し、駐在代表のヴォイチンスキーを帰国させた。その後任として派遣されたインド人のM・N・ロイが武漢に着いたのは、上海クーデターの直前、四月はじめのことである。新たな情勢のもとで、コミンテルン中国駐在代表として着任したロイと、中国国民政府におけるコミンテルン代表の立場にあったミハイル・ボロディンとの間に、中国革命の方針をめぐり、土地革命を先行するのか、それとも北伐を継続するのか、という重大な意見の対立が起きた。この結果、コミンテルン執行委員会政治書記局は六月二二日コミンテルン執行委員会中国駐在代表ロイを直ちに帰国させることを決めた。つづいて七月一四日、ソ連邦共産党中央政治局が秘密会議で、ボロディンのモスクワ召還を決定し、ここにソ連邦共産党およびコミンテルンが中国革命を指導するために設けた代表と機構はすべてその使命を終えたのだった。一二月一四日には中国国民政府が対ソ断交をおこなう。この後、上海に新たな極東ビューローが再建されるのは、一九二九年春のことである。

一九二七年八月一日、江西省南昌で武装蜂起した周恩来、朱徳ら北伐軍内の中国共産党員は自らの武装勢力を築いて転戦し、やがて湖南省で秋収蜂起に成功した毛沢東率いる部隊と合流して、工農紅軍（労農赤軍）を創建する。この後、中国共産党は、党中央指導部内に発生した左右の日和見主義との闘争を重ね、紆余曲折を経ながら、貧農下層中農に依拠して革命根拠地を建設し、長期にわたって武装闘争をすすめる革命戦略に転じていくことになる。

帰国時の潜入ルート

父ら四人の先発隊はこのとき、どのような経路で帰国したのだろうか。一九二九年外務省機密文書の一節「入露邦人留学生の帰国状況」に、留学生の供述として、日本への潜入ルートが次のように記されている。

「入露邦人留学生は大部分、三・一五事件以後『コミンテルン』の命令により帰国するに至りたるものなるが、其の帰国状況を見るに、莫斯科（モスクワ）出発に際しては、各自『コミンテルン』東洋部又は同執行委員片山潜に招致せられ、帰朝後、日本共産主義運動指導に関する幾多の指令を受け、東洋部より一人平均米貨百ドル、雑費三、四十ルーブルと浦塩（ウラジオストック）迄の鉄道乗車券を受領し、各自別に露都を引き上げ、先ず浦塩に向かうものとす。

浦塩に於いて蘇聯邦人の外、邦人間庭末吉、高谷覚蔵、谷口鉱次郎等を訪問し、途中使用すべき変名、帰国後に於ける日本共産党員との連絡方法等に関する指示を受け、鉄路露支国境付近の小駅に至りて下車し、国境守備隊長『ベンソン』の斡旋を受け、「ソ」聯邦人『ステパン』又は『イワノヴィッチ』等、若しくは同地居住の鮮人密輸入者などの案内によりて、夜間密かに徒歩国境を越えて支那領に入り、国境付近の小駅『ボグラニチナヤ（中国名＝綏芬河・すいふんが）』に於いて再び乗車し、哈爾浜（ハルビン）に赴き、同地に於いて米貨を邦貨に両替し、邦人の服装を整え、鉄路長春を経て奉天に出て、それより大連又は釜山を経由して門司又は神戸に上陸するものとす」

父の帰国より二年半ほど遅れてモスクワを旅立った風間丈吉は、ウラジオストック（中国名＝海参蔵）に着いてから国境を越え、日本への船に乗るまでのことを書き残している。風間の回想を辿ってみよう。

「いよいよ出発前夜となった。明日は午前零時の列車でソ満国境のグロデコーヴォへ行け、という命令だった……汽車はニコリスクウスリスク（中国名＝双城子）までを北上し、そこから左折して国境へ向かった。夕方近くにグロデコーヴォ駅に着いた。ここがソ連の国境駅である。乗客のパスポート検査が厳重におこなわれる。私は所持していた紙片をゲーペーウーの一人に渡して、ここで下車した……土地の宿に入って睡る間もなくやがて出発。「私の手には革鞄一個しかなかった。その中には石鹸、タオル、歯磨道具、それに『雑誌富士』しか入っていなかった。思えば五年前日本を出るときにもこれと同じくらいのものしか持っていなかった。ズックと革の違い、ロシア語の辞書と雑誌の差――それだけであった」

「ある百姓家の前に立停まると、乾し草をいっぱい敷いた馬車が待っていた。彼は案内の青年と一緒にその荷車に乗り、国境の山に近づいてくると、突然山の中から『ストーイ（止まれ！）』という国境警備兵の声がした。馭者が毎日そこの部落へ通っている者だというと、兵士は、車の上をちょっと調べて、よろしい」と言い、銃を肩にし、背を向けて去って行った。（中略）国境最後の小さな部落で車からおりると、ある部落の家の前で案内人が交替した。国境の山は何重にもなっていて、上っては下り、下ってはまた上る。路という路もなく、山にはもう雪があった」

案内人は夜の白々と明ける峠の上で彼から別れた。風間はボグラニーチナヤ（綏芬河）の町に入り、警備の中国人兵士と出会ったが、無事にそこを通り過ぎて、ある雑貨店に入った。共産党の秘密連絡所なのか、はたまた密輸業者の巣なのか、どちらとも分からない。とにかくそこの世話で無事に汽車に乗ることができた。翌日、風間はハルビンに着いて衣服をととのえた後、再び汽車に乗り長春を経て大連に向かった。風間を乗せて大連を出港した日本郵船のサイベリア丸が門司に着いたのは昭和五年一〇月下旬のことであった。

毎日新聞の編集局長・論説委員長を務めた森正蔵は、敗戦直後に出版した著書で、「三・一五で地下に潜った佐野学と難波英夫は浦塩に逃げ、そこからモスコーに三・一五事件を報告した。三月末にはモスコーからは、先年入露していた南巌、吉村英、酒井定吉、船貝幸作の四名が再建委員として、東京に帰って来た。彼等は非常に苦心し、漸く上海を経て東京に来たのだ。これを探知した警察陣は直ちに同年八月に福本和夫をはじめコミンテルンから帰って来た十三名を検挙した」と書いている(24)。

森は、彼ら四人が、「上海を経て東京に来た」としているが、これは果たしてどうであろうか。すでに書いたとおり、前年の蒋介石による反共クーデターで、上海はもはや往路のときとは様子がすっかり変わり、頼るべき相手のコミンテルンも中共地下組織も地下深くに息を潜めていた。シベリア、「満州」（中国東北部）を経由した父は、上海を避け、風間と同様にハルビンで身支度を調えた後に大連に到り、同地から日本の商船に乗って門司か神戸で下船し、密かに日本の土を踏んだのではなかったろうか。一九二八年四月、「三・一五」事件の直後のことである。三十五歳を迎えたばかりの父を待っていたのは、日本全土に吹きすさぶ弾圧の嵐であった。

第四章　戦前の地下闘争

1、軍部の擡頭《たいとう》とファッショ化

大正から昭和初めの事件史

大正初めごろ高揚期を迎えた日本の労働運動は、昭和の初めにかけて急速な発展をみた。解党の危機を乗り越えた日本共産党は、コミンテルン「一月テーゼ」のもとに、労働者の中へ組織を着実に広げつつあったが、天皇制権力はそれに対して、牙をむいて襲いかかろうとしていた。第一次世界大戦から昭和初頭までに起きた事件を通して、その社会的背景を眺めると、そのあまりにもドラマチックな展開に驚きを禁じ得ない。国内外の主な大事件を書き出してみる。

一九一四年・第一次世界大戦勃発
一九一五年・大隈内閣が対華二十一箇条要求提出
一九一七年・ロシア十月社会主義革命
一九一八年・日本が対ソ干渉シベリア出兵（一九二二年撤兵）
　・米騒動で全国一道三府三十八県に波及、各地に暴動が起こり、軍隊が出動して鎮圧
一九一九年・朝鮮で独立宣言「三・一運動」
　・第一次世界大戦講和会議がドイツの中国山東省利権に関する日本の要求を承認、

これに抗議して中国で「五・四運動」起きる
一九二〇年・上野公園で日本初のメーデー示威運動に十団体一万余人参加
・山川均、大杉栄、堺利彦ら日本社会主義同盟創立
一九二一年・足尾銅山争議
・日本労働総同盟創設
・原敬首相刺殺
・中国共産党創立
一九二二年・日本共産党創立
一九二三年・第一次共産党事件
・関東大震災に際し、大杉栄・伊藤野枝、甥の六歳の橘宗一、河合義虎ら十数名の革命的労働者及び朝鮮・中国人労働者数千名が虐殺される。
・難波大助が摂政裕仁（後の昭和天皇）を狙撃（虎ノ門事件、死刑）
一九二四年・レーニン死去
・中国で第一次国共合作成立
・日本共産党が解党を決議するもコミンテルンが即時再建を指示
・労働総同盟内の左右対立が激化、左派四組合除名
一九二五年・孫文死去
・治安維持法、普通選挙法成立施行
・日本労働組合総評議会結成

一九二六年・労農党を再組織（委員長大山郁夫）
・日本共産党再建大会
一九二七年・金融恐慌（渡辺銀行など休業）
・上海で蒋介石が反共クーデター（共産党員、革命的労働者多数を殺害）
・田中義一内閣成立、第一次山東出兵、対華政策綱領策定のための東方会議を開催し、権益自衛方針を声明
・コミンテルン「日本問題にかんする決議」（「二七年テーゼ」）を決定
・芥川龍之介自殺
・中国共産党の朱徳、周恩来らが南昌で軍事蜂起、毛沢東が井崗山で秋收蜂起
一九二八年・第一回普通選挙
・「三・一五事件」、労農党・労働組合総評議会・無産青年同盟に解散命令
・関東軍による張作霖爆殺事件
・緊急勅令で治安維持法を改正し、最高刑を死刑に
・全国警察部に特別高等課を設置

わずか十五年の間に日本の内外でこれだけのことが起きていたのである。やがて世界大恐慌の幕が開くことになる。

世界大恐慌と迫る「暗い時代」

一九二九年一〇月に起きたニューヨーク株式市場の大暴落をうけて、日本の主要な輸出産品であった生糸

価格が大暴落し、翌一九三〇年には世界大恐慌の波が日本を襲った。産業界では操業短縮が相次ぎ、操短率は鉄鋼・セメント五〇パーセント台、肥料四〇パーセント台、綿紡・絹紡・洋紙三〇パーセント台に陥った。この不況状態は一九三二年頃まで続き、擡頭する日本帝国主義を根底から揺さぶるほどのものになろうとしていた。

この結果、大卒就職率は三〇％にまで落ち込んだ。映画「大学は出たけれど」（小津安二郎監督）は流行語となり、失業者が街にあふれた。農村は生糸の対米輸出が激減したことなどによって壊滅的な打撃を受けた。三一年には大凶作に襲われ、とくに東北、北海道地方の冷害地の惨状は深刻をきわめ、困窮のはてに農家の娘を身売りする光景がどこの村でも見られた。一九三〇年から三二年頃には失業者は全国で三百万人に達したと推定されている。「東海道五十三次」の旧街道には、郷里の農村へ歩いて帰る失業者の群れが目立ったといわれる。

こうした情勢の下、一方では、徳永直が小説「太陽のない街」(1)に描いた、一九二六年の共同印刷争議のような労働者の闘いや知識人らの左翼文化運動は、特高警察の厳しい取り締まりを受けて次第に沈黙を強いられていった。他方で、明治以来の国粋主義思想は、次第に軍部の一部と結びついて、ファッショ的な政治運動化が進行していき、軍の一部将校を巻き込んでの政界の重臣や財界首脳に対するテロ行為を頻発させ、ついには帝都を揺るがすクーデター「二・二六事件」（一九三六年）を引き起こすことになる(2)。

満州事変が起きる一年前のことである。二十七歳の石堂清倫は、その当時、「三・一五事件」に連座して逮捕投獄され、身体を悪くして保釈後に田舎で療養していた。ある日、石川県小松町の公会堂の前を通ると、「時局大講演会」という立て看板が出ていた。なかに入ってみると、軍部主催の演説会で、人口一万五千にも満たないその小都市に、近郷近在の農民たちが動員されて、町では見かけない日焼けした顔で満員だったという。講師は陸軍省から派遣された制服の少佐だった。石堂青年が書き留めていた、その軍人の講話は次のようなものであった。（石堂清倫『20世紀の意味』平凡社／二〇〇一年）

日本の農村はいま非常に窮乏している。ことに一九二九年からはじまった世界恐慌の影響は農村において最も激しく爆発しており、農村の娘の身売りのような悲惨な出来事が相次いでいる。……これは思い切った手段で解決しなければならないだろう。諸君は五反歩の土地をもって、息子を中学にやれるか。娘を女学校に通わせられるか。ダメだろう。税金を払うのも困難だろう。日本は土地が狭くて人口が過剰である。このことを左翼は忘れている。だから、国内の土地所有制度を根本的に改革することでは改革はできない。ここでわれわれは、国内から外部へ目を転じなければならない。満蒙の沃野を見よ。
（中略）他人のものを失敬するのは褒めたことではないけれども、生きるか死ぬかという時には背に腹はかえられないから、あの満蒙の沃野を頂戴しようではないか。これを計算してみると、諸君は五反歩ではなしに一躍十町歩の地主になれる。つまり旦那衆になれる。民族として生きるためのただ一つの選択だからこれをやるしかないのだ。

陸軍は、貧窮にあえぐ農民らに向かって、在郷軍人会主催の講演会や、国防思想普及運動などを通じて、「自分が困ったときは他人からものを奪ってもよい。それが正義だ」と、国家権力の象徴である軍人の口を使い、堂々と煽動していた。この恥知らずな、むき出しの「強盗の論理」をもって、人々の最も賤しい欲情をあおり立て、中国侵略へ動員していったのである。

石堂は、つづけて書いている。

「それは激越きわまる扇動であった。われわれの日常生活を規定する道義の精神などを一擲せよ、侵略も又正義であるというのであった。聴衆は肝をつぶしたにちがいない。しかし軍部が先頭に立っている以上、新しい価値観、新しい精神で武器をとってよいのだと理解したであろう。人びとは軍部を救世主と感じたであろう。人びとの気持ちが動き出したことは、村の生活のなかでもじわじわと感じられてきた。」

「これは私の住んでいた北陸の地方的事件ではなかった。調べてみると、一九三〇年暮れからはじまった『国民的』運動の一部分であった。全国の師団は在郷軍人会をうごかして『国防思想普及運動』を開始したのであった。不思議なことに、この大規模な運動は、新聞雑誌が報道しなかった。報道することを恐れたのか、または報道を好まなかったのか、それとも軍部に同調したのか、大きな問題がある。陸軍の機関の一つである『偕行社記事』によると、各地の演説会は一八六六箇所で行われ、動員された聴衆は一六五万人に達していた。それだのに民間報道機関は一言もこれに触れていない。軍の協力者である大川周明が、のちに『無遠慮』に演説して廻ったと回顧しているように、まさしく傍若無人の全国的カンパニアであった。」

こうして、「満州事変」は軍自身の予想も超える「国民的熱狂」をもって迎えられたのであった。

一九三一年九月一八日、中国東北部の奉天（現瀋陽）郊外の柳条湖で、関東軍が南満州鉄道の線路を爆破するという事件（柳条湖事件）を起こした。これに端を発して、関東軍は、事件は中国側が起こしたとの偽情報を流し、日本人居留民の保護を口実にして軍事占領を進めた。その間、関東軍が進めた作戦行動は政府の不拡大方針をまったく無視した下剋上とも言うべき暴挙であった。だが陸軍中央部と政府は、関東軍の突出した軍事行動に引きずられる形で次々に兵力を投入し、軍事行動を拡大して、約五か月で中国東北部全土を占領するに至る。翌年、関東軍の手によって、清朝末代皇帝の廃帝溥儀を担ぎ出し、傀儡政権である「満州国」がデッチ上げられると、にわかに国際問題化する。一九三三年の国際連盟特別総会で、「満州国」の不承認を勧告するリットン調査団報告書が可決されると、日本は直ちに国際連盟から脱退し、国際社会の孤児となった。

中国で「九一八事変」と呼ばれるこの「満州事変」は、全中国各階層の人々を亡国の危機意識に目覚めさせ、英雄的な反抗闘争を呼び起こしただけにとどまらず、さらに一九三七年の盧溝橋事件を機に全民族の抗日戦争へと至る「日中十五年戦争」の導火線に火を点けるものであった。中国戦場では日本軍が点と線に釘付けにされて泥沼と化していった。また国際的には、中国をめぐる欧米諸国との利権争いを抜き差しならないものにし、遂には国民を勝つ見通しのない無謀な太平洋戦争へ駆り立て、日本を破滅に導いたのだった。

満州事変のわずか四年前、三〇歳の芥川龍之介は、「僕の将来に対する唯ぼんやりとした不安」を動機として記し、自殺した。大正デモクラシーの下での自由な雰囲気が、その短い命を早くも終え、共産主義者だけでなく、多少とも自由主義的な色彩を帯びた知識人が、軍部の意向に従うことを強いられる暗い時代が、すぐ間近に迫っていたことを、彼はその繊細な神経で感じとっていたのであろうか。

2、弾圧の嵐「三・一五事件」

ファシズムへの序幕

芥川の死から八か月余りが過ぎたころ、秘密にされていた三・一五事件の報道禁止が解除された。事件から一ヵ月近くたった一九二八年四月一〇日のことである。この日の『東京朝日新聞』夕刊は、第一面を事件の記事で埋めつくした。

「共産党の結社暴露し
全国で千余名大検挙
過激なる宣言綱領を作成して
画策した一大陰謀

〔本日記事の差止めを解除さる〕

去る三月十五日払暁を期し官憲は全国一斉に活動を開始し各地における極左傾諸団体の本支部並に各団体員幹部の家宅捜査を行ひ……全国六大都市を始め全国三府一道二十県にわたって当日より最近までの間に無慮《およそ》一千余名の左傾分子の一大検挙を行った。右は日本共産党と称する一大秘密結社に関する事件で……（以下、省略）」

社会運動史の研究で知られる塩田庄兵衛（東京都立大学名誉教授）は、「治安維持法の暴威―三・一五事件―」という文章のなかで次のように書いている。

「三・一五から四・一六事件までの起訴者は八百数十人にのぼった。（注・司法省の調査によると、一九二八、二九両年の治安維持法による検挙者数は八三六八人、起訴者数は八六四人にのぼる）かれらの裁判は、全国各地方の裁判所で進行し、ほとんどすべて、有罪の判決をうけた。東京では、三・一五、中間検挙、四・一六の被告二〇一人の統一公判が、一九三一（昭和六）年六月二五日から、東京地方裁判所で開廷された。（中略）第一審判決は一九三二年一〇月二九日に下された。三・一五以来四年半たっており、判決を受けたのは一八五人であった（他の一六人は転向・行方不明・死亡等で分離された）。」

「三・一五事件の背景には金融恐慌・山東出兵・第一回普選などの内外情勢の激動があった。日本資本主義の危機、田中内閣による中国革命への干渉、それにたいする労農運動の激化、『対支非干渉運動』＝反戦運動の高揚、要するに階級闘争の新しい展開が、その中に浮かび上がってきて、共産党に対する支配階級の総攻撃を促した。三・一五事件は、昭和史が戦争とファシズムにむかって展開してゆく、陰惨な序幕であった(3)」

小説『一九二八・三・一五』の一場面

作家の小林多喜二(4)は、北海道小樽における三・一五事件の実況を、小説『一九二八・三・一五』に書いた。その日の朝、寝込みを襲われた小樽の活動家が警察の留置場に入れられ、特高係の刑事たちによって次々に拷問に遭う場面が描写されている。

「渡は裸にされると、いきなりものも云わないで、後ろから竹刀でたたきつけられた。力一杯になぐりつけるので、竹刀がビュ、ビュッとうなって、その度に先がしのり返った。彼はウン、ウンと、身体の外面に力を出して、それに堪えた。それが三十分も続いた時、彼は床の上へ、火にかざしたするめのようにひねくりかえっていた。最後の一撃（？）がウムと身体にこたえた。彼は毒を食った犬のように手と足を硬直さして、空へのばした。ブルブルッと、けいれんした。そして次に彼は気を失っていた」

「次に彼は裸にされて、爪先の床の間が二、三寸位離れる程度に吊し上げられた。

『おい、いい加減にどうだ』

下から柔道三段の巡査が、ブランと下がった渡の足を自分の手の甲で軽くたたいた。

『加減もんでたまるかい』

『馬鹿だなァ。今度のは新式だぞ』

『何でもいい』

『ウフン』

彼は、だが、今度のにはこたえた。それは畳屋の使う太い針を身体に刺す。一刺しされる度に、彼は強烈な電気に触れたように、自分の身体が句読点位にギュンと瞬間縮まると思った。彼は吊されている身体をくねらし、くねらし、口をギュッとくいしばり、大声で叫んだ。

『殺せ、殺せ――え、殺せ――え！』

それは竹刀、平手、鉄棒、細引きでなぐられるよりひどく堪《こた》えた」

「終に、警官は滅茶苦茶になぐったり、下に金の打ってある靴で蹴ったりした。それを一時間も続け様に続けた。渡の身体は芋俵のように好き勝手に転がされた。彼の顔は『お岩』になった。そして三時間ブッ続けの拷問が終わって、渡は監房の中へ豚の臓物のようにほうりこまれた」

「工藤に対する拷問は大体渡に対するのと同じだった。ただ、かれがいきなり飛び上がったのは、彼を素足のまま立たして置いて、後ろから靴の爪先で力一杯かがとを蹴ることだった。それは頭の先までジーンときた。彼は取調室を、それをされて二回も三回もグルグル廻った。足首から下は擂木《すりこぎ》のように、しびれてしまった。かがとから出た血が室《へや》の中に円を描いた。工藤は金切り声（彼の声は何時もそうだった）をあげながら、痩せ馬のように跳ね上がった。彼は終いにへなへなと座り込んでしまった。

それが終わると、両手の掌を上に向けてテーブルの上に置かせ、力一杯そこへ鉛筆をはさんで締める。これ等を続け様にやると、その代わり代わりにくる強烈な刺激で神経が極度の疲労におち入って、一時的な『痴呆状態』（！）になってしまう。弾機《ばね》がもどって、ものにたえ性《しょう》がなく、うかつな『どうでもいい』気持ちになってしまう。そこをつかまえて、警察は都合のいい白状をさせるのだった」

「取り調べは官憲の気狂《きちが》いじみた方法で、ここには書き切れない（それだけで一冊の本をなすかも知れない）色々な残虐な挿話を作って、ドンドン進んで行った」

正当化された官憲のテロ

松本清張は「小林多喜二の死」という一篇のなかで、次のように書いた。

「これは小樽だけのことではなかった。三・一五、四・一六、そして中間検挙や其の後の検挙による共産党員に対する官憲の拷問は全国的に行われ、まさに、それだけで一冊の本ができるくらいであった」

「時は田中内閣による満州侵略の前夜から、軍部の野望による満州占領の期間である。この『非国民』共産党員に対する官憲のテロは半ば公然と官憲に許されたものであった。天皇制に反対する彼らには、どのような暴力を加えようと、官憲は『天皇陛下の命令』という『使命感』によってその狂暴性を倫理化することができた。拷問するほうは、その実行途中で次第に人間の内側にひそむ野性をむき出してくる。無抵抗の人間の血を見て興奮し、その興奮がさらに彼らの加虐行為を駆り立てる。（中略）たとえ、相手がそれで死のうと、いっこうにさしつかえはなかった。そこは警察医によって、いつでも『病死』の診断が用意されているからである(5)」

この残虐な拷問を暴露した多喜二自身が、四年後に検挙され、わずか数時間の後に東京築地警察署で絶命した。「用意された死因」は心臓麻痺であったが、遺族に引き渡された死体には、彼が小説に書いたのよりもっと凄まじい拷問の加えられた跡が歴然としていたという。

3、「四・一六事件」で投獄

「四月十五日検挙さる」

父が亡くなって三十年余り経った頃、母から渡されたわずかな遺品を整理していると、数枚の薄い美濃紙に見慣れた文字で書かれた、父の自筆経歴書が出てきた。おそらく一九五五年の共産党第六回全国協議会前後に、党機関に出す必要があって作られたものであろう。中途半端な書き方で終わっているところを見ると、下書きをしたものか、あるいは書き損じを残しておいたものと思われる。そこに、クートヴェから帰国して以後、特高警察に検挙されるまでのことが、次のように記されていた。

一九二八年四月、帰国し、五月上旬故渡辺政之輔同志より神戸地方のオルガナイザーを命ぜられ派遣さる。三・一五弾圧により破壊された党再建設の調査、評議会、労農党、青年同盟、などの活動分子の獲得に活動す。

七月、大阪における袴田同志らの検挙により追及はげしく、八月中央よりの指示に上京したるも検挙のため連絡切れる。

九月、自発的に九州地方の調査とオルグ活動（命令ではなかったが話があったため）。

十二月、上京。（翌一九二九年）一月まで中央との連絡回復のため故服部麦生同志、与田徳太郎と連絡す。

一九二九年三月、中央組織局間庭末吉と連絡し、九州地方オルガナイザーとして派遣の指示通告をうく。九州オルグ出発準備中、検挙された間庭末吉の名簿暗号解読のため、

一九二九年四月十五日検挙さる。

「三・一五」で検挙を免れた渡辺政之輔と鍋山貞親、三田村四郎[6]は臨時中央指導部を組織し、四月には『赤旗』を再刊して、党員間の連絡や労働組合評議会など大衆団体内のフラクション活動を回復するとともに、大阪や北海道にオルグを派遣して地方機関の再建にも着手していた。その翌年、立ち直りかけていた共産党を再び大規模な弾圧が襲った。全国で三千余名が検挙投獄され、三百三十九人が起訴されるという大規模な治安維持法違反事件、いわゆる「四・一六」事件であった。この弾圧で共産党は市川正一[7]、鍋山貞親[8]ら主要幹部を失った。前年一〇月には、国領五一郎[9]が中間検挙で逮捕されていた。これら一連の弾圧によって、党の創立初期からの鍛えられた中央指導幹部は、ほぼすべて失われることになるのだが、ここでは時計の針を少し巻き戻して話を進めたいと思う。

弾圧下の対支出兵反対闘争

一九二七年六月、田中義一内閣は第一次山東出兵を強行する一方、同月から翌月にかけて東方会議を開いて、それまでの幣原穏健外交を覆し、軍事干渉による中国東北部分割の強硬政策を決定した。これに対し、労働農民党の呼びかけで、四月二八日、東京府下数十の無産団体が参加して対支非干渉同盟組織準備会を正式発足させ、また十三地域で地方同盟を結成した。戦前では例を見ない共産主義者、左翼および中間派社会民主主義者の統一行動が実現したのだが、左翼内部のセクト主義を理由に、日本労農党が脱退し、共闘はあえなく崩れた。だが五月三一日に労働農民党など左派十七団体によって対支非干渉全国同盟（委員長山本宣治）が結成され、つづいて二九年一一月には「反帝国主義民族独立支持同盟（略称＝国際反帝同盟）日本支部」が組織されるに至る。フランクフルトで国際反帝同盟第二回世界大会が開催されている最中の一九二九年七月二五日に発せられた、「反帝同盟日本支部準備会創立の檄」には、「今吾々は反帝同盟日本支部準備会を凡ゆる日本、朝鮮、台湾の同志、及び同志団体の支持参加の下に創立することとなった」とある。

「檄」に掲げられた参加団体には、全国労働組合協議会、朝鮮労働総同盟、自由法曹団、無産者新聞社、全国農民組合、台湾農民組合、全無産階級芸術家連盟（ナップ）、政権獲得労農同盟、台湾文化協会、朝鮮プロレタリア芸術連盟、産業労働調査所などが、また個人参加者には、布施辰治（借家人同盟）、秋田雨雀（国際文化研究所長）、河上肇（著述家）、大山郁夫（著述家）、小岩井浄（全農）、古屋貞雄（台農）、細迫兼光（政獲同盟）、藤森成吉（ナップ）、佐々木孝丸（ナップ）、千田是也（反帝大会日本代表）、上村進（弁護士）らの諸氏がいた。

当時の中心幹部だった鍋山貞親は、もっとも活発に展開されたのは対支出兵反対の闘争であったとして、次のように続けて書いている。

「三・一五検挙および三団体の解散があったあと、すぐ、田中義一内閣は済南占領の挙に出た。蒋介石の北伐軍が山東に迫るのをみて、居留民保護という口実のもとに出兵したのである。実は蒋（介石）軍の北京占領を妨害し、閻錫山軍に北京を占領せしめようとする日本政府の意図なることは誰の目にも明らかであった。その内政干渉だけでなく、軍事行動が引き起こす戦争拡大の危険に反対して闘う必要があった。そこで戦争反対同盟の組織にかかった。五月上旬にはついに、日、中、鮮、台、青年代表の極東反戦同盟を組織することに成功した。済南事件直後に動員令の下った名古屋第三師団管下に活動の中心をおいた。沼津、清水、静岡、名古屋、豊橋、長野をはじめ、のちには青森、大阪、東京、京都、岡山、山梨、門司、佐賀、鹿児島等の各都市および、周辺に出兵反対労働者大会や演説会を開催した。非合法のデモが何度も行われた。さらに日支共産党共同宣言を発して戦争反対を世界に宣伝した[10]」

非命に斃《たお》れた渡辺政之輔

この年、一〇月七日の東京朝日新聞に次のような人目を惹く見出しがおどった。

巡査を撃って怪漢自殺す

基隆のピストル騒ぎ

犯人は東京のお尋ね者か

〔基隆特電〕六日午前九時二五分基隆水上署派出所与世山有文巡査が同朝入港の湖北丸を臨検した際、一乗客東京市浅草区神吉町一丁目二〇米村春太郎が台北市堀田吉三と偽名しているのを発見、挙動も不審なので、引致する途中、派出所の岩壁にいたったとき、米村はかくしていた小型ピストルをもって与世山巡査を狙撃し、同巡査が昏倒したすきに逃走せんとしたが、平間警部補や派出所員に追跡され、三十間はなれたところで自ら頭部をピストルで射ぬいて倒れたので、基隆署では被加害者を付近の病院に収容し、手当を加えたが、米村は同日午前十一時死亡した。与世山巡査は生命危篤である。米村は内地でも捜査中の犯人らしい。

この記事中の米村春太郎こそ、党中央委員長渡辺政之輔であった。この一ヵ月ほど前の昭和三年九月初めに渡辺と連れだって上海へ向かった鍋山貞親は、戦後に著した回想記のなかで、上海での用件について、コミンテルン第六回大会から戻ってきた周恩来から大会の報告を受け、大会決定にしたがって党を再建することについて相談したこと、二人のうち一人にモスクワ亡命をすすめられたが二人とも断ったこと、資金を受領したことなどだった、と書いている。ひとあし先に帰国した渡辺と別れて上海に残った鍋山は、新聞に報じられた自殺事件の記事を読み愕然とする。

「……記事の中に彼の所持した名刺の名が出ている。それは私だけが知っている渡辺の偽名である。ああ、渡政死す。ちょうどヤンソン夫妻（かつて東京のソ連大使館にいて、当時は上海の極東ビューローのチーフをしていた）と朝食をとっている最中であった[11]」

渡辺の死を知った鍋山は、自分がとうてい及ばぬ感覚、不屈の積極性、天才的組織手腕を持っていた人物を失い、口には出さなかったが、「内心で自信がぐらつくのをおぼえた」とも記している。渡辺の妻、丹野セツ[12]によれば、「上海へ行く必要ができたので、渡辺は鍋山と二人で、たしか八月二十九日に出かけました。十月には帰るという約束」であった。鍋山の予審調書には、鍋山は「昭和四（一九二九）年二月帰京。四月二八日捕縛」「上海へは一九二八年九月一〇日渡政とともに、渡った」とある。

渡辺政之輔の死について、日本共産党の公式党史は、「また同じ十月、党創立以来の不屈の闘士であり、当時の委員長であった渡辺政之輔が、党務をおびて中国へ渡っての帰途、台湾の基隆で警官隊におそわれて自殺した」としている[13]。これは以後に刊行された同党の党史でも変更されていない。だが、丹野セツは、割り切れない思いがあったようで、自身の回想録で、「最近になって馬島僩先生は病床で泣きながら次のように語られた」と明かしている。

「〈馬島〉私が北海道へ行ったとき会った高橋実という警部が『あなたは渡辺政之輔を知っているか』というから、知っているどころじゃない」と言ったら、「実は私はあれを殺したんだといいました。彼のいうには『自分は渡辺政之輔を捕まえようと思っていたら、一発先に渡辺がパンとやったから、すぐ自分がパーンとやったんだ』といったが、実情は分かりません[14]」

いつのことであったか、めったに自分のことを話さない父から、入党の紹介者が渡辺政之輔だった、と聞いたことを憶えている。父は、そのことをひそかに誇りにおもい、格別の親しみを抱いていたようだった。

神戸地方オルガナイザーに

共産党弾圧の実行部隊は全国の警察に配置された特別高等部、すなわち特高警察であるが、戦後になると「公安調査庁」に看板を書き換え、戦前の「遺産」を引き継いだ。この公安調査庁が戦後に発行した部外秘調査資料に、父についての記載がある。

「『三・一五事件』の報に接したコミンテルンは、同年四月から七月下旬にかけて、クートヴェ留学生として派遣されていた連中に相次いで帰国を命じ、日共の再建活動に参加させた。（中略）当時日共の組織は、これらの多くの帰国者たちをそれぞれの部署に配置して、その生活を保障する程の力はなかった。したがってこれらの帰国者に対しては、工場あるいは大衆団体に入って自活の道を講じながら、党組織の基礎を固めるよう指示したが、当時の情勢はこのような方針が容易に実現できるような情勢ではなく、これらの人々の努力は、なすところもなく終わっている」

そして続けて、

「たとえば、（一）酒井定吉　同年五月中旬、渡辺政之輔から『神戸地方で自活の道を講じ組織の基礎を固めるように』との指示を受けて神戸に行き、七月中旬川崎造船所の人夫に雇われたが、警察の警戒が厳重であったので、直ちに上京、八月中旬九州へ配属され、与田徳太郎(15)とともに八幡製鉄所に就労した。ここも同様であったので間もなくやめ、大牟田から山口県宇部などを建築工事人夫をやりながら、転々して昭和四年二月上京、同月中旬間庭末吉から九州地方へ派遣する旨の通告を受けたが、間もなく検挙された(16)」

とあり、自筆経歴書とは細部で多少の違いはあるものの、大筋においてほぼ正確かつ詳細に書かれている。

父の前年にクートヴェに留学して帰国した相馬一郎の予審訊問調書が、「国領五一郎他十七名、河合悦三治安維持法違反被告事件予審終結決定書」に要約して記載されている。その一節に次の記述があり、前記の事情を裏付けている。

「被告人相馬一郎ハ、……右渡辺政之輔ノ命ヲ受ケ、……同年（昭和三年）六月上旬頃同市京橋区銀座松坂屋呉服店ニ於テロシヤヨリ帰国シタル富田事酒井定吉ニ会合連絡シ翌日同市下谷区鶯谷附近ノ陸橋ニ於テ同人ヲ右渡辺政之輔ニ紹介シテ連絡セシメ……」

このとき「三・一五事件」で破壊された党組織再建を任務とする神戸地方オルガナイザー派遣を父に命じた党中央委員長の渡辺政之輔は、それからわずか四か月後に、台湾・基隆で非命に斃れ、帰らぬ人となったのだった。

また、党再建の任務を負って、父と一緒にモスクワから帰国した吉村英は、大阪地方裁判所予審判事による証人訊問で次のように述べている。

「当時私ハ東京府北豊島郡尾久町二千九百五番地深町市蔵方ノ二階借リシテオリマシタガ、帰朝後党トノ連絡ヲ取ル事ガ出来ズ、二ケ月間位共産主義運動ニ付イテ、何等為ス事ナク過ゴシマシタガ、七月十三日ノ夜私ガ深町方へ帰ッテ来ルト、同人ノ妻ガ、今朝カラ当方ヲ訪ネテ人ガ見エテ居ル、ト云フノデ会ッテ見ルト、嘗テ私ガクートヴェニ在学当時、後カラ来タ富田ト云フ者デアリマシタノデ、同人ト話シ合ッタ処、富田ハ明朝君ニ紹介スル人ガアルカラ御徒町停留場ニ来テ呉レト申スノデ、翌十四日午前八時過ギ頃約束ノ場所ニ行ッテ見ルト、前年夏ゴロ「モスコー」デ会ッタ事ノアル千葉ガ参リ、富田ガ私ニ紹介スルト云ッタ男ハ千葉デアル事ヲ知リマシタ。千葉ノ本名ガ河合悦三デアル事ハ後デ知ッタノデアリマス」

ここに出てくる「富田」とは父酒井定吉の変名である。吉村は、この二日後に大阪へ行き工場に入って働こうとして頼んだ相手が党の周辺にいたスパイだったため、その男の手引きでほどなく捕まってしまうのだが、その直前に、派遣先の大阪から東京へ帰るという杉本文雄に、党中央の幹部宛の言伝を託している。その内容の一つが、「大阪ニ居ル筈ノ同志富田ガ行方不明デアルカラ神戸ノ方へ（探しに）行ッテ見ル」ということであった。「三・一五」事件直後の、破壊された党組織の混乱している様子がうかがえる。

国領五一郎の法廷陳述

中央委員国領五一郎は、「三・一五」事件当時は、モスクワで開かれたプロフィンテルン第四回大会に出席するため、訪露して日本を離れていたために検挙を免れた。「三・一五」直後、六月中旬に東京へ戻った国領は、直ぐに党中央組織部員となり、組織部長渡辺政之輔と共に地方オルガナイザーの選抜・派遣を担当していた。しかし、一九二八年一〇月三日、党活動中にアジトを特高警察隊に襲撃され、検挙される。いわゆる「中間検挙」であった。

昭和五年七月一六日東京地方裁判所において、小泉英一予審判事によって国領五一郎に対して行った第二十三回訊問の調書に、以下の記述がある。ここで、法廷委員である国領伍一郎は党指導部の一員として、「三・一五」事件で党組織が受けた打撃を回復するために各地へオルガナイザーを派遣したことについて、つぎのように答えている。

問　地方オルガナイザーに対してはどういう指導方針に出たか。

答　党中央部は三月十五日直後、東京地方に残った同志中適任者を選んで各地方のオルガナイザーに派遣することに決定したのです。（中略）そして之等のオルガナイザーが夫々の任地に出発仕様とした時、三・一五事件直後の繰り返しての検挙があり、其の為に此の計画は一時実行不可能になって仕舞いました。何故かと云えば、後任オルガナイザーは政府の為に警視庁や刑務所へ派遣されて仕舞ったからです。

その後四月下旬から五月にかけて地方に派遣しうるオルガナイザーが若干出来ましたので、早速九州、神戸、大阪、横浜、北海道へオルガナイザーを派遣しました。その時オルガナイザーに党が与えた方針は、第一に第二回組織会議の決議です。これは根本的な方針です。第二には各地方における赤旗の読者の住所氏名を教え、その読者を調査し、活動的な読者に働きかけて工場内に読者網を建設し、細胞準備会を作り出すこと、特に各オルガナイザーは可能な限り速やかに工場へ入り、自分自身が工場の中から活動分子を発見し、工場細胞を作り出すことと云うのでありました。

尚其の他大衆団体の活動分子の判っている地方では之に紹介したり、三・一五事件以前の赤旗の読者の残っている処では之を教えたりして各地方へ派遣しました。

これらのオルガナイザーの内、北海道へ派遣した同志のみは任地へ着いて間もなく、殆ど何もせずに党に無断で東京へ舞い戻ってきましたが、他の地方へ派遣した同志は皆オルガナイザーの経験は全然ないにも拘わらず、与えられた方針を実行するために非常な努力を続けていました。その結果、九州と神戸の同志からは六月中旬に至って其の地方に於ける大衆団体の報告が来るようになりました。横浜に派遣してあった同志とはその後一時連絡が切れましたが、後に聞く処に依りますと此の同志は同地方の海員刷新会に関係を付け、積極的に活動していたのであります。

問　九州に派遣されたオルガナイザーは

国岡事　袴田里見

神戸に派遣されたオルガナイザーは

富田某事　酒井定吉

横浜へ派遣されたオルガナイザーは

若柳事　世古重郎

北海道へ派遣されたオルガナイザーは

景山事　中川為助

ではなかったか。

答　そういう事は一切云いませぬ。

（中略）

問　被告の帰国前派遣された九州、大阪、其の他のオルガナイザーは直接誰の指導下にあったのか。

答　何れも党中央常任委員会の指導下にあったのです。

問　オルガナイザーとして派遣された者は何れも党員か。

答　勿論党員です。

「三・一五」事件後のオルガナイザー派遣は、国領が帰国する前のことで、実際に指示を与えたのは組織部長の渡辺政之輔だが、渡辺は国領が検挙された三日後に、台湾で亡くなっているから、法廷では組織部員の国領が代わって陳述していたのだろう。

暗号を解読された党員名簿

風間丈吉は戦後になって、「四・一六」事件の発端と大量検挙につながった経緯を書き残している。

「昭和四年（一九二九年）三月十八日、四谷署の非常警戒中、挙動不審の男を取り押え、厳重取調べをしたところ、それが元関東金属労働組合の菊地克巳であり、共産党東京地方仮オルガナイザーであることが判った。そこで直ちに、その居宅を捜査したところ、党細胞の活動状況を知るに足る証拠文書が発見された。それによって、更に糸を手繰って行って、杉本文雄が検挙され、彼によって東京地方ならびに全国各地の組織がますます明瞭になった。次いで、同月二十一日、中央事務局の砂間一良(17)が逮捕され、同二十八日に間庭末吉(18)が逮捕されるに至った。間庭にその住居を白状させ、そこを捜査した結果、日本共産党の刻印、党員名簿、暗号符、党の予算書、党会計報告、機関紙の全国的配布図、機関紙など多数の重要書類を押収することができた」

「これで全国的な組織系統が略々判明したので、他の容疑者をも厳密に取調べたうえ、ハッキリした組織系統をつかみ得て、四月十六日払暁を期し、一道三府二十四県にわたる一斉検挙を実行するに至った。そして当日払暁から、約七百名が捕えられた。それと同時に、容疑者たちの関係していた労働組合、農民組合等の事務所まで家宅捜査をうけた」

「これらの家宅捜査で発見されたもののなかで、最も重要だったのは、何と言っても間庭の所で発見された党員名簿その他であった。間庭は、中央事務局組織部を担任して間もなく、党員証を渡すことにした。一九二九年一月からのことである。党員証は、五厘、一銭、一銭五厘の郵便切手に、それと同じ大きさの紙をはりつけ、算術用数字で、A601、B602、C603という風に書きいれてあった。Aというのは一九二九年一月以後、Bは一九二八年三・一五事件以後、Cはそれより前からの党員を示すものである」

「三・一五事件で捕まった人数を、大体六〇〇名と押えたので、番号は六〇一番から始まるのである。例えばA六七一は竹内文次、一九二九年一月入党、二八才、自動車運転手という具合である。この方式による党員名簿が、間庭の手で作られていた。勿論、姓名は、間庭だけの心覚えの暗号で書かれていたが、これは『厳重なる取調べの結果』暗号でなくなってしまった」

「三月二十七日、間庭が検挙された時に、東京の党員は六十八名。名簿に掲げてあるもの六十二名で、あとの六名は、鍋山（貞親）、三田村（四郎）、市川（正一）、間庭（末吉）、与田徳太郎、酒井定吉である。京浜地方には、一三名（姓名、細胞名も詳細に判った）。その他各地党員数は、二月末までの報告によると、秋田八名、青森十三名、函館三名、小樽六名、札幌三名、仙台四名、新潟十五名、長野五名、名古屋二名、大阪五七名、京都三名、神戸十六名で、人名などもすべて明らかであった。このほかに台湾人十一名が入党していることも明らかになった」

「元来、非合法共産党にあって党員名簿を作ることは厳禁されていたものであり、間庭が名簿を作ったと聞いて、鍋山は直ちにそれを破棄するよう厳命した。しかし、間庭は手製の暗号に自信があったと見え、遂に、そのことなくして捕まってしまった。間庭は、暗号というものは必らず解けるものだということを知らなかったか、或はどんなにむつかしい暗号でも、鍵さえあれば直ちに解けるものであり、且つ官憲は彼が持っているその鍵を取り出すためにあらゆる方法を講ずるものだということを知らなかったか、その何れかである。彼はこの失敗の責を問われ、公判廷で除名された(19)」

間庭末吉の訊問調書

ここに間庭末吉の訊問調書がある。つい最近になって、私は、法政大学大原社会問題研究所が所蔵する治安維持法違反事件関係の書類綴りの中から、この調書を見つけた。それには父が「四・一六」事件直前に九州地方オルガナイザーを命じられて出発寸前になっていたところまでの経緯が詳細に書かれていた。同人の第十回訊問調書から一部を抜き出してみる。そこに書かれた「富田」は父の変名である。

「富田トイウノハ変名デスガ其ノ本名ハ存ジマセヌ。富田ハヤハリ私ノ同志デアッテ、モスコーノクードベ（東洋共産労働大学）ノ学生ニナッテ居リ、昨年夏日本へ帰ル時浦塩斯得（ウラジオストック）デ私ニ会ッタコトガアルノデス。

本年二月中旬ニモ同志都ノ話ニ依ッテ、私ハ同志富田ト連絡ヲ取リマシタ。其ノ会見ノ際、同人カラ過去ノ運動ニ関スル事ヲ聞イテ見タ処、同人カラ九州方面へ行ッテ党ノ為ニ活動シテ居ッタガ、上部トノ連絡ガ絶エタ為充分活動スル事ガ出来ナクナリ、遂ニ引上ゲテキタトノ事デアリマシタ。

夫レカラ本年三月中頃ニ至リ、同人ヲ九州方面ノ仮オルガナイザーニ為ソウト云フ事ニナリマシタノデ、本人ノ意向ヲ聞イタ処、同人ハ夫レヲ引受ケテ呉レタノデアリマシタ。尚其ノ後同志市川カラ指令ヲ受ケ、且ツ旅費ヲ受取ッタ上デ、同志富田ハ九州方面へ出掛ケル筈デシタガ、未ダ其ノ実現ヲ見ヌ内ニ大検挙ノ事ガアッタ為挫折シテ仕舞イマシタ。」

さらに第二十三回訊問調書では、「富田」を九州オルガナイザーに決定した経緯が詳細に述べられている。間庭の供述は、昭和四年三月一五日に多摩河原で市川正一、砂間一良との三人で会合した事実から始まる。

「同月十二、三日頃ニ至リ同志市川カラ同志砂間ノ手ヲ経テ紙片ニ書イタレポートガ私ニ参リマシタ。夫レニハ来ル三月十五日午前十一時ニ田園調布駅ニ来イト云フ趣旨ノ事ガ書イテアリマシタ。依ッテ私ハ其ノ指定日時ニ渋谷駅カラ電車ニ乗ッテ田園調布駅ニ参リ下車シテ駅前ヲ逍遥シテ居リマスト、間モナク同志市川及ビ砂間ノ両名ガ遣ッテ来タノデ三人落合ッテブラブラ歩キ乍ラ多摩川ノ河原へ参ッタノデアリマス。ソレデ河原ヲ散歩シタリ河畔へ腰ヲ下ロシタリシテ種々打合セヤ相談ヲ為シタリシタノデアリマス。（中略）

九州地方ニ付イテハ同志富田ヲ正式ニ仮オルガナイザーニ任ジテ派遣シ同人ヲシテ同地方委員会ヲ確立セシメ様ト云フ事ニ内定シタノデアリマス。（中略）

又同志都、與謝及ビ富田ノ三人ヲ前述ノ如ク京浜、大阪及ビ九州各地方へ夫レゾレ差向ケルト云フ事ハ、私ト同志市川及砂間ノ三人ノ間デ内定シ大体ノ打合セガデキタニ止マリ、マダ確定的ニ取決メタモノデハナク、何レ同志市川ガ本年三月末マデニ決定シ、其ノ決定ヲ待ッテ同志都、與謝、富田等ヲ各地方へ派遣スルト云フ事ニ打合セガ出来タノデアリマス。然シ同志都、富田等ハ各地方へ派遣サレヌ内ニ検挙サレテ仕舞ッタノデアリマス。」

「三・一五」から「四・一六」へと続く大弾圧は党中央部の統一的指導に多大の困難を及ぼしていたことが分かる。父に神戸地方オルガナイザーの任務を指示した渡辺政之輔は、昭和三年九月初めに上海へ赴き周恩来からコミンテルン第六回大会の報告を聞いて帰国の途中、一〇月六日に台湾の基隆で非命に斃れた。渡辺の留守の間、組織関係を担当していた国領五一郎も、渡辺の死の三日前に中間検挙で捕らわれる。その後を市川正一が引き継いで組織再建を担っていたのであろう。その市川もわずか半年後には「四・一六」で検挙されてしまった。一九二九年のこの年、治安維持法違反で逮捕された人数は全国で四九四二人にのぼり、党組織は半身不随の状態であった。父が身辺に迫る当局の探索を逃れて神戸から九州へ行ったものの、そこで上部との連絡が切れてしまったのは、党組織が相次いで破壊されたことによるものであった。そうした混乱のさなかに、昭和三年一〇月末ソ連から帰国した間庭末吉が党中央部事務局に入り、砂間一良と共に組織事務を担当していたことになる。膨大な量に上る供述書は、間庭が党組織の細部に至るまで洗いざらい自供していたことを示している。山辺健太郎などは自著に、間庭はスパイだったと断定して書いているほどである(20)。

4、「治安維持法違反事件」統一公判

獄内細胞をつくり闘う

父が治安維持法違反として問われた罪とはいったい何だったのだろうか。

一九三一年六月二五日に始まった統一公判に先立ち、予審終結決定書が出された。

戦前の旧刑事訴訟法では、起訴後、事件を公判に付するか否かを決定するために「予審」という手続が認められていた。これは非公開で、弁護人の立ち会いも許されず、しかも治安維持法違反事件では実際上、特高警察の手による拷問でデッチ上げられた自白などを含めた証拠の収集保全が、特高警察・検事・予審判事らが一体となって行われ、それが公判廷での決め手ともなった。戦後の新憲法下での現行刑事訴訟法では、この予審制度は廃止された。

「市川正一外八十二名治安維持法違反、三田村四郎傷害被告事件予審終結決定書」と題された文書から、父に関する部分を拾い出してみる。

まず、被告人の本籍、住居が書かれている。

本籍　静岡市鷹匠町二丁目六番地

住居　東京府荏原郡荏原町戸越八百九十五番地須藤彰方
職業　土工

酒　井　定　吉
当三十九年

以下同様に八十二名の氏名本籍などが列記された最後に、これら被告人に対する治安維持法違反を審理のうえ終結決定したとし、「主文」として、「……東京地方裁判所の公判に付す」とある。

さらに、「理由」として、まずその冒頭に、日本共産党創立以来の活動を書いていてなかなか読ませるのだが、要は私有財産を否定し、国体を変革する革命を企むもので、不届き千万だ、というもので、長くなるので省略する。

この後に各被告人の罪状が並べられる。

被告人酒井定吉は

商店の小僧、機械工、紡績工、鉄道駅務員、其の他各種の労働に従事せしが、その間名古屋労働組合連合会幹事、名古屋協友会名鉄支部長などに歴任し、一般労働組合運動に従事中、大正十三年七月九日名古屋控訴院に於いて治安警察法違反に因り、禁錮八ヶ月に処せられ、右執行を終わりたる後、政治研究会に加入し、同会静岡支部を創立し、同十四年入露し前記クートヴェに入り、専ら共産主義的教育を受け、同主義を信奉するに至りしが、同大学の課程を卒え、昭和三年四月帰国し、爾来党員渡辺政之輔、被告人間庭末吉、同与田徳太郎等と連絡会見し、その間に於いて同党員に推挙せられしところ、同党が前記の如き秘密結社であることを知りながら党員たることを承認し、翌四年三月中被告人間庭末吉より九州地方オルガナイザーに任命せられたる旨の通告を受け、その後同年四月十五日検挙せらるるまでの間、上部との連絡の回復に努め、と書かれている。(カナ書きをかな書きに変えてある)

「四・一六」事件で治安維持法違反として起訴された父ら三三九人は、未決囚として市ヶ谷刑務所に収監された。これ以後、一九三四年四月まで、市ヶ谷刑務所、小菅刑務所などで、先に起訴された「三・一五」事件の被告同志たちと獄内細胞をつくり、待遇改善、釈放要求闘争などを行ない、統一公判闘争に臨んだ。

この市ヶ谷刑務所だが、その歴史は古く、一八七〇年〈明治三年〉一二月鍛冶橋門に未決囚を収容する「監倉事務取扱所」が設置されたことに始まる。六年後に警視庁に移管、鍛冶橋監獄と改称され、一九〇三年に司法省に移管、東京監獄と名を改め、場所も鍛冶橋から牛込区(現在の新宿区)富久町に移転した。一九一一年には、大逆事件で捕らえられた幸徳秋水ら死刑囚がここで処刑されている。一九二二年に市ヶ谷刑務所と改称。一九三七年に閉鎖され、豊島区西巣鴨へ移転して東京拘置所と改称された。その後一九七一年に、東京拘置所は現在の葛飾区小菅に移されている。

法廷で秘密裁判に抗議

一九三一年六月二五日、「三・一五」「四・一六」両事件の統一公判が始まった。

その前年に、河合悦三、水野成夫、門屋博らいわゆる解党派の転向が起きたが、権力の側は共産党の真実の姿を歪めるための宣伝に最大限利用し、大衆の間に一定の悪影響を及ぼしつつあった。獄中の中央指導部は、法廷闘争を通じて党の正しい姿を労働者大衆へ明らかにすることを目的とし、裁判指揮の円滑な進行の必要を認めていた宮城裁判長との間で、被告人尋問における共通事項については、代表陳述とすること、被告人の間の合議のために法廷委員十名を設けることなどを交渉し、裁判所に認めさせた。

一九三二年四月一九日午前九時二五分、東京地裁陪審第一号法廷で、宮城実裁判長のもと、「四・一六事件公判代表陳述」が行われた。

代表陳述に立った佐野学は、「公判の完全なる公開」を主張したが、裁判長は「爾後の訊問供述は安寧秩序を紊《みだ》る虞《おそれ》れあるものと認めて、憲法第五九条、裁判所構成法第一〇五条に依って本公判の傍聴を禁止することにします。……傍聴人を退廷させることにする」として、強引に裁判を進行させようとしたところ、被告たちの間から抗議が相次いだ。このとき父も発言している。速記録に残された言葉はただの活字にすぎないのだが、なぜか少しかん高い父の肉声が聞こえてくるようである。

酒井　傍聴人を退廷させる前に一言ちょっと言いたいことがある。退廷をまたしてください。

（中略）

酒井　ちょっと私は公開禁止の反対意見に付いて述べたい。

裁　合議で決定したからもうその必要はない。

酒井　いや必要ないことはない。

裁　法律上必要がない。

酒井　法律上必要がないとしても我々は此の法廷に任意に来ているのではない。引き出されて来ている。必要がないといわれても、我々は云わなければならぬ。

これが、いまから九十余年前、戦前の天皇制警察国家でおこなわれていた暗黒裁判の法廷における一情景である。獄外での地下活動は、獄内での法廷闘争とつながって継続されていた。市川正一の著書「日本共産党闘争小史」も、この法廷での陳述を活字にして出版されたものだ。

七月五日、検事は東京地裁法廷で、市川正一ほか百八十二名に対し、死刑一、無期三、懲役十五年以下計一〇二三年を求刑した。この日、労働者一千余名が反対デモを行ったが、裁判所付近には機関銃が据えられて警備にあたったといわれる。

獄吏《ごくり》の残忍な報復テロ

志賀義雄は、この三週間後に監獄で起きた事件を、次のように記している。

「公判が終わる頃、ことに一九三一年九月満州事変が始まってからは、軍国主義者が次第に権力を振るい、情勢はいよいよ反動化してきた。そこをねらって外部では警察が、ギャング事件とかリンチ事件とかをでっちあげ、党の全面的検挙をはかり、激しい圧迫を加えてきた。獄中でも、この情勢が露骨に現われてきた。残忍で有名な佐藤乙一という典獄が、森口時《ママ》松（注・藤松の誤り）という典獄補と協力して、われわれに肉体的攻撃をはじめてきた。公判の終わった翌晩のことである。公判から監獄に帰る途中のいざこざを理由に、森口が肌脱ぎになって指揮し、数十名の同志たちを監房から引きずり出し、革の鞭で殴りつづけた。気を失って倒れると、こんどは水をぶっかけて息を吹き返させ、また殴りつづけた。酒井定吉君などは片眼片耳やられ、顔面神経痛となり、背中一面が紫色に腫れ上がり、医者もその化膿をおそれていた(21)」

ここに書かれているのは、一九三二年七月二七日に起きた、「統一公判中の法廷闘争に対する報復として、市ヶ谷刑務所内で共産党員酒井定吉ほか三十数名に加えられた白色テロ」のことである。

葉山嘉樹は、同年七月六日の日記に、「酒井定吉が、九州地方のオルグで、七年求刑されてゐる」と書きつけている。この頃すでに運動から遠く離れていた葉山は、なにを思って書き込んだのであろうか(22)。

多喜二と魯迅を繋《つな》ぐもの

その葉山の作品から大きな影響を受けた小林多喜二が、スパイ三船留吉の手引きで張り込んでいた特高警察に逮捕され、その当日、築地警察署内において拷問の末、二十九歳の若さで虐殺されたのは、翌年の一九三三年二月二〇日のことである。死因は心臓麻痺と発表されたが、翌日遺族に返された遺体は明らかに暴行による殺害を示していた。

遺体と対面した作家の江口渙によれば、下腹部から尻、両足の膝にかけては「墨と紅殻《べにがら》をいっしょにまぜてぬりつぶしたような」「ものすごい色で一面染まって」「そのうえ、よほど大量の内出血があるとみえてもの皮がぱっちりと、いまにも破れそうにふくれあがっている。そのふとさは普通の人間の二倍くらいもある。さらに赤黒い内出血は、陰茎からこう丸にまで流れこんだとみえて、このふたつの物がびっくりするほど異常に大きくふくれあがって」いたという(23)。

多喜二が文学上の師と仰ぎ、生前交流のあった志賀直哉は、「拝啓　御令息御死去の趣き新聞にて承知誠に悲しく感じました。前途ある作家としても實に惜しく、又お会ひした事は一度でありますが人間として親しい感じを持って居ります。不自然なる御死去の様子を考へアンタンたる気持になりました。……二月二十四日　志賀直哉　小林おせき様」との弔文と香典とをおくり、二五日の日記に「小林多喜二二月二十日(予の誕生日)に捕らえられ死す、警察官に殺されたるらし、実に不愉快、一度きり会わぬが自分は小林よりよき印象をうけ好きなり。アンタンたる気持ちになる、不図《ふと》彼等の意図ものになるべしといふ気がする」と記してその死を悼んだ。

中国の作家魯迅は、三月一五日に築地小劇場で執り行われた多喜二の労農葬に、自ら日本語で書いた弔詞を寄せるとともに、遺族への義援金を呼びかける先頭に立ち、日本帝国主義の侵略下にあって、両国民衆の揺るぎない連帯を示した(24)。

「日本と中国との大衆はもとより兄弟である。資産階級は、大衆をだまして、その血で界をえがいた。また、えがきつつある。

しかし無産者階級とその先駆者達は血でそれを洗っている。

同志小林の死は、その実証の一つだ。

我々は知っている。我々は忘れない。

我々は堅く同志小林の血路に沿って前進し、握手するのだ(25)」

「日本和中國地民眾從來是兄弟。資產階級欺騙民眾、用他們的血來劃開一條界線、並且仍然在劃著。

然而無產階級及其先驅者們、卻正用血來沖刷著這界線。

小林同志之死、便是其實證之一。

我們知道、我們不會忘卻。

我們將堅定地沿著小林同志的血路攜手前進」。

小林多喜二は、この三年前にも、杉並区成宗の立野信之の家で立野とともに検挙されていた。一九三〇年六月二四日早朝のことだ。二人は治安維持法違反で起訴され、豊多摩刑務所に収容されたのだったが、それに続いて多喜二がこの年『戦旗』の五、六月号に発表した小説「蟹工船」の中に書いた次の記述などが、「天皇に対しその尊厳を冒瀆《ぼうとく》しており、これを出版したことは天皇に対して不敬の行為をなすもの」とされ、不敬罪で追起訴され、翌年一月二二日に保釈出獄していた。

「毎年の例で漁期が終わりそうになると蟹缶詰の『×〈献〉上品』を作ることになっていた。しかし、『乱暴にも』何時でも別に斎戒沐浴して作るわけでもなかった。その度に漁夫たちは監督をひどいことをするものだと思ってきた。——だが今度は異ってしまっていた。『俺達の本当の×〈血〉と×〈汗〉を絞りあげて作るものだ。フンさぞうめえこったろ。食ってしまってから腹痛でも起さねばいいさ』皆んなそんな気持ちで作った。

『石ころでも入れておけ——かまうもんか』」

猛威を振るっていた新型コロナの流行が、二年目の夏を越して緊急事態宣言が解かれた機会に、小樽の文学館を訪ねた。それまでにも小樽へは何回か行ってはいるのだが、いずれも仕事を抱えての旅で一度も文学館へ行く機会がなかった。札幌から小樽までの列車の中から見る木々の葉は紅、黄、茶と色とりどりに染まり、北国の冬の訪れが間近なことを告げていた。

文学館を訪ねたかった理由は、千田是也が制作したといわれる小林多喜二のデスマスクを見たかったからだ。千田は小林多喜二の遺体が遺族のもとに戻された一九三三年二月二一日の翌日、二二日午前零時頃にタクシーで駆けつけている。そのときに型を取ったのであろう。

文学館の陳列台に置かれたデスマスクを、ガラス越しに覗きこむと、意外にも予想したより穏やかで小さな顔がそこにあった。変わり果てた多喜二の遺体を抱きしめて、「ほれっ！　多喜二！　もう一度立って見せねか！　みんなのために、もう一度立って見せねか！」と呼びかけ気丈な姿を見せた母親のセキは、獄中の多喜二と手紙をやり取りしたくて五十七歳になってから独学で懸命に文字を覚えたそうだ。一九六一年に八十七歳で亡くなったセキの遺品の中にこんな言葉が書かれたメモが見つかっている。

「あーまたこの二月の月か（が）きた　ほんとうにこの二月とゆ月か（という月が）いやな月　こいをいパいに（こえをいっぱいに）なきたい」

相次ぐ党指導者の虐殺

一九三二年、党中央から九州地方委員長として派遣された西田信春(26)は、翌一九三三年二月、福岡署に検挙されたまま行方不明となった。東大新人会時代に共に活動した親友の石堂清倫は、戦後になってその真相を調査し、西田の死が官憲による虐殺であったことを突きとめている。小林多喜二の死の一週間前のことであった。

同じ年の一一月二八日には、党中央委員長野呂榮太郎(27)が検挙され、翌年二月一九日に拷問による病状悪化のため死去している。また、前年の一九三二年一〇月三〇日、党中央委員の岩田義道は西神田署に検挙され、一一月三日に虐殺された。一九三二年四月二日、街頭連絡中にスパイの手引きによって逮捕され、以後消息を絶ち未だに生死不明のままとなっている中央委員上田茂樹も、警視庁で虐殺されたと推定されている。

石堂は、戦後しばらくして、西田の残した書簡や友人たちの思い出を一冊の本にまとめているが、そのなかで、次のように書いた。

「西田の検挙の直後の二月二〇日に小林多喜二が検挙され、即日に虐殺され、昭和九年（一九三四年）二月一九日に野呂栄太郎も殺されたことを思い合わすと、当時の特高警察は、当初から党指導者を殺害する目的をもっていたか、すくなくとも死に至る方法で拷問を加える方針をもっていたとしか考えられない。この二年間にリーダーの殺害が集中したのは『三二年テーゼ』による共産党の対天皇制闘争にたいする報復のためであろう。『三二年テーゼ』以後に社会的大量現象としての転向が生じ、それ以後党指導者殺害が止んだことは、死か転向かというのが支配階級の政策だったことを証明する。以前から留置場では『朝鮮刑法』という言葉がはやっていた。これは留置場では一切法律や規定によらないで、ほしいままの陵虐がおこなわれていることを指したものである。取り調べにあたる警察官たちが、誰彼の見境もなしに『貴様らの一人や二人殺してもかまわないのだ』と公言していたことも三・一五事件以来の日常茶飯事であったが、それが三二年テーゼ以後一層徹底したことも忘れてはならない(28)」

石堂の右の言葉に付け加えるとすれば、「三二年テーゼ」にたいする当局の報復とならんで、もう一つの重要な契機となったのが、「満州事変」をきっかけとする対中国侵略戦争ではなかっただろうか。戦前の共産主義者に対する凶暴な弾圧はこれと密接に結びついていると思える。

つい最近、その死から二十六年後の一九五九年二月一一日に「西田信春を偲ぶ会」が東中野のレストラン・モナミで開催されたことが、前出の石堂が編集した追憶集に収められた年譜に記載されており、出席者二十四名が記されたなかに父の名前がある、と小野民樹君が知らせてくれた。父は、西田信春が九州へ送り込まれる三年前の一九二九年三月、党中央から九州地方オルガナイザーの任務を指示されて、その出発準備中の四月一五日に検挙されている。

多喜二が体験した未決監獄

小林多喜二が出獄後に書いた短編『独房』には、豊多摩刑務所で過ごした未決の一日の生活が書かれていて興味深い。多喜二と同じ頃、父は市ヶ谷刑務所に入っていたが、場所は違っても、そこからは似たような未決監獄生活の一端がうかがえる。

「俺だちは朝六時半に起きる。これは四季によって少しずつ違う。起きて直ぐ、布団を片付け、毛布をたたみ、歯を磨いて、顔を洗う。其の頃に丁度『点検』が廻ってくる。一隊は三人で、先頭の看守がガチャンガチャンと扉を開けてゆくと、次の部長が独房の中を覗きこんで、点検簿と引き合わせて、

『六十三番』

と呼ぶ。

殿《しんがり》の看守がそれをガチャンガチャン閉めて行く。

七時半になると『ごはんの用ー意！』と、向こう端の方で雑役が叫ぶ。そしたら、食器箱の蓋の上にワッパと茶碗を二つ載せ、片手に土瓶を持って、入り口に立って待っている。飯の車が廊下を廻ってくるのだ。扉が開いたら、それを差し出す。――円い型にハメ込んだ番号の打ってある飯をワッパに、味噌汁を二杯に限って茶碗に、それから土瓶にお湯を貰う。味噌汁の表面には、時々煮込まれて死んだウジに似た白い虫が浮いていた。

八時に『排水』と『給水』がある。新しい水を貰って、使った水を捨ててもらい、便器を廊下に出して掃除をしてもらう。（これが一日に二度で、昼過ぎにもある。）

それが済むと、後は自由な時間になる。小さい固い机の上で本を読む。壁に『ラジオ体操』の図解が貼り付けてあるので、体操も出来る。

独房の入り口の左上に、簡単な仕掛けがあって、そこに出ている木の先を押すと、カタンと音がして、外の廊下に独房の番号を書いた扇形の『表示器』が突き出るようになっている。看守がそれを見て、扉の小さいのぞきから『何だ？』と、用事を聞きに来てくれる。

昼過ぎになると、担当の看守が『明日の願い事』と云って、廻ってくる。

キャラメル一つ。林檎《りんご》　十銭。

差入本の『下付願』。

書信　封緘葉書二枚。

着物の宅下げ願。

運動は一日一度——二十分。入浴は一週二度、理髪は一週一度、診察が一日おきにある。一日置きに診察して貰えるので、時にはまるで『お抱え医者』を侍《はべ》らしているゼイタクな気持ちを俺だちに起こさせることがある。然し勿論その『お抱え医者』なるものが、どんな医者であるかということになれば、それは全く別なことである。

夜、八時就寝」(29)

判決下る〝懲役六年〟

検事の求刑から三ヶ月後の一九三二年一〇月二九日、東京地方裁判所第二刑事部法廷で、「日本共産党及び日本共産主義青年同盟の中央部関係を含む被告人一八一名に対する治安維持法違反被告事件判決」が宮城実裁判長から読み上げられた。

犯罪の事実認定については、

「被告人酒井定吉は、予て政治研究会静岡支部を創立し、運動に従事しおりたるが、大正十四年中モスコーに至り、東洋労苦者共産主義大学に於いて専ら共産主義の研究を遂げ、昭和三年四月頃帰国したるものなるところ、爾来日本共産党員渡辺政之輔、同間庭末吉等と連絡会見し、その間に於いて同党員に推挙せらるや、同党が前記の如き目的を遂行せんがため、昭和四年三月頃九州地方オルガナイザーとして同地方に至り、同年四月十五日頃までの間、上部との連絡の回復に努めたるものなり」とされた。

法律に違反する条項は、「前示改正治安維持法第一条第一項後段並びに同条第二項該当し、刑法第五十四条第一項前段第十条に則り、右改正治安維持法第一条第一項後段の刑に従うべく、右被告人に対し所定刑中懲役刑を選択し」とし、「懲役六年　未決二百五十日」の量刑を課した。前年の予審終結決定書では、職業土工となっていたのが、何故か判決では鉄道従業員に変わっている。

父は、獄内中央指導部の指示に従い直ちに控訴している。

5、転向者とスパイ

雪崩《なだれ》をうつ大量転向

これ以前からすでに獄内では河合悦三、水野成夫（戦後、フジテレビ初代社長をつとめ、池田内閣時代に小林中、櫻田武、永野重雄らとならび「財界四天王」と称された）、門屋博らいわゆる解党派の転向が始まっていた。そして一九三三年六月に、佐野学、鍋山貞親が「緊迫せる内外情勢と日本民族及び其の労働者階級」（戦争及び内部改革の接近を前にしてコミンテルン及び日本共産党を自己批判する）と題する転向声明書を発表すると、その影響は大きく、獄中での転向者が文字通り雪崩のように続くことになる。

塩田庄兵衛は、「家族国家の重み」という文章で、この地滑りのような転向の状況を次のように描いている。

「そして佐野、鍋山の転向声明の影響は、水野らの解党派運動とは比較にならぬほど広範で深刻なものとなった。すでに地盤が緩んでいたとでもいえようか。佐野、鍋山の一押しで、なだれを打っての大量転向がひきおこされたのである。まず三田村四郎、高橋貞樹、中尾勝男らの旧幹部、さらに風間丈吉、田中清玄らの新幹部があとにつづいた。司法省の発表によれば、約一か月ののち、未決囚の三〇パーセント（一三七〇名中四一五名）、既決囚の三六パーセント（三九三名中一三三名）が転向を上申した。佐野、鍋山の呼びかけにこたえたナチスまがいの一国社会主義運動は、大した膨張力もなくやがてしぼんだが、転向そのもの、すなわち思想の変化を理由とする革命運動からの離脱は、時代の潮流として幅と勢いを増していった。統計によれば、三年後の一九三六（昭和一一）年五月末現在、治安維持法による全受刑者四三八名中、転向者三二四名（七四パーセント）、非転向者一一四名（二六パーセント）という数字になる(30)」

スパイMは「ヒヨドロフ」だった

一九三二年一〇月三〇日に当時党中央委員長だった風間丈吉らが逮捕された。その三週間余り前に、「共産党による赤色ギャング」として帝都を震撼させた銀行強盗事件が起きている。この川崎第百銀行強盗事件は、後に党中央委員会に潜り込んだスパイM(31)が一手に画策したものであることが判明するのだが、この男が父とほぼ同じ時期にモスクワのクートヴェにいたことを、資料を調べてみてはじめて知った。

大正十二年の関東大震災で河合義虎ら活動家が虐殺され、南葛労働会が壊滅したあと、渡辺政之輔らは東京東部合同労働組合をつくった。一九二五年頃のこと、その東部合同労組本所支部の看板を見て中に飛び込んできた男がいた。峰原暁助と名乗るこの男が、後にスパイMといわれることになる松村昇（本名、飯塚盈延《みつのぶ》）である。寡黙だが行動的な彼はしだいに渡政の信用を得て、クートヴェ留学生に推薦された。彼が入露したのは一九二六年暮れで、父たちから一年後のことだった。モスクワでは、留学したもの全員が偽名を使うことになっていたが、松村はヒヨドロフというロシア名を名乗った。

これは、松本清張が「スパイ〝M〟の謀略」という一篇に書いた、この男の素顔である。清張は、この作品でクートヴェ時代の松村（ヒヨドロフ）の一断面を次のように描いている。

「また、彼（ヒヨドロフ）は奇妙に留学生仲間の身元を知りたがった。これは故国を離れてきている日本人同士の親愛さからでもあろうし、何といっても、この学校に入ってから初めて遇った同志も多いのである。素性を知りたいのが人情ともいえる。しかし、ここでは自分の身元は同志でも絶対に明かさない規律になっている。横の連絡はまったくないことになっている。それで、ヒヨドロフがそんな質問をしているのを聞いて、二期上《ママ》〔一期上の誤り〕の袴田里見が彼を叱責したこともあった。

ヒヨドロフはまた酒も好きだった。いつもウォトカを買ってきてはこっそり飲んでいた。学生として面白くないことなので、一期上の酒井定吉が注意したこともある。そんなことから同志ヒヨドロフは何となく皆から孤立しているように見えた」

「第三学年の新学期が始まるころ、上級生たちはぼつぼつ帰国した。石井（事吉村英）、富田（事酒井定吉）、イワノフ（事南巌(32)）などを先発とし、大正十三、十四、十五年の入露組の大部分がばらばらになって日本に帰った。あとには、与謝、田端、武田（こと風間丈吉）、ワシリエフ、クズネツォフ、ドミトロフ、ワロフスキー、アリョーシン、ヒヨドロフ、アレクセーフの十人が残った。これが昭和三年の新学期が始まったころの情勢であった(33)」

モスクワに残留したヒヨドロフこと松村は、ある年の夏休暇に、クリミヤ半島のヤルタのサナトリウム（療養所）で、ひと夏を風間丈吉と一緒に過ごす。風間丈吉は、そこで松村と親交を深めたと自著に書いている。この後、松村は一九三〇年六月ごろ帰国。七月、共産党中央委員長田中清玄の検挙の直後、そのアジトで松村も検挙されたが、このことは治安当局によって秘匿された。一説では、このときから思想検事戸沢重雄、警視庁特高課長毛利基のスパイになったといわれる。松村から遅れること四か月、同年一〇月に風間丈吉は大連を発ち航路で門司に上陸した。

翌一九三一年一月、東京で再会した風間と松村の二人は、紺野与次郎、岩田義道らと中央ビューローを結成、三一年八月に中央委員会の再建で松村は中央委員・書記局員となった。この間に全国的な組織連絡網の確立、機関紙『赤旗』の編集発行、各大衆団体との連絡・指導、「三十一年政治テーゼ草案」審議などに取り組む。だが、この年の六月に起きた「ヌーラン事件」でコミンテルン上海極東ビューローが麻痺状態になったことによって、党中央の資金ルートが途絶した。新たな党資金源の確保を迫られた共産党は、党資金調達と幹部の住居や会合場所の確保のため、党組織と切り離して、松村を最高責任者とする「家屋資金局」を設置した。

仕組まれた「銀行強盗事件」

こうして非合法組織の生命線ともいうべき中枢機密を一手に握った松村は、一説では、すでにこのとき警視庁特高課長毛利の操縦下にあり、党を壊滅的危機に陥れるための大きな投網を仕掛けようとしていた。これこそが一九三二年一〇月六日に起きた川崎第百銀行大森支店強盗事件であり、戦前の天皇制権力機構が日本共産党弾圧の歴史で最も成功した事例だと言われている。これを画策し、家屋資金局の久喜勝一、大塚有章、今泉善一らに実行を命じた人物こそ、ほかならぬ松村であった。

さらに、松村と警視庁特高課との綿密な打ち合わせのもとで、一〇月三〇日に熱海で開かれる予定の党全国代表者会議に集まった地方代表十一名が宿舎を襲われ検挙された。また、その同じ日に、委員長の風間丈吉、中央委員の紺野与次郎、岩田義道らが、松村の手引きによって逮捕され、共産党は文字通り壊滅的な打撃を受けたのだった。松村すなわちスパイMの姿は、この日を境に地上から忽然と消え、その行方は杳《よう》として知れなくなった。後に、満州および国内で土建業を営むが、変名を用いたまま北海道で、脳軟化症のため六十二歳で死亡したと云われる。

松本清張は、「川崎第百銀行大森支店現金強奪事件」について書いている。

「特別資金局がいかに重要な性質と党活動上重大意義を持つものであるかは、その構成と機能を見れば分かる。すなわち、従来党の資金網は党の一部分に属していたのであるが、再三の検挙弾圧に苦い経験をなめた党は、たとえ党が官憲のため組織を破壊された暁でも、その後衛を承って党再建の源泉となるべき機関を必要とし、ここに特別資金局を設置し、局は党と併立して独自の活動をとることになり、その構成は、事業部、組織部、事務部、経営部、調査部の各部門に分かっている。」

「この大森銀行ギャング事件は、地下の日本共産党員の犯行ということで世間に異常なショックを与えた。共産党員もついに強盗まで働くようになったのかと恐怖する者もあれば、共産党員がこんな破廉恥罪を犯すはずはないと疑う者もあり、また老人連中は、かつて明治の自由民権運動者大井憲太郎などが資金調達のために強盗を働いた『大阪事件』を思い出す者もあったであろう。……いずれにしても、三・一五、四・一六と大弾圧をうけて根こそぎやられた共産党の残党が、このように凶悪化していたと知って、恐怖と憎しみを覚えたのが大方だった。」(34)

共産党衆議院議員の紺野与次郎は、一九七六年一〇月二八日、第七十八回国会衆議院懲罰委員会で、次のように発言し政府を追及した。

「有名なスパイM、松村こと飯塚盈延について本会議でも述べましたが、このスパイが党の指導者上田茂樹氏を特高に引き渡し、やみからやみに消してしまい、さらに拷問で虐殺された岩田義道氏や私たちを一九三二年十月三十日の一斉検挙の手引きをして姿をくらましました。このスパイMが十月初め東京大森の川崎第百銀行の強盗事件を特高の指示のもとに計画、実行して、特高警察はこれを日本共産党がやったと大々的に宣伝しました。これは、すでに開始されていた中国への侵略戦争を国民の不満をそらして推進するために仕組まれた権力犯罪であります。

しかも、特高首脳部は、スパイ飯塚盈延に大金を与えて姿をくらませ、その後、飯塚は終生、社会からの逃亡者としての生活を行い、待合に隠れ、北海道と満州を往復し、終戦後偽名で帰国して以来本籍を隠し、偽名を使い続け、元特高らに消されることを恐れ、一室に閉じこもり、昭和四十年酒におぼれて逃亡者としての悲惨な生涯を終えています。しかし、生地の本籍上の飯塚盈延はいまでも生きていることになっています。これはスパイ飯塚が当時の権力犯罪の悪どさを知る生き証人として消されることを恐れた逃亡生活の結果であります。その被害はその家族、子供らに及んでおります」。

疑心暗鬼が党内に蔓延

一九三三年一二月二三日、党内に潜入したスパイとされる中央委員の大泉兼蔵、小畑達夫に対するリンチ査問事件が起こり、中央委員宮本顕治が逮捕された(35)。このリンチ事件以後、党内ではスパイ、挑発者摘発が蔓延したことから、党員相互に疑心暗鬼を生み、この一年余り後の一九三五年三月、最後の中央委員袴田里見の検挙によって中央機関は壊滅して、統一した組織的な党活動は絶える。しかし、各地に分散した共産党員の組織再建の活動はなおも頑強に続けられていった。

戦後の一時期、父と一緒に党史資料の蒐集と研究に従事した山辺健太郎(36)は、「四・一六」事件で検挙・起訴され昭和八年（一九三三年）に満期で出たが、出獄後の非合法活動を回顧して次のように書いている。

「いかに非合法活動の時代とはいえ、こちらにやる意志さえあれば連絡はつくものです。やる意志があるかどうかの問題です。転向した連中なんか、仲間を求めて歩いたりしません。出獄後古い同志から『今はみんな疑心暗鬼になっている。スパイが入りこんでいるから軽はずみなことはするな』と、注意をうけました。しかし、私は十分注意しながらも、同志を求めたり、運動の方向を模索していました。

私は獄中で、転向者が多く出て、共産主義運動は壊滅状態だということは、一応は知って、覚悟して出て来ましたから、獄外の様子であまり悲観した覚えはありません。出てくれば、四・一六事件で入獄する前とはまるきり情勢が違うのに、ごく自然にまた運動をやっています。これは、ある意味で、私の習慣みたいなものですね。

この頃、大阪で救援会をやっていた速水君に会いました。ちょうど昭和九年の春、袴田君たちの中央委員会をスパイだとして、全農のフラクションの宮内勇や関東消費組合の山本秋君らが『多数派』分派を結成し、関西地方委員会を再建した人々がそれに参加していった頃で、速水君から『多数派』の文書を見せてもらったことがあります(37)。速水君は、多数派に賛成していても、袴田君をスパイとは思っていないようでした。しかし、こういう分派ができたほうがいいという意見だったようです。私は、だまっていました。関東と関西では、同じ『多数派』分派といってもかなり違いがあったのではないかと思います。

当時のスパイ扱いには、問題がないわけではありませんでした。西沢隆二(38)もスパイとして除名されていますが、袴田君は、それについてスパイだという客観的根拠はなかったが西沢は非常に冒険主義的な行動が多く、スパイと間違えられたのだと戦後になってから私に言っていました。それに西沢は身持ちが悪く地下印刷所をやっていた時、その印刷屋の奥さんとくっついたりしたことも疑われた理由らしい。多数派問題では『国際通信』で知らされた岡野（野坂参三）の論文が決定的な意味をもった、と思います。

私はスパイの被害はそれ自体では、そうたいしたものでないとも言えると思うんですよ。しかし、極端な非合法運動になると、疑心暗鬼になって、あれがスパイじゃないかと疑いだす、そのことがいかんと思うのです。鉄の規律とか何とか言っても、組織として人と人とを結びつけるのは、同志的信頼です。それがなかったら、運動なんかできるわけがありません(39)」

函館刑務所へ下獄

一九三四年四月、父は獄内中央部の指示により控訴を取り下げて下獄し、函館刑務所に移送された。以後一九三八年八月に満期出獄するまで、志賀義雄、伊藤憲一(40)、多田留治らと獄中細胞を作り、獄内闘争をつづける。

伊藤憲一の回想記に次の一節がある。

「昭和四年九月六日に市ヶ谷刑務所四舎に収監されたが、同舎には高橋弘壽、野坂参三、入江正二、安藤佐助、唐沢清八、福間敏男、与田徳太郎、朱台弟（中国共産党員）らが、十三舎に志賀義雄、春日正一、河田賢治、鍋山貞親、佐野学、三田村四郎、国領五一郎ら、ほかに岸本茂雄がいた。昭和八年八月、函館刑務所に移送された。二ヶ月目に独居房の五舎十二号室に転房すると、十一号に酒井定吉、八号に蔵前光家、その他井上道人、加藤四海(41)らがいた。この年の十二月二十三日に皇太子が生まれた。昭和九年十一月二十九日に志賀義雄が収監された。昭和十一年一月十七日に満期出獄。この日、同志志賀や多田留治、酒井定吉などという人々をおいて出てくる気持ちはまた何とも表現のしようもないものであった」

続けて、函館刑務所の生活にふれている。

「転向して累進処遇令の適用を受け、一級になると、霜降りの獄衣を着るのである。そして作業が終わると、縞の着物を着せられた。その次の二級というのは、空色の獄衣を着るのである。二級以上は、その上にメリヤスのシャツと股引きの着用を許され、風呂の回数も多く、別菜と称して羊羹とか、鰊の丸焼き、コロッケなど、囚人のとは別のものを食わされるのである……」

「彼らは工場とか、看護、雑役などと云うように冬の期間、ストーブを焚いている処で作業しているので、転向せずに紅色の獄衣のままでいるものと比べれば、同じ監獄にいても、その肉体や精神に受ける苦痛は比較にならないほど楽なものであった……」

「北海道では、春とか秋というのはほんの十日か十五日ぐらいしかなかった。袷を脱ぐのは大体七月の十日頃で、九月の初めには再び袷を着る。そうして遅くとも十月の十日頃にはもう綿入れを着るようになる。そして十月の末か十一月の初めには雪が降り始めた。十二月十五日頃にはストーブを焚くようになる。ストーブは廊下に一個ついているだけであったから、監房の中は少しも暖まらなかった……」

「この期間は、私などはいかに臍下丹田に力を入れて頑張っても躯が震えるのをどうしても止めることができなかった。そうして小便ばかり出て、躯が削られるように痩せていくのが自分で分かるような感じがした」(42)

非転向者にとって、北海道の冬は、その肉体だけでなく、精神をも蝕もうとするほど厳しいものだったようである。ここに送られるということは、非転向者に対する懲罰的な意味が含まれていたのだろう。函館刑務所では、一九三二年の熱海事件の後に検挙された加藤四海が、父の隣りの独房にいた。この数年後には、先に函館刑務所を出獄した加藤との再会が待っていた。

6、「京浜グループ事件」で再入獄

内外情勢の重大な変化

一九三八(昭和十三)年八月、刑期を満了して函館刑務所を出た父は、すでに四十五歳を過ぎていた。一九二九(昭和四)年に検挙されて以来、九年四カ月を経た内外の情勢は大きな変化を遂げていた。日本帝国主義の中国に対する野望は膨れ上がる一方で止まることを知らず、一九三一年に関東軍が起こした満州事変を機に、東北部全域を軍事支配下に置き、翌年には中国清朝の廃帝溥儀を担ぎ出して、傀儡「満州国」をデッチ上げた。この偽「満州国」は、広大な東北部全域の原料・地下資源を収奪し、商品輸出市場として搾取する巨大な装置であった。また、日本政府は国策と称して、窮乏化する農村から大量の農民を開拓民としてソ満国境地帯に送り込み開墾させたが、これは敗戦によって多くの犠牲者と「残留孤児」を生みだす根因となった。

一九三四年一〇月、中国では中国共産党紅軍主力部隊が、蔣介石国民党軍の包囲掃討を突破し、根拠地瑞金を放棄して北上を開始した。一九三五年一月中旬、長征途上で開かれた遵義会議で毛沢東は党中央における指導権を確立する。そして二万五千華里(一万二千五百㎞)を踏破して、一年後には陝西省北部に到達し、黄土高原の延安に堅固な根拠地を築いた。一九三六年一二月には張学良と楊虎城による西安事件が起き、蒋介石に内戦停止と挙国一致の抗日を迫った。翌年七月七日、日本帝国主義の対中国全面侵略の口火となった盧溝橋事件が起こると、その二か月余り後には第二次国共合作が成立し、毛沢東が率いる八路軍、新四軍は中華民族の柱石として、国民党軍とともに以後八年にわたる抗日戦争を戦い抜いていった。

日本国内では一九三二年に血盟団事件、五・一五事件などのテロ事件が相次ぎ、翌年には国際連盟を脱退して、国際的な孤立を深める。一九三五年には陸軍省軍務局長永田鉄山が省内で現役軍人に刺殺され、また大本教教祖ら幹部が逮捕され結社禁止となる事件なども起きた。一九三六年に起きた「二・二六事件」は帝都を恐怖に陥らせたが、この事件を通じて議会政治を完全な支配下に置くことに成功した軍部は、翌一九三七年の盧溝橋事件を契機に中国全土への侵略を開始して、以後日本は出口の見えない暗いトンネルに入っていくことになる。

評論家の加藤周一は二・二六事件の直後に第一高等学校理科乙類に入学した。加藤の半生記は、この時代の空気をよく映し出している。

「第一高等学校へ入った私は、その頃、理科の学生のために設けられていた『社会法制』という矢内原忠雄教授の講義を聞いた。一週間に一時間の講義で、社会制度の技術的な詳細を語ることは不可能だから、矢内原先生は、議会制民主主義の最後の日に、その精神を語ろうとされたのかもしれない。内閣の軍部大臣を現役の軍人とするという制度を利用することで、陸軍は責任内閣制を実質的に麻痺させることができる、と矢内原先生はいった。『なるほど陸軍大臣がなければ、内閣はできないでしょう』と学生の一人が質問した。『しかし議会が妥協しなければ、陸軍もまた内閣をつくることができないわけですね。陸軍が内閣を流産させたら、政策の妥協をしないで、いつまでも内閣の成立しないままで頑張れないものでしょうか』。顔を机にふせて質問をじっと聞いていた矢内原先生は、そのとき急に面をあげると、しずかに、しかし断乎とした声でこういった。『そうすれば、君、陸軍は機関銃を構えて議会をとりまくでしょうね』。――教場は一瞬水を打ったようになった。私たちは、軍部独裁への道が、荒涼とした未来へ向かって、まっすぐに一本通っているのを見た。そのとき私たちは今ここで日本の最後の自由主義者の遺言を聞いているだということを、はっきりと感じた(43)」

敗戦後に東大総長となった矢内原忠雄は、盧溝橋事件の直後、雑誌『中央公論』に寄稿した評論や南京事件の糾弾を目的とした彼の講演が、大学の内外で槍玉に挙げられ、その年一二月、事実上の追放というべく東京帝国大学教授辞任を余儀なくされた。この矢内原舌禍事件に踵を接するようにして、労農派系の政治家や運動家、大学教授・学者グループの思想弾圧を狙った「人民戦線事件」が起きた。

この事件では、一九三七年一二月一五日、四四六名（第一次検挙）、翌年二月一日、三八名（第二次検挙）、計四八四名が検挙された。また、三七年一二月二二日には、日本無産党と全評が治安警察法により結社禁止となった。検挙された主な人々は、加藤勘十、鈴木茂三郎、高野実、島上善五郎、黒田寿男、山川均、荒畑寒村、向坂逸郎、大森義太郎（第一次）、大内兵衛、有沢広巳、美濃部亮吉、宇野弘蔵（第二次）らである。検挙理由は、コミンテルン第七回大会の方針に呼応して反ファッショ人民戦線の活動をおこなったというものであった。この事件は、日中戦争開始後、共産主義者に続いて、これまでは合法的存在であった労農派、社会民主主義者にまで、治安維持法の弾圧対象が拡大したことを示した。この事件を機に、日本共産党に限定されていた治安維持法の弾圧対象は、コミンテルンと無関係なマルキスト・社会主義者一般に及ぶようになっていった。

すべてを反ファシズムへ

目をヨーロッパに転じると、一九二九年に始まった世界恐慌はドイツ経済に壊滅的な打撃を与えた。政府に対する大衆の不満が噴き出し、ドイツではナチスが急速に擡頭していた。一九三二年の国会選挙で第一党の地位を占めたナチスは、翌年、党首のヒトラーが首相に就任するや陰謀をめぐらせて国会議事堂放火事件をデッチ上げ、これを理由に社会民主党を活動禁止にした。一九三五年三月、ドイツはベルサイユ条約の軍備制限条項を破棄し、再軍備を宣言した。ナチスドイツの膨れ上がるファシズムの脅威を前にして、コミンテルンは、一九三五年七月から八月にかけて第七回大会を開き、反ファシズムを最優先課題として多様な勢力と協調しようとする人民戦線戦術を採択した。翌一九三六年七月には、スペインでフランコ将軍が、人民戦線派による共和国政府に反対する軍事クーデターを起こし、スペイン内戦が勃発。ドイツの支援によるフランコ独裁政権の成立は、第二次世界大戦の導火線となった。

野坂参三と山本懸蔵の連名で、社会民主主義者を敵と見なす、過去のセクト的誤りを正し、主要な敵ファシスト軍部と闘うための統一戦線戦術を提起したとされる『日本の共産主義者への手紙』が書かれたのは、一九三六年二月一〇日であった。この手紙はアメリカ共産党をはじめ様々なルートを経て日本国内に伝えられた。だが、肝心の日本共産党は、前年三月に最後の中央委員袴田里見が検挙され、すでに組織的な活動を奪われていた。この年、「二・二六事件」を奇貨として、軍部主流が中国大陸への全面侵略に踏み切りつつあったとき、反ファッショ統一戦線の司令部となるべき日本共産党は組織の中枢が破壊されており、帝国主義戦争に反対する大衆的な闘争を組織し、その先頭に立つことはもはやできなかった。

父が、刑期を終えて函館刑務所を出獄した一九三八年には、前述の人民戦線事件のほか、年初の岡田嘉子・杉本良吉のソ連亡命が世間を驚かせたのをはじめ、「爾後、国民政府を相手にせず」との近衛声明、石川達三著『生きてゐる兵隊』発禁、国家総動員法公布などの出来事が相次いだ。そして翌年九月には、ドイツのポーランド侵略に始まる欧州戦場での第二次世界大戦がついに勃発する。

山代吉宗との出会い

出獄直後について、父の自筆経歴書には、「九月、函館刑務所における顔面神経麻痺の治療不十分のため労働のかたわら治療す」とある。六年前に市ヶ谷刑務所で典獄から受けたテロの古傷は、極寒の地で過ごした四度の冬で悪化していたようだ。

さらにつづけて、一九四〇年四月まで「この間、春日正一(44)、山代吉宗(45)、加藤四海同志らと連絡、三十二年テーゼ研究・討論、党再建活動についての意見交換・討論などを行う」とある。以後、一九四〇年五月の項に、「山代、加藤、春日同志らの党再建活動グループ関係者として四〇年五月検挙さる、四一年五月東京地裁にて治安維持法違反により懲役六年の判決をうく、六月下獄し横浜刑務所に移送さる」と記してあり、戦前はここまでで終わっている。

特高関係の資料の一つに「検挙人名簿」というのがある。それを見ると、一九四〇年五月の逮捕時、その職業欄には汐留駅運送人夫と記入されている。その前年の夏に、父が山代吉宗・巴(46)夫妻を訪ねたときのことを回想した山代巴の文章には、「酒井定吉はそのころ渋谷に間借りして、しがない筆耕暮らしをしていた」と書かれている。このときすでに四十台半ばを過ぎた、監獄帰りの非転向者が就けるまともな職業などおそらくなかっただろうから、何にでも手を出して糊口をしのいでいたに違いない。

党再建活動グループについて調べるのに、さてどこから手をつけようかしらと、国会図書館で資料を探し、特高関係の記録を片端から読んでいたら、内務省警保局保安課が作成した「特高月報」を見つけた。その昭和十五年五月分の「日本共産党再建グループの検挙」と題する項目に、十一ページにわたって、「京浜グループ」事件の詳細が書かれていた。これとは別に、同時に捕まった山代吉宗・巴夫妻に関する資料を探したところ、山代巴による「山代吉宗のこと(47)」という一文があった。特高など権力側の資料を鵜呑みにしてはならないことを肝に銘じつつ、主にこの二つの資料を事実に近づく手がかりとして、父の足跡を辿ってみようと思う。

山代巴によると、一九三八年の秋、函館刑務所から出獄して間がない父は、川崎市の工場地帯の一角、鶴見の市場町の方から富士電機川崎工場へ向かう広い通りにある菓子屋の二階に住む山代夫妻を、春日正一の紹介で訪ねたが、このとき両者は一面識もなかったという。

山代吉宗は当時三十七歳、「四・一六」事件で検挙され懲役六年の判決を受けて、秋田刑務所に服役し、一九三五年に出所した後、川崎の京浜工業地帯で保護観察を受けながら、工場労働者になってひそかに労働者の組織化を進めようとして、「唯一信頼し合う同志」春日正一とともに活動を始めていたところだった。父と初めて会った山代巴は、「思想も堅固で年齢も闘争経歴も吉宗より兄であった。私はそれを聞いて神格に近い崇拝感情を抱いた」。父はその秋、四度も菓子屋の二階に山代夫妻を訪ねた、と巴は書いている。

加藤四海との再会

翌一九三九年の夏、父は函館刑務所で一緒だった加藤四海と、小菅刑務所を出て間もない板谷敬(48)の二人を伴って夫妻を訪ねた、と巴はいう。このときのことを、作家の山岸一章は、父からの聴き取りとして、つぎのように書いている。

「一九三八年八月に出獄した酒井定吉同志が翌年上京すると、まもなく、板谷敬同志がたずねてきて、『会わせたい人がいる』といったのが加藤四海同志でした。獄中（函館刑務所）では滅多に口もきかない青年だったのに、再会してみると、ニコニコしていて、話しぶりも穏やかでした。そして話しあってみると、『三二年テーゼ』を中心にして、情勢を分析してとらえ、理論的にも深く研究していることが分かりました。……加藤四海同志は、そのときすでに、山代吉宗、春日正一、山代巴、徳毛宜策などの諸同志と連絡をつけて、京浜グループを形成していたのです(49)」

山代巴は別のところで、「加藤四海は……わたしたちの住居へは十四（一九三九）年の六月、函館でいっしょだった酒井定吉の案内であらわれました」とも書いている(50)。巴によると、加藤四海は積極的に夫妻を度々訪ね、活動を助けるうちに、特高の尾行がつき、やがて家宅捜索を受けたときには詳細に活動を記した手帳から多くの人名リストが見つかり、多数の関係者と周辺の人々が捕まることになったという。加藤四海は一九四〇年正月、「僕はこんなに高い理論家に会ったことはない。ぜひあなたに会わせたい」と山代吉宗に言ったことがあるが、巴は戦後になってその人物が伊藤律(51)らしいと分かり愕然としたと記している。

巴はつづけて書いている。

「敗戦後まだ日も浅いころ、S氏（注・酒井定吉のこと）は私に怨嗟をこめてK氏（注・加藤四海）やK氏の指導で動いた者をなじられた。だがS氏自身が異例中の異例の来訪の手引きをしたことは、『そうだったかなー』と、首をかしげるほど忘れていられた」

山代巴は、加藤四海を山代夫妻に引き合わせたのは父だと言っているのだが、父が山岸一章に証言したところでは、加藤と再会した時にはすでに山代吉宗らと連絡をつけていた、としており、両者の話が食い違っていることが分かる。いったい何があったのだろうか。

党再建グループの検挙

資料を読み進めていくうちに、少し腑に落ちたことがあった。それは特高月報を読んでいたときのことである。褒美をもらうためかと疑いたくなるような、仰々しく手柄を吹聴する文字を連ねた報告書の文中に、父ら党再建グループの具体的な活動を列挙した箇所があった。

「(昭和十四年)十月　山代吉宗、山代巴、加藤四海、酒井定吉ら四名は神奈川県大倉山へピクニックと称して会合し、運動の諸問題について意見を交換」

「昭和十四年十一月三日の明治節又は五日の第一日曜日に山代吉宗・山代巴・加藤四海・酒井定吉の四名は神奈川県下綱島及び三ツ池方面にハイキングを行い、一、転向者問題、二、三十二年テーゼ問題、三、党機関紙問題、四、党細胞組織問題、五、指導理論研究会開催等につき意見を交換し、其の帰路、横浜市鶴見区潮田栄町一の二十四所在、春日正一方に立ち寄り、更に、一、現在の客観的並びに主観的情勢、二、当面の任務等に関し意見を交換せる結果、最高研究会を開催する事に決定、ここに日本共産党再建グループ(京浜共産主義者グループ)成立せり」

また内務省警保局編『社会運動の状況　昭和十五年』の中の「日本共産党再建グループ事件の状況」には次の記述があり、山代巴が「一九三八年の秋」と書いた父の訪問が一一月下旬であることも分かった。

「偶々其の頃(昭和十三年九月を指す)、三・一五事件関係者〔「四・一六事件」の誤り〕にして非転向を表明し居たる酒井定吉(クートヴェ卒業)は函館刑務所を出所し、同年十一月下旬、春日の紹介に依り山代夫婦を訪問、之と結合するや、自ら提案して共産主義運動の基礎理論を分担研究する事を申し合わせ、吉宗は経済問題、巴は婦人問題及び組織問題、酒井は政治問題を担任せり」

さらに続けて、

「〔一九三九（昭和一四）年〕十一月二十六日、第二回研究会を「川崎市北谷町一〇六、須藤末男方に於いて開催。吉宗、加藤、春日等出席し、同志西村桜東洋の通報に依れば警視庁に於いて京浜方面のグループを検挙する計画ある由聞き込みたるを以て、本研究会を中止すべきやと山代の提案につき協議の結果、第三回以後は中止することを決定し（右事情に依り酒井は途中より出席を中止し……）……」

この後、当該特高資料の記述から父の名前は消え、山代夫妻と加藤四海、春日正一がケルンを結成して検挙に至るまで研究会を五回重ねた、としている。どうやら、党再建のために完全に地下に潜る準備をしていた父は、特高の探索の気配を嗅いで慎重になり、山代・加藤らの性急な動きから身を遠ざけたようである。山代巴が、戦後になって、「S氏（酒井定吉）は私に怨嗟をこめてK氏（加藤四海）やK氏の指導で動いた者をなじられた」と書いていることと符合するように思える。

ここまで「京浜グループ」の活動とされるものを書いてきたが、これらは主として特高資料に基づいている。だが、この時期にはすでに転向と非転向を問わず、刑期を終えて出てきた者は特高の厳重な監視下に置かれただろうから、その目をかいくぐっての活動はきわめて難しくなっていたにちがいない。法政大学大原社会問題研究所の吉田健二氏は、一九八〇年代初頭に、京浜グループの中心メンバーの一人だった春日正一から聞き取りをおこなっている。

「私は酒井定吉さんらのグループの実態についても知りたいと思い、後日、春日さんから聞き取りをしました。春日さんによれば、グループは四〇人ほどで、盟約を結ぶなど確かなものでなく、党員やシンパとの連絡が主であり、これぞという争議や産報の活動を指導した例は無いとのことでした。グループも一九四〇（昭和一五）年五月の一斉検挙で霧散したそうです」(52)

これが実際の姿に近かったのではなかろうか。

浅原正基氏の回想

父は一九四〇（昭和十五）年五月一三日に、日本共産党再建グループ事件被疑者として検挙され、渋谷警察署に留置された。この年七月五日に「東大事件」で検挙された浅原正基(53)氏（当時、東京帝大文学部社会学科在学中）は、渋谷警察署に留置されていた時期に父と知り合ったことを、自著に記している。

「留置場では、苦難と暗黒の日々だけの連続であったのではない。私はさまざまな初体験をした。なにより特記しなければならないのは、廊下を隔てたはす向かい側の監房に『労働者革命家』酒井定吉氏がいたことである。函館刑務所を出所したあと、京浜グループ事件で再逮捕された初老の酒井定吉氏は、テロの名残であろうか片眼が不自由で、老眼鏡をかけていた。しかし、『クートヴェ』出身の彼は、矍鑠《かくしゃく》として、留置場生活にも万事手慣れていた。毎日一定時刻に、看守巡査のすきをうかがって彼は金網越しに手振りの片仮名メッセージを送り、私を励ましてくれた。そのメッセージの『会話』のなかで酒井氏（彼も長期間、渋谷警察署に留置され、私と前後して〔注・一九四一年三月前後を指す〕巣鴨に送られた）が私に伝えたのは、『君たち青年はできるだけ早く出て、間もなく函館刑務所から刑期を終えて出所するはずの志賀義雄氏をむかえる準備をすべきであること（彼は函館で志賀氏と一緒だったということであった）』、『共産党の在外中心を、東南アジアのどこかに、どうしても建設する必要があること』、『渡政（渡辺政之輔）のお母さんの救援活動を組織して欲しいこと』などなどであった。おそらく彼は、私が留置場だけで釈放されるものと思っていたのかもしれない。しかし、そのほかにも、彼は色々のこと（例えば『クートヴェ』のことなど）を教えてくれた。毎日定時のこの通信は私を疲れさせるほどだったが、しかし私には、酒井氏は職業的革命家の不屈な闘士と映った（戦後、私が帰国したころは、酒井氏は党本部の『党史編纂室』にいたと思うのだが、彼は、ソ連で処罰されたことにめげずに地区組織の末端からやり直すように熱心にすすめてくれた）」(54)

伊藤律への拭《ぬぐ》えぬ疑念

一九三九年八月末、「東大イニシアティブ・コミティ（いわゆる「最後の東大細胞」）」のメンバーのひとり伊藤隆文が、自分の背後に「日本共産党再建グループ」（岡部隆司、長谷川浩、伊藤律ら）の存在をほのめかす木村三郎の指示でグループから排除されたことについて、メンバーの山口正之は、こう書いている。「当時、京浜地区で党の再建活動をすすめていたもう一つのグループに、山代吉宗、春日正一、加藤四海などの諸氏のグループがあった。このなかの加藤四海氏が、伊藤隆文君をつうじて私たちとの連絡を求めてきた。木村君はこの連絡は危険だと判断した。……疑念を抱いたのは加藤四海氏にたいしてであった」

一九四〇年初頭に加藤四海が山代正宗に語ったとする山代巴の言葉が正しいとするならば、それまでに加藤四海は伊藤律と直接接触してかなり深く意見交換をしていたことになる。伊藤律の盟友だったとされる長谷川浩は、一九八〇年代半ばに録音記録した資料、「昭和一〇年代再建運動の座談会、長谷川浩氏のはなし

――日本共産党再建準備委員会」で次のように証言している。

一九三七年一二月初めから党再建運動を開始した長谷川浩は、一高で一級下だった伊藤律が転向しているというので警戒はしていたが、「戦争がはじまるし、じっとしてもおれない」ので、岡部隆司と伊藤律との三人で「再建運動」をすることに決意し、「多摩川の河原などで小林陽之助が持ってきたコミンテルンの人民戦線テーゼ〔と一九三二年テーゼとの関係など〕をずいぶん議論した」。長谷川自身は労働運動の方をやり、東大は「伊藤律がずっと指導していた」。

一九四〇年七月に逮捕された浅原は、警視庁特高警察一課の光永警部補から、「東大イニシアティブ・コミティ」の微に入り細にわたる一枚の「組織図」を見せられ、薄笑いを浮かべながら「君が抵抗したところで無駄なのだ」「木村三郎にもずいぶん手こずったが、君らの〝親分〟がみなしゃべっているのだから尻抜けなのだ。君たちの仲間でも頭のいい奴は、ブタ箱をさっさとすませて、そろそろ拘置所行きの準備をしているところだ」と言われたという。

伊藤律は一九三九年一一月に検挙されたが、翌年八月には処分保留のまま仮釈放され、一九四二年に懲役四年の判決で豊多摩刑務所に収監、一九四五年八月に出獄している。浅原は、伊藤律がこの時、自身の保釈と引き換えに、東大関係のシンパや同調者の情報を当局に売り渡し、それが一九四〇年六月から九月にかけての大量検挙と指導グループ十数名の起訴を導いたという疑いを拭えないようだ。(54)

不審死を遂げた加藤四海

加藤四海は五月一一日に検挙され、目黒警察署に留置されていたが、翌一二日になって警察は、加藤は目黒署の二階取調室から、取調官のすきを狙って飛び降り、頭蓋骨折で自殺した、と発表した。三十歳の若さだった。加藤の死については、はたして当局の発表どおりに自殺であったのか、あるいは特高警察による拷問死であったのか、はたまた逃亡しようとして誤って転落したのかなど、今に至るも幾つもの異なった見方が存在する。山代巴は、前出の『山代正宗のこと』の中で、加藤は自分の不注意から大量検挙を招いてしまった呵責に耐えられず自殺したのだろう、と書いたが、その数年後の別の文章では「加藤四海は検挙された直後、碑文谷警察署の取調室の窓ぎわで死亡しました。警察側は彼が窓から飛び降りようとして、電線にひっかかって死んだと発表していますが真相は不明です」としている。

「京浜グループ事件」で加藤と一緒に検挙され、後に獄死した板谷敬の実弟である浪江虔(55)は、雑誌のインタビューの中で、自分の体験に触れて、加藤の「不注意」を強い口調で非難している。

「共産党の再建運動の中心になっていた加藤四海は、私が農村に住みついて図書館をやるということを聞いて、『それは児戯に類することだ』というひどいことを言った男です。非転向のまま自宅にいて、そして資料から何から全部自宅に置いて再建運動をやっていたんですから、もう信じがたいですね。……私の兄貴が『弟との対話』というかなり詳細なものを書いてキャップの加藤に提出したわけですね。検挙の一週間ぐらい前に鶴川のわが家に泊まり込みで来て話し合った、そのレポです。……やはり兄弟ですからいろいろ話をしてます。仲間にはならないけれども、こういうふうにちゃんと考えているからなんていうことを言ったのも全部書いたらしいですね。…………椅子に掛けたとたんに(特高の)田中が「君、これ見ろよ」といって出したのが『弟との対話』という兄貴の筆跡のものでした。何から何まで書いてあるに違いない。本当に絶望しましたね、その時は」(56)

山代巴が、戦後になって父と再会したときに、父から「K氏(加藤四海)やK氏の指導で動いた者をなじられた」というのは、こうしたことも含んでのことだったのだろう。

日本社会運動人名辞典の「加藤四海」の項目には、その死について、「山代吉宗、春日正一、酒井定吉らと〈京浜グループ〉を組織して、党再建のために活動中、一九四〇年五月目黒署に検挙された。翌日、目黒署の二回調室から飛び降り、逃走しようとして転落、頭蓋骨折で死亡した」と記載されていて逃亡説を採っている。

しかし一部の関係者の間には、その死は警察による虐殺で、当局の自殺発表はそれを覆い隠すためのものだという説が根強くある。山岸一章は、「人間はさかさに落ちるときは手が先につくものであり、二階ぐらいの高さで頭蓋骨折するとは考えられません。拷問で虐殺されたあと、特高がその死因を偽装するために、二階から逆さに落としたのではないでしょうか」と推理している。(57)

思想の非転向性

凶悪な天皇制警察に逮捕されて、非転向を貫いたが故に虐殺され、或いは虐待の末に死に追いやられ、闇から闇へと葬られた共産主義者は数知れない。今となってはその死の真相を確かめるすべはないが、加藤四海もその中の犠牲者のひとりであることは疑いない。

共産党衆議院議員紺野与次郎は、一九七六年一〇月二八日の第七八回国会懲罰委員会における発言のなかで、戦前の治安維持法と特高警察による犠牲者について、特高警察官による虐殺六十五人、拷問、虐待が原因による獄死百十四人、病気、衰弱等による獄死千五百三人、逮捕後の送検者数七万五千六百八十一人、逮捕者数は数十万人、と述べている。

鶴見俊輔は敗戦から十一年後に、戦前の日本共産党が果たした役割について、次のように書いた。

「多くの転向者を出しながらも、日本共産党が、他の諸政党に比べられるとき、その特徴となるのは、非転向性である。日本の思想は、実にぐらりぐらりと、外的な刺激に応じて『移動』してゆく。この特色は、明治のなかばに北村透谷のすでに指摘したとおりである。このように、すべての陣営が、大勢に順応して、右に左に移動してあるく中で、日本共産党だけは、創立以来、動かぬ一点を守りつづけてきた。それは北斗七星のように、それを見ることによって、自分がどのていど時勢に流されたか、自分がどれほど駄目な人間になってしまったかを計ることのできる尺度として、一九二六年（昭和元年）から一九四五年（昭和二〇年）まで、日本の知識人によって用いられてきた」(58)

その後の父のことだが、横浜刑務所で五年余りの獄中生活を送った後、日本の敗戦による政治犯釈放を待つことになる。

第五章　戦後の党活動――その光と闇

1、政治犯の出獄

長谷川浩の証言

一九四〇年五月に検挙された父は、一九四一年五月、東京地裁で治安維持法違反により、懲役六年の判決を受け、六月下獄して巣鴨拘置所から横浜刑務所へ移送され、そこで敗戦を迎えた。父の自筆経歴書には、出所直後のことが、「四五年九月下旬政治犯釈放により横浜刑務所を出所す」とあり、つづけて、「出所の翌日、府中予防拘禁所在所中の徳田、志賀、椎野などの諸同志を訪ね、代々木党事務所の接収、留守居、兼国鉄オルグ活動を指示さる」とある。横浜刑務所では、戦後に政治局員、労働組合部長になった長谷川浩(1)が一緒だった。

父が横浜刑務所へ移された翌年に、戦後半世紀余りを経て冤罪事件であったことが法廷で証明された横浜事件が起きている。この事件は、第二次世界大戦中の一九四二年から一九四五年にかけて、治安維持法違反の容疑で編集者、新聞記者ら約六十人が逮捕され、約三十人が有罪となり、四人が獄死した刑事事件である。その発端となったのは、総合雑誌『改造』に掲載された細川嘉六の論文「世界史の動向と日本」が、「共産主義宣伝」であると軍部から指弾され、細川が治安維持法違反の容疑で検挙されたことであった。近衛文麿内閣のブレーンもつとめ、内閣書記官長だった風見章とも親交のあった細川は実力あるジャーナリストとして、その周辺に多くの新聞社や出版社の記者、編集者を集めていた。そうした人々が無理やり結びつけられて芋づる式に捕らえられ、事件がフレームアップされたのである。事件関係者の多くは横浜刑務所に送られたが、細川も一九四四年五月に横浜刑務所の未決監に身柄を移されている。細川嘉六は、戦後初の参議院選挙に共産党公認で出馬し当選した。家の中では度々その名前を耳にしたことがあった。父とは親しい関係だったようである。

社会運動資料センターの渡部富哉氏らが、一九八二年九月に、長谷川浩から「戦後初期の党と労働運動」について、聞き取りをした記録がある。そこに、横浜刑務所を父と一緒に出所した直後のことが語られている。

増山　その前に聞いておいたほうがいいと思うのは、浩さんが敗戦後、党に現れるまでの経過を話してくださいよ。

長谷川　俺が出たのは十月六日だよ。横浜（刑務所）から。その足で栗林弁護士のところへ行くわけ、九段の。酒井定吉と一緒にね。

渡部　栗林って誰ですか。

長谷川　弁護士で、その時分唯一残って左翼的な事件扱っていたんじゃないの。別に左翼の人じゃないけどね。

増山　どうして栗林さんとこへ行くのが分かったの。

長谷川　酒井定吉が連れていったんだ。刑務所を一緒に出たんだよ。酒井は早くから独歩（注・獄吏の付き添いなしで刑務所内を歩ける）だったから、わりあいにいろんな情報が入ったわけだ。俺なんか戦争が終わってから、独房から出されて動けるようになったけど、それまではあんまり情報は入らなかった。だけど、動けるようになってからは、「人民に訴ふ」は新聞の切り抜きが入ってきたよね。だから、あれだけは読んだわけよ。要点しか書いてないけれども、読んで、これならいけるじゃないかと思っていたよ。

栗木　それは朝日新聞かなんかですね。要旨で。

長谷川　そう。だいたいどんな考え方かということは知って出たわけ。で一〇月六日に出て、横浜刑務所の自立会みたいな出所者が泊まる施設に一晩泊まって、うちにも帰らずにすぐ栗林事務所に行って、それで府中を訪ねたわけよ。ところが会えなかった。堀見君に聞くと、どんどんかまわずに入っちまえばよかっただろうと言うんだ。刑務所の人に聞いたから、断られたんだろうと。刑務所と予防拘禁所は別なんで、拘禁所のほうはすでに外へ出て歩き回われる状態だったと。で、十日に出るというから、十日に迎えに行こうと思って──俺は家へすぐ帰らなかったんだ。家がどうなっているか分からなかったし、それで親戚の家へ泊まって、それから家へ帰ってきたんだけどさ。で、十日に行ったわけ。みんながデモ組んで出てくるところはちゃんと見た。ところが、ラーゲル（中野学校）に行っちゃたんで、俺たちは直接、飛行館の歓迎大会へ行っちゃったんだ。

（増山→増山太助、長谷川→長谷川浩、渡部→渡部富哉、栗木→栗木安延）

長谷川浩の話では、横浜刑務所を一〇月六日に出て、出所者が泊まる施設に一晩泊まり、栗林事務所に行ってから府中を訪ねたが、守衛に面会を断られて、徳田らには会えなかった、という。一方、父の経歴書を見ると、九月下旬に出獄して、その翌日、府中予防拘禁所に徳田、志賀らを訪ね、幾つかの指示を受けたとなっていて、二人の話には食い違いがある。だが、一九八二年に聞き取りした長谷川の話よりは、一九五五年頃に書かれた父の経歴書の方が、記憶はより確かで正確だとみてよいのではないか、と最初は考えた。一〇月一〇日の「自由戦士歓迎人民大会」に参加した松島松太郎のインタビューでは、「二週間前に横浜刑務所を出たという酒井定吉さん」と発言している。おそらく父がこの大会の席上で語ったことを覚えていて、この発言になったのであろう。そうすると、およそ九月二五日前後と推定され、父が経歴書に記した「九月下旬」と一致することにはなる。

だが、もう一つ釈然としないのは、徳田を訪ねたときに受けた指示の一つが、代々木の党事務所の接収だとしていることだ。岩田英一(2)は、一〇月三日付読売新聞に載ったロベール・ギラン記者の徳田会見記を見て仰天し、翌四日に府中を訪ね、徳田に代々木の溶接学校の土地五〇〇坪超と建物を寄贈することを申し出、六日に図面や土地登記簿を持参して渡した、と岩田本人がインタビューに答えている。(3)これが現在の代々木の共産党本部所在地である。すると、父が府中を訪ねたのは四日か六日以降でなければ辻褄が合わない。長谷川浩が、六日に横浜刑務所を出て、その翌日、父と連れだって府中へ行ったという説の方が時間的には説得力がある。GHQの政治犯釈放指令が日本政府に出されたのは一〇月四日のことであり、六日に刑務所を出たと言う長谷川の言葉とも辻褄《つじつま》が合う。未曾有の激動のさなかのことであり、記憶に思い違いが生じたとしても不思議ではないかもしれない。

〝出獄〟歓迎人民大会

一〇月一〇日、この日、徳田、志賀をはじめ非転向の共産党員十一名と天理本道関係者ら政治犯十六名が府中の予防拘禁所から釈放になった。松本一三[4]は「一〇月一〇日の思い出」と題した一文に、「玄関の広場は歓迎に来た七百人近い群集でいっぱいになった……。出迎えに来た四百人をこえる朝鮮の同志たちは、やつれて蒼白な同志キン（金天海[5]、後に政治局員）の顔を感動に満ちた眸《ひとみ》でみつめていた」と記している[6]。

午後二時半から開かれることになっていた「自由戦士歓迎人民大会」は、雨天のため、会場が日比谷公園から芝田村町の飛行館五階講堂に移された。徳田と志賀が獄内で草した「人民に訴う」が一部八十銭（朝日によると一円）で売られ、一千部以上が飛ぶように売れたという。だが肝心の徳田、志賀らは府中を出るとそのまま中野の旧陸軍憲兵学校跡に置かれた米第八軍第一騎兵旅団司令部へ連行されてGHQの取り調べを受け、飛行会館の歓迎集会には出られなかった[7]。

この大会で、主催者側より布施辰治（自由法曹団、歓迎の辞）、金斗容[8]（朝鮮人政治犯釈放委員会）、中西伊之助（人民文化連盟）、伊藤憲一（司会）らが挨拶。出獄したばかりの父は、神山利夫（神山茂夫の弟）、神山はな等と一緒に壇上で演説し、獄中の拷問の状況などを語っている。この大会を取材した「スターズ・アンド・ストライブス」（星条旗新聞）記者、バーナード・ルヴィンは「何といっても本大会の圧巻は、本大会が天皇制支配の打倒を訴え、それ以外には民主体制の確立はあり得ない、と宣言したことである」と、その印象を伝えた。

午後四時五十分閉会し、続いて赤旗を先頭に雨の中をデモ行進に移った。代表団はGHQのサザーランド参謀長に面会し、政治犯釈放に対し感謝の意を表明し、デモ隊の一行は解散した。志賀、徳田らがGHQの前で「マッカーサー元帥万歳」を唱えたという説が一部にあるが、これは事実ではないらしい。一〇月一九日大阪で行われた「出獄同志歓迎人民大会」に出席した徳田、黒木（重徳）らが大阪の「進駐軍司令部前で連合軍総司令官マッカーサー元帥万歳を三唱した[9]」ことが誤って伝えられた、というのが真相のようだ。

一九四五年一〇月二二日付で日本政府からＧＨＱに提出された報告によると、この日までに拘禁中のもの四百三十九名、保護観察中のもの二千二十六名、合計二千四百六十五名の政治犯が釈放された。

松島、梨木両氏の回想

この日の「出獄同志歓迎人民大会」に参加した松島松太郎氏（元共産党神奈川県委員長）の回想が、当時の雰囲気をよく伝えているので、その一部を以下に抜き書きする。

「さて、一九四五年十月十日における政治犯の釈放を歓迎する集会のことですが、初めは日比谷公園でおこなう予定だったのです。ところが当日は朝から雨で、午後になって土砂降りとなり、会場が芝田村町の飛行会館の講堂に急きょ変更されました。会場は、私の工場から歩いて二十数分ぐらいのところにありました。伊藤憲一さんの挨拶と司会で始まった集会は、五階の講堂入り口の通路にも参加者があふれるほど超満員でした。講堂にはたぶん一千人近く入っていたと思いますね。ほかに講堂に通じる各階の階段や、会館入り口周辺にも入館できなかった人が大勢集っていました。

――参加者の多くが朝鮮人だったそうですね。

松島　そうだったかもしれない。ハングルが会場のあちこちで飛び交い、講堂内でも太極旗が振られ、のぼりも立っていました。集会が終わって押し出されるような形で入り口に出たら、雨のなか大勢の朝鮮人が玄関先で「解放万歳」「治安維持法を廃止しろ」などのスローガンを叫んで集会をおこなっていました。参加者がマッカーサー司令部に隊列を整えてデモ行進する前のことです。集会のシーンはいまでもはっきりと記憶しています。とても感動的な集会で、私が民主主義日本の建設に一人士として参加しようと決意を固めた日でもありました。集会では、豊多摩刑務所を出獄したばかりの神山茂夫さんや、二週間前に横浜刑務所を出たという酒井定吉さん、朝鮮人の金斗鎔さんなどの政治犯が演説をぶち、天皇制打倒や日本軍国主義指導者の戦争責任を追及していましたね。また徳田球一さんや志賀義雄さんなどは、事情があって集会に参加できなくなったこと、宮本顕治さんが網走刑務所を出獄したというような報告が伊藤憲一さんからありました。この日、会場で『人民に訴ふ』というパンフレットが売られ、私も一冊買い求めました。そして会場でこれを読み、徳田さんら『獄中十八年組』をはじめとする政治犯の過酷な状況のなかにも、時代動向と情勢の分析力にほんとうに驚嘆しました[10]」

また「三・一五」「四・一六」事件の弁護を担当した梨木作次郎弁護士はこの日のことを次のように証言している。

「この日の『自由戦士出獄歓迎人民大会』は伊藤憲一さんの司会で始まり、自由法曹団を代表して布施辰治さんが挨拶し、朝鮮人団体を代表して金斗鎔さん、それに酒井定吉さんや人民文化同盟の中西伊之助さんが演説をなさったのです。いずれも天皇制専制政治、とりわけ治安維持法と特高の弾圧の数々を挙げてこれを糾弾しておりました。演説の途中、司会者から宮本顕治さんが網走刑務所から釈放されましたという報告がなされると、会場に『うおっ』と歓声があがりました。『自由戦士出獄歓迎人民大会』には栗林敏夫弁護士も出席され、彼や私も短い挨拶をしました。参加者は一〇〇〇人をかなり超えていて、伊藤さんは泣きながら司会をしていましたね。新しい時代の始まりにみんな興奮していたのです。集会終了後、参加者は赤旗を立てて占領軍の司令部のある明治生命ビルまで、しとしと雨が降るなかをデモ行進しました。一〇月一〇日はほんとうに感動的な一日でした。日本の社会運動はこの日をもって勇躍、再出発したのです[11]」

2、党再建の活動

出獄の翌日から党再建活動に

自筆経歴書と其の他の記録を整理してみると、父は出獄直後から一九四五年一二月までの間、次の活動を行っている。

出所の翌日、府中予防拘禁所在所中の徳田、志賀、椎野等の諸同志を訪ね、代々木党事務所の接収、留守居、兼国鉄オルグ活動を指示さる。岩田英一と代々木の党本部事務所を確保・管理し、全国各地から来訪の同志を応接する。

岩田、野本らと国鉄労働者の間に宣伝活動を行い、宣伝紙『動輪』を発行する。

丸山一郎(12)、内野竹千代、泉盈之進(13)らと労農救援会を組織し、出獄同志の救援・援助を行う。

十一月、日本共産党第一回全国協議会に出席。

十二月、日本共産党第四回全国大会（再建大会）に出席。

この頃、党本部モップル（労農救援）部責任者として労農救援会中央グループキャップになる。

十二月二十三日に開かれた第一回東京地方党会議で、父と長谷川浩、岩田英一、伊藤憲一、伊藤律、服部麦生、寺田貢、金斗鎔、中野某の九名が暫定東京都委員に選出された。

翌一九四六年の項には、

二月二四日　日本共産党第五回全国大会に出席。

二月二三日　早稲田大学大隈講堂における「故河上肇博士追悼講演会」を計画、労農救援会の主催で開催する。

とあるだけである。

この年一月一日、天皇裕仁は神格否定の詔書を出した。いわゆる「人間宣言」である。同じ月の三〇日、『貧乏物語』を著した元京都帝大教授河上肇は、栄養不足で衰えた身体に肺炎をおこして、六十六年の生涯を閉じた。上記の早大大隈講堂での「河上肇博士追悼講演会」に触れた小林輝次氏の文章を、インターネット上で見つけた。

「又、私は昭和二、三年の頃より、『解放運動犠牲者救援会(14)』の創立とその運動に少々の関係を持って居りますので、その発展たる『勤労生活者援護協会』が酒井定吉君を中心に先生の『追悼講演会』を盛大に開催して下さつた御礼に、此の冊子の版権を、老夫人の快諾を得て、受けて頂きました(15)」

私生活では、この年三月、五三歳のときに松本一三氏の紹介で西岡順子と結婚し、翌一九四七年一月に、長男誠が出生している。私である。

高まる大衆運動の波

敗戦後に国民生活を襲った急激なインフレとそれに追いつかない賃金に、国民の間には怨嗟の声が渦巻いていた。労働者の賃金引き上げの要求に応じない吉田内閣に対して、産別会議と総同盟が手を握り労働組合の全的統一のなかで行われようとした「二・一ゼネスト」だったが、伊井弥四郎全官公庁共闘会議議長が、占領軍司令部（ＧＨＱ）最高司令官マッカーサーの命令により、その中止をラジオ放送したのは、決行前日の一九四七年一月三一日のことであった。

一説には、ＧＨＱが「コミンフォルム指令一七二号および行動計画」など、共産党の革命情報なるものを入手したことが大きな背景にあった、と言われている。この指令には発電所、送電施設などの破壊、民同派組合へ浸透し反動的幹部を排除、ＧＨＱ・吉田反動内閣の公然弾圧政策に対処するための行動計画を準備する。指令の行動計画には、八月一五日から九月一五日までの間に全国一斉に蜂起、発電所及び鉄道を破壊する、職安闘争を強化する、朝鮮への軍需物資の輸送を妨害する、などがあげられていたとされた。ところが、これは公安当局が謀略を策して、党内のスパイを使いデッチ上げた偽情報であったともいわれる。これに類した話はいつまでも幽霊話のように浮遊して、反共攻撃の格好のネタにされている。

戦後わずか二年が経ったばかりであったが、世界は早くも東西二大陣営に分かれて冷戦へ突入しようとしていた。六月には、反共政策としての欧州復興計画マーシャル・プランが発表され、米国によるヨーロッパの西側諸国へのテコ入れが進められた。これに対抗して、九月には、第二次世界大戦の結果生まれた社会主義国を中心として、共産党・労働者党情報局（コミンフォルム）が結成される。同じ月、中国大陸では、東北部旧満州に共産党指導の人民政府が樹立され、中国人民解放軍は蔣介石国民党軍との対峙から転じて、全中国解放に向けた総反攻を宣言していた。

日本国内では、財閥解体や農地解放などのいわゆる民主化・非軍事化が進む一方、私鉄総連、電産、国労、日教組、自治労、全石炭など各産業で労働組合の結成が相次ぎ、労働戦線が活気づいた年だった。ちなみに私が生まれたのは、この年の「二・一ゼネスト」が不発に終わって間もないころのことである。

戦前回帰の「逆コース」

年が明けた一九四八年初頭、まだ正月気分が抜けない六日に、米陸軍長官ロイヤルは、日本は共産主義の防波堤だ、と演説した。六月には、ソ連がベルリン封鎖を実施する。朝鮮半島では、南部に李承晩を初代大統領にする大韓民国が、北部には金日成を首相とする朝鮮民主主義人民共和国が成立し、三八度線を境にした南北の分断が決定的になった。同じ時期、攻勢に転じていた中国人民解放軍は中国東北地区の心臓部、瀋陽を解放した。九月に始まった平津（北平・天津）戦役は翌年にかけて国民党軍との一大決戦となり、ついに四九年一月三一日、「華北匪賊掃討総司令官」傅作義将軍の決起によって、人民解放軍部隊は北京への無血入城を果たした。

この年、国内では対日占領政策が、東西対立の激化とともに、日本を反共陣営に閉じ込めるための反共政策へと舵が切られ、そのための経済復興が進められていく一方、公務員のストライキが禁止され、来なかったのは軍艦だけと言われた占領軍による東宝争議への介入、A級戦犯容疑者岸信介の釈放などが次々と行われた。民主化からの逆行と戦前への回帰、いわゆる逆コースが始まったのだった。

「労働運動史研究会」

一九四八年一一月末頃、「民主主義科学者協会東京支部歴史部会労働運動史研究会」(16)が発会した。父はその発起人の一人として参加している。

「なお、この報告をした後で、一九四九年十一月に一号だけ出たガリ版四ページのニュースを見ることが出来て、『民科東京支部歴史部会労働運動史研究会』についてもう少し詳しいことが分かりました。すなわち発会は一九四八年十一月末で、参加者は石母田正、酒井定吉、長谷川博、林基、平野義太郎、守屋典郎氏らでした。主として運動体験者による公開研究会を毎月一回ひらき、毎回二十〜三十人の出席者があったようです。注目されるのは、この『労働運動史研究』と題したニュースの一面にある『研究会の方針について』です。そこでは従来の研究を批判して『年代記的な羅列にすぎず、科学的な分析は殆んど欠け、分析らしいものがあっても日本資本主義一般の特質から運動の一般的特質を規定するにすぎなかった』と指摘した上で、『現在なさねばならぬことは、各時期、各産業の闘争をそれぞれの時期、産業の具体的な諸条件の変化のなかからの必然的な動きとして把握することが必要である』と主張されています。私も一九六〇年の社会政策学会の大会でこれと同趣旨の提唱をしましたが、その十年も前に、このような方針が出されていたことは全く知りませんでした(17)」

この中に書かれている「運動体験者による公開研究会」では、総同盟分裂、評議会結成、評議会禁止以後の全協時代など、戦前の労働運動について関係者から詳細な聞き取りを行い、会報に掲載していた。父が党史を調査研究するうえでも役立ったに違いない。

大原社会問題研究所で『労働運動史研究』のバックナンバーを閲覧していたとき、思いがけない人の名前に出会った。一九六五年発行の第三八号に、「特集評議会創立四十周年企画」として、「評議会運動史の問題点」と題する秋山長三郎氏の文章が掲載されているのを偶然に発見した。文章の末尾に記された略歴には、一九〇〇年群馬県生まれ、一九二三年桐生高校応用化学科卒、徳田球一秘書、評議会関東金属組合執行委員、一九二八年「三・一五」事件被告、戦後は共産党群馬県委員、とある。

私が秋山さんを知ったのは、一九六九年頃だったと記憶する。当時私は二十歳を少しでたばかり、一方の秋山さんは七十歳に近い大先輩だった。その頃、日中両党関係はすでに断絶し、そのあおりを受けて、日本共産党の影響下にあった日中友好協会は、中央から各都道府県の末端支部に至るまで組織が真二つに分裂した。秋山さんは、中国支持派の日中友好協会（正統）杉並支部に所属する会員で、私は中国物産展専門商社に勤めて都内のあちらこちらで中国展を開く仕事をしていた。数年後、私が同協会東京都本部事務局で仕事をするようになってからは、会議や様々な活動で顔を合わせたが、そのときは秋山さんの戦前の詳しい経歴など知ることもなく、当時の話を聞けなかったことは残念でならない。

3、党史資料の蒐集《しゅうしゅう》

党史資料委員会の活動

一九四七年は日本共産党創立二十五周年に当たった。この年の初めから父は「党史に関する覚え書き」を執筆していたようだ。八月には、党創立二十五周年記念事業として党史資料委員会（委員長＝志賀義雄）が設置され、その実務責任者を命じられた、と経歴書にある。

労働運動史研究者の犬丸義一(18)が、みすず書房刊「現代史資料(14)」の月報解説として、日本共産党創立二十五周年を記念して行われた党史関係の事業について書いているのが目にとまった。

「日本共産党創立二十五周年事業として、創立記念日の七月十五日の『宣伝指針』特集号に、『日本共産党の発展についての「おぼえがき」』が発表された。これは簡単な二十五年間の党史の概観であるが、日本共産党自身の公開発表文書として注目される。しかし短いもので、三二年テーゼ以後、特に、中央委員会の全国的活動を中止した三五年以降は、評価はなく、事実が列挙されているにとどまっている」

同じ解説のなかで、同党史資料委員会が、「日本問題にかんする方針書・決議集」（一九四七年一一月七日）を「非売品」として刊行したこと、これが戦後最初のまとまったテーゼ集であり、後の五月書房版が刊行されるまで唯一のものとして利用され、研究の進歩に貢献したとして、研究者の立場から、このテーゼ集刊行の意義が大きいことにふれている。

父は、一九四八年一月から翌四九年三月にかけて、党史資料収集に専念する一方、この年の七月から九月までに、橋浦時雄、浦田武雄、高瀬清、高津正道の各氏から、それぞれ日本共産党創立時代の想い出を聞き取っている。

「第一次共産党事件」を研究している黒川伊織氏は、『「第一次共産党」史のメタヒストリー』と題する論考で、第一次共産党の成立過程を考察しつつ、「共産党創立記念日」確定の過程と、これに連動した「党史」成立の過程を、「記憶」の再構築という視点から整理している。その中で一九四七年の党創立二十五周年にあたって設立された党史資料委員会の活動について以下のように記している。

「前述の党創立二十五周年記念カンパニアの際に提起された、日本共産党史編纂資料を集める委員会の設立は、一九四七年の党史資料委員会設立によって具体化された。その委員長には志賀（義雄）が任命されていたが、実務の多くを担ったのは酒井定吉・山辺健太郎の両人であったという」

（中略）

「これらの聞き取りをも参考にして執筆されたと考えられる『党略史草稿』（酒井定吉の筆跡による）は、一九二五年一月開催の上海会議までの党史を記したものだが、『第一次共産党』成立をめぐる事実関係については、一九二一年夏の創立準備会発足・暁民共産党事件検挙・極東諸民族大会開催・『一九二二年七月一五日』の党創立会議開催の順に述べられている、とされる。

ここで注目すべきは、第一に、創立直後の執行委員が堺・山川・荒畑・高津・橋浦とされている点、第二に、ここではじめて『一九二二年七月一五日』の創立会議開催の場所が『渋谷伊達町の一民家』と特定された点である。正確な時期は不明だが、おそらく発足直後の党史資料委員会は、戦前の党員にあてて党史資料についての依頼状を発送していた（「党史資料について『個人依頼状』発送名簿」、後述「水野資料」所収）。この名簿をみると、総計一四四名に依頼状を発送しているのだが、そこには志賀・宮本顕治ら獄中非転向者をはじめ、風間丈吉ら転向した元幹部など、戦後革新陣営の枠組をこえた多様な関係者が出そろっていた」

〔以上、前出の黒川伊織「『第一次共産党』史のメタヒストリー」から引用〕

「水野資料」の由来

前述の黒川論文に登場する「水野資料」については、加藤哲郎（一橋大学名誉教授）が、自身の運営するサイトに発表している文章に、以下の記述がある。

「『水野資料』誕生のきっかけは、共産党のいわゆる『五〇年問題』である。党の分裂、GHQによる中央委員追放、指導部の地下潜行・中国逃亡のもとで、占領期に党本部にあった重要文書は、水野津太に隠匿・保管が託された。水野は、膨大な資料を自宅他数カ所に保管して、警察の弾圧や捜索から守り抜いた。五五年のいわゆる『六全協』で共産党が再建された際も、歴史学者渡部義通を中心に党内に日本革命運動史研究会が設けられ、水野がその事務局を担当したため、資料の多くは、そのまま水野の管理下におかれた」

「一九六七年六月に、日本共産党中央委員会は、議長野坂参三名で、水野津太に対する党資料返還の仮処分請求を、東京地方裁判所民事第九部に提出した。その時の膨大な仮処分執行『物件目録』が、『水野資料』中に残されている。機関紙誌からポスター、パンフレット類、スターリン著作集から選挙ビラに及ぶ、目録にして七六頁三千件以上、書類綴り、雑誌やシリーズものが多いので、点数にすれば五千点を下らない長大なリストである。水野津太は、裁判所の決定には誠実に従った。関係者によれば、共産党は中央委員酒井定吉（「中央委員」は誤り。この当時は中央委員会資料室長）以下一〇数名が弁護士同行でやってきて、トラック二台分を持ち去ったという。長く共産党のために献身してきた水野が党を離れたのは、この頃のことといわれる(19)」

加藤の調べによると、水野津太の略歴は次のようになるようだ。一八九三年一月一六日岐阜で生まれ、一九一一年に日本女子大を放校されたとされるが、詳しいことはわかっていない。一九二〇年に満鉄東京本社図書館、二三年に満鉄が新設したハルピン図書館に勤めた。一九三一年頃には日本や中国の共産党と繋がりができて、三三年には郭沫若と知り合い、日本共産党の木俣鈴子（秋笹政之輔夫人）や渡辺多恵子（志賀義雄夫人）らと共に活動し、三四年六月に青山署に逮捕され半年拘留されている。釈放後は美術工藝院の事務局で働きつつ、共産党三・一五事件被告団の救援を続けた。敗戦直後に日本共産党が合法化され活動を再開する際に、徳田球一・志賀義雄に請われて党本部勤務員になり、党の決定・連絡文書の保管や機関紙誌・党史資料等の整理の事務を担当した。

『党史年表』への書き込み

この「水野資料」は後に慶應義塾大学が買い上げてその所蔵となり、現在は同大学三田図書館に収蔵されていることがわかった。きっかけは二〇一三年一月、インターネットで関係文書を検索していたときに見つけた文章で、慶応大学経済学部寺出道雄教授の『『日本共産党運動史年表』文部省思想局刊行資料への共産党関係者による書き込み本」と題する論考だった。寺出教授は、そのなかで、「これは慶應義塾が所蔵する水野資料の一部である」として大要次のように分析している。(20)

この資料の外見上の特徴は、二層の構造をなしていることで、時系列順で先行する「第一層」は戦前の文部省思想局が刊行し部外秘とされた「思想調査資料」第二四輯（一九三四年八月）の八七ページから一二〇ページにわたって掲載された「日本共産党運動年表」である。「第二層」は、戦後において文部省関係者であろうと推測できるルートから流出した前記年表の該当ページを剥ぎ取り、それに「一九一九年三月〜一九三四年日本共産党運動年表」という表題を墨書したやや厚手の紙をかぶせて表紙にするとともに、本体の「年表」の後ろに、既製品の縦書きのノートから八枚のメモ用紙を添付した上で、表紙と同じ紙の残りの半分を裏表紙として用いてホチキスと糊で綴じたものである。

「第一層」の記述に対して、戦後の共産党関係者が、黒と赤のインク、ときに赤鉛筆を用いて、手書きによって多くの修正、削除、加筆をおこなっている。この人物を、具体的には、戦前からの共産党員であり、戦後は共産党の党務に従事した酒井定吉（一八九三―一九七四）であろうと推定した。

それは、戦後活動を再開した日本共産

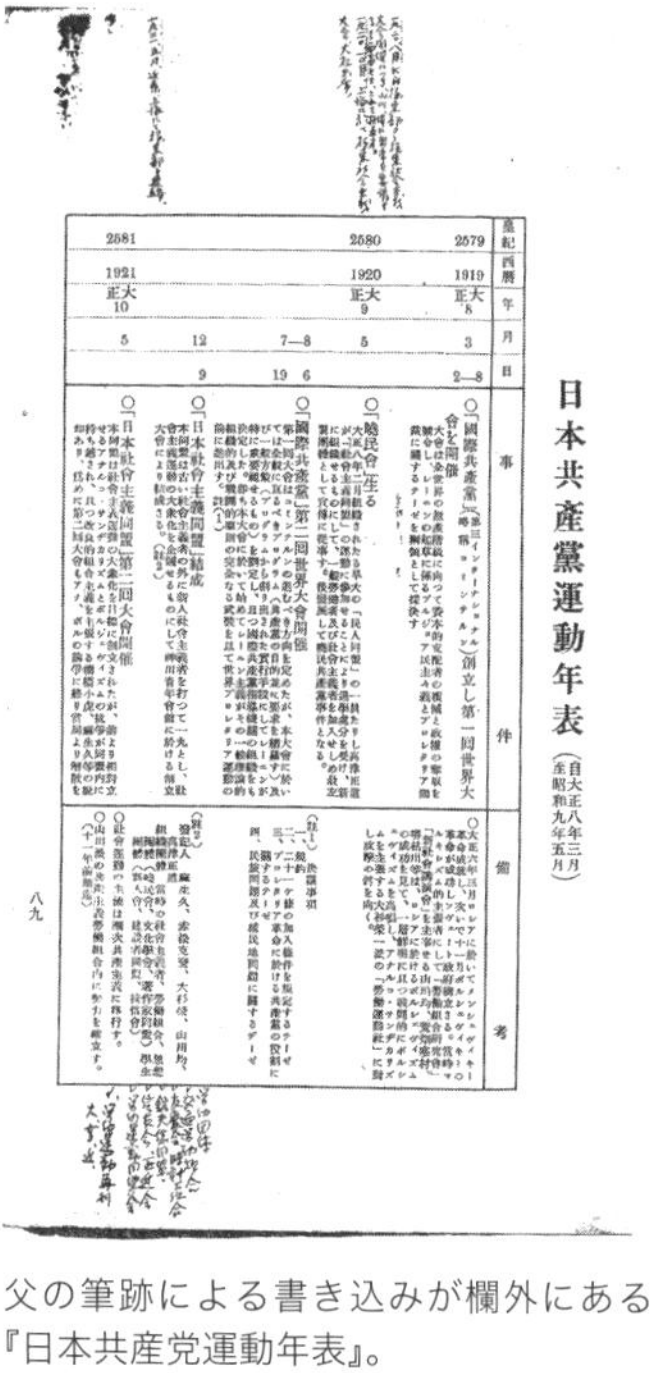
日本共産黨運動年表（自大正八年三月 至昭和九年五月）

父の筆跡による書き込みが欄外にある『日本共産党運動年表』。

党が、党史の編纂のための基礎資料の作成をおこなった産物の一端であったことになる。その作成の時点は、「水野資料」の流出の経緯を考慮すれば、一九五〇年代の初頭までの時点であったことになる。「第二層」の作成者、酒井定吉は、戦前の日本共産党の活動について、正確な事実を記録しておこうとする志向を強く持った人であった。

「第一層」(以下、原本)と「第二層」(以下、酒井稿本)を合わせた「年表」は、弾圧した政府側と弾圧された共産党側という正反対の立場に立った二者による、異時点間での「コラボレーション」による作品として、戦前の日本共産党史についての特異な史料となっている。

酒井稿本を丹念に読むと、どうしても理解できない二つの謎にいきあたる。

第一の謎は、原本の事項の末尾、すなわち一九三四年五月三〇日「市川正一、国領伍一郎、徳田球一等の控訴公判開かる」という記述の後ろに、当時の中央委員会と対立した所謂「多数派」分派の活動に関する三つの事件を加筆し、一九三四年一〇月二日「山本、宮内ら検挙、『多数派』第五号にて発行不能となる」という項で終わっていることだ。

第二の謎は、原本の一九三三・三四年の記述には一九回も「リンチ事件」という用語が使われているにもかかわらず、酒井稿本では、党の立場からすれば悪質な「プロパガンダ」というべきこの用語を、いっさい修正、削除、加筆していない。この二つの謎を同時に解く唯一の鍵は、「多数派」の活動に対する評価を、作成者の酒井が決めかねていた、と考えることである。

一九三二年頃から、党の影響下の「大衆団体」に対する共産党自身による戦略の押しつけが強まっていった。その顕著な例が、全協(日本労働組合全国協議会、評議会が解散された後の後継団体)の行動綱領に「君主制の廃止」を掲げさせたことだ。これをきっかけに治安当局は弾圧を強化し、労働運動のなかでの党の影響力を急速に低下させた。一九三三年一一月、中央委員長野呂栄太郎が検挙されると、当時の中央委員会は「スパイ挑発との闘争」を強化し、その過程でおこなわれた査問事件が新聞によって「リンチ事件」「赤色リンチ事件」として大々的に報じられることによって、労働者や知識人のなかでの共感が失われていった。

こうした党中央の姿勢に対して、労働運動（全協）、農民運動（全農）や消費組合運動（日消連）の現場の党員たちから批判の声が上がった。一九三四年七月一五日、「日本共産党中央奪還全国代表者会議準備委員会機関紙」という正式な名前で機関紙『多数派』が発刊されるに至った。この「多数派」はコミンテルンの批判を受けて解散したが、彼らの存在は、実践活動の現場で活動していた党員たちの経験から自生的に生まれたものであった。

『多数派』第一号では、「敵のスパイを潜入さした原因をむしろ吾々自身の方針や組織の不完全さに求め」る、と述べられている。こうした思考様式は、中央委員会の側にはない、「多数派」の人々に独自のものであった。

酒井定吉は、戦後は日本共産党史作成の実務者として、コミンテルン本部や中央委員会を批判することはしなかった。しかし、戦前の彼は、「多数派」の人々と同じく、共産主義運動の現場で実地に活動した人であった。彼は、他方では、極度の非合法生活のもとで、下部の党員たちの経験から遊離してしまった中央委員会の方針の観念性について知悉し、それを批判した「多数派」の人々に共感を覚えていたのではなかっただろうか。

右の論考を書いた寺出教授は、自著のなかで、「マルクスの経済学やマルクス主義が現役の思想として甦ることはもはやないであろうと考える。それは、世界全体という規模でいえば、革命的でも反革命的でもないごく普通の人々にあまりにも大きな傷を与えてしまった、」として、次の仮説を述べている。「マルクス主義運動、ないし共産主義運動は、マルクスの思想に強固に内在した、歴史に関する決定論的な観念を具現した存在であった。すなわち、『歴史の必然性』を確信した運動であった。そうであったがゆえに、それは、日本の現実に対する徹底した抵抗力となりえたと同時に、それ自身のうちに、権威主義的な性格を抜きがたく帯びざるをえないことになったのではないであろうか」(21)

ここに書かれた「権威主義的な性格」が、一定の条件のもとでは「絶対専制主義的な性格」にいつでも容易に転化しうるものであることは、本書のこれまでの、さらにこの後の叙述のなかから、読み取れるであろう。

犬丸義一氏への聞き取り

日本共産党史研究者の犬丸義一氏を訪ねたのは、二〇〇八年一〇月二八日、爽やかな秋晴れの日であった。犬丸氏は少し前に大病を患い回復したばかりだということで、少々痛々しい感じであったにもかかわらず、自宅近くの喫茶店で、午後の半日を割いて、私の聞き取りに快く応じてくれた。

「酒井さんの最大の功績は、なんと言っても、一九四七年七月十五日の日本共産党創立二十五周年記念事業として、『党史に関する覚え書き』を執筆したことと党史関係の資料収集をやったことです。党史資料委員会が設置され、その実務責任者として、カンパを募り、リュックを背負って、北から南、東から西へと全国をまわり、戦前の『赤旗』『無産者新聞』等々、個人が所蔵していた資料を無償で譲り受けて集め、党資料室の基礎を築いたことです。大勢の人が、党の二十五周年記念だから、自分の手元に置いておくよりも党に寄贈しよう、と争って貴重な資料を提供したんです」

「酒井さんは、党中央部の党史資料室長という立場ではあったが、党の権威を守るとか、誰それの幹部の立場を傷つけないとか、そういうこととは無縁で、あまり政治的な議論を好まれなかった。ただ事実のみを重んじて、完全に党史ひと筋の方だった。党史を語るときは、山辺健太郎と酒井さんのコンビを忘れちゃいけません。この二人の言うことが一致するかどうか、これがキメテになりました。相談すると、酒井さんは『これはちょっと危ないよ』などと親切に言ってくれる人だった。酒井さんは、いわゆる立派だったわけです。人格者ですよ。私は、初めて会う党幹部には、必ず挑発するクセがあるんですよ。そうやって、その幹部の資質を見分けることにしているんです」

「過去の自分の経歴についても、お話になりたがらない。謙虚なわけですが、傍からは何か隠しているんだ、疑わしいことがあるんだという説も最初はあったんです。しかし、そうではないだろう、と。己を誇大に見せることは一切なさらなかった。これは立派ですね。心あるものは信服した。だけど、嫌いな人は嫌った。よく言えば忠実、悪く言えば万年主流派、反対派はおやりにならなかった。従順なご家老、家老に匹敵すると見られていたんですよ。それなら経歴から言って、中央委員になっていておかしくない。そのことを一度本人に聞いたことがあります。そのとき、『僕は若い人にさせるべきだと言って強く断った』と言われた」

良くも悪くも「くそ真面目」

父の一年近く後にクートヴェに入った山本正美は、戦後間もない時期に父と再会したときの様子を次のように書いている。

「酒井定吉。彼もいたってまじめな人間であった。そのまじめさが買われて、戦後、共産党の文書保管の責任者となった。当時、私自身も思わぬ被害を受けたことがある。それは、私が戦後、代々木の本部で彼に会ったとき、先輩学生という心安さも手伝って、『つくづく嫌になった』とつぶやいたところ、彼は早速、『山本は日本共産党が嫌になった』という報告書を上部に提出したのだった」(22)

犬丸氏は、息子である私に対して少々遠慮して話してくれたようだ。「よく言えば忠実、悪く言えば万年主流派、反対派はおやりにならなかった。従順なご家老」だったという氏の言葉は、山本正美が幾分か怨嗟《えんさ》をこめて書いているような、良くも悪くも「くそ真面目」な父の一面を表していたのであろう。

「『京浜グループ事件』には問題があるんです。この事件で捕まった春日正一が喋ったという話があるんですよ。戦後、春日は間違えて非転向とされ、そのあと中央委員、さらに幹部会員に間違えてなってしまった。山辺健太郎は、あるとき、党本部の会議で、春日正一と喧嘩になり『威張るな！ 転向者のクセして』とやった。後始末に困った宮顕（宮本顕治）が山辺を説得し引導を渡して本部を辞めさせた、ということもあったんです」

「今になって思うことは、酒井さんが名古屋共産党事件以来何度も治安維持法違反事件で捕まりながら、一度も節を曲げなかったことで、その持続力は日本人には珍しいことです」

「私もずいぶん世話になったことがあります。戦後しばらくしてのことですが、第一次共産党事件の関係者である高瀬清の自伝的な原稿を山辺健太郎が見つけてきて、それを私が酒井さんのところへ行って、『何とかなりませんか』と頼みこんだのです。最終的には志賀義雄がＯＫを出して、党機関誌『前衛』に載りました。党内で承諾を取り付けるのに酒井さんも苦労なさった筈ですよ。僕も酒井さんにくっついて高瀬清を訪ねに行ったことを覚えています」

「しかし分からないのは、戦後の党再建では酒井さんも中心の一人で、モップルつまり労農救援グループの責任者だったのに、何故のちになって大衆団体の方へ回されたのか、左遷されたのか、これは疑問です」

「こういうことがありました。戦後の党再建のとき、徳田球一が党書記長に推薦されたが、徳田は『私は一党の指導者になる資格のない人間だ。何故なら、かつてコミンテルンで党の役員から排除された人間だからだ』と断った。しかし、結局は第四回党大会で書記長に決定されたんですが、このときの経緯を党内教育資料『党活動指針』で発表したんです。これに酒井さんが関与したことは間違いないんです。非転向者でなければできる訳がないんです」

「今日、貴男と何故会ったかと言えば、実は戦後の非公然活動時代に、私は党から中国へ派遣されて密航し、北京郊外の党学校で日本史の講師をしたのですが、そのときに、私が元気でやっているから安心するように、と家族に伝えてくれたのが酒井さんだったのです。そういう縁もあって貴男に会うことにしたんです」

「酒井さんは間違いなく指導者でした、といっても最高指導者というのではなく、今風に言えばサブリーダーとでも言ったらいいのでしょう。酒井、山辺、石堂清倫この三人は、私にとっての指導者だった。そんな酒井さんが、あるときふと、『子どもの問題があってね、あまり大きな顔はできないんだよ』と、漏らされたことがありましたね。あなたが、反党分子として除名処分を受けた頃だったですかねぇ」

4、緊張高まる冷戦下の日本

「革命の秋来《とき》たれり」

一九四九年、東西冷戦は一段と緊張を高める。前年六月、ソ連がベルリン封鎖をおこなったヨーロッパでは、一月にソ連と東欧五か国が経済相互援助会議（コメコン）を創設すると、四月にはこれに対抗する北大西洋条約機構（ＮＡＴＯ）が発足した。六月、全国解放を目前にして、毛沢東は『人民民主独裁を論ず』を発表し、新中国の外交は「（ソ連を頭とする社会主義陣営への）一辺倒」を方針とすることを明言。

一方、アメリカ国務省は八月、「中国白書」を発表し、アメリカ政府が蒋介石政府に対する信頼と支持を放棄したことを表明。同月、ソ連は初の原爆実験に成功し、九月に原爆保有を宣言。一〇月、中国共産党が国民党政府を覆し政権の座に就くと、一二月に最高指導者の毛沢東がソ連を訪問してスターリンと首脳会談を行い、翌年二月に中ソ友好同盟相互援助条約を締結した。だが、このとき世界はまだ、同じイデオロギーを信奉する中ソ両国の「一枚岩」の裏側に隠れた、相互の猜疑と不信には気づいていなかった。

日本国内では、一月に新憲法下で初めての衆議院選挙が実施され、共産党は三十五議席を獲得した。総選挙の大勝に酔った共産党中央は、民主人民政権はいまや「現実の問題」となったと断言し、この後、「九月革命説」が根拠もなく流布されていった。

他方、米国に忠実な吉田内閣は、団体等規正令を施行し、共産党と民主団体への監視を強化する一方、行政機関や国鉄の大量首切りを強行した。また、在日朝鮮人連盟に対する解散命令、大量人員整理で揺れ動く国鉄を舞台にした下山（七月六日）、三鷹（七月一五日）、松川（八月一七日）などの重大事件が連続して起きるなど、激動を予感させる不穏な情勢が生まれていた。

この当時のことについて、国鉄労組副委員長だった鈴木市蔵の証言がある。大量首切りに対抗するストライキをめぐり、国鉄当局との交渉が大詰めを迎えていた一九四九年六月末、鈴木は代々木の共産党本部に乗り込み、同党の機関紙『アカハタ』が国鉄労組の闘争に水を差すような論評を載せているとして、その真意を問い質したのだった。すると、党政治局を代表して面会した伊藤律と志田重男の二人は黙って聞いていたが、しばらくして、伊藤が「政治局見解」を語りはじめたという。「わが国に革命の秋《とき》がきている、国鉄闘争はこの重大な闘いの一環である、この秋には共産党が政治の実権を握ることになる云々」と言い、さらに「現在は占領下であり、(一九四七年にマッカーサーが指令した)ゼネスト禁止令はまだ生きている、これに反する党の方針、指導は党自身の合法性の問題に発展する危険をもっている」と、鈴木に告げたのである。鈴木はこのとき、「ああ、見捨てられたんだなと思いました」と、取材で訪れた朝日新聞記者に語っている。(23)

この年四月、父は機関紙「アカハタ」資料部長を命じられた。

毛沢東とミコヤンの秘密会談

一九四九年、この年に起きた最大の事件は中国共産党が国共内戦に勝利し、一〇月一日に中華人民共和国が誕生したことであろう。

同年一月三〇日から二月六日にかけて、当時のソ連邦共産党政治局員ミコヤンは、スターリンの指示を受けて、西柏坡(河北省石家荘市から九〇キロ離れた太行山脈の東麓)に置かれていた中共中央を極秘裏に訪問し、毛沢東はじめ劉少奇、任弼時、周恩来、朱徳ら中共指導者と、十数回に及ぶ会談を行っていた。

前年一一月、人民解放軍は東北三省を解放し、年が明けた一月三一日には北平(北京)に無血入城を果たして、国共内戦の帰趨はほぼ決していた。他方、この頃は中国を南北に分かつ長江の渡河攻撃実施を控えて、作戦を首尾よく成功させ中国全土の解放に導けるかどうか、刻々と移り変わる軍事情勢を見守っていた微妙なときでもあった。そうした時期に行われた重要な両党会談の状況については、これまで『毛沢東年譜』(三巻)や『毛沢東伝』(上・下)でもわずか数百字程度しか触れられていない。

二〇〇五年、ロシア大統領のアーカイブおよびロシア連邦外務省公文書館からきわめて貴重な資料が発掘された。それらは「二〇世紀のロシアと中国の関係」第五巻上・下冊に編纂された。中国社会科学院近代史研究所研究員の李玉貞は、これらの新資料にもとづいて、『毛沢東、ミコヤンと建国の未来図を語る』という文章を発表し、この会談を詳しく紹介している。そのなかに、戦後の国際共産主義運動に対する毛沢東の考え方を示している興味深い箇所がある。以下はその要約である。

コミンテルンは一九四三年に解散していたが、冷戦構造が形作られつつある中で、スターリンはコメコン(経済相互援助会議)、コミンフォルム(欧州共産党労働者党情報局)(24)を通じて、米国のマーシャル・プランに対抗し、東ヨーロッパにおける自らの影響力を維持することを意図していた。ソ連は、コミンフォルムを通じて各国の共産党を支配しようとしたが、ユーゴスラビア共産党書記長のチトーは内政外交ともにソ連の統制を嫌い、独立自主の道を進んで、スターリンと衝突し、ついに一九四八年六月、コミンフォルムから追放された。

その半年後の一九四九年一月末、北平(北京)無血入城を目前にして河北省石家荘市の市街地から九〇キロほど離れた西柏坡まで進出していた中共中央指導部のもとを、ソ連共産党中央委員会政治局員のミコヤンが極秘に訪れた。両党の中央幹部は異例にも一週間にわたり連日濃密な議論を重ねた。毛沢東はこの席で、チトーは元中共中央政治局員だった張国燾と同じ陰謀家、裏切り者、背教者であると述べ、ソ連共産党への確固たる支持を表明した。

だが、毛沢東には彼自身の考えがあった。彼はコミンフォルムの盟主がソ連であることをよく承知しており、そのもとでの世界革命における中共の地位について、彼自身の構想を抱いていた。それは、アジア各国共産党の発言権を確保するため、コミンフォルムと同様の組織、すなわち「東方共産党情報局（東方コミンフォルム）」を設立することであった。彼はミコヤンに、中国共産党は「この点についてはまだ明確な意見を持っていない」と慎重な言い回しで説明している。

中国共産党は当時、インドシナ共産党（旧ベトナム労働党）、サイアム（タイ）、フィリピン、インドネシア、ミャンマー、インド、マラヤ、朝鮮の共産党と連絡を維持しており、なかでもインドシナ共産党と朝鮮共産党とは比較的密接だったが、他の党との接触は多くなく、日本共産党とはまったく接触がなかった。時機については、「我が軍が華南を攻め落とし、我々の地位が強固になってから、この件を再度提起したい」とした。

毛沢東はさらに次のように語った。「最強の共産党は北朝鮮、インド、中国のそれであり、このあとには日本共産党が有力な勢力として入ってこよう」。「一九四六年、日本共産党政治局員である岡野（野坂参三）が、議会の闘争によって政権を獲得できるという誤った見方をもったことを知っている。日本共産党政治局員の大半は、この見方に反対した。最近、日本共産党の立場は改善されている。日本では人民のあいだに反米感情が日ましに高まっているが、日本のブルジョアジーは米国を支持している」。

この評価には、一九四九年一月下旬の総選挙で、共産党が三五議席を獲得し躍進したことへの肯定的な見方が反映しているようである。しかし、アジアの革命運動を推進するうえで、先進工業国の日本をどのように位置づけるべきか、毛沢東の考えが定まっていたとも言いがたい。

ミコヤンは毛沢東に、モスクワの意向を次のように伝えている。

「中国共産党をリーダーにした東アジア諸国の共産党情報局を設立すべき」だとして、中国共産党の役割を明確に指摘した。これに対して、毛沢東は「最初は中国、朝鮮、インドシナ、フィリピンの共産党代表から情報局を構成するのが目的にかなっている」とし、「日本共産党に関しては、共産主義運動全体における比重がいまのところ大きくないだけでなく、われわれは日本の共産主義者と関係を持っていない。日本共産党の情報局への参加については、あらかじめ先方と意見を交換して同意を得ておかねばならない」と述べた。また毛沢東がミコヤンに、「この情報局の設立について日本と朝鮮両国の共産党と連絡を取ってもよいか」と尋ねたところ、ミコヤンは肯定的に答えた。

一九二一年の中国共産党創設から二十八年に及ぶ長期の苦難に満ちた革命戦争と党内闘争を勝ち抜いて、今や党の最高指導者の地位を揺るぎないものにした毛沢東は、新政権樹立を目前にしていた。勝利の確信に鼓舞されて、革命的理想主義とプロレタリア国際主義の精神を高揚させていたことがうかがえる。

劉少奇演説「中国の道」

ミコヤンの訪中から八か月ほどたった一一月一六日、北京で世界労連アジア大洋州労働組合会議(25)が開かれた。革命に勝利したばかりの中国共産党を代表して、中央政治局員・書記処書記の劉少奇が、中華全国総工会名誉主席の肩書きで開会の挨拶をおこない、植民地・半植民地の労働者階級の任務について次のように演説した。いわゆる「劉少奇テーゼ」と称されるものである。

「労働者階級と被圧迫人民は、労働者階級と共産党に指導された反帝国主義民族統一戦線と共産党の指導する民族解放軍の創設、大衆闘争と軍事行動の結合以外のもっと容易な、楽な方法で帝国主義者とその手先の弾圧を打倒し、人民民主主義国家を樹立することは出来ない」

「大部分の植民地・半植民地においては、民族解放闘争の主要な闘争形態は武力闘争である。植民地・半植民地の民族解放闘争の指導者は、プロレタリア階級とその政党である共産党でなければならない」

「中国人民が勝利を獲得するために国内において実行してきた基本的な道すなわち『中国の道』は、また、同じような事情にある他の植民地・半植民地国の人民の解放のための基本的な道となるものである」

劉少奇はこのように述べて、会議に参加したアジア各国の労働組合代表に対し、重要なことは革命の軍隊を創建することであり、まだ持たない国はすぐに着手すべきだ、と諭すような調子で忠告した。だが会議参加者の圧倒的大多数は自国で合法的な労働運動にたずさわっていたから、武装闘争を公然と呼びかける劉少奇演説に激しく反発し、ただちにソ連代表団長ソロビエフに強く異議を申し立て、絶対に公表させないようにと要求した。世界労連執行部と中共代表団との意見は対立したまま、大会決議は劉少奇演説に一言も触れなかったのである。

会議の報告はすぐさまモスクワへ伝えられた。それから間もなくして毛沢東は中華人民共和国中央政府主席の肩書きでモスクワを訪問した。それまで毛沢東が指導する中国革命に懐疑的だったスターリンは、ほどなく当初の懸念を捨てて、「鉄砲から政権が生まれる」中国革命モデルによるアジアの植民地・半植民地国の武力解放を、中国共産党の指導に委ねたといわれる。

スターリンは、中国共産党の立場と見解に対する、ソ連共産党の支持を公式に表明するために、一九五〇年一月四日付のソ連共産党中央機関紙『プラウダ』に上記の劉少奇演説をロシア語に翻訳して掲載させた。

この後、スターリンは、アジアの植民地・半植民地国が、資本主義国の共産主義者を含めて、中国共産党を手本とし、「中国の道」すなわち「武装闘争で政権を奪取する」道を歩むよう、時を移さず一連の重要な措置を講じていった。一年後の四月、徳田球一、野坂参三とともにモスクワでスターリンとの会談に参加した袴田里見は、「この植民地、半植民地の中には、インドシナ、マレーシア、インドネシアなどと並んで日本も入っていた」と、後に回想記に書いている。(26) 次に見るコミンフォルムの日共路線批判は、まさにこの文脈の中にあったといえるであろう。

国際権威の「平和革命」批判

一九五〇年の年明け早々、コミンフォルム機関紙『恒久平和と人民民主主義のために』は、米軍主体の占領軍を解放軍と規定して平和革命を掲げた日本共産党の路線を誤りと指摘する論評を掲載した。国際的な権威からの突然の批判が、日本共産党に与えた衝撃は甚大であった。

中共党史研究者の楊奎松（華東師範大学歴史学部教授）は、これと関連づけて、スターリンの強い後押しによって、武装闘争を特色とする「中国の道」がアジア各地で推し進められていった事情について分析している。

「一九五〇年一月六日、モスクワは戦後に日共中央と打合せ済みであった闘争戦術を一方的に変更し、欧州九カ国共産党のコミンフォルム機関紙に論評を掲載し、日本共産党が進める議会闘争戦術を公然と批判したうえ、中国共産党を見倣い、武装闘争によって米国占領者を日本から追い出すよう要求した。(中略)一九五〇年代をかわきりに、中国革命の成功が与えた影響と『中国の道』を押し進めたことが作用して、中国周辺のアジア各国で武装闘争が非常な早さで発展したが、なかでも朝鮮戦争の勃発とベトナム抗仏戦争の急速な進展はもっとも典型的であり影響も最大であった。中国が何らかの方法で朝鮮およびベトナムの戦争に関与するのは、ほとんど避けられないことだった。

武装闘争を特色とする『中国の道』の普及は、その出だしから各方面のサボタージュと抵抗に出遭った。日本とインドの共産党は、この政策に対する見解の不一致によって、前後して組織が分裂した。文化の違いからもともと分裂傾向のあった個別の地域は別として、ガンジーの非暴力哲学を尊ぶ国柄のインドでは、暴力革命を押し進める土壌はまったくなかった。また都市化と工業化がかなりの程度に発達し、しかも国土の狭隘な島国である日本で、農村から都市を包囲する中国式の方法によって、膨大な軍隊と根拠地を建設し、大規模な武装闘争を行うことは、これまた不可能なことであった。その結果は、『中国の道』を真似て武装闘争に加わった人々は急速に弾圧され、党全体は政策を変更したことによって合法的地位を失って、もとは国内の民衆から比較的高い支持率を得ていたのに、たちまち見る影もないほどに支持を失った[27]」

コミンフォルムの日共批判論文が発表されると、日本共産党の党内ではこれを契機として、潜在していた意見の対立がにわかに表面化し、間もなく徳田球一、野坂参三を中心とした「所感派」と志賀義雄、宮本顕治らの「国際派」に分かれた分派闘争がしだいに激しくなっていった。すると五月三日になって、日本を占領していたGHQ最高司令官のマッカーサーが、共産党の非合法化を示唆する。そして六月六日、占領軍司令部は日本共産党中央委員二十四名の公職追放を指令し、翌七日、機関紙「アカハタ」編集委員十七名も追放処分した。

六月七日、共産党はこれに対抗して、統制委員会任命という規約にない形式で、中央委員会に代わる臨時中央指導部員として、椎野悦郎[28]（議長）、鈴木市蔵[29]、聴涛克巳[30]、河田賢治[31]外四名を発表する。

臨時中央指導部（略称＝臨中）は「機関紙中心の党活動」を掲げ、非合法機関紙『平和と独立』、理論誌『内外評論』の発刊を決定した。

アカハタ停刊と非合法紙発刊

七月一八日、ＧＨＱは「アカハタ」及びその後継紙の無期限発行停止を指令した。父が地下に潜ったのは、この前後と思われる。地下潜行時期の事情については今に至るも不明な部分がほとんどだが、地表に顔を覗かせた幾つかの事象や他の人々が後になって書いた回想記等に登場する姿を手がかりにして、書き進めてみる。

まず、父自身が書いた経歴書である。

一九五〇年六月　アカハタ通信部長を命ぜらる。
一九五〇年七月　アカハタ停刊後、引続き後継紙（『平和と独立』）通信部長として活動す。
一九五〇年八月　A紙発刊準備委員として伊藤律指導の下に、高橋、河村、島田、宮本同志らと非公然機関紙部指導部員を命ぜられ、A紙、B誌、C誌の配布部責任者を命ぜらる。
一九五一年十一月　書記局連絡、配布部責任者を命ぜらる。
一九五二年十一月　組織局事務局責任者を命ぜらる。
一九五三年六月　統制委員会人事部責任者を命ぜらる。
一九五三年十月　ＳＭ部隊整理担当者を命ぜらる。
一九五四年二月　統制委員を命ぜられ、人事部責任者を命ぜらる。
一九五五年七月より公然活動に移る。

この頃、裏の指導部では伊藤律が絶大な権限を持って合法・非合法の全ての機関紙誌とその出版活動を指導していた。伊藤の権限のもとに、日本共産党の非合法機関紙として八月一二日『平和と独立』が、八月三〇日には非合法理論誌として『内外評論』が創刊された。

一九九九年一〇月に『平和と独立』紙の復刻版が刊行されている。散逸した原本の収集と刊行にあたった社会運動資料センターの由井格氏が「刊行にあたって」という一文を草しているが、それによると、『平和と独立』は一九五五年五月一二日の四〇七号の終刊まで刊行された。一四一号（五一年三月三〇日付）からは『平和と独立のために』と改題された。ちなみに今日、日本共産党は、徳田派の『平和と独立』として、現在の党とは関係がない、との立場をとっている（『日本共産党の七〇年』）。氏の文章は、この非合法機関紙について簡潔に解説しているので以下にその一部を引用させていただく。

「創刊号のトップ記事『米帝国主義の孤立へ　日本の反戦闘争重大化』に示されているように、反米反戦闘争へ、労働者、農民の結集を訴えている。第三号では『帝国主義を打倒する民族解放闘争と革命闘争…』を党の重大任務とし、第六号（五〇年九月一六日付）で『新しい重大任務　権力獲得の闘争へ』で、『日本共産党は米帝国主義とその番犬内閣反動を打倒、人民が権力をにぎる革命闘争の緊急課題に直面した』とし、国際批判に応える形に移行する。

この方向は、四全協（第四回全国協議会　五一年二月二十三日～二十七日）での軍事方針（のちに「極左冒険主義」といわれるもの）の提起、五全協（第五回全国協議会　五一年一〇月一五日～一六日）での新綱領の採択、五二年二月の『中核自衛隊の組織と戦術』（球根栽培法三六号）の発表などにより、各地で実践に移される。『平和と独立』(『平独』)は、日本共産党(日共)が合法的組織を温存しながら、非合法の組織活動を図るための重要な媒体の役割をうけもった。

非合法下、『平独』の原紙は、地下ルートにより各地の日共の秘密印刷所に送られ、謄写印刷とは異なる特殊に開発された印刷技術により発刊され、地下ルートにより日共の末端組織の活動家を対象に配布された。

この間、党に対する弾圧は厳しく、五一年二月には、『平独』配布先のアドレス四百数十箇所が捜索され、押収、逮捕があいついだのだった」。

5、五〇年代の非公然活動

五一年綱領と極左路線

一九五〇年六月六日のマッカーサー指令により二十四幹部が公職追放された共産党は、主流派とされる徳田球一、野坂参三ら一部主要幹部が地下に潜行し、間もなく国外へ脱出、中国共産党の全面的な庇護のもとに、北京に最高指導部を移転させ、国内指導部に指示を出すようになる。いわゆる「北京機関」である。(32)

つづいて六月二五日に朝鮮戦争が勃発すると、マッカーサーは、朝鮮に出兵した在日米軍部隊の空白を埋めるため、八月一〇日、日本政府に対し七万五千人の警察予備隊の創設を指示した。現在の自衛隊の前身である。

七月下旬、全国の新聞通信・放送関係四十七社から合計六九四名をレッドパージ。(33) 次いで八月二六日、電気事業一〇社から二千百三十七名を追放。九月から一一月上旬までの間に、民間主要産業と各官庁で、共産党員を狙いうちした大量のレッドパージがおこなわれ、その数は一一月一〇日現在で、民間三四二社九五二四名・公務員一一七七名、合わせて一万七百一名に及んだ。

一九五一年九月にサンフランシスコ講和条約がソ連と中華人民共和国の不参加のもとで調印され、翌一九五二年四月二八日、日本は独立した。講和条約と抱き合わせで締結された日米安保条約により、日本は米軍の駐留継続を認め、基地を貸与する義務を負った。

一方、一九五一年四月、スターリンは「北京機関」指導部の徳田球一、野坂参三らをモスクワに呼び、「日本は米帝国主義の後方重要基地として重要な役割を果たしている。これに抗する運動こそ国際共産主義運動の任務である」と指示した。そして日本の当面する革命が武力革命としての「民族解放民主革命」である、とする「五一年綱領」を受け入れさせた。(34)

一九五一年二月の共産党第四回全国協議会（四全協）につづいて、同年一〇月に開かれた五全協は新綱領「民族解放民主革命方針」を採択し、軍事論文を非合法機関誌に発表した。さらに一二月に全国組織会議を招集して、新綱領に基づく具体的軍事行動及び軍事戦術を決定した。北海道、東北、関東、中部、西日本、九州にそれぞれ軍事委員会が設けられ、これ以後軍事指導が強化されていった。

日本共産党は四全協とそれにつづく五全協以

表紙を偽装して武装斗争方針などを掲載した非合法機関誌『内外評論』（B誌）

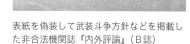

降、それまでの合法的な平和革命論から武力による暴力革命へ、いわゆる武装闘争の方針に転換した。表向きの公然組織とは別に秘密地下組織として、全国の都道府県、その傘下の地域単位に各軍事委員会が設置され、地域には闘争の実施部隊である中核自衛隊が組織された。党が発行した秘密文書「球根栽培法」「新しいビタミン療法」などには、軍事組織の作り方、戦略・戦術、武器の調達・製作の方法などが具体的に書かれており、これに基づいて軍事訓練なども実施された。このほか、農山村での革命の拠点づくりを目指す山村工作隊(35)、朝鮮の同志を中心に組織された祖国防衛隊(36)などもつくられた。こうして主に警察、米軍、公共施設などを襲撃する本格的な軍事闘争が展開され、それは朝鮮戦争が休戦となる一九五三年七月ごろまで続いたとされる。

朝鮮戦争の戦端が開いたとき、日本の共産主義者に求められたのは、朝鮮半島での社会主義と資本主義、二大陣営の激突に呼応して、米軍の後方兵站基地である日本で撹乱破壊闘争を展開することであった。今日ではすでに明らかになっているが、朝鮮半島の三八度線で先に手を出したのは社会主義陣営の側であった。しかし、この以前から、南北の境界線を挟んで南韓・北鮮両軍は相手側への軍事行動を休むことなく続けていた。北朝鮮軍の動向を米国側が知らなかったはずはなく、むしろ先に手を出させた可能性さえある。日本は、資本主義陣営の側の前線基地、後方兵站基地であり、これを奇貨として戦後の経済復興を果たそうとしていた。

この構図の中で、日本共産党は社会主義陣営の側の支援部隊であり、後方撹乱部隊としての役割を負っていた。共産党の軍事行動はそのためであり、プロレタリア国際主義の当然の責務とされたのであった。後述する「白鳥事件」はその「血みどろの階級戦」のひとつだったと見ることができる。この事件の後まもなく、政府は破壊活動防止法（破防法）を国会で成立させ、その執行機関として公安調査庁を発足させている。

スターリンの指示に基づいてつくられた新綱領のもとで実行された一連の極左冒険主義の闘争戦術は無残な結末をもたらした。敗戦直後に大衆闘争の高まりの先頭に立ち、一九四九年一月の総選挙で三十五議席を獲得した共産党を、一夜にして国民から全く浮き上がった孤立した存在に変えた。高度に工業化され、都市化が進んだ、国土の狭隘な日本は、中国とは全く条件が異なっており、農村から都市を包囲する中国式のやり方で革命軍隊と根拠地を建設する、というような闘争方式の成功する可能性が万にひとつもないことは、火を見るより明らかであった。

元軍事委員長の回想

一九五一年二月に四全協（第四回全国協議会）が開かれた直後、地下ビューロー、すなわち非公然の東京都委員会に、決定した軍事方針に対応すべく軍事委員会が組織されることになった。その軍事委員会の初代責任者、東京都委員会軍事委員長になった大窪敏三氏が後年になって、その前半生を語った証言がある。

「この軍事方針についちゃあ、いろんなことがいわれているよな。だけど、俺の知るかぎり、実態とかけはなれた議論が多いね。一方で、暴力革命をめざす武装蜂起であるかのように非常に誇大にいわれていたり、その一方で、『革命ごっこ』にすぎないと漫画みてえな情けねえもののようにいわれていたりしているわけだよ。だけど、実態は、そのどちらでもねえ。そのまえに、ひとつ断っておかなくちゃならねえのは、そのころの共産党のいっていることが二重、三重になっていたことだよ。大衆向けの言葉と、一般党員向けの言葉と、表の党組織の言葉と、裏の党組織の言葉と、それぞれが違っていたんだな。……少なくとも、主流派の幹部が、あんときの日本で暴力革命ができるし、やらなきゃならねえ、と思っていたなんてこたぁ、ねえのさ。俺が身近で見ていたかぎりでは、そうは思っちゃいなかったね」。

大窪氏は、その証言のなかで、当時の軍事方針というのは、差し迫っている暴力革命のためなどではなく、軍事方針の本当の意味は二つあった、と語っている。そして、一つは権力の弾圧に対する抵抗自衛、そして、もう一つは朝鮮戦争に出動する米軍の後方撹乱だったとして、次のように続けている。

「当時半非合法化されていた共産党と共産党傘下の労働運動の抵抗自衛だよ。全面的な弾圧がはじまっていたわけだからな。共産党自体が、半分非合法化されちゃった。そうしたら、合法的な抵抗だけでなく、非合法的な実力による抵抗自衛を組織しなくちゃならないのはあたりめえだろ。それだけのことだよ。武装蜂起の準備とか、そういうことじゃねえわけだよ。実力行動っていうのは、デモやストライキのときだって必要なんだよ。ましてや、半非合法化されちゃったら、法に頼るんじゃなくて、実力に頼る度合いが高まるのはあたりまえだ。だけど、それと武装蜂起の準備なんていうのは、まったく次元が違うんだよ。半非合法のもとでは、法に頼らない実力防衛が必要だ。それは明らかなことだし、俺たちがやってたのは、そういうことだったんだよ。法に縛られない運動の防衛の手段をとる。それだけのことだよ」。

「日本は、朝鮮戦争の重要な出撃基地、兵站基地、補給基地になってた。そこで、こいつを妨害して、できるだけ米軍に打撃をあたえる。それが半非合法化された日本の共産党の任務だと、俺たちゃあ思ってた。俺は、俺たち軍事委員会が組織する破壊活動を含む純粋の軍事行動って言ったら、これしかねえと思っていたよ」。

「俺の時期の軍事委員会は、中央を含めて、日本共産党の軍事行動は、朝鮮戦争の後方撹乱だって意識していたと思うよ。少なくとも、俺はそうだったし、俺の心安いやつらは、だいたいそうだったね。だいいち、俺は、コミン（フォルム）批判の意味自体が、そこにあったんじゃねえか、と思うんだな。あのころは、朝鮮戦争をおっぱじめたのはアメ帝だっていわれていて、俺たちも、そう信じ込んでいたけど、実際は、金日成がスターリンと相談のうえではじめた戦争だっていうじゃねえか。そうであれば、なおさらだよ。日本の党を過激化させて、アメリカ占領軍に対する武装闘争を行わせる。それは、国際共産主義運動の指導部の中で朝鮮戦争開戦のまえから準備されていたことにちげえねえ。」(37)

大窪氏は五一年一二月二日、軍事スパイ容疑（柴又軍事スパイ事件）で逮捕され実刑判決を受けた。白鳥事件が起きる少し前のことだ。

別名は「中国人民大学第二分校」

一九五三年から北京機関（「徳田機関」とも云われた）指導下の「自由日本放送」で勤務し、六五年から日共北京駐在代表砂間一良の秘書を務めて六七年に帰国した国谷哲資氏は、五〇年代に中国に設置された「党学校」について、その回想記に大要以下のように書いている。

「日本の現実から離れた外国に『党中央』をおいて自国革命を指導することなどできるわけがない……。同じことは、私自身は体験できなかった『党学校』（「馬列（マルクス・レーニン）学院」「マレー学院」）についてもいえる。別名は『中国人民大学第二分校』と呼ばれ、校長は中国共産党の長老の一人・呉玉章、副校長は中共中央対外連絡部の副部長の一人である連貫氏などであったと聞いた。後に私が学んだ中国人民大学の学長も呉玉章であったから、それはあくまで合法のカムフラージュにすぎず、実際の校長は高倉テル（日共中央委員で作家）であった。ありていにいえば日本革命の活動家を育成する『党幹部学校』だった。

関係者の証言を総合すると次のように言えるだろう。成り立ちは、中国とソ連の党が『徳田機関』の要請にこたえて、河北省永年に設立したもので、一九五三年末に北京郊外の長辛店付近に移転した。同校で教えられた課目は、マルクス・レーニン主義の基礎、哲学、政治経済学、中共党史、日本の歴史と情勢などであったという。講師陣は中国、ソ連の教員と日本人助手であり、学生は、戦後中国で中共の軍や機関に留用された人々が約一千三百人、日本から『人民艦隊』で送られてきた人々が約百人いた。総数は約一千五百人、ほかに炊事、小中学校、病院、保育関係者らを入れると総勢二千人に及ぶ規模であった。そのために、北京の西郊外に鉄筋コンクリート三階建のアパート式宿舎五棟、二千人収容できる大食堂、大講堂、総合病院、浴場、理髪、クリーニングなどが完備されていた。同校は一九五七年三月に閉鎖され、学生は一年ばかり中国のいくつかの大都市に就職、勤務した後、五八年八月に白山丸で帰国した。」(38)

この「党学校」に派遣された前述の犬丸義一氏は、一九五三年三月末、密航漁船に乗り夜陰に乗じて焼津港を出港した。曰く「西に向かった漁船は、四国沖を経て鹿児島沖を通って、やがて東海の漁船団のなかにまぎれこみ深夜に領海を越えた……」。こうして上海に数日滞在した後、列車で北京へ向かった。犬丸は後年、往時を回想して次のように語っている。

「河北省の党学校へ行くのだといわれる。北京の招待処に行き、学校から迎えにきた日本人の案内で一日北京見物をして天安門、故宮博物館、王府井などに行き、列車にのって、済南からトラックで、河北省邯鄲郡永年県についた。河北軍官学校の跡であり、日本の党学校であり、中国の解放戦争に参加した日本人と日本から亡命した少数の者が集まっていた。校長(は)文山＝高倉テルであった。学生は十中隊に編成されていた。ここは、準備段階で年末に北京郊外へ移転した。鉄筋の近代的校舎だった。研究室は、日本問題、中国革命、政治経済学、マルクス・レーニン主義（ソ党史）に分かれ、日本語図書館、全体の資料室があり、私は日本問題であり、日本問題資料室は別個だった。五人が助教だった。中国人教授にソ連人教授がいた。一月から開講になった。中国人民大学第二分校が公式名称だった。」

「日本問題は教授が日本から来ることになっていたが、最後まで来なかった。私達は、時事問題の解説に当たるとともに、服部（之総）『近代日本のなりたち』、井上（清）『日本近代史』の学習を準備としておこなった。最後に五回の日本問題の講義をおこなうにとどまった。」

中共中央対日工作者の証言

中国現代史の研究者水谷尚子（明治大学准教授）は、一九九七年九月から翌年年頭にかけて、五〇年代に中共中央対外連絡部で対日工作の実務を担当した趙安博[39]に、長時間のインタビューをおこなっている。三〇年代に旧制一高に留学した趙安博は、抗日戦争期に延安につくられた日本労農学校（校長は野坂参三）で副校長を務め、戦後は東北地区で残留日本人の引き揚げ処理に携わるなど日本を知悉した人物である。「北京機関」に関する証言の一部を引用する。

「対日工作の実務的な担当者は一番目が私、二番目が孫平化（故人、元中日友好協会会長）でした。徳田と野坂は北京に来てから自由日本放送、日本語でいう北京放送を始めました。国交のない時代、日本からやってくる密航者たちのルートは主に二つでした。焼津から五〇トンぐらいのポンプ汽船で上海に着岸し、そこで当地の党責任者が受け入れるルート。もう一つは香港に入り深圳を経て広東から汽車で入るルートです。北京機関とは日本のマスコミが付けた名称です。いわゆる『北京機関』と称する組織が中国共産党の中にあったわけではありません。彼らは自主的に動いていていたのです。

スターリン（ソ連共産党書記長）はロシア語で日本の『新綱領』を起草しましたが、その中に『日本の革命は平和的に成功するなどと信じる者がいれば、その人間はおとぎ話を信じているのと同じだ』とありました。中連部の王稼祥(40)はあまり賛成できなかったけれども、徳田が先に賛成したからには、日本共産党が考えることで、中国側としては口を挟む必要はありませんでした。このことは王稼祥が帰ってきてから毛沢東に報告しました。

徳田は『軍事幹部学校、政治幹部学校をつくる』と言い出しましたが、王稼祥は、政治幹部学校はよいけれども軍事幹部学校には同意しませんでした。王は日本での武装闘争には賛成していなかったのです。だから『中国は日本に武装闘争を押しつけた』と日本で言われているのは間違いで、事実無根なのです。徳田は火焔瓶闘争などの写真を持ってきましたが、毛沢東はちらっと見たきり、そっと近くの机の上に置いてしまい、その写真を『中国の新聞雑誌に発表してくれ』などとは一言も言わなかったのです。」(41)

中連部とは中国共産党中央対外連絡部の略称。青年期にモスクワの中山大学に留学した王稼祥は、この頃、中連部部長の職にあったが、後には駐ソ大使、党中央書記処書記などを務めた。

七〇年代中期に中共中央対外連絡部副部長を務め、対日工作の重鎮であった張香山(42)が、趙安博インタビューと同じ時期に日本で開かれたシンポジウムの席上でおこなった次の発言は、スターリン時代の国際共産主義運動における中国共産党の微妙な立場をうかがわせている。

「(五一年綱領は）北京から中国共産党の対外関係部門の責任者（注・王稼祥を指す）が、日本共産党の代表を連れてモスクワに行くという経緯で作成され」、「(モスクワまでのシベリア鉄道では日本共産党の対立している二派を）異なる車輌に乗せ」るなど、彼らの「内紛には大変苦労した」。「中国共産党は必ずしもそれ（「五一年綱領」）に賛成ではなかったけれども、もしソ連共産党と意見が違った場合には、ソ連共産党に従うという方針を持っていた」。

趙安博が言うように「中国が武装闘争を押しつけたというのは全くの事実無根である」か否かについての議論は擱《お》くとしても、日本を知悉している中共中央対外連絡部の対日工作者たちが、スターリンが徳田らに押しつけた武装闘争路線を、「日本では成功の見込みがない」と懐疑的に見ていたことは確かなようである。

党内点検運動との関わり

一九五三年三月五日、国際共産主義運動の最高権威者であるスターリンが死去した。それは混迷する日本共産党の組織にも大きな衝撃を走らせた。この年の七月には朝鮮半島板門店で朝鮮休戦協定が調印され、アジアの緊張関係は大きく変化していく。一方、日共党内の権力闘争はいっそう激しさを加え、九月二一日、党中央機関紙「アカハタ」は「伊藤律処分に関する声明」と題する中央委員会決定を伝えた。戦後の一時期、伊藤律は政治局員、「アカハタ」主筆、そして徳田書記長の右腕として権勢をほしいままにした。その伊藤が「裏切り者」として除名処分されたことは、党内外を震撼させた。

前出の『平和と独立』復刻版に解説文を寄せた元時事通信社記者の樋口弘志は、この間の党内権力闘争に触れて大要次のように書いている。

この頃、国内に残留した党中央指導部は政治局員の志田重男(43)が実権を掌握していた。この年六月、『平和と独立』二六八号（六月一四日付）は「全党をあげて総点検運動を展開せよ」との指示をおこない、さらに全国組織防衛会議、統制委員会の決議を徹底しておこなうよう指令するなど、党内の点検、告発運動を翌五四年にかけて強めていった。九月十五日、「伊藤律処分に関する中央委員会声明」が発表され、二十一日付『アカハタ』に掲載された。この声明は北京機関で作成され、藤井冠次が持ち帰って志田重男に渡したとされる。これ以後、伊藤律派と見られた党員、中央に批判的な人々には容赦のない告発、査問が続けられた。書記長の徳田球一は五三年一〇月、北京で客死。一連の総点検運動は徳田の後継者を争う権力闘争にすぎなかった。

この党内点検運動も五四年六月頃には下火に向かう。国際的には、ジュネーブで開かれた周恩来・ネール会談で、「平和五原則」が発表され、アジア各国首脳の支持を集めていた。ソ連をはじめとする社会主義陣営諸国は、西側諸国に対する「闘争」から「共存」へと舵を切りつつあった。こうした情勢の変化を前にして、共産党は五五年一月一日、「アカハタ」に、党中央の軍事方針の誤りと組織の官僚主義を認め、自己批判をおこなった。

さて、ここで父の経歴とかかわってくるのだが、父は五三年六月に統制委員会人事部責任者、同年一〇月、SM部隊整理担当者、翌五四年二月、統制委員・統制委員会人事部責任者を命ぜられている。統制委員会という直接関係のある部署にいた父は、上述の党内点検運動に、なにも関わりがなかったとは考えにくい。だが残念なことに、当時の関係者がほぼすべて鬼籍に入った今となっては、確かめるすべがない。

中国、対日方針を転換

一九五〇年代から、訪中した日本要人と中国指導者との会見の通訳を務め、駐日記者や国務院文化部副部長を歴任した劉徳有氏(44)は、数年前、戦後日中関係に携わった証言と回想を一冊にまとめた回顧録を上梓した。その中に、以下の記述がある。

朝鮮戦争の停戦が実現して二ヶ月後の一九五三年九月二八日、中国国務院総理周恩来は、スターリン平和賞受賞者大山郁夫と会見した。周恩来は、国際情勢に生まれた新しい変化を敏感に捉え、戦後の日本情勢について次のように指摘した。「日本人民の前には二つの前途がある。一つは、米国の属国の地位に甘んじる軍国主義の日本であり、これは日本の反動勢力が求めているものだ。もう一つは、独立、平和、民主、自由の日本であり、これは日本人民の奮闘目標である。中国は後者の前途が実現することを望んでいる。中日両国は、平和共存を基礎として、真の共存共栄を実現できる」(45)

中国の建国初期における対日方針はどのように作られたのか。劉氏は自身の体験にもとづいた感想として、五〇年代の初め頃から、毛沢東主席と周恩来総理の指示を拠り所とし、当時の国際情勢と対日工作の実践と結びつけて、次第に対日政策の総方針をまとめ上げたものだ、という。一口で言えば、「中日両国人民の友好関係を発展させて、米国を孤立させる、或いは、日本が次第に米国の支配から抜け出るようにする、そのため日本人民を通して間接的な影響をおよぼし、日本政府にプレッシャーを与え、日本が対中国関係を見直さざるを得ないようにして、徐々に中日関係正常化を実現する」というものであった、と同書に書いている。

一九五二年、高良とみ、帆足計、宮腰喜助の国会議員三氏が訪中し、北京で民間貿易協定を締結したのに続いて、同年末に日本赤十字社の島津忠承社長と日中友好協会の内山完造理事長らが中国残留邦人の帰国問題を協議するため訪中した。その二年後には、日本赤十字社の招待で李徳全(衛生大臣、中国紅十字会会長)を団長、廖承志を副団長とする、新中国建国後初の代表団が訪日し、朝野を挙げた歓迎を受けた。また同じ年の七月、中曽根康弘(後に首相)、園田直(後に外相)ら若手国会議員団がストックホルムでの世界平和大会に出席して帰国の途次、モスクワを経由して中国を訪問している。
一九五三年七月、三年に及んだ朝鮮戦争の休戦協定が締結されたのに続いて、翌年四月にはインドシナ戦争を終結させるための関係国会議がスイスのジュネーブで開かれ、七月にはフランス軍のインドシナ半島からの撤退、北緯十七度線を境にして南北ベトナムの分離などを取り決めたジュネーブ協定が締結されるなど、国際情勢には大きな変化が生じ、緊張緩和と平和共存の流れに変わりつつあった。そうしたなかで中国の対日方針にも本格的な検討が加えられることになる。当時中共中央対外連絡部で対日工作に携わっていた日本問題専門家、張香山は著書のなかで、概略次のように書いている。

「一九五四年末に吉田茂が下野し、鳩山一郎が政権の座についた。鳩山新首相は中国との関係を発展させたいと表明した。当時、中国共産党中央には国際活動指導委員会があって、その主任は中連部の王稼祥部長が兼任していた。中日関係にいくらかの進展を見てとった王稼祥は、国務院外交部副部長の張聞天と相談した結果、一つの完全なしかも全面的な対日政策の文献を制定することは急務だとの認識で一致した。王稼祥は対日工作の関係部門すべての責任者を招集して討議をおこなった結果を踏まえて、ひとつの文書を起草した。一九五五年三月一日、政治局は討議を経てこの文献を採択した。その名称は『中共中央の対日政策及び対日活動に関する方針と計画』といい、わが党にとっては、対日政策に関する初めての全面的な方針を定めた重要文献である。」(46)

中国共産党がこの時期に対日方針を転換した背景は何だったのだろうか。これについて、楊奎松は次のように分析している。

「だがこの〈統一戦線、共産党の指導、武装闘争が中国革命を勝利に導いた三つの宝であり、世界各国に通用すると説く）『中国の道』ブームの高まりは、スターリンの死によって急ブレーキがかかった。一方で、ソ連共産党の指導者の多数は、もともとこの主張を理解できず賛成ではなかったので、ひとたびスターリンが死ぬと、ソ連共産党中央は各国の武装闘争に対する支持を直ちに取りやめ、平和共存外交政策の実行を主張して、世界的な緊張緩和を促す方向へと転換した。他方、新中国は『中国の道』の推進者として、この一連の対外支援闘争のなかで誇るべき成果を上げたとはいえ、数十万人の死傷と無数の人力・物力・財力の損失を残して、廃れきった経済の回復と国内建設事業の重い負担となっていた。」

「とくに一九五二年に中国の最初の大規模な経済建設五か年計画が始まると、南北両面（ベトナムと朝鮮を指す）での緊張した戦争の深みにはまり続けて、膨大な軍費の支出を維持することも現実的ではなくなった。その利害得失を比較考慮した結果、中共中央はソ連共産党中央の主張を受け入れて、ベトナムの党（この時期、ベトナムの党組織はベトミンに合流していた）の反対意見を顧みることなく、ベトナムの党とフランス側が北緯十七度線を境界として停戦と分割統治をするよう最後通告的な勧告をおこなった。

同様に中共は前後して、中国のバックアップを受けて武装闘争を進めていた東南アジア各国の共産党と分裂組織が、本国政府に反対する暴力行動を止めるよう忠告し、一時は平和共存五原則を全面的に推進し、これらの国々のブルジョア政府との外交関係を発展させることに力を入れたのだった」。

内外情勢の新たな変化に対応すべく、中国は慎重にではあるが対日外交の舵を大きく切ろうとしていた。中国共産党中央は劉少奇が主唱した「中国の道」（いわゆる「劉少奇テーゼ」）はもはや過去の方針として、対日政策と対日工作の新たな総方針を実行に移していくのだが、後に触れるように、六〇年代半ばになると再び「中国の道」が息を吹き返すことになる。それはともかくとして、石橋湛山首相が短命で退いた後、その後を継いだ岸信介内閣が一九五八年五月に引き起こした長崎国旗事件によって関係が中断するまで、日中両国の間では、貿易、経済をはじめ政界、文化芸術、青年・婦人など様々な分野での民間交流が進展していったのであった。

6、スターリン、毛沢東と朝鮮戦争

私は、少年から青年へ成長する時期に「六〇年代」を過ごし、その時代環境の中で人生の進路を選択したのであった。その「六〇年代」がそれに先立つ「五〇年代」と切り離せないものであることを痛いほどに感じたのは、この拙稿を書き進めてくる中でのことであった。これまで綴ってきたように、父の足跡を追って辿り着いた先が、一九五〇年夏の地下潜行に始まり、一九五五年の或る日突然家族のもとへ帰ってくるまでの、非公然活動と極左冒険主義の時期であった。人生の暮れどきになって、些か遅きに失したようでもあるが、それでも、私が生きた「六〇年代」をひそかに懐胎し、産み落とした「五〇年代」とは果たして如何なる時代であったのか、その実像に少しでも近づきたいと思う。

以下に述べる中華人民共和国と社会主義国ソ連との間に結ばれた中ソ同盟条約と朝鮮半島で起きた中米軍事衝突。五〇年代の最初の年に起きたこの二つの出来事は、戦後世界の政治構造に決定的な影響を及

1949年12月16日にモスクワへ到着した毛沢東は、5日後にスターリンの70歳誕生祝賀会に出席した。毛沢東（前列左）とスターリン（右隣）

ぼし、冷戦体制を最終的に仕上げる役割を果たしたと言っても過言ではないだろう。そして、その影響は朝鮮戦争休戦から七〇年近くを経た今なお形を変えて世界を覆っている。まずは、それについて考察してみたい。

中ソ同盟の形成と朝鮮戦争の起源

これまで朝鮮戦争はさまざまな謎のベールに包まれてきた。日本の左翼を任ずる人々の間では長い間、南が先に北へ攻め込んだというのがもっぱらの定説とされ、信じられてきた。かつては私もその一人であった。

一九五〇年。この年に起きた二つの事件は、以後の国際構造と情勢の発展に重大な影響を及ぼすことになった。ひとつは前年に建国した新中国とソ連が二月一四日に「中ソ友好同盟相互援助条約」を締結したことであり、もうひとつは、朝鮮半島で六月二五日に北朝鮮の南進攻撃によって内戦が勃発したのに続いて、米国が直ちに国連の旗の下で軍事介入をおこない、一〇月一九日には中国が北朝鮮に派兵し作戦行動を開始して、いわゆる朝鮮戦争という名の、実質は中米戦争が起きたことである。

相次いで起きたこの二つの事件の間、すなわち中ソ同盟の形成と朝鮮戦争の起源との間に、直接的なつながりはあったのだろうか。両者の間にはいったいどんな関係があるのか。毛沢東はなぜ参戦を決断したのか。表舞台に出ることのなかったスターリンは、陰でどんな役割を演じていたのか。さまざまな疑問が浮かんでくる。

米国の参戦決定過程についてはこれまで数多くの著作が刊行されて詳細に論じられているが、社会主義国の側については機密保護の厚い壁に遮られて、ごく一部を除いては、長い間、外から窺い知ることは出来なかった。だが九〇年代以降にソ連の機密文書が大量に公開されるようになって、徐々にその全容が明らかになってきた。中国の研究者たちは、朝鮮戦争の開戦および中国の参戦をめぐるスターリン、毛沢東、金日成ら三者の関係を、近年に発掘された資料に基づいて、中国側の角度から論じた論考を数多く発表している。それらをまとめると、おおよそ次のようになるようだ。

金日成がスターリンに朝鮮武力統一を初めて提起したのは一九四九年三月のことであった。だがこのとき、米国の介入を招きソ連が米国との戦争に巻き込まれる事態を恐れたスターリンは支持を与えなかった。そのスターリンが、「国際情勢に変化が生じたため、朝鮮武力統一計画に同意し、援助する用意がある」と金日成に伝えたのは、翌年の一月三〇日のことである。スターリンは金日成の行動計画を許可はしたものの、同時に、「もし君たちが強大な抵抗にぶつかっても、私は何も助けてやれない、君たちは全ての援助を毛沢東に仰がなくてはならない」と付け加えて、釘を刺すことを忘れなかった。だがその一方で、スターリンは当時モスクワに滞在中だった毛沢東に対しては、このことを秘したままにした。

このとき、毛沢東は、建国早々の中華人民共和国政府主席として、前年暮れからソ連を公式訪問していた。ソ連が一九四二年に蒋介石政権と結んだ中ソ友好同盟条約にかわる新たな同盟条約を締結するとともに、新中国の建設にソ連の援助を引き出すことがその最大の目的であったが、スターリンの態度は煮え切らないもので、毛沢東を苛立たせていた。

一九四五年二月、スターリンはヤルタ会談で、ドイツ降伏の二、三か月後に対日参戦することと引き換えに米英両国と「旧満州国の権益」(南満州鉄道や港湾)を引き継ぐことを含む密約を取り決め、その内容に沿って、蒋介石国民党政府との間で、中ソ同盟条約を結んでいた。ソ連が目標としていたのは、極東地域で通年、太平洋に出られる不凍港と、シベリアからウラジオストックまで中国東北部を横断する鉄道路線、つまり海路と陸路の両方を確保することだった。これは帝政ロシア時代の戦略思考をそっくり受け継ぐものであった。スターリンから不信の目で見られながら、独力で革命を成し遂げた毛沢東が、「旧満州国の権益」をそのまま呑むことは考えられず、スターリンは条約交渉の落としどころを探って、ずるずると交渉の引き延ばしを図っていたのである。

他方、年明けの一九五〇年一月五日、米国大統領トルーマンは、「米国は中国内戦に巻き込まれるつもりはない」と声明し、米国は中国の台湾解放に介入する意思がないことを匂わせた。その一週間後、米国務長官アチソンは「台湾が軍事攻撃を受けないとは誰も保証しないが、極東における米国の防御範囲に朝鮮と台湾は含まれない」旨を言明し、先のトルーマン声明を裏付けた。中国をしっかりと手もとに引きつけ、アジアでの役割を分担させたいスターリンは、この米国の態度の変化を前に、中米の接近をことのほか警戒して、それまでの消極的な姿勢を一変させ、「中ソ友好同盟相互援助条約」の締結交渉にゴーサインを出す。一九五〇年一月二〇日、中国首相周恩来が訪ソして、「中ソ友好同盟相互援助条約」の締結交渉が開始されると、同年二月一四日には、スターリンと毛沢東の両首脳立ち会いの下で、同条約がようやく正式調印されたのであった。

それから三か月後の五月一三日、秘密裡に北京を訪問した金日成は、「現在、情勢は変わった。北朝鮮は行動を開始してよいが、しかしこの問題は必ず中国の同志ならびに毛沢東本人と討議しなければならない」というスターリンの指示を毛沢東に伝えた。だが、先に中国が台湾を解放し、その後に朝鮮を支援することの同意をスターリンか

1950年2月14日、モスクワで「中ソ友好同盟相互援助条約」を締結。手前左は周恩来中国首相。スターリン(後列左)と毛沢東(同右)

ら得ていた毛沢東は、その場で金日成との会談を打ち切り、周恩来に事実を確認させた。すると翌一四日、スターリンは毛沢東に電報を送り、すでに「統一実現に関する朝鮮人の提案に同意した」ことを証明してみせたが、同時に「この問題は、最終的には必ず中国と朝鮮の同志によって解決されるべきであり、もし中国の同志が同意しないならば、改めて討議されなくてはならない」と付け加え、厄介なクセ球を毛沢東に投げ返してみせた。社会主義陣営の盟主たるスターリンがすでに許可を与えた以上は、毛沢東に二言のあるはずもないことであった。ましてや自らアジアの革命指導者を任じていた毛沢東にとっては、なおさら当然の責務でもあった。次の日、毛沢東は金日成に対し、スターリンが決断した以上、意見はない、中国は鴨緑江に三つの軍団を配置する準備をしており、アメリカが介入して三十八度線を越えたなら必ず出兵する、との約束を与えたのであった。この間にスターリンが使った手練手管は実に老獪というほかはない。

中国が参戦を決めるまで

六月二五日、朝鮮人民軍が三十八度線を越えて朝鮮戦争の火蓋が切られると、米国は二日後の六月二七日には米国海空軍の出動と台湾海峡への米第七艦隊派遣を決定し、台湾解放を阻止する意図を明確にした。同時に国連安保理は、北朝鮮を侵略者と認定、「その行動を非難し、軍事行動の停止と軍の撤退を求める」との国連安保理決議を可決した。拒否権を持ち北朝鮮擁護の立場にあったソ連は、中国代表権問題に対する国連の立場に抗議して年初から安保理事会を欠席していた。しかしスターリンには、この安保理決議の通過を黙認することで、米国が中国や朝鮮半島に引きずられている間に、ヨーロッパにおける共産主義陣営を強化するための「時間を稼ぐ目論見」があったともいわれ、その裏付けとなるのが同年八月二七日付のチェコスロバキア大統領ゴットワルトに宛てたスターリンの極秘電報だとする説がある。

七月一三日、中国政府は国防会議を開催し、「東北辺境防衛に関する決定」を採択した。これに基づいて、中国人民解放軍第十三兵団を主力とする二十五万余の兵力をもって東北辺境防衛軍が編制され、中朝国境地帯に配置を終えた。九月一五日、米軍主力の国連軍が仁川に奇襲上陸するとたちまち形勢は逆転し、それまでの北朝鮮側による一方的な攻勢は崩れ去った。九月末にソウルは国連軍の手に落ち、李承晩ら大韓民国首脳らが首都へ帰還。朝鮮人民軍は釜山一帯に孤立し、部隊はちりぢりに敗走を余儀なくされた。

追い詰められた金日成は同月二九日、スターリンに助けを求める手紙を送り、ソ連に「直接的な軍事援助」を要請した。スターリンは一〇月一日未明に手紙を受け取ると、その日にソ連のロシチン駐中国大使へ電報を送り、「朝鮮の同志が君たちの部隊の援護の下、三十八度線以北で予備戦力を組織できるように、五乃至六個師団を迅速に三十八度線まで前進させるよう」との中国に対する提案を、毛沢東と周恩来へ伝言させた。その一方、スターリンは金日成に対しては、「直接的な軍事援助」については「中国の同志と相談することが必要だ」と伝えさせている。その日の夜、金日成は中国駐朝鮮大使と緊急に会見し、中国の出兵援朝を公式に要請するとともに、三日、朴一禹朝鮮内務相を北京に派遣し、金日成と朴憲永が共同署名した支援要請書簡を毛沢東へ直に手渡しさせた。

朝鮮戦争が六月二五日に勃発した時点で、中共指導部は、この戦争には二つの可能性があるとの判断を下していた。一つは朝鮮人民軍が速戦即決し、半島全域を統一して、戦争を終結させることである。金日成は南朝鮮の内乱と呼応して二週間で片付ける、と豪語していた。これは米国が干渉しようとしても手を出しにくく最も望ましい。もう一つは、米国の迅速かつ大規模な兵力投入によって朝鮮人民軍の進攻が阻まれ、戦争が膠着状態に陥り、ひいては朝鮮北部が保てなくなり、米国が中国領内にまで戦争を拡大する可能性である。いずれの事態が起きても、中国は備えをしなければならない。

こうした見通しの上に立ち、七月に入ると周恩来は二度にわたり中央軍事委員会を主宰して国防問題会議を開き、正式に「東北国境の防衛に関する決定」を下し、総兵力二十五万人をもって東北辺境防衛軍の結成を確定した。この会議で、台湾解放作戦の前線総指揮である粟裕将軍を、東北辺境防衛軍司令官に任命することを決定しているが、これは中国がすでに軍事戦略の重点を、「台湾」から「東北」に移したことを意味していた。また、作戦および装備、兵站、政治動員などの面で入朝作戦に着目した準備が進められた。指揮官の名前まで朝鮮人名を使うようにされていたことからも分かるように、東北辺境防衛軍がおこなっていた準備は、ほかでもなく出国作戦のためであったことは疑いない。それまで中国は、いわば「転ばぬ先の杖」として、北朝鮮を支援するために必要な準備をしてきてはいたが、最終的に出兵の決意を固めるまでには、まだ幾多の曲折を経ねばならなかった。

九月一五日、マッカーサーを総司令官とする国連軍は仁川上陸作戦を成功させ、その勢いを駆って一気に三十八度線を突破し、中朝国境の鴨緑江へ向けて大進撃を開始した。が、これは後に米国の歴史家クレイ・ブレアによって、仁川以後のマッカーサーの命令の数々は「大破局にむけた傲慢でかつ盲目的な行進だった」と評されることになる。(47) 一〇月二日午後、毛沢東は党の最高幹部会議を主宰して出兵援朝問題を討議した。会議の前に、毛沢東はスターリン宛ての電報を起草し、正式な決定の後に発出する準備をしていた。ところが会議では出兵に反対と慎重の意見が多数を占め、出兵を見合わせる決定を下した。だが四日と五日の両日午後、続けて政治局拡大会議を主催した毛沢東は、彭徳懐から「断固支持」の発言を得て、ついに出兵援朝の決定を下すことに成功する。そして八日、毛沢東は東北辺境防衛軍を中国人民志願軍に改称し、速やかに朝鮮領内に出動するよう命令を下すとともに、彭徳懐を司令官兼政治委員に任命した。同日、毛沢東は金日成に「われわれは志願軍を朝鮮領内に派遣し、あなたがたが侵略者に反対するのを支援することを決定した」と伝えた。
一方、同じ日に周恩来と林彪は極秘に訪ソし、朝鮮支援問題について協議をおこなったが、その主要な目的は中国の入朝作戦に際して、ソ連空軍の空中支援を受けることであった。他方、彭徳懐は、志願軍が一五日に出国を開始し、二〇日遅くとも二二日までに全員朝鮮北部の予定した戦場に集結するとした出動計画を立て、毛沢東の承認を受けた。

しかしその後、また紆余曲折があった。一〇月一一日に毛沢東は、周恩来がモスクワから送ってきた電報を受け取り、ソ連が空軍出動の約束を果たすつもりがないことを知った。これは志願軍が朝鮮戦場で、空中支援なしに作戦することを意味しており、出兵問題は再考を余儀なくされた。一二日、毛沢東はすでに東北に赴いていた彭徳懐に「出動を控える」との電報を送った。一三日、毛沢東は、政治局員を招集して会議を開き、再び出兵援朝問題を付議し、慎重な討議を経て、ソ連空軍の援護が得られないとしても、朝鮮支援のために出兵すべきであると決断を下した。会議の後、毛沢東は周恩来に電報を送って会議の決定を通告した。ここに至って、出兵援朝の決意が最終的に定まったのであった。

同月一九日、中国人民志願軍は、中朝国境の鴨緑江を越えて朝鮮前線へ向かった。この後、三十八度線を境にして南北両陣営の激しい攻防がつづいたが、その実質は中米両国間の戦争であった。戦線はやがて膠着

1950年9月15日仁川に上陸した国連軍は38度線を越え中朝国境を目ざし進軍を開始した。

1950年10月19日、鴨緑江を越えて入朝する中国人民志願軍の部隊。

状態に陥り、三年後には休戦を迎えることになる。

毛沢東の決断、その動機と背景

理屈からいえば、朝鮮戦争の発動は、朝鮮の指導者金日成が決定すべきことであったが、しかし、当時はコミンテルン時代から続く社会主義陣営の不文律がまだ存在しており、それに従って陣営の盟主であるスターリンの許可を得なければならなかったのである。これは金日成だけでなく、毛沢東にとっても同様であった。スターリンが第二次世界大戦後に極力避けようとしていたことは、米国との軍事衝突が引き金になって米ソ戦争を引き起こすことであった。朝鮮問題で、スターリンは米国の直接介入を懸念していたため、金日成からたびたび出された武力統一の要望にも終始同意を与えなかった。だが一九五〇年の初めになって、スターリンの態度は根本的に変化し、金日成が戦争を起こすことに同意を与えた。スターリンは米国が介入する可能性は大きくないと見誤り、同時に中国を引っ張り込むことに決めた。万にひとつでも米国が手を出すようなら、中国を前面に押し立てればよい、というわけである。

スターリンの意見に従って北京を訪れた金日成に対して、毛沢東が支持を与えた理由には、スターリンと同様に米国の意図を誤断していたことのほかに、一貫して世界革命を支援する外交路線を断固として守り、アジアにおける革命運動の領袖としての責任を果たしたいという願望もあったと思われる。スターリンは、金日成が南進して朝鮮を武力統一することを許可するかどうかの最終決定権を毛沢東に与えたが、ソ連と朝鮮の間で戦争の発動を相談し、決定したことは、中国に対しては故意に伏せられていた。それが何故なのか、現在もなお中国の学界の見方は一致していない。ただ一つだけ異論のないことは、当時スターリンは毛沢東をまだ十分に本心から信頼していなかった（アジアのチトーだと疑っていた）こと、歴史的な理由から金日成は中国を見下し、中国に懸念を抱いていたことだとされている。

中国の当時の状況を考えると、抗米援朝参戦はあまりにも重い決断であったといえよう。新政権が前にしていたのは、百万を超える国民党軍残党の始末、蔣介石の指令で破壊された工業施設の再建、天文学的なインフレ克服など国民経済の立て直し、土地改革の実施、そして台湾解放軍事作戦の遂行など、山積する課題は枚挙にいとまがなかった。「戦争と革命の時代」という時代認識と情勢判断に基づいて、アジアにおける革命を推進することを自分の務めとしていた毛沢東が、朝鮮統一・南朝鮮解放を目ざす金日成を支持し、抗米援朝をおこなうことは必然的であったともいえるが、それほど単純なことだったとも思えない。毛沢東が、一時は党中央指導部の大勢を占めた慎重論や反対論を押し切ってまで、義勇軍派遣を断行したのは何故だったのだろうか。

沈志華は、「社会主義陣営に対して国際主義の責任を背負う考え、米帝国主義と直接対決する革命的なイデオロギー、新中国の安全と主権を守る国家指導者の意識、中ソ同盟の体制を守ろうとする深慮遠謀、という四つの側面が毛沢東の参戦決定の基本的動機と目的を構成した」と分析した上で、とくに「スターリンの信頼を勝ち取り、中ソ同盟条約の庇護の下で中国共産党の新生政権を守る考えは一貫したもので、それが最後の決断に至らしめた動機でもあった」と解説している。

中国現代史研究者の朱建栄（東洋学園大学教授）は、抗米援朝の義勇軍派遣が最終的に決まるまでには幾多の紆余曲折があったことを詳細に検証し、「(台湾海峡への第七艦隊派遣を命じた六月二十七日の）トルーマン声明発表後に示された中国首脳部の激烈な反応の最大の要因は、米国の戦略的意図に対する重大な判断にもとづくものだったと筆者は考える。言い換えれば、中国は、かねてから警戒していた米帝国主義の『対中侵攻計画』が実行に移されたと判断したため、直ちに『十分な対応』をしなければならなかった、ということ」だと分析している。[48]また沈志華によれば、毛沢東は米国の対中戦略意図を「三路向心迂回」進攻計画（ベトナム、朝鮮、台湾の三方向から中国に進攻）と判断し、いずれ米国と一戦を交えるなら、米国の意図を早いうちに打ち砕くに如《し》くはないと決意した、としている。

そのわずか数年前、国共内戦に先立つ和平協議に、中立的な調停者として現れた米国は、その裏で時間稼ぎをしながら蒋介石に最新の軍事装備を与えて、内戦に備える策を弄していたとの見方が中共中央指導者の間に根強く存在していた。前出の朱建栄は、「米国の『侵略的意図』と『帝国主義の本質』だけに着目する思考様式の背後には、かつて中国が米国との交渉において、『愚弄』された痛恨の記憶と、歴史的経験から来る、米国の対中政策に対する一貫したきわめて強い不信感が働いているのである」と、その遠因に言及している。

トルーマン政権が朝鮮戦争の勃発を理由にして、第七艦隊の台湾海峡進駐を決めたことによって、毛沢東は台湾解放軍事作戦を棚上げせざるを得なくなった。こうして台湾海峡の両岸に分かれた中国の統一事業には重大な障害が生じ、三十八度線を挟んだ南北朝鮮の対立・緊張とともに、東アジアの国際情勢を複雑化させて今日に至っている。沈志華は、トルーマン政権の本意は必ずしも蒋介石政権を助けることではなかったが、結果的には米国と蒋介石政権の両者を軍事同盟に縛り付けた、との見方をとっている。これによって東アジアの冷戦体制が固定化され、中国と米国の関係改善の最後の望みが断ち切られて、以後二十年間中米関係は断絶し、中国は米国の封じ込め政策に苦しむことになる。

自己矛盾に陥った米国の対中政策

第二次世界大戦が連合軍の全面勝利に終わろうとしていたころ、中国国内の矛盾も日ましに鋭くなりつつあった。当時、アメリカは主体性をもった有利な立場にあり、対中政策の選択の幅は大きかったにもかかわらず、結局は「援蒋反共」の道を選択し、中国内戦の泥沼に自らはまりこんで、ついには失敗に終わった。これは一体なぜなのか？

元中国社会科学院アメリカ研究所長で、一九八〇年代はじめから米国研究の第一線で数多くの優れた研究を発表してきた資中均女史は、著書『追根溯源　戦後米国対華政策的縁起与発展（一九四五—一九五〇）』（上海人民出版社／二〇〇〇年）のなかで要旨次のように論じている。

アメリカの対中政策の根底には、自らを世界の指導者とする「覇権主義」と、米国の社会制度と価値体系を唯一無二のものとする強烈な「イデオロギー」がある。対中政策が形成されていく過程には、国際及び国内の多くの複雑な要素が働いていた。戦後のヨーロッパにおける米ソの角逐と対抗が、やがて対立へとエスカレートしていった状況もそうした要素の一つである。それと共に、中国全土に胎動する革命の大きなうねりを独立した存在として認めず、中国共産党をソ連の勢力拡張のための道具にすぎないと見なす思考方法は、ルーズベルトの死後にその後を継いだ大統領トルーマンをはじめ米国の主要な政策決定者に大きな影響を与えていた。

一九四五年夏に米国はソ連と手を握って太平洋戦場での勝利を手にしたが、その翌年になると、アメリカの主要な関心事は、一方で欧州に於けるソ連の勢力拡張を力を尽くして阻止することであり、もう一方で中国問題をめぐり米ソ両国が決定的に対立するのを何とかして避けることであった。米国は、中国が一旦内戦に陥れば、ソ連が中共側を、米国が蒋介石政権側を支持することになり、その結果、米ソ両国間の軍事的対立の局面に巻き込まれることを恐れていた。米国はヨーロッパへの対応で手一杯であり、また国内の世論も中国内戦への介入に否定的だった。この点では、米国内の様々な政治グループが意見の違いを超えて一致していた。

そのため、米国は一時期、マーシャルによる国共両党の調停工作によって、連合政権の樹立を後押ししようとしたが、あくまでも内戦に固執して、これを強行する蒋介石によってこの工作が失敗に終わると、国際的な「冷戦」の激化と、後の「マッカーシズム」へとつづく国内の「反共」熱の高まりに押されて、蒋介石に対する軍事支援の規模を次々と拡大させていき、ついには抜き差しならなくなった。これは、米国の対中政策それ自身が抱えていた自己矛盾の結果であった。他方、蒋介石も米国の政治制度と内部矛盾を巧みに利用して、米国の経済、軍事支援を次々と手に入れていった。

当時、米国の対中政策をめぐっては、現実を考慮しようとする国務省官僚派と、米国の議会内の親蒋介石派があり、両者は政策上で意見が異なったが、中国の内戦に軍隊は派遣しない、対中政策の根本は「反共」である、という共通点があり、これは双方の暗黙のルールであった。結局のところ、反共イデオロギーに縛られたアメリカは、中国共産党の指導する革命は、百年来の外国帝国主義と封建主義のくびきから起ち上がった中国人民の壮大な自己解放であることを理解することができず、中国人民に敵対する立場へ自らを置くことになった。こうした米国の対中政策は、その後も「イデオロギー」と「現実」の相矛盾する二つの間を揺れ動くことを繰り返して現在に至っている。

近年、米・日・英・仏・独など各国の軍隊は、南・東シナ海や日本近海など、いわば「中国の鼻先」で共同軍事演習を繰り返しおこない、米国が主導する軍事的・外交的「中国包囲網」が築かれつつある。これらの国々は、十九世紀半ばから二十世紀半ばの一〇〇年に及ぶ時期に帝国主義列強として中国を侵略した過去をもつ。その旧列強諸国の軍隊が再び、中国近海へと戻って来ているのである。超大国の米国はトランプ政権以来、中国敵視策を強め、その一環として中国と敵対する台湾への軍事外交面の支援を強化している。これに対抗するようにして、中国は従来の規模を上まわる多数の軍用機を台湾周辺空域に飛ばし、また同周辺海域で海上軍事演習などの威嚇行為をおこなって、台湾当局への威圧を強めている。

中国指導部は、中台統一をどのような道筋で実現しようとしているのか。武力侵攻か、平和統一か。国際社会の重大な関心事になっていることは言うまでもない。だが、一部の反共政治家ばかりか日本の主流メディアまでが、こうした一連の中国の動向は「日本に対する脅威」との論調を声高に振りまいていることには、大きな違和感と、それ以上に強い危機感を覚える。第四章で紹介した石堂清倫の指摘を待つまでもなく、日本軍国主義がかつて、中国の国土を土足で踏みにじり、中国人の夥《おびただ》しい生命と財産を奪った陰には、民間の大新聞各紙が「暴支膺懲《ぼうしようちよう》（暴戻な中国に懲罰を加える）」などと白黒を転倒させた論調を紙面に踊らせて軍部を後押しし、国民を戦争へ駆り立てていった「黒い歴史」があることを思い起こさなければならない。加えて、かつての百年に及ぶ帝国主義列強による中国侵略の歴史のなかで、台湾は日本が中国に武力で割譲を迫り奪い取った地域であり、中国にとっては奪われた地の「回復」対象として在ることを、日本人は肝に銘じておくべきだろう。

そうした歴史を内包する台湾問題の内実は、国家の完全なる統一を目ざす「国共内戦」の延長と見るべきではないか。その決着を今日まで先延ばしさせることになった原因は、ほかでもなく七十余年前に米国が台湾海峡の海上封鎖をおこない、中国の内戦に軍事介入したことである。当時の米国指導者に中国を攻撃する意図が果たしてどこまであったかは議論の余地があるとしても、この結果として台湾解放作戦を放棄させられ、中国統一を果たせなかったことへの屈辱が、毛沢東ら建国期の中共指導者の対米認識にきわめて大きな影を落とし、現在まで引き継がれていると想像することは難しくないであろう。

戦争当事者それぞれの「誤算」

戦争当事者の一方である米国側の見方も見ておきたい。ベトナム戦争報道でピュリッツァー賞を受賞したアメリカのジャーナリスト、デイヴィッド・ハルバースタムはアメリカ側の目から見た朝鮮戦争について、優れた著作を残している。彼は、朝鮮戦争の当事者それぞれが誤算を犯していたとして、次のような興味深い見方を書いている。少し長いが以下に引用する。

「すべての戦争はなんらかの意味で誤算の産物かもしれない。だが朝鮮では戦争当事者双方の重要な決定のほとんどすべてが誤算に基づいていた。まずアメリカが防衛範囲から朝鮮半島を外し、これがさまざまな共産側当事者の行動を誘発した。ついでソ連が金日成の南への侵攻に青信号を出した。アメリカの参戦はないと確信したのである。アメリカは参戦した。そのときアメリカは、立ち向かう相手の北朝鮮軍の能力をひどく過小評価する一方、初めて戦闘に赴くアメリカ軍部隊の準備態勢を法外なまでに過大評価していた。アメリカ軍は後に、中国の度重なる警告に注意を払わず、三十八度線の北に進撃する決定を下した。

それからこの戦争における単一では最大のアメリカの誤算があった。マッカーサーが中国軍は参戦しないと確信したがゆえに、はるか鴨緑江まで進撃することを決め、自らの部隊をこの上なく無防備な状態にさらしたのである。そして最後は毛沢東だった。かれは兵士の政治的純粋さと革命精神がアメリカ軍の兵器の優位（そしてその腐敗した資本主義的精神）よりもずっと重要であると信じ、そのために朝鮮最北部での緒戦の大勝利の後、部隊をあまりにも南下させすぎ、その過程で恐るべき損害を出した。

しばらくの間、望むものを手にしたのはスターリンただ一人だったかのように思われた。スターリンは毛沢東のチトー化と、中国がアメリカと手を結ぶ可能性とを恐れ、中国がアメリカと闘う決意をしたことに少なからず満足だった。しかし、冷血で計算高いスターリンでさえ、何回か誤算を犯した。かれは最初、アメリカの参戦はないと考えていたが、アメリカは参戦したのである。ソ連の傍観するなかでアメリカが中国と戦うことにスターリンは当初、不満ではなかったかもしれないが、ソ連にとっての長期的な結果は、実のところ複雑きわまりないものであることが判明する。致命的なまでに重要な初期の数か月間にスターリンがしてくれなかったことについて、中国は恨みを抱きつづける。そしてこうした怒りの感情が数年後の中ソ決裂の要因となったのである。

しかし、おそらくそれ以上に重要なのは、中国の参戦がアメリカの国家安全保障問題に対する見方に深甚かつ永続的な影響を与えたことだった。それが究極的な推進力となって出てきたのが一九六〇年の国家安全保障会議秘密報告（NSC68）に盛られた構想だった。それがペンタゴンの影響力を飛躍的に増大させ、アメリカを以前よりもはるかに安全保障志向の強い国家に変身させたのである。こうして弾みのついた勢いは十年後、ドワイト・アイゼンハワーに大統領退任演説で『軍産複合体』について警告を発させることになる。

アメリカ人の目に映った共産世界を長年にわたって——きわめて不正確に——一枚岩だと規定し、そしてナショナリズムや昔からの歴史的要請のほうを重視するジョージ・ケナンのような人々の政治的影響力を減退させたのも同じ要因だった。アメリカ政治も毒され、そこでの一大懸念は——地政学的な理由ではなく、国内の政治的な理由によって——この国は共産主義者に奪われるのではないか、ということになった。そのために、アメリカのアジア政策は深い傷を負い、当時のアメリカのレーダースクリーンにはほとんど映ることのなかった国、ベトナムへの政策に深刻な影響をおよぼす結果になる」(49)

朝鮮戦争とそれが引き起こした危機は、直接対戦した双方の当事国だけでなく、日本を含むアジア及び世界全体にもきわめて深刻な影響をおよぼした。朝鮮戦争の勃発とその結果によって、第二次世界大戦後のアジアと世界の政治的枠組みには根本的な変化が生じた。朝鮮半島は、忘れられたアジアの片隅の存在から世界が注目する火薬庫になった。中国は、朝鮮戦争をある種の分岐点にして、新政権の対米および対ソ関係の行方を最終的に確定させただけでなく、その後に国全体が進む道をも決定づけることになった。ハルバースタムの描いている上述の状況は、アメリカでも同様の結果がもたらされていたことを物語っている。

他方、朝鮮戦争の勃発は日本にも深刻な影響をもたらした。その当時、敗戦国日本が国際社会に復帰するための最初の関門となる講和条約の締結をめぐり、ソ連、中国を含む連合国全ての国との全面的な講和か、それとも米国を中心とする一部の国だけとの片面的な講和かで、国論を二分する激しい争いが起きていた。全面講和論を主張する東大総長南原繁に、ときの首相吉田茂が「曲学阿世《きょくがくあせい》の徒」と罵声を浴びせたことは有名な話である。北朝鮮に対する国連の「侵略者」非難決議の採択と国連軍派遣の決定は、一気に世論を片面講和に傾かせた。これによって戦後日本の支配層は米国に隷属したまま社会的政治的危機を乗り越えたばかりか戦後経済復興のたしかな軌道を手に入れたのであった。

過去に遡ること七十年前の朝鮮戦争は、一時的な休戦協定が結ばれているだけであり、その戦争状態は未だに法的には終結していない。それによって東アジアに生じた冷戦構造は、今なお朝鮮半島と台湾海峡に絶えず緊張状態を再生産して、アジアの火薬庫にし続けていることを忘れてはならない。

7、白鳥事件とトラック部隊

偽りの冤罪《えんざい》「白鳥事件」

一九五〇年から一九五五年までの地下潜行の時期と、また六全協以後一九六〇年までの五年間、父がどのような活動をしていたのかは分からないことの方が多い。ただ断片的な事象が残されているだけだが、それらを通じて、極左冒険主義時代の過激な軍事闘争と、それに伴う負の遺産を処理する任務を担当していたらしいことだけは朧気に見えてくる。次のエピソードもそれを物語っているようだ。

一九五二年一月二一日午後七時三〇分過ぎ、札幌市内の路上で札幌市警察本部の警備課長白鳥一雄警部が何ものかに射殺されるという事件が起きた。

「六全協（一九五五年七月）後、氏（註・川口孝夫氏、白鳥事件関係者）は東京都委員会から党中央の統制委員会の管轄に移ったが、そのうちに党中央から連絡に来ていた酒井定吉氏から、『誰にも言ってはならない』と口止めされたうえで、氏が近く中国に行くことになる、といわれる」(50)

ここに書かれた川口孝夫氏は事件の実行者ではなかったが、当時、共産党北海道委員会軍事委員であり、事件について知りうる立場にあったことから、夫婦で国外に送られることになった人である。川口氏は他の事件関係者と共に、中国へ送られた後に、中共中央対外連絡部の管轄下に置かれ、さらに奥地の四川省に送られて長年を過ごした。そして、一九七三年一二月に、川口夫妻は一八年ぶりに祖国の土を踏んだ。その川口氏は、亡くなる前年の二〇〇三年二月に、「いまなぜ『白鳥事件』の真相を公表するか」と題した手記を遺していた。そこには、中国へ秘密裡に送られる前後に、父と関わった事実が次のように記されている。

「一九五三（昭和二八）年八月、私は北海道から東京に配置転換になった。上京直後から党東京都委員会ビューローに入り、東京の党活動に参加した。翌一九五四年の初頭に妻の栄子が札幌の義姉初子さんに連れられて北海道から突然東京にやってきた。それもあの時代に飛行機に乗ってやって来たのである。資金の苦しい党がなぜ大金をはたいて飛行機を使ってまで妻を北海道から送り出したのか？　当時、私には解けないナゾであった。

一九五五（昭和三〇）年四月、党は七月に開催される六全協にそなえ、活動方針を全面的に合法活動に切り換えた。しかし私は『白鳥事件』関係者として非公然のまま待機することになった。

六全協後は北海道から東京に来ていた北海道出身の荒井英二氏、阿部徹志氏をはじめ全ての幹部が北海道に戻り、東京に残されたのは私達夫婦二人だけになった。七月の六全協直後に党中央統制委員会の酒井定吉氏（父は一九五四年二月から六全協後まで統制委員会委員であった）から中国行きを命じられ、『このことは妻にも言ってはならない』、そして妻については『東京に残し故郷には帰さない』と言われた。この時、妻を飛行機で送って来たのは、吉田四郎（党北海道地方委員会議長）と党中央によって私達を故郷に帰さないことを早くから決めていたことがようやく理解できた。」

「私達夫婦は一九五六年三月、静岡県焼津港で第一勝漁丸に乗船して出港し、土佐清水港に寄港してから上海の呉淞港に着いた。この時私達に同行したのは鶴田倫也君、大林昇君、桂川良伸君の三人である。北京に着くと直ぐに、日本共産党中央委員会北京代表部羅明（ロー・ミン）氏等による査問と吊し上げが始まった。党の責任者で日本共産党中央委員会駐北京代表の袴田里見氏は私に会いに来ることもなく、査問の結果も知らさずに私は人民大学分校（元日本共産党の幹部養成学校）に送られた。」

「学校に着いた翌日、中国人校長の連貫氏（中共中央対外連絡部副部長）から、『中国に長期に滞在してもらうことになる。日本の情勢に基本的な変化がある時、つまり日本共産党が権力を取ったような時まで帰国はできない』と宣告された。私達が入校してから一年後に、この学校は解散され、在校の日本人は帰国の準備のために中国各地に送られた。私達夫婦は学校の責任者から、当時外国人があまり来ない四川に行くように言われ、重慶に送られた。……その後、日本国内では『白鳥事件』は村上国治の無罪を勝ち取る裁判闘争として進められ、事件は敵の謀略とデッチ上げによる冤罪であるとして、真相を覆い隠し人々を騙し欺き続けたのである。」(51)

白鳥事件は、長く冤罪事件とされてきた。共産党は「国治を返せ」をスローガンに、松川事件につづく国民運動として盛り上げようとしたが、松川事件における作家広津和郎氏のような強力な文化人の応援は得られなかった。懲役二十年の有罪判決が確定した元共産党札幌市委員長の村上国治は、仮釈放されてから、事件の四十二年後に自宅が全焼し焼死体となって発見された。失意のうちに自ら命を絶ったのではないかともいわれている。実行犯及び共謀共同正犯とされた数名は地下に潜り、アジトを転々としながら、最終的には共産党の地下ルートを通じて、一九五六年に焼津港から中国へ密航し、その後は亡くなるまで中国人として生き、終始、中国共産党の保護を受けることになる。

日中国交正常化以後に、事件周辺の人物が中国から相次いで帰国するようになると、事件の真相に近づく事実が次々と語られるようになった。共産党の側も官憲の側も都合の悪い事実はいまだに隠しつづけており、事件の複雑な様相が司法の手によって解明されることはもはや不可能にちかくなったが、現在では「冤罪」は偽りであるとする見方が定説となっている。

事件の潜行者を統括

白鳥事件の隠されてきた真相を暴いた、渡部富哉氏の著書『白鳥事件 偽りの冤罪』に、大西氏（仮名）の証言が書かれている。

「私が、大阪の各アジトで待機生活をしている鶴田倫也、大林昇、桂川良伸の三名と日常的に連絡する任務についたのは、一九五五年の八月から九月にかけてである。その折、三名は白鳥事件の関係者であるとの説明は受けていたが、本名などは知らなかった。彼らとの会話を通じて三人はみな北大生であったことはわかった（本名を知ったのは彼らが中国へ去った後のことである）。この三人だけでなく、東京から大阪へ送られてきた潜行者たちを統括していたのは、中央の統制委員会の酒井定吉で、ときどき大阪へ来て彼らと会っていた」

「一九五六年三月半ば、彼らは酒井の指示を受けて旅立つことになった。このときの彼らの態度からして、三人は大阪に来る前に中国に渡ることを了承しており、それまでの待機場所として、大阪に来ていたものと思われる。ただ、鶴田の場合には結婚問題があった。出発前夜に酒井は鶴田のアジトを訪れて、彼女と家族に、鶴田はひとりで先に行くが、彼女は後で必ず鶴田のもとへ送ることを約束し、一同を納得させた」

「鶴田の結婚問題の結末は次のとおりである。出ていった鶴田から彼女には何の連絡も届かなかったが、約一年あまり経って、酒井から『彼女を鶴田のもとへ送ることは不可能になったので結婚は取り消してくれ』という手紙が来た」

「彼女と家族が驚き怒ったのは当然である。その頃、関西地方委員で潜行者問題を担当していたのは下司順吉である。下司は鶴田の出発後、彼女と家族を訪ねて、酒井の約束を繰り返している。結局下司が酒井に代わって説得にあたり何とかあきらめさせたのであった。酒井には自らの戦前の辛苦の体験に照らして党活動者たるものは、このような不幸も甘んじて受け入れるべきだという信念があったようである。彼女の輸送が可能であっても、苦難が明らかな中国生活におもいやるに忍びないという親心的配慮によるものか。この結末は、中国の鶴田にどう伝えられたのか、彼はそれをどう受け止めたのか、いまではわからなくなった」(52)

大西氏の目に映じた父

これを読んだときは、すぐに思い出せなかったのだが、実はこの大西氏〔仮名〕は、私が中学生のころ、拙宅に泊まっていかれたことがあった。二間しかない小さな家に、父が人を連れてきて泊めたことなどほとんど記憶にない。多分はじめてのことではなかったろうか。私は、数年前に大西氏を訪ねたとき、氏からそのことを聞いて昔の記憶がよみがえったのだった。その折、大西氏は以下のことを話してくれた。

一九五四年の年末か一九五五年の年頭、上級の指示により酒井定吉さんを紹介され初めて会った。私（大西氏）の任務は、東京で潜伏していた白鳥事件関係者（鶴田、大林、桂川ら三名）の安全が困難な状況になったために、大阪で彼らのアジトを確保し、関西地方委員会及び大阪府委員会の指導の下で、党中央との連絡任務を遂行することであった。

酒井さんは一九五四年二月に統制委員の任務に就いており、上記案件処理の実務担当者であった。ただ、白鳥事件関係者を中国へ密航させる決定を誰が下したのか、責任者が誰であったのかは知らない。或いは岡田文吉(53)あたりだったかもしれない。酒井さんは与えられた任務を遂行してはいたが、それは個人として本意ではなかったのではないかと、大西氏は接触を通じて感じていた。白鳥事件関係者は大阪以外にも九州など数カ所に分散して潜伏していた。酒井さんはこれらの潜伏先アジトを訪ねて、党からの指示を伝えていたようだ。一九五六年三月頃に彼らが焼津港から中国へ密航したことにより私の任務も解かれ、酒井さんとの接触も終わった。その後、大学研究室へ戻った私は、たまたま学会への出席のため東京へ出た折、酒井さんから当時杉並区高井戸の自宅に泊まるよう勧められて一晩を過ごしたが、その当時党中央資料室長の任にあった酒井さんは、本人の意にかなった仕事場を得ているように感じられた。

酒井さんは、白鳥事件関係者のほか、他の事件関係の地下潜行者の統括実務も担当していた。そのなかに長野地方裁判所前事件（一九五一年一月）の主犯とされた石坂英夫氏がいる。石坂氏も大阪で潜伏していたが、六全協後に、出頭して刑に服する党の方針に従い、懲役五年の判決を受けて下獄した。酒井さんはこの件を終始担当した関係から、石坂氏とは非常に親しい間柄になり、刑期を終え出獄した後も交流が続いていたことを、石坂氏本人から聞かされていた。

また大西氏は、父が担当していた任務の内容について、次のように話してくれた。

「一九五〇年八月、A紙発刊準備員として伊藤律指導の下に、高橋、河村、島田、宮本の諸同志らと非公然機関紙部指導部員を命じられ、A紙、B誌、C誌の配布部責任者の任に就く」（酒井定吉経歴書から）

A紙は「平和と独立」、B誌は「内外評論」を指す党内の符丁であったが、C誌が何を指すものかは分からない。A紙の配布についていうと、中央から末端の配布ポイント（大細胞単位、小さな細胞であれば幾つかをまとめて）へ謄写版印刷用の謄写原紙が郵送されてきて、それをそれぞれが謄写印刷するのだが印刷の出来不出来の差が甚だしく読めないような仕上がりになることがあった。

「一九五一年十一月、書記局連絡、配布部責任者を命じられる」（同前）

非公然活動に移った当初は、非公然部門の任務に就いた党員に地下活動の経験がなかった為、連絡方法や暗号文書の使用法など技術的な面で、非合法紙の配布とともに、戦前の非合法地下活動を経験した酒井さんが担当することになったのだろう。

闇の中の「トラック部隊」

六全協を境に公然活動に移行したあと、党中央で就いた仕事で分かっているのは、一九六〇年に任命された党中央委員会資料室長だけであり、それまでの五年間の仕事を記録したものはない。だが、その間の党内外の出来事を調べていて気がついたことがあった。文芸評論家の佐々木基一らが出席した『中央公論』一九五七年三月号誌上の座談会「若き日共党員の悩み」のなかで、党東京都委員（当時）の武井昭夫が「トラック部隊」について発言しているのが目にとまった。(54) 有力商業月刊誌上で、党の一幹部が、詐欺まがいの非合法な資金づくりの一端を暴露したのだから、世間の耳目を集めたのは想像に難くない。すると八月、共産党国会議員団長の志賀義雄が「警察当局発表の党財政活動中傷のでたらめについて」の談話を発表。その後間もなく、捜査の手が中心人物に及びはじめ、実行役の原野茂一（元葛飾ガス社長）、立花栄らが逮捕されるに至る。

一九五七（昭和三十二）年八月二二日の朝日新聞朝刊は、「日共の地下資金工作、『トラック部隊』手入れ、けさ東京・大阪十数カ所」の大見出しで、事件の記事を一面に大きく掲載した。

「当局の捜査によれば日共内の暗号で「トラック部隊」と呼ばれているこの資金調達工作は、去る二十五年六月、日共幹部が第一次追放をうけ、地下活動が行われるようになってから『日米反動資本家からの収奪と政府の官金収奪は階級闘争である』との行動綱領のもとに活発になり、あらゆる手段で資金の獲得が行われたという。この一例として昨年五月、警視庁捜査二課と東京久松署の手で摘発された株式会社「繊研事件」

は、逮捕された元全逓中央委員村井繁が社長となり、去る二十九年八月同社を設立、業界新聞を発行するなどで一年半の間に中小企業者から紙類や繊維品を買い込み、それを投売りし一億数千万円の取込み詐欺をした……」

そして九月には、すべての舞台づくりを担ったといわれる初代隊長、大村英之助が逮捕された。戦後の読売争議で活躍した分裂時期の元日共東京都委員長の増山太助は、自著で大村英之助を取り上げている。
「大村英之助は第一五代満鉄総裁大村卓一の次男。一九二九年の『四・一六事件』と一九三〇年に連続して検挙されたため、従兄の植村泰二（東宝の初代社長）がPCL（東宝映画の前身）に入社させ『昼は映画の勉強、夜は共産党』の生活をしながら『信念を守っていた』という。そのため、一九三二年に再度逮捕され、二年の実刑判決を受けて下獄した。出獄後、大村は久保や染谷格らをさそって芸術映画社（ゲス）を設立し、映画製作に専念することになった。そして、『雪国』をはじめ『或る保姆の記録』『機関車C五七』などソシアル・ドキュメント映画の先駆者になった。大村はマルクス主義の理論家にとりかこまれ、友情に富んだ仲間にめぐまれ、なによりも父・兄弟や親戚の植村一家の財力に支えられて映画人としても一家をなし、しかも企業家としての肩書きをもつめずらしい共産党員になった。そして、戦後の党の文化運動のなかでは『プロレタリア文化運動』の流れとは異なる幅広い立場に立つようになっていた。そのため、志田重男に抜てきされ、思いもよらない『特殊財政』をまかされ、『トラック部隊』の責任を負わされることになったのではないか、と私は推測している」(55)

このなかに出てくる植村泰二は、経団連第三代会長、名誉会長を歴任した植村甲午郎の弟である。

極左路線の後始末

この頃は、極左軍事冒険主義方針を実行し、逮捕起訴された犠牲者とその家族への支援活動と裁判闘争も全国的範囲に及んでいて、父が担当する仕事の量は相当大きかったと思われる。現に一九五六年三月には、鶴田倫也氏ら白鳥事件関係者が焼津港から中国へ密航し、さらに長野地方裁判所前事件の主犯とされた石坂英夫氏が五年の刑を受け服役していた。父がこれらの件を終始担当していたことは前記の大西氏の証言が示している。

地下から地上に出てきた父が就いた任務は、やはり統制関係に属することだったと思える。事件はすでに過去のものになった、或いは早く過去のこととして消し去りたい、とでも言わんばかりの党中央指導部を横目で見ながら、全国各地にわたる犠牲者と家族に顔を向けて、救援と支援の仕事を行う五年間だったのではないだろうか。袴田里見が、通夜の席で父の思い出を語った次の言葉もそれを示唆しているようである。

「あの極『左』冒険主義の時代に犠牲になった人たち、あるいはその家族の人たち、さらにまたいろいろな面で犠牲になった同志たちや、その家族の人たちを、誠心誠意面倒をみて歩きました。かれは九州から北海道に至るまで被告の同志たちの家族を訪ねたり、あるいは国外に脱出して活動している同志たちの家族をたずねたりして、激励しました。今日ではかれがそういう活動を続けて歩いたということを、そう多くの人が知っているわけではないと思います。かれは、非公然の方法で、あるいは公然の方法で、そういう人たちの面倒をみました」。

私自身の記憶にあるのは、この時期、父は年がら年中出張していたことだ。こちらは深い関心もなく、たとえ聞いたとしても答えてくれることはなかったろうが、よく旅先から絵はがきをくれたことは覚えている。筆まめでよく気がつく人だった。

以上の事実から次のような推論を導き出せるように思う。

父は、一九五三年六月から統制委員会人事部責任者、その年一〇月にはSM部隊整理担当者、そして一九五四年には統制委員・人事部責任者と一貫して統制関係の仕事に就いている。ところで、この「SM部隊」という聞き慣れない名前の正体は何だろうか?この当時、部隊と名がつくもので存在が知られているのは「トラック部隊」であるが、誰に尋ねても「SM部隊」については不明であった。「SM」を「スペシャル・マネー」と解すれば、特殊財政部隊の符牒だということもできるが、推測の域を出ない。

当時、地下に潜った志田重男らの国内指導部を支える財政づくりに起用されたのは、戦前に映画制作などの文化事業で名を知られ、満鉄元総裁を父にもち、各界に広く知己のある大村英之助だった。トラック部隊の初期には、西沢隆二の指導の下で、彼が実務責任者を担っていた。はじめは合法的な経済活動が順調に行くかに見えたが、やがてそれがうまくいかなくなると非合法の犯罪的な手法で資金調達を行うようになり、一九五三年四月には、その活動の中核企業である太陽鋼管の倒産により、関係企業が連鎖倒産する破局的事態となる。この一連の倒産事件は、共産党の地下活動の資金源として、一般商業誌や週刊誌、雑誌が大々的に取り上げ、社会の注目の的になった。この事態をどう収拾するか、当時の志田重男ら地下指導部の責任が問われたに違いない。

「五一年綱領」の新たな戦略に基づく軍事組織、合法と非合法の二重組織を支える特殊財政。二つは表裏一体をなしており、六全協で出直しを図ろうとしていた共産党指導部にとっての大きな足かせとなったであろうことは容易に想像できる。父が統制関係で担当したことは、これら「不祥事」の後始末だったのではなかろうか。父がＳＭ部隊整理担当の任務に就いたのが一九五三年一〇月だが、この年の秋頃にトラック部隊初代隊長の大村英之助が党内で批判を受け、活動の表面から姿を消したとされていることも、辻褄が合うように思える……。

一九五〇年六月に朝鮮戦争が始まって以後、後方兵站基地の役割を担う国内の軍事拠点や警察などに対する破壊工作が党の軍事方針として実行され、その極左冒険主義路線に忠実に従った多くの党員が犠牲となった。父が統制関係で担当したもう一つの任務が、その後処理をひそかに行うとともに、捕らわれて入獄した党員或いは党の指示で国外に逃亡した党員の家族を救援あるいは支援することだったことは、前述の袴田里見の言葉で裏付けられるようである。だがそれらの具体的な事実は果たしてどのようなものだったのか、いくら調べても何の痕跡も見つからなかった。そうしたもの一切を胸にたたんだまま、父は墓の中へ持っていったのであろう。

第六章　父と周辺の人々のこと

1、父との思い出

道玄坂裏甘味処「谷間」

一九六〇年、日本の政治は嵐の中に突入する。前年から始まった警職法反対闘争に続き、日米安保条約改定反対闘争が日本社会の隅々にまで燃え広がった。「アンポ、ハンタイ、キシ（岸信介＝A級戦犯容疑者、安倍晋三の外祖父）ヲ、タオセ！」と叫びながら走り回る「安保反対ゴッコ」は、小さなこどもたちの遊びにまでなった。安保反対国民会議は労働組合はじめ全学連、各大衆団体、文化団体などで構成し、国民各界各層を幅広く包み込んだ運動を展開した。国会での条約批准が自然成立を迎えた六月一五日には全国各地で五百八十万人、国会周辺には十五万人が集まり抗議を叫びつづけた。この日、東大生樺美智子さんが犠牲となった。この運動の高まりの中で米国大統領アイゼンハワーは来日を中止し、岸内閣は倒れた。街中が熱気に包まれていた時代だった。

一〇月一二日のことである。当時杉並区立富士見ヶ丘中学校の二年生だった私は、学校の社会学習だったか、遠足だったかで貸し切りバスに分乗して遠出をし、学校へ戻る途中だった。その日、日比谷公会堂で行われていた立ち合い演説会で、熱弁を振るっていた浅沼稲次郎社会党委員長が、十七歳の右翼少年山口二矢に刺殺された、という臨時ニュースが車内のラジオ放送で流れた。あれから六十年余りの歳月が過ぎたが、つい昨日のことのように思える。少年の胸に、それほど強烈な印象を刻みつけた事件だった。父はこの年に党中央委員会資料室長になり、途中で職名が変わっただけで、一九七四年まで一貫して党史資料の蒐集、保管と研究に携わり、その死を迎えるまで働きつづけて、職業革命家としての最後を終えた。

父と一緒に暮らした私の記憶は、小学校四年生からの三年間と中学・高校時代をすべて合わせても十年に満たない。何か思い出に残っていることを記そうとしても、あまりにも数少ないこと、しかもその僅かな記憶さえ霞がかかったようにぼんやりとしていることに愕然とさせられる。モスクワでのクートヴェ留学生活についても、父から話を聞いた記憶はない。父が生きている間に何故そうしなかったのかと悔やんだところで仕方がない。一〇代の少年にとって、人生はまだスタートラインに立ったばかりで、時間は無限にあると思えたのだ。

父と生活を共にした家のことは、はっきり憶えている。六畳と三畳の二間に小さな台所が付いた貸家だった。まだ水道が引かれていなかったから、同じ間取りの家四軒が田の字に並んでいる、その十の字の縦と横の線が交差する位置に掘られた井戸で、大きなポリバケツに水を汲み、台所まで運び入れるのが私の日課だった。その家には風呂がなかったから、父は夏になると井戸の水を汲んできては体を拭いて暑さをしのいでいた。水道が引かれたのは中学の終わり頃ではなかったろうか。三畳間は私にあてがわれていて、勉強机と小さな本箱を置いた後は、布団を敷くスペースが残るだけであった。六畳間には父の手作りの本棚が二つ置かれ、愛蔵の書がぎっしり並んでいた。文学書などがあったかどうかは憶えがない。大月書店版のマルクス・エンゲルス全集やレーニン全集、党関係の本などがほとんどだったように思うが、それら一冊一冊の表紙をめくると、真四角な蔵書印が押されていて、子ども心にも本がキリッと引き締まっているように見えたものだ。その本棚の端に座机がありレーニンの小さな胸像が飾られていた。また本棚には津田左右吉の「上代史の研究」など日本古代史関係の書物も少なからず並んでいた。父の数少ない趣味の一つだったといえるかもしれない。

山登り、というよりも山歩きが好きな人だった。奥多摩や秩父辺りの小高い山のことである。一、二回だったか、青梅線の奥多摩駅で降りて、その付近を一緒に山歩きしたことがあった。埼玉の長瀞や吉見の百穴に出かけた記憶もかすかにある。そうした山々に咲く、季節ごとに目を楽しませてくれる高山植物の花や野草が、ことのほか気に入っていたようだ。そうして珍しい植物に出合うと家に帰ってから牧野富太郎の植物事典を引っ張り出して調べては、私に教えてくれたりした。それは自分の健康のためでもあったのかもしれない。戦前の無理な生活からきたものだろうか、高血圧症が持病で、温泉好きなことから、たまに休みが取れると、療養をかねて地方の鄙びた湯治場へ出かけていた。たしか中学生のころだった。学校が夏休みに入ったころに、父が長野県の佐久病院に入院したことがあった。病院長の若月俊一(1)さんは、戦前に治安維持法違反で捕らわれた経歴があり、解放運動旧友会の関係で親しくしていたようだった。私ひとりだったか、母が一緒だったか、はっきり思い出せないが、入院していた父を見舞いに佐久病院を訪ねたことがある。病院の近くの商人宿のような小さな旅館に泊まった。三日ほどもいただろうか、手を変え品を変えては料理してくれるのだが、朝から晩まで鯉の洗いや鯉こくなどを出されて、すっかり閉口したことであった。

父は酒とは無縁な人であった。戦前、非合法下の運動に身を投じるようになってから、酒をすっぱりと断ったのだ、と母から聞いたことがある。その代わり甘いものには目がなかった。今は廃業してなくなったらしいが、渋谷の道玄坂を上がりはじめてすぐの横町を左へ、つまり井の頭線の線路の側に入ったところにあった、「谷間」という名の甘味処へ連れられて行ったことを思い出す。とくに汁粉には目がなかった。それも、漉《こ》し餡《あん》の御前汁粉ではなく、きまって粒餡の田舎汁粉で、御徒町の親戚の家を訪ねたときなどは、帰りに上野広小路の「みはし」へわざわざ寄ることもあった。そういうわけで、わが家には酒の類いが一切なかった。私が辛党にならず、今日まで甘党ひと筋できたのもその故であろう。貧乏暮らしでありながら、何処から手に入れてくるのか、緑茶の味にもうるさかった。着るものも安物の吊しの背広ではあっても、ズボンは布団の下に敷いてキチンと折り目をつけていたり、髭剃り用のカミソリは床屋が使うドイツのゾーリンゲンだったりと、身なりや道具にはこだわりがあった。時間にもうるさかった。約束の五分前には必ず着いているものだと教えられたが、これは社会へ出て役に立ったことの一つだった。時刻の正確さを誇った国鉄の車掌時代にはロンジンの時計を使っていたそうだ。私の知る父の腕時計は、やはりロンジン製だった。そんなことがとりとめもなく思い出される。

血の通わぬ死んだ爪

たった一度だけだったが、父のビンタを食らったことがある。小学校の高学年、六年生ぐらいになっていただろうか。その日は、午後から、父と外出する約束だった。朝から仲の良い友達の家へ遊びに行き夢中になっているうちに父との約束をすっかり忘れてしまったのだ。はっと気がついて家へ駆け戻ると、父は出かける支度を終えたまま玄関の前に立っていた。多分バツの悪い顔でご免なさいとでも言ったのだろう、そのときに頬を一発張られた。ひとこと言われたのは、一度した約束は違えてはならない、人間としての基本だ、ということだった。その後は何事もなかったように一緒に出かけたと記憶している。

中学に入ったばかりの頃、父から初めて本を貰った。山本有三の『路傍の石』という、一九三七年に朝日新聞に連載された小説である。世の中の理不尽に屈せず、正義と誠意と真実を心の支えにして力強く生きていく少年の姿を描いている。宮本百合子は、山本有三が掴んだ脊髄的テーマというべきものは何かと問うて、「究極のところ、人生の意義というものは、人間対人間の目前の勝敗にあるのではない、『持って生れたものを誤らないように進めてゆく、それが修業』であり、そのために〝なすべきこと〟をひたすらにやってゆく人間の誠意、義務、試み、感激の裡にこそ人生の価値がかくされている、という一貫したモラルである」と書いている。(2)私にも「斯く生きろ」という父のメッセージが、その一冊に込められていたのかどうか、とうとう聞き漏らしてしまった。

母が亡くなって、遺品を整理したときに、父の自筆経歴書を見つけたことはすでに記したとおりだが、それと一緒に、古びてすこし色やけした一枚の色紙が、風呂敷包みの中に入って出てきた。手に取ってみると、「酒井誠君へ／徳田球一」と為書きがあり、「人民の為に報われることなき献身」と墨書されていた。それでずっと前、中学生か高校生の頃に、この色紙を見たことがあったのを思いだした。そのときに母から、これは私が生まれた記念に徳田書記長に頼んで書いてもらったのだ、というふうに聞いた憶えがある。父と徳田球一の出会いは一九二四年初めのことで、それからすでに二十数年を経ていた。年齢は父が一歳上ではあったが、自分を党と革命運動へ導いた指導者として、徳田球一に対しては格別の敬意があったように思う。

父と一緒にクートヴェで学んだ袴田里見が書いているところによると、ウラジオストックからモスクワまで半月かかったシベリア鉄道の旅は、固い板敷きの客車に毛布一枚を被って寝たそうで、枕にしたのは日本から携えた二千ページほどの露和辞典だったが、モスクワに着くころには装幀がバラバラに崩れてしまった。モスクワに着いた後、父はその十五人分の辞典を、買い求めたズックの布とアラビア糊を使って丁寧に製本し直したそうだ。仕事上の必要からではあったろうが、古本屋巡りは父の日常生活の一部に溶け込んでいた。たいていは社会科学系或いは戦前の史料を扱っている古書店を訪ね歩くのだが、ときたま父に連れられて行き、そばから見ていると、一顧客と本屋という商売を超えた人間関係が垣間見えて、なんだか面白かった。そうして買い求めた本や史料はたいてい背表紙が崩れかけたりしているのだが、父は紙や布と糊を使って上手に補修していた。そうした作業をする時にも見えた父の爪は普通の人のそれではなかった。死んだ爪とでもいったらよいのか、血の通わない分厚いボロボロの爪。それを時々小刀で削っているのを見かけた。戦前、特高警察の拷問で、コンクリートの上に手を無理やり開かされ、その上から革靴で踏み潰されてこうなったのだ、と誰だかに聞いたように思う。

忽然《こつぜん》と消えた五年間

物心ついてからの一番古い記憶は、叔母夫婦の家に間借りしていたときのことだ。父は、一九五〇年の夏、私が三歳の年のある日、忽然と姿を消した。そして私と母のもとに戻ってきたのは、日本共産党第六回全国協議会(3)、いわゆる六全協が開かれた一九五五年七月ごろのことである。私が小学三年生、八歳のときだった。残された母と私は生活の糧を突然絶たれることになった。やがて明治生命保険外交員の職を得た母は保険の契約を取るために走り回ることとなり、昼間は妹の安子叔母夫婦と同居していた祖母に私を預けることになって、渋谷区宇田川町のアパートを引き払い、大田区久が原の叔母の家へ引っ越した。叔母は共産党大田地区委員会久が原居住細胞のキャップで、徳田書記長から表彰されたこともある優秀な活動家だったから、やれ細胞会議だ、やれビラ貼りだと、始終人の出入りが絶えなかった。その頃のビラ貼りは、「吉田内閣打倒！」などとスローガンが印刷されたステッカーの薄い紙を何十枚も丸めて細筒状にしたものを一人が数本持ち、うどん粉を煮てつくった糊を古靴下の中に詰め込んだのをもう一人がバケツに入れて二人ひと組で出かけ、一人が靴下に入った糊を電柱にさっとひと撫ですると、すかさずもう一人がステッカーを貼りつけるという夜間ゲリラ戦法だった。叔母の家の玄関そばのタンスの引き出しに、このビラ貼りのための履き古した靴下が山のように詰め込まれていて、夜になると何人も人がやってきて糊をこの靴下に詰めたり、ステッカーを上手に巻いて筒状にしたりする作業を、私はそばで見ていた。

もう一つはある年の夏、まだ小学校へ上がる前のことである。保険の契約のためでもあったのであろうか、母に手を引かれて、古い知り合いを訪ねて田町まで出かけたときに目にした光景である。その家に行く途中、東京湾沿いに芝浦の倉庫が建ち並ぶ道を通ることになるのだが、倉庫と倉庫の隙間からMPと印された腕章を巻いて白いヘルメットをかぶり、カービン銃を手にした駐留軍米兵が、底に鋲を打った靴音をカーン、カーンと響かせながら岸壁を歩き回っているのが見えた。夏の真っ青な空を背景にした、占領下の象徴のような米兵の不気味な姿が、今でもふとしたときに脳裡に浮かんでくることがある。

母の話によると、地下に潜ってから五年の間に数度、ひそかに連絡があり、私を連れて遊園地などへ出かけ、それを父が遠くから見ていたことがあったというが、憶えてはいない。五年もの間、どこで寝泊まりしていたのか、父から生前に聞く機会はついになかった。ところが、あるとき日中友好協会の役員をしている婦人と雑談をしていたら、突然父のことを知っていると云われたことがあった。聞くと、まさに一九五〇年代の非公然時代に数日間父が泊まっていったと云うのである。国立大学の教員だったそのご主人は、おそらく党員かシンパだったのだろう、ある筋を通して連絡があったそうだ。六全協の後になって、ある偶然から父の名前を知ったということだった。ほかにも聞いてみると、個人的な信頼関係によって或いは組織的な指令によって、党員か非党員かを問わず、多くの人々が相手の名前も知らされることなく、数日間、長ければ数か月も、危険を冒し、父のような地下潜行者を官憲の目から、匿《かくま》っていたことを知った。戦後わずか数年を経たばかりの頃、「獄中十八年」の伝説とともに地上へ姿を現した共産党への信頼は、今では想像もつかないほどに大きかったのであろう。

2、周辺の人びと

新時代の息吹を浴びた外曾祖父

ここで父と私の周辺の人々についても触れておきたい。

父の関係では一人だけ、山手線御徒町駅の外側の下谷で機械販売店をしていた福本の叔父さんがいた。父がクートヴェへ行く前年、名古屋から中津川の葉山嘉樹の家へ逃げ、さらに静岡へ行ったときに寄寓した、母方の従兄弟であったと聞いたことがある。父に連れられて正月に訪ねると、きまって近くの天麩羅屋でご馳走になった。北京へ留学する直前にも挨拶に行き、餞別をもらったように思う。

それに比べると母の関係はずっと多い。母の妹の安子叔母が八十歳を過ぎて書いた自分史には家族のことが詳しく記述されている。少々長くなるが要約して記しておく。

母の実家西岡家は富山県婦負郡熊野村持田一一三番地、現在は附近の村を幾つか集めて婦中町持田となっている。富山市の中心部を貫いて流れる神通川に沿い二里上流にある米作地帯で、西岡家は隣の大上《おおがみ》家の分家にあたる。

大正年間の初め頃には、本家は百石余の大地主で当主は村長をつとめていたそうである。分家の二代目までは才覚がきいて相当の財を築いたが、三代目が夫婦ともチブスに罹り早逝すると、残された男子二人女子一人の子どもたちはそれぞればらばらにされたが、その長男が私の曾祖父にあたる善五郎で、江戸末期の嘉永三（一八五〇）年に生まれている。小泉八雲や朝日新聞創始者の村山龍平なども同じ年の生まれである。

この善五郎は東京に出て漢学の勉強をしたと云われる。いつ頃何処で学んだのか詳しいことは分かっていないが、二十才とすれば明治の初年にあたる。学費は、本家が分家の財産を管理してそこから送金したようだが、富山と東京との往復は駕籠《かご》を使い、途中盗賊に出遭って身ぐるみはがされたという逸話も伝わっている。


善五郎は漢学を修めて郷里に帰り二十四才ごろ隣村から地主の娘を嫁に迎えた。この人が私の曾祖母で名を「とよ」と云う。とよは、善五郎より三才年上で丙午《ひのえうま》の生まれだった。善五郎は新世帯を築くにはしっかり者でなければばと敢えて年長の出戻り娘を迎えたようだ。年上、出戻り、丙午を忌み嫌う当時の社会通念に拘らない曾祖父の進歩性が感じられる。善五郎は円満篤実な人で、あまりこせこせこだわらなく、妻に家の差配一切を任せるなど、当時として曾祖母の発言権はかなりのものがあったようだ。明治一九（一八八六）年、善五郎夫婦の間に生まれた一人娘が私の外祖母西岡よしである。

新世帯を築いた西岡家では、田畑を使用人に任せ、善五郎は学んだ漢学を生かして西岡塾を開いた。明治初年に富山市内の旧制中学まで下宿させて通わせることができる農家はよほどの地主以外にはなく、西岡塾では高等科を卒えた子弟達に漢学を中心とした教養を教えたと思われる。近郷近在から多くの子弟が集まり賑やかだったが、月謝などというものはなく、鮭や農作物など殆ど志程度の物納で、暮になると新巻鮭が軒先にたくさんつるされていたという。

当時村には被差別部落の家があった。村人から爪はじきにされ、共同の農作業も村民の共同は受けられず、部落民同士の共同作業であった。善五郎は部落民の家を訪ね、種々相談にのり食事も共にするという人で、地獄極楽はあの世にではなくこの世にあり、人間は死ねば蝋燭の火が消えたようにふっと消えるものだと云い、人は皆平等で後には天皇もなくなる、と言ったそうである。封建的な迷信を捨てた進歩的な考えの持ち主であったことがうかがえる。

「奉天」で薬舗を開いた外祖父

一度結婚に失敗した祖母西岡よしは二十五歳のとき、十歳年上の、富山市で一、二を争う薬舗の長男佐藤才太郎の後妻に嫁ぐ。この才太郎が私の外祖父ということになるが、早くに実家の家業が傾きかけていた祖父才太郎は、十代の終り頃に上京、紙屋に奉公しながら中国語を学んだ。祖母を連れて中国東北の「奉天」(現瀋陽市)に渡り、薬種業広貫堂を開いた才太郎は、抜群の商才を発揮し事業を大きく拡大していった。薬につきものの麻薬も扱いぼろ儲けもしている。明治の末期から大正の初めにかけての頃のことである。

日清、日露の両戦争を経て、日本の植民地化が進んでいた当時の「満州」では、普通なら許されないことが公然の秘密として罷り通っていた。はじめのうちは錦を着て買いに来ていた中国人が、三年も経つと襤褸《ぼろ》をまとって来るようになり、可愛想で見ていられなかったと、祖母よしは後に語っている。阿片戦争以来、中国は列強各国から阿片で苦しめられていたが、祖父も一役買っていたことになる。成功した事業の陰の部分であり、事業が大きくなればなるほど権力と結託して悪事に手を染めていくのは、昔も今も変わらない。

だが景気の良い日は長く続かなかった。第一次世界大戦が始まった翌年の大正四年、祖父は三十九歳のとき鉄道事故で不慮の死を遂げる。残された祖母は三歳の長女(私の母)を頭に三人の娘を抱えて実家のある富山市に帰ることになるが、店の番頭をしていた親戚のものに財産のほとんどを掠め取られて、大戦後の不況のさなかに辛酸をなめ尽くしたのだった。富山県下の魚津町で米騒動がはじまったのは、祖母ら一家が帰国して三年後の大正七（一九一八）年のことであった。

「満州」生まれの三姉妹

長女の順子は明治四五（一九一二）年に現在の瀋陽市で生まれた。私の母である。その下には二人の妹がいて、次女は水谷信雄に嫁いだ安子、三女は道子で、次女とは一歳違い、三女とは三歳離れている。三人姉妹とも旧満州の生まれである。この三女の初婚の相手は、敗戦後に徳田球一らと一緒に府中予防拘禁所から出獄してきた今村英雄(4)という人だったが、後に離婚した。次女の安子叔母は同じ富山出身の水谷信雄と結婚したが、子宝に恵まれず、実母と一緒に暮らしていた。この水谷夫婦も、三女の道子叔母も、私の母もみな、かつて勤めていた職場の共産党員に指導された学習会や研究会に参加して、戦争末期に治安維持法違反で検挙投獄され、敗戦で出獄した経歴があり、戦後は共産党に入党した活動家であった。

私は、父が地下へ潜った直後に、母と一緒に安子叔母の家に移り住み、その一間を借りて数年暮らした。その後は、東横線の学芸大学前駅からほど近い柿の木坂にあった金子健太氏（父はクートヴェ留学の数年前、月島の金子健太の家に出入りしていたことがある）の家の一隅を間借りして、小学校は目黒区立東根小学校に入学したが、ほどなくまた安子叔母の家に戻り大田区立久が原小学校に転校した。父が戻ってきたのは、すでに北区滝野川に引っ越して区立滝野川小学校に半年ほど通っていたときで、間もなく杉並区高井戸の借家に転居し、卒業するまで高井戸小学校に通学したので、都合四つの小学校に在籍したことになる。

成長期に叔母の家で暮らした数年間は、私に少なからぬ影響を与えているように思う。祖母は料理が上手で、しかもよく勉強して、和食はもちろんのこと新しい洋食などにも挑戦し、叔父の舌を喜ばせていた。叔父は戦後に友人たちと会社を興し経営陣の一人になっていたので収入もそこそこ良かったようでわが家とは大違いであった。いつの頃からか、学校が休みに入るが早いか、私はこの祖母と叔母夫婦の家に飛んでいっては長い間家に帰らなかった。叔母夫婦も祖母もそれを待っていてくれて居心地が良かったのだと思うが、この年になってみて、父には寂しい思いをさせていたのだと分かる。叔母夫婦には可愛がられ、私が大学受験で私立大学へでも行くようなことになれば、その学費を出すつもりにしていたということを、ずっと後になって母が教えてくれた。

親しかった人びと

すでに触れた渡辺政之輔や徳田球一のほかに、私が子どもの頃、父や叔母らの友人関係でよく耳にしたなかには次の人々がいた。加藤兵太郎一家、泉盈之進、袴田里見、田中松次郎、河田賢治、谷口善太郎、金子健太夫妻、西村祭祀、吉田資治夫妻、杉本文雄、唐沢清八、湊七良、多田留治、伊藤憲一、松本一三夫妻、勝目テル、内山弘正、田中うた、吉積清夫妻、難波英夫夫妻、大田慶太郎、阿部義美、中川為助、吉村英、寄田春夫ら諸氏が記憶に残っている。そのなかでもとくに印象深いのは、加藤兵太郎さんと西氏恒次郎氏のお二人である。

加藤さんは、名古屋市内で中日新聞を三千部も取り扱う大きな専売店をやっていた。加藤の小父さんと父の交遊は、青春時代から続くだけに親しさも格別だった。私が中学生から高校生にかけての頃のことだが、年に数回、新聞社の用事で東京へ出かけてくると、決まって父と私を一緒に呼んで、普段は口にすることもない分厚いとんかつや大きな海老フライなどを、定宿にしていた神田鎌倉橋の千代田ホテルでご馳走になったものである。また加藤家の家族の皆さんと一緒に、海水浴や信州湯田中温泉に連れて行ってもらったこともある。最近になって、孫娘にあたる長谷川香陽子さんから、その昔に名鉄支部の労働争議があったころ、支部長だった父が、閉じ込められた縁戚の家から逃げ込んだ先が加藤兵太郎さんの家だったことを、亡くなったお祖母さんから聞いたことがある、と教えられた。二人が進む道はその後になって分かれたが、深い友情と信頼で結ばれていることが子ども心にも感じられた。

西氏恒次郎氏は、年に何回か父に会いに拙宅を訪ねてこられたのだが、手土産は毎回きまって自由が丘の洋菓子屋「モンブラン」のケーキだった。その店の包み紙は画家東郷青児がデザインしたちょっと大人びた洒落た図柄で、私の住む街に漂う空気とはかけ離れた、遠い別世界のような雰囲気をまとっていた。同氏の経歴を調べたところ、「明治四十四年生まれ、海員組合刷新会ではたらき、昭和四年共産党に入党。七年横須賀海兵団に入り、戦艦榛名《はるな》で艦内細胞をつくり、軍法会議で懲役三年六か月。十二年船員となり、アメリカからコミンテルンの対日宣伝文書を日本へ運んだ。戦後、独立プロの映画上映運動につくす」とあり、意外なことに北星映画(5)の社長を一時期していたことを、はじめて知った。

戦前の共産党員の事跡を本にまとめた山岸一章は、「産労の岡部隆司」という一篇の中で、岡部隆司と西氏恒次郎との関係に触れているが、そのなかに山岸が出した問い合わせの手紙に対する西氏の返事がある。一九三〇年三月頃、不定期貨物船の水夫をしていた西氏は、シドニーで偶然、当時のオーストラリア共産党書記長と会って、豪州労働組合会議が提唱していた汎太平洋労働組合会議の呼びかけのパンフレットやリーフレットを、日本まで運んでくれと頼まれる。

「――それを持ち帰り、当時、品川・三木（現在の西品川）に三・一五で保釈出獄中の私の古くからの同志神道久三（神道寛次弁護士の弟で、四五年九月二二日横浜伊勢佐木署で赤痢のため死去）に見せて、党に届けたいので連絡してくれと頼みました。二、三日後、学生服を着、メガネをかけ、マントを羽織った学生が訪ねてきました。見ると、私が評議会本部事務局レポーターをしていたころ、時々会って知っている産労〔産業労働調査所〕の給仕だった岡部（隆司）君(6)でした。遠慮や疑いはいりません。彼にパンフやリーフレットを渡し……彼は、私の兄の家から夕やみのなかに消えてゆきました。それから三か月後、……岡部君が訪ねてきました。そして彼から、私の属している海員組合刷新会の同志で、キールン（台湾・基隆）に行くものがいたら頼んでくれと、本の包みのようなものを渡されました。宛人は当時、モスコーからキールンに帰り、本屋（国際書局）をしていた謝雪紅女史でした。その日、兄の家の二階で二人で『チラシ丼』を食べたのが、私との間の最後でした」

このキールンの本屋（国際書局）とは、台湾共産党指導部が地下活動をカモフラージュするために設けたものだった。第三章「クートヴェでの日々」に登場した謝雪紅女史は、戦後一九四七年に、蒋介石統治下の台湾で起きた民衆暴動「二・二八事件」で武装闘争を指導した後に、国民党当局の追及を逃れて中国本土へ渡り解放を迎えた。新中国では「台湾民主自治同盟」主席や政治協商会議全国委員会常務委員、全国人民代表大会代表などの要職を務めたが、後になって「台湾の高度の自治」を主張した政治思想が批判を受けて党籍を剥奪され、文化大革命最中の一九七〇年、右派分子の罪名を着せられたまま六九歳で病死している。

一九八六年、中共中央は北京八宝山革命公墓の一般幹部墓区に葬られていた謝雪紅の遺骨を高級幹部墓区に移す儀式を執り行い、同時にこの儀式で配布した「謝雪紅同志の生涯」という紹介文で「彼女の革命事業に対する貢献をたたえる」ことによって、事実上の名誉回復をおこなったが、その政治思想に対する批判は取り消されていないといわれる。

中学、高校で出会った友人たち

ともかくこんな具合で、周りはみな共産党員か支持者という人たちに囲まれて成長した私は、高校に入学するとすぐに民青（日本民主青年同盟）に入り、高校三年の卒業間近、十八歳を迎えたその日に、共産党に入党したのだった。党員になった私を待っていたのは、中国への派遣留学であった。私は、ここまで一本の真っ直ぐに敷かれた道をすべて自然に、何の迷いを感じることもなく歩んできたのであった。

その意味で、高校時代に出会った友人たちとのつきあいは、別の世界であった。その中の一人、小野民樹君とは同じ杉並区立富士見ヶ丘中学で知り合った。入学して間もない頃、共産党主催の「アカハタ祭り」会場に二人とも行っていて私が彼を見かけたらしい。翌日になって隣のクラスの小野君に「おまえ、昨日何処に行ってたんだ」と声をかけたのがそもそもの最初の出会いだった、とは同君から聞いた話で、私の記憶はいささか怪しいのだが、卒業後ともに都立西高に進学した仲で、今日まで交友は六十余年を数える。他にも名前を挙げると、七字英輔、浜田哲生、倉科彰夫、川口訓平、浜下昌宏らの諸君で、いずれも高校で初めて出会った友人である。

小野君は、早大法学部を卒業して岩波書店に入り、岩波現代文庫を創刊するなど編集者としての腕と『日本映画史』を編纂した実績を買われ、定年後に大東文化大学文学部教授になった。

七字君と浜田君は卒業した後に、高校生新書『僕らの大学拒否宣言』（三一書房　一九六七年）を著した。七字君はいくつかの雑誌の編集者を経て、演劇評論家になり、読売演劇大賞審査員も務め、舞台演劇の評論に今も健筆を振るっている。浜田君は、大宮のジョン・レノン・ミュージアム設立に参画し、イベントと出版の会社を経営している。

倉科君は、京大医学部を卒業後、出雲市の島根県立中央病院の小児外科部長として、多くの患者から慕われていたが、惜しいことに、二〇〇七年六月三〇日に下咽頭ガンで他界した。

川口君は、働きながら都立大を卒業して地方公務員になり、区立児童館で子どもたちのよき相手になった。定年後に千葉県鴨川に日曜大工で家を建て、野菜を作るなどしている。近年は大規模太陽光発電の建設反対運動や「九条の会」の活動で駆け回っている。

浜下君は、大阪外大を卒業後、東大大学院人文科学研究科美学芸術学専攻博士課程修了、神戸女学院大学文学部教授を長く務め、美学の日韓、日中韓などの国際学術交流を立ち上げるのに尽力した。

彼らひとり一人が私自身にないユニークな個性を持つ新鮮な存在であった。彼らと過ごした六〇年代前半三年間の高校生活は、何ものにも代えがたい精神的財産として、今も私の心のなかにある。

第七章　父子の別れ

1、文化大革命前夜の北京

旧租界の香り残す上海

再び小野君の書いた『60年代』に登場してもらおう。私たちが高校を卒業し、それぞれの道を歩み始めるときのことがこんなふうに描写されている。

話は一九六五年冬にさかのぼる。僕たちの仲間は七人だった。春に都立西高を卒業して、酒井誠くんは中国留学に出発、浜下昌宏くんは京都で下宿生活を始めていた。東京で予備校に通っている残りの五人も、それぞれが進路を決めなければならないギリギリの時期である。

十二月十一日、日韓条約が成立した夜、新宿東口の武蔵野館裏の、ひと一人がやっと通れるくらいの狭い階段を降りていく「まりも」とかいった喫茶店のどん詰まりの一角で、(中略) まるでヌーベルバーグの映画のように、たてつづけに煙草のけむりを吐き出しながら、七字くんは顔を紅潮させてまくし立てていた。

「僕たちはこれまで、単に仲良しグループでしかなかった。君たちには見えないのか。時代はどんどん動いているんだ。それなのに、君たちは鈍感なふりに徹して、いろいろなものから目をそらし、予備校に通って、東大にもぐりこもうとしている。ぼくはもうそんな生き方に耐えられない。そんな状況に満足しているならば、もう君たちとも顔をあわせる必然性を感じないね……」

〈中略〉

七字くんは吐き捨てるように続ける。

「倉科はノンポリだからいいさ。だけど、小野はどうなんだ。ぼくは、君とは同じ考えだと思ってきた。でも、ちがうんだよな。君はいつも傍観者だよ。周辺にいてなんにでも興味をもつけど、なにもやろうとしない。大江健三郎も、見る前に跳べって書いてるだろう。君なんか見た後で引き返しちゃうじゃないか、恐がっているならわかる、そうじゃない、単に怠惰なんだよ。浜下は学者でのんびりやっていくだろう。ぼくは、酒井がいま中国に行くのは逃避だと思うよ。しかし、酒井にしてみれば運命なんだよな。結局必然的に革命を選ばせられたんだから、あの道をいくしかないわけさ。だけど、ぼくは小野のなかに自分の切り捨てなければならない部分を見て、はがゆくてならないんだ。くたばれ、センチメンタル・ヒューマニスト」

ぼくは黙って席を立った。七字くんはとめようとしたが、舌打ちしてあきらめた。川口くんが、曖昧な表情のまま、「おれ、働きながら、都立大の二部にいこうかな」と言うと、浜田くんは「けっ、キューポラのある街かよ」と口をすぼめた。

ここで、私が上海港に着いたところへ話を戻すことにしよう。

船を降りて直ぐに連れていかれたのは、錦江飯店という当時は上海随一の格式の高いホテルであった。このホテルは広い敷地の中にいくつも建物があって、そのなかの北楼の一室をあてがわれた。毛沢東ら中央の最高幹部が上海へ来たときには、鳥が翼を広げたような独特の形をした、中楼という名の建物が専用宿舎として供されるということだった。ちょうどこのとき、何の用事であったのか、共産党常任幹部会員の袴田里見がこの中楼の大きな一フロアを占めて滞在していた。港で迎えてくれたのは共産党上海市委員会の人だったのだろうが、その人に案内されて訪ねたことを憶えている。が、何を話したのかは忘れてしまった。

この錦江飯店のある一帯は上海市内の旧フランス租界に属しており、少し歩くと東京の銀座中央通りにあたる淮海路という目抜き通りがあり、洒落た商店が軒を連ねるなかに、焼きたてのフランスパンやジャーマンブレッド、コロッケなどを売っている店があって、買い食いしたりもした。上海の旧租界地区、なかでも旧フランス租界は、どこもお洒落で西洋的なスマートさを具えており、さすがはかつて東洋一といわれた国際的な大都会の残り香を漂わせていた。

上海で数日を過ごした後、いよいよ北京へ向けて出立することになった。上海駅から夜行寝台特急に乗って北京までほぼ一昼夜の行程である。夜八時に上海駅を出発した列車は、途中、蘇州、無錫、南京などに停まりながら北上するのだが、この時代に長江にはまだ鉄道橋が架かっておらず、南京の手前で列車をまるごと艀《はしけ》に乗せて長江を渡り、岸に上がると再びレールにつなぐといった一連の作業が必要だった。夜中か明け方近く、レールにつながれるときのガチャンガチャンという腹にこたえる音の響きを、寝台に身を横たえて夢うつつで聞いていたことが思い起こされる。

学校の裏は「人民公社」

北京駅に着いたのは翌日の夜八時頃だった。留学先の語学学校である北京語言学院(1)から職員が迎えに来てくれていて、私たち四人は乗用車二台に分乗して学校へ向かった。因みにそのときに乗った乗用車は上海牌(マーク)で一般幹部用。しばらくたってから局長・庁長クラス以上の高級幹部用にはジルという名前のソ連製、さらにその上には大臣クラス以上が乗る紅旗牌乗用車と、序列が決められていることを知った。

さて、北京駅を出発した私たちの車は、すぐに東京では見たこともないようなだだっ広い通りへ出ると、西へ向かって一直線に走った。これが長安街だった。前日まで過ごした上海は夜八時頃でもまだ商店街の灯りがともり人通りも多かったが、長安街の両側は灯りもなく真っ暗で、人影はまったく見られず、その落差の大きいことにまず驚ろかされた。学校に着くまでの小一時間というもの、信号に引っかかることもなく、というより信号そのものがほとんどないせいか、ノンストップで走った。北京に着いた第一印象は、田舎に来た、であった。上海の印象が強かっただけに余計そう思えたのであろう。

その当時、北京市内の主な城門はすべてまだ残っていて、市内から私の入学する学校へ行くために潜らねばならない城門が、その一つの西直門であった。城外に暮らす北京市民は市内へ、つまり城壁で囲まれた市中心部へ行くことを「進城」という。北京など城壁都市特有のもので、上海では使われない言葉だ。市の西北にあたる西直門を通り抜けると、あたりには一面の畑が広がり、そのなかに中央民族学院や農業科学院など幾つかの建物が点在していた。まだ人民公社の時代で、私の学校の付近一帯は四季青人民公社と云った。

酒井くん十九歳の写真がある。当時の中国にしては、褪色もせずに、澄んだ北京の空気が感じられるカラー写真である。詰め襟紺色の人民服で、屈託無く笑う。丸顔童顔にして、寒い季節らしく綿入れでころころしている。背景は広場で、建物は彼の在学していた北京語言学院という。

掲示板に貼られた批判論文

学校附設の寄宿舎へ入寮してしばらく経った頃だった。校門の近くの大きな掲示板を見ると、新聞が何枚も張り出されていて、特大の活字が踊っていた。作者は姚文元、「新編歴史劇『海瑞罷官《かいずいひかん》』を評す」という長い論文だった。(2) あらためて調べてみて、一一月二九日付の「北京日報」、翌三〇日付の「人民日報」と続けざまに掲載されていたことが分かった。私が目にしたのはその何れかであったのであろう。この批判論文は、毛沢東の妻である江青が上海で秘密グループを組織して陣頭指揮に当たり、当時の中共上海市党委員会候補書記兼宣伝部長の張春橋の画策のもとに、その部下の姚文元が執筆したもので、脱稿するまでの八か月間に九度にわたって書き直され、毛沢東自らが三度も目を通した上で、一一月一〇日付の上海の日刊紙「文匯報《ぶんわいほう》」に掲載された。論文で批判された対象者は表面的には歴史劇『海瑞罷官』の著者である北京市副市長で歴史学者の呉晗であったが、隠れた矛先は真っ直ぐに中共北京市党委員会書記の彭真、さらには劉少奇、鄧小平を指していた。この文化領域での動きと並行して、軍事領域では人民解放軍総参謀長の羅瑞卿に対する「党・軍の実権簒奪を画策」したとの批判が、毛沢東の承諾と支持を得て、年末から年明けにかけて繰り広げられようとしていた。この時、毛沢東は、文化と軍事の両面から、自らの手で文化大革命の序幕を開いたのである。だが、中国に着いたばかりで、中国語も分からぬ私にはそのような背景など分かるはずもなく、たんなる新聞記事として眺めていただけだった。

入学早々の緊張した生活が一か月も過ぎた頃、正月を挟んだ冬休みに、大学がアレンジする地方旅行の計画が発表になった。洛陽、西安など隋唐時代の古都のほかに、中国革命の聖地である延安まで足を伸ばすというスケジュールを聞いて、私は胸を躍らせていた。アメリカのジャーナリスト、エドガー・スノーが『中国の赤い星』で生き生きと描いた、毛沢東や朱徳ら中国革命の指導者の姿は、私には仰ぎ見るようなはるかに遠い存在であった。だが今や、彼らがそこで生活し、闘った革命根拠地の延安に行けるのだ。ワクワクするような興奮を覚えたことだった。この延安行きから帰って、小野君に手紙を出していたことが、『60年代』に書かれている。

一九六六年の一月から二月にかけて、酒井くんは二週間の短い冬休みに、鄭州、洛陽、西安をまわった。なかでは西安が印象深かったようで、大雁塔に感心し、遣唐使や空海など日本との交流の痕跡に心をうばわれている。しかし、革命見習青年酒井くんの感激したのは、なにはなくともやはり延安である。西安から鉄道でしばらく行った終点銅川で降り、さらにバスで黄陵に行き一泊、早朝に発ってバスで八時間の行程であった。黄土の細かい土埃で全身真っ白になって、たどりついた革命の聖地、酒井くんは途中の景色は黄色い土の山が重なっていたとしか思い出さない。しかし、抗日戦争当時は延安に行くのはほんとうに楽ではなかっただろうと実感できたそうだ。

酒井くんは、毛沢東や劉少奇が寝起きした穴居住宅や毛沢東が「文芸講話」をおこなった小講堂を見学した。そして、一九四六年八月にアメリカ人女流ジャーナリスト、アンナ・ルイズ・ストロングのインタビューに答えて、「アメリカ帝国主義はハリコの虎である」と有名な発言をしたとき、毛沢東が腰掛けていた小さな石の椅子に、困難な中国革命の過ぎ来し行く末に思いをはせた。しかし、この時期は、新中国最大の激動が迫っていた。

ほどなく年が明けて一九六六年になった。そのすぐ先に人生の分かれ道が待ちかまえていようとは、神ならぬ身の私には、知る由もないことであった。

2、青年大交流めぐり分裂

迫る「人生最大の転機」

北京に着いて四か月余りが経ち、ようやく学校生活にも慣れた一九六六年三月二二日、書記長宮本顕治を団長とする日本共産党代表団が、北朝鮮労働党との会談を終えて北京入りした。二六日には、中共中央が主催する盛大な歓迎集会が北京工人体育館で開かれ、日本共産党から派遣された私たちも参加した。集会には周恩来、朱徳、彭真、廖承志ら錚々たる顔ぶれが居並び、一万五千人が収容できる会場は立錐の余地もなかった。政治局員の彭真が中共中央を代表して両党の団結を強調する歓迎演説をおこなった。

ところが、そのような表面の動きの陰で、ベトナム支援の国際共同行動にソ連を含めるかどうかをめぐって、両党の意見は一致できなかった。二七日にかけて北京で劉少奇、周恩来ら中国共産党代表団と会談の結果、双方の妥協で合意した共同コミュニケ草案は、上海で日共代表団と会談した毛沢東が首を縦に振らなかった。三月二八、二九両日、日本共産党代表団と毛沢東は上海で会談したが、両者は決裂し、両党共同コミュニケの発表が中止になる。毛沢東は、「修正主義を批判するなら、名指しでソ連修正主義と書くべきだ」「それがないコミュニケは妥協的だ。北京の連中は軟弱で無力だ」と指摘したといわれる。ここにおいて国際路線と革命路線の問題で、日中両党間に生じた深刻かつ重大な対立が表面化することになった。以後、日本共産党は、中国の文化大革命批判、教条主義批判＝自主独立強調の党内工作を強力に推進し、両党対立の影響は大衆運動の分野に広く及んでいくことになる。(3)

四月に入ると、中華全国青年連合会から日本の各青年団体や文化団体宛てに、前年の第一回に引き続く第二回「日中青年友好大交流」への招待状が一斉に送られてきた。(4) この招待状は同時に、北京大学をはじめ各大学に在籍する日本人留学生が党派の別なく集う「北京日本人留学生会」にも届いた。当時、私はこの留学生会の書記長として会をまとめる立場にあった。

八月の終わり頃だったか、早稲田大学法学部に入学したばかりの小野民樹君からは、青年大交流に参加する団員登録を終えて、旅券獲得を要求するため、外務省廊下への座り込みをやっている、などと威勢の良い手紙が届いた。北京へ来たらどこを案内しようか、などとしばし思いを巡らせたものである。『60年代』に書かれた小野君の文章は、当時のことを生々しく記録していて、薄れかけた記憶を呼び覚ましてくれた。

ぼくは、この闘争のヤマ場をこえてから入学したので、面白いことはなにも経験しなかった。そうこうしていると、八月に入って直ぐ、十月一日の国慶節に、中国に行かないかと母親の知り合いの日中友好協会の人から打診された。「第二回日中青年大交流」という数百人の大規模な訪中計画であった。

八月十八日未明、北京天安門広場が百万の紅衛兵で埋め尽くされた。若者たちが真っ赤なビニール表紙の『毛主席語録』を手に手に振りかざし、熱狂的に毛沢東に忠誠を誓った。数日後、北京中心部の王府井に紅衛兵が繰り出して、北京ダックの老舗の看板などをぶっこわした、というニュースがはいってきた。中国ではなにかとてつもないことが起こりつつある。これは見てみたいと思って、青年大交流に参加することにした。

〈中略〉

酒井くんは、九月六日付で、ぼくに手紙をよこした。

「突然訪中のことを聞いて、おどろいたし、うれしかった。いろいろいわれている今年の大交流だが、来てみることだ。今、文化大革命は一般大衆の間に、どんどん深く進行している。ぜひ自分の目で見て欲しい。北京はもうすっかり秋です。残暑などという言葉はここにはないようです。日本よりも寒さのくるのが早いし、一日の温度差も日本より大きいようだ。服装もその点に気をつけた方がよい。ぼくは大体北京大学に行くことになるだろうが、まだはっきりしていない。……必要なものはとくにないが、梅干しをポリエチレン製のタップなんとかいう密閉のできるいれものに入れて持ってきて欲しい。それからマルクス・レーニン主義の立場から書かれた世界史の研究書と、ジョン・リードの『世界をゆるがせた十日間』を持ってきて欲しい」

当時、中国では化学工業製品が少なく、みやげにはビニール袋なんかが喜ばれる時代だった。

酒井くんにも人生最大の転機が迫っていたが、とくにそれを自覚しているようにはまだみえない。

党代表の妨害工作に反抗

この前後、中国国内では、前述の姚文元論文をきっかけに始まった文化大革命が、八月五日に光明日報紙上で発表された毛沢東の『司令部を砲撃せよ—私の大字報』を境にして、爆発的に燃え広がっていくことになる。(5)党内のブルジョア実権派、すなわち序列第二位の党副主席劉少奇と党総書記鄧小平にその矛先を向け、深刻な党内闘争を公然化させて、紅衛兵を動員しての社会的混乱状態に陥ろうとしていた。

一方、前述の第二回「日中青年大交流」への参加について、日本共産党中国駐在代表である砂間一良から、北京留学生細胞に対して、大衆団体である日本人留学生会が参加しないように働きかけろという執拗な「指導」がはじまった。留学生細胞指導部がこのあからさまな横やりに抵抗し、その指導にしたがうことを拒否すると、双方の対立は一気に先鋭化していった。

六月下旬、民青同盟中央は不参加を表明した。これに対し、留学生細胞は一部の反対を除き圧倒的多数で、妨害を撥ねのけ断固として参加する方針を決定した。北京日本人留学生会もまた会員の圧倒的多数をもって参加を決議し、招請団体である中華全国青年連合会にその旨を回答した。

ここに至って、留学生細胞と、砂間一良党代表と「赤旗」北京駐在記者高野某、後にその後任として派遣された紺野某らとの間には、決定的な対立が生まれた。私は考えこまざるを得なかった、なぜ自分もその一員である党が、党派の別なく集まっている留学生会という大衆団体に対して、青年大交流への参加を妨害する立場に私を立たせようとするのか。いくら考えようと、そんな理不尽な方針に納得できず、首を縦に振ることはできなかった。この一点に於いて、党代表の指示に従うことはどうしてもできないと、決裂する覚悟を決めたのであった。それはまた、そのまま父との決別でもあった。

父に宛てた決別の手紙

十数年ほど前に社会学研究者の福岡愛子氏から取材を受けて、この時期のことについて話したことがある。数年後に同氏の著書が出版された。そのなかに、当時のことが要領よくまとめられているので引用する。

「日本を離れるにあたっての私の認識は、国際共産主義運動という枠の中で社会主義国へ行くのだというものだった。だから文革が始まりだしたころは、紅衛兵の出現や中国の内政との関連には関心がなかったというのが正直なところである。スターリン批判も中ソ論争も理論問題として知ってはいたが、それらについて深く考えるようになったのは、北京で受けた日中共産党決裂の影響のためだった。党から一方的に青年大交流への参加を禁じられ、指令された通りにやるべきかどうかを突きつけられて、修正主義について考えざるを得なかった。

日・中両共産党はベトナム支援の統一戦線をめぐってソ連を排除するか否かで対立したのだと言われていたが、なぜそのような違いが生じたのか、そもそもソ連とは何なのか――疑問は次々と湧いてきた。中ソ対立は誰の目にも明らかだったが、それについてはフルシチョフの経済路線批判など九篇の評論を集めた「九評」と呼ばれる資料が既に中国で出版されていた。私はそれらを真剣に読み、マルクス・エンゲルス・レーニンの古典にまで遡って原典研究に専念して、世界の共産党史には常に日和見主義や解党主義との闘いがあったことを再認識した。他の学生たちとの勉強会もやったが、そこに参加するにも個人的な読書と探究心が必要であり、それが基本だった。

中国では、スターリン批判はフルシチョフが自分の変節をごまかすためにやったものだとされていた。ソ連修正主義批判を経験した後では、正しい路線かどうかという問題意識が先に立ち、そのような修正主義が中国自身にもあったのか、と納得できた。中国内部の政治運動については知らなかったが、フルシチョフのように変色させないためだ、大手術をやったのだ、という文革の論法には説得力があった。それと同時に、今まで信じて疑わなかった日本共産党の「六一年綱領」（日本共産党第八回党大会での決定）への問題意識が生れ、日共そのものが修正主義になったのではないか、という疑いにつながった。

夏から秋にかけて、私はレーニンの著作「国家と革命」「何をなすべきか」「カウツキー批判」、中国共産党が発表した国際共産主義運動に関するソ連修正主義批判論文、いわゆる九評、毛沢東選集の諸論文などを必死になって読み込んでいった。事態が何故ここまでに至ったのか、その理論的根拠を自分なりに整理するためには、どうしてもせずにはいられなかったし、また避けて通れない作業でもあった。

父からは頻繁に手紙が届いた。中国の文革は間違っている、「左翼小児病」だということを説き、私の考えていることは正しくない、まだ若くて考えが深くないのだということを伝える内容だった。今ふり返っても、日本共産党の見解そのままではなく、親としての懸命の説得だったと思う。父との間で何度も手紙が往復し、双方の意見を開陳しお互いに説得を試みたが、父子の溝は深まるばかりで埋めようがなかった。秋も深まりかけた頃には遂に、私の方から、親子の縁を切る、と書いた手紙を父宛に出したのだった。[6]

一九六六年一〇月二四日に投函した、その手紙が手元にある。住所は北京大学二六斎（二六号館の意味）となっている。

「今、僕はお父さん、お母さんに非常に厳粛な気持ちでこの手紙を書いています。それは、今日どうしても僕の決意をつげなければならないからです」という書き出しで始まる手紙は、四〇〇字詰め原稿用紙で三十五枚ほどになる長いもので、最後通牒のような内容を、生硬な文章で綴っている。読み返すと、私なりの理由はあったにせよ、若かったというだけでは気持ちの整理がつかない、苦い思いがこみあげてきて、書かれた文字を目で追うのが辛かった。

問答無用の除名通告

一九六六年一〇月二日付の共産党機関紙「赤旗」の一面、その左肩には中華人民共和国建国十七周年を祝賀するメッセージ、右肩には党中央委員会名による、北京留学生細胞の指導部メンバー四名の除名決定通告が掲載された。その一人が十九歳の私だった。

一〇月上旬のある日、日本共産党中央委員会中国駐在代表砂間一良名の一〇月四日付「除名通告書」が送られてきた。宛先は北京大学留学生寮二六楼、差出人を北京二四七一信箱　砂間一良とした書状は今も手元に残っている。私は七月はじめ頃、留学志望先を北京大学政治経済学部として学校へ提出しており、七月下旬には北京大学留学生寮に引っ越したのだった。だが、八月に入ると地方から大量の紅衛兵が上京し、文化大革命の運動が激しくなる一方となり、ついに中国政府は九

聴濤学、伊佐雅正、深海督弘、酒井誠ら四名の反党破壊活動にたいする除名処分についての発表

一九六六年十月二日

日本共産党中央委員会書記局

聴濤学、伊佐雅正、深海督弘、酒井誠ら四名についての除名決定

一九六六年十月二日　日本共産党中央委員会

1966年10月2日『赤旗』第一面に掲載された日共中央委員会の除名処分決定。

月からの大学授業を停止すると発表した。私は、一ヶ月あまり北京大学の学生食堂と自分の寮の間を往復しただけで、このときにはすでに母校の北京語言学院へ戻っていたので、この封書は北京大学から回送されてきたというわけであった。

毎日新聞の報道

毎日新聞一九六六（昭和四一）年一一月五日夕刊第二社会面に、「北京で暴力沙汰、紅衛兵運動、日本の留学生分裂、日共支持派つぎつぎ帰国」という見出しをつけた記事が載った、書きぶりは共産党寄りの感がしないでもないが、当時の状況の一端がうかがえる。

「北京に留学中の日本共産党員学生の間で、中共支持派が代々木（党本部）に「反旗」をひるがえし、自主独立路線を守る留学生仲間に暴力を加える事件が続発、身辺に危険を感じた党員留学生六人が三日夜、香港経由で羽田に引き揚げてきた。さらに五日には第二陣が帰国する予定という。

日共党本部と最近の帰国者の話を総合すると、北京に留学中の日共党員学生の間で分裂が表面化したのは、紅衛兵運動が広がった八月末ごろからで、九月十九日に「分派集会」が開かれた。このため「赤旗」の紺野純一特派員（三七）が規律違反として注意すると、聴濤学君ら留学生四人は、宿舎の北京飯店に押しかけ「修正主義者はだまれ」とののしってなぐり、一週間程度のけがをさせ、とめようとした同席の高野好久同特派員（その後帰国）にも六階のビルから突き落とすぞ、とおどした。

また十月三日、北京の人民大会堂で陳毅副総理、郭沫若氏、黒田寿男訪中団長らが出席して日中友好協会（注・中日友好協会の間違い）主催の同協会創立三周年記念パーティーが開かれたとき、中共支持派の党員留学生四人が帰りのバスの中で留学生八人に「お前らは中国に反対しているくせに、なぜ今日の会に出た」

と難くせをつけ、つぎつぎにスクラムの中に入れ、乱暴したという。

〈中略〉

北京には、日共中央委員会の代表として、現在砂間一良幹部会員候補が駐在しているが、中共支持派の留学生は解放軍兵士に護衛されている砂間氏の自宅に「さっさと帰れ」といった壁新聞を投げ込むなど紅衛兵ばりのハッスルぶり。党本部もみかねて、すでに留学生十五人（うち女性四人）を重大規律違反として処分している。

これに対し、最近、中国を訪問、除名者グループにも会って帰国した日中友好協会（反日共系）の某役員は『事件の取上げ方が大げさだ。除名者グループは生一本な連中が多く、日中友好青年交流を日共が妨害したのがきっかけで批判勢力となったようだ』といっている。

治安当局の話によると、中国に留学中の日共党員は約六十人。北京の体育学院、語言学院、北京大学などに籍を置き、日共党幹部の子弟が多い。一連の事件でも加害者側では聴濤学君（二二）＝故・聴濤克巳中央委員の長男＝被害者側には田代鉄世さん（田代文久中央委員の娘）など党内のエリートコースを歩む「二世」の顔ぶれがかなり出ている」

この記事のなかに「赤旗」特派員紺野某が借りていた北京飯店の一室に留学生四人が押しかけたとあるが、その中の一人が私だった。その日、北京飯店の西端にあった西館（旧館、現在はその西側に貴賓楼飯店というホテルが造られて旧館と一体化してしまったが、当時はまだ東館もなく、北京飯店は現在の中館と西館だけのこぢんまりとしたホテルだった）でエレベーターが降りてくるのを待っていたとき、ドアが開いて中から人が出てきた。それが前進座座長の河原崎長十郎さん夫妻だった。挨拶を交わしたときに、幸田露伴の「五重の塔」公演で北京に来た、と聞いたように思う。歌舞伎役者長十郎さんの大きな堂々とした姿を今でも鮮明に覚えている。その長十郎さんも、しばらくして前進座から反党分子として逐《お》われることになった。

3、文化大革命下の日々

「除名されてよかった」

『60年代』に登場する友人たちの感想はこうだ。

浜下くんは書いている。

「酒井くんのこと、ちょうど『赤旗』をみていて知りました。事件に関するパンフレットは、ぼくのところにもきました。返事を書こうと思いながら、彼の様子を想像したりしています。相手が中国にいると思うと、こっちも、知らず気が大きくなるようです。毛沢東はえらいなあと同時にしんどいなというのが実感です。文化大革命のこと余り勉強していないから、何も言えませんが、紅衛兵なんかより、毛沢東のことを考えてしまいます。古い『世界』を見ていたら、毛沢東とモンゴメリー将軍との会見が載っていて、毛沢東が、私はもう神の国にいくのだとか、マルクスに会って聞いてみたいことがあるとか、私の後継者は劉少奇でその後はその時になってみんなが決めるだろうとか言っているのを読んで、感無量になりました」

七字くんは辛辣だ。

「ぼくは、最近日共中央から除名を宣告された、北京留学中のある友人の像を思い浮かべる。高校時代、学内新聞に教師も人間だからという記事を書いて無気力な教師を徹底的に揶揄した彼が、いま見つめている現実は、決してぼくらの現実ではない。彼はぼくらとは無関係に遠い距離のまるい軌道の上を走っているにすぎない。政治の泥沼でもがきながら『革命』の信仰に対して純粋であろうとする彼の内面の声が、ぼくには聞こえるような気がするからなお、彼のいま演じている道化が痛ましく思えるのだ」（七字英輔・浜田哲生・高橋孝雄共著『ぼくらの大学拒否宣言』三一書房「高校生新書」）

理屈はいろいろでも、除名されたのは、酒井くんにとってよかったというのが、友人たちの共通の意見だった。

当時、北京にはかなりの人数の党員が住んでいた。戦前から中国に居た人たちが様々な経過を辿って北京に移り住み、国営放送局や出版社、大学などで外国人専門家として仕事に就いていた。その人たちの子弟も高校生や大学生となっており、又、いろいろなルートで六〇年代に日本から中国へ渡った留学生の一団が幾つかの大学に分かれで学んでいた。前に述べた日中両党間の不和・対立を契機として、これらの人々が二派に分かれていったが、そのうちの日共中央に従う人々は、一九六六年中にほぼすべて帰国した。

日中両党間の取決めで留学した私の滞在資格は、日本共産党中央の帰国指示を拒否したことで、宙に浮く形になったが、中国側のはからいで、引き続きそのまま残ってもよいことになった。日本を出る時に与えられた「任務」から解放されて、私は北京大学でマルクス主義政治経済学を勉強することを要望し、受け入れられた。

学校の文化大革命に参加

私は再び北京語言学院に戻っていたが、北京大学は九月になっても授業が再開せず、北京語言学院では留学生のみを対象に週二回程度、解放軍高等軍事学院の教員二人が講師として派遣されてきて、毛沢東思想の学習を指導した。一九二一年創立以来の中国共産党の歴史と経験に関する講義だった。国際共産主義運動の路線問題については、考えを同じくする仲間と学習・研究を続けていたが、年が明けると、希望すれば外国人留学生も文化大革命に参加してよいとのニュースが伝わってきた。これは、スペイン人の留学生が直接国務院に直訴状を書いて、参加を要求したことに応えたものだったと聞いた。

私は早速、学内の革命派といわれる紅衛兵組織の「紅旗兵団」に参加を申し込み、その中の末端組織の一つに加入した。この頃には紅衛兵組織は何処でも二派に分かれて、「革命派」か、「保皇派」かと、お互いに攻撃し合っていたが、私が所属することになった「井崗山戦闘隊」は平均年齢が高く、比較的穏やかな穏健グループだった。というのも、紅衛兵の末端組織である戦闘隊は、その成り立ちが各クラスを基にしており、「井崗山戦闘隊」の学生たちは、既に大学で専門課目を修め、第三世界諸国へ専門家として派遣されるための準備として英語や仏語を学んでいるクラスだった。だから私とは一〇歳近く年齢が離れていて、分別もあり、既に結婚して子どものいる人も多く、私は彼らの弟のような存在であった。

彼らが書く大字報（壁新聞）の文章は中国語のレベルが高く、語学の勉強に役だったことは思いがけない副産物だった。これとは別に、学内には高校を卒業して入学しフランスなど海外へ留学生として派遣されるために語学を学んでいる学生たちのクラスもあり、その中のひとつが「雄鷹戦闘隊」を組織していた。私とほぼ同年齢であり、また「井崗山戦闘隊」と多くの問題で見方や考え方が近かったから、この人たちともよく行動を共にした。直ぐ近くの人民大学や北京大学、清華大学など北京市内のあちこちの大学を自転車でハシゴして壁新聞を見て回ったり、それぞれのグループに帰って、学内の焦点になっている問題を討議したり、それを大字報に書いたりして明け暮れる日々がつづいた。

そうした中で、一つの「国際事件」が起きた。前年の一九六五年九月三〇日にインドネシアでスカルノ体制の与党である共産党に対し、同国軍部による大虐殺事件が起きた。(7) 当時、インドネシアは中国と良好な関係で、同国内の共産党は強大な勢力を誇っており、アジアでは模範的な存在だった。中国へ大量の留学生が送られてきていたが、その中には軍部から送られた右派学生もいて、左右両派が混在していた。その中の一人の右派留学生が、ある日、所持金を盗まれたと騒ぎ出したのである。ところが調べてみると、入国する際に税関に申告された金額とかけ離れており、盗難事件を故意に捏造したものだと云うことになったのだ。そこで、インドネシアの左派留学生を支援して各国の留学生が結集し、糾弾大会を北京師範大学で開き、大いに気勢を上げたのだった。ほかにも、南北ベトナム、ラオス、カンボジア、ビルマ、アルジェリア、タイ、ネパールなどの留学生たちと仲良く付き合った。北朝鮮からも多くの留学生が来ていたが、彼らは自分たちだけで一塊となっていて、他の留学生たちと積極的に付き合うようなことはしなかった。

そのなかでもラオスから留学した三人の留学生とは寄宿舎の部屋が同じフロアだったのでよく行き来した。三人のなかの一人は一九六三年に右派に暗殺されたラオス連合政府の外相キニムの息子で、他の二人はその友人のようであり、見方によっては従者かボディーガードのようでもあって、いつもその側を離れなかった。ジュネーブ協定に基づいた当時のラオスの政治情勢は、連合政府内に左派、中立派、右派が鼎立する複雑な状況を呈していた。中立派の領袖である故キニム外相は左派のラオス愛国戦線と関係が緊密だったから、中国共産党は対外連絡部を窓口にして、その遺児を留学させ実質的に保護していたのであろう。つい最近、その彼がラオス政府で要職に就いているらしいと、風の便りに聞いた。

日共造反派となってからは、中国共産党対外連絡部が私たちの担当となっていた。生活費と学費は受入国としての中国が負担し、それまでは一カ月百元が支給されていた。高卒見習いの給与が十七元、教師の給与が三十元だった当時の中国では、毎月使いきれないほどの高額だった。文革中も食堂だけは機能しており留学生食堂で食べていたので食費は高くついたが、紅衛兵運動への参加を認められてからは中国人の学生食堂で一緒に食べるようになったため、月十五元程度で生活できた。そこで最初は五十元、その後さらに二十五元に減額してもらい、残りは返上したが、それで十分だった。

ビートルズを知らない「紅衛兵」

こうしてまたたくうちに一九六七年が過ぎ去ろうとしていた。文化大革命が収束すれば再び北京大学へ戻って学業を続けられると期待していたが、秋が終わる頃までには大学の再開はおぼつかないことがはっきりし、日本への帰国を真剣に検討することになったのであった。まず、日本での落ち着き先を探さねばならないし、生活の手立ても考えなくてはならない。行動を共にしていた同志達と相談を繰り返し、一つひとつ足もとを固めていく作業が始まった。

笑い話のようだが、中国から何を持ち帰るかということも当時は問題であった。布団や鍋釜のことまで考えたものである。何しろ日本での実生活の経験がない書生のことである。足が地に着いていないとしか言いようがなかった。最近になって、当時のことを記したメモ帳が出てきたが、読み返してみると噴飯物であった。日本の現実といかに遊離していたか、私の頭の中では、日本は白色テロルのさなかにある、というような浮世離れした感覚で、まさに「ビートルズを知らない紅衛兵」だった。(8)翌年の四月、日本に帰国した私があっけにとられたのは、街を歩く若者たちの長髪姿であった。

4、私の帰国

口喧嘩が今生の別れに

一九六八年三月三一日、私は中国船籍の貨物船「団結号」で天津港を発ち、帰国の途についた。手元の旧い旅券には、横浜港での入国が四月六日、とスタンプされている。途中どこかの港に立ち寄ったものか、天津から横浜まで六日間も要するはずはないと思うのだが、そのあたりの記憶はすっぽりと抜け落ちている。

中国には二年半ほど滞在したことになる。すべてがドラマチックであった。私を取り巻く外部世界、中国では文化大革命が燃えさかり、私自身も一時はその中へ身を置いた。党と決別し、父親とも縁を切ることになった究極の原因は、中国すなわち毛沢東思想と中国共産党に対する態度であった。その意味で私は紛れもない中国派だった。

帰国した私は、中国派党員の拠点となった日本共産党（左派）の一員となり、神保町にあった中国書籍専門店「大安」に入社。その一年後の六九年夏には、中国物産センター「紅矢」の設立に参加し、日中国交回復運動の宣伝隊を任じて、都内や近県を中心に中国物産・写真展を開くために駆けずり回っていた。

すでに杉並区高井戸から、千葉県我孫子市に転居していた父の家を訪ねたのは、帰国した年

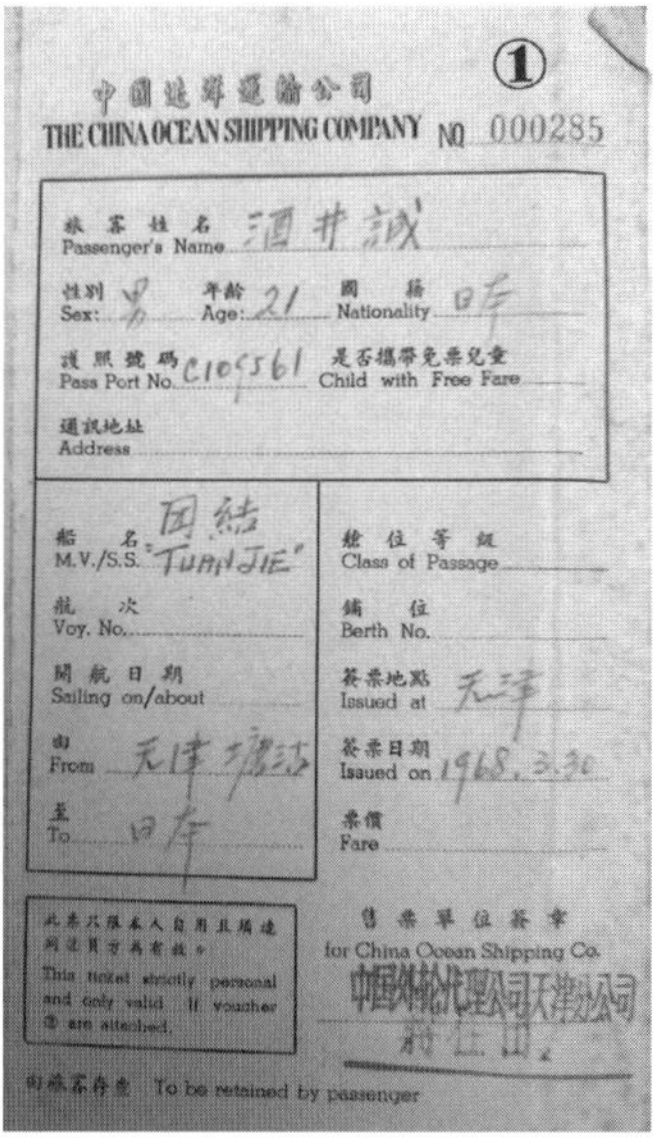
①
THE CHINA OCEAN SHIPPING COMPANY No 000285
旅客姓名 Passenger's Name 酒井誠
性別 Sex: 男 年齢 Age: 21 国籍 Nationality 日本
護照號碼 Pass Port No. C105561 是否攜帶免票兒童 Child with Free Fare
通訊地址 Address
船名 M.V./S.S. 団結 "TUANJIE" 艙位等級 Class of Passage
航次 Voy. No. 鋪位 Berth No.
開航日期 Sailing on/about 簽票地點 Issued at 天津
由 From 天津塘沽 簽票日期 Issued on 1968.3.30
至 To 日本 票價 Fare
This ticket strictly personal and only valid if voucher ③ are attached.
售票單位簽章 for China Ocean Shipping Co.
To be retained by passenger

1968年3月31日、私（誠）は天津港を「団結号」で発ち帰国した。

の夏頃だったように思う。初めて降りた常磐線我孫子駅を出て、地図が示す道を十数分も歩いただろうか、なだらかな坂を下ると、同じような建て売り住宅が建ち並ぶ一角にたどりついた。その辺りはもともと沼地だった一帯を造成して宅地にしたらしかった。待ち構えていた母に案内されて六畳ほどの茶の間に入り座ろうとしたとき、父が別の部屋から出てくるのを目にしたように思う。だがいくら記憶を辿っても、その後の細かなことがさっぱり思い出せない。顔を合わせるなり売り言葉に買い言葉の喧嘩となり、それが父との今生の別れとなってしまったことは確かなのだが、さて一体それがどんなやり取りだったのか、お互いに何を言い合ったのか、まるで記憶喪失にでもなったかのように思い出せないのである。父との永別となった重要な一幕が記憶からすっぽり抜け落ちているのは何とも奇妙なこととしか言いようがない。帰り道に通りかかった川魚の佃煮を売っていた店のことだけは、何故かはっきりと覚えているのだが……。

行く前には母に電話をして知らせてあったから、父もそれなりの心構えはしていたことだろう。私の方はといえば、おそらく肩に相当な力が入っていたことだろうと思う。それというのも、文化大革命真っ只中の中国から帰ってきたばかりで、日共宮本修正主義一派と対決する興奮と高揚感で、そのときの私の頭の中はいっぱいだったはずだからである。私の目的は、北京から書き送った決別状を直接目の前で再確認することで、親子の関係に後戻りのできない区切りをつけ、それを証として、仲間に対しても自分に対しても、堂々と胸を張って活動に邁進できると考えていたに違いない。はなから父の話を聞くことなど問題外であったのだ。

父の面前で親子の縁を切って、すっきりしたと思っていた私は、目の前の活動にのめり込んでいった。一九七二年四月から、私は日共系と袂を分かった日中友好協会（正統）東京都本部の事務局長になった。その後、一九九〇年に日中友好協会全国本部事務局長（現在の公益社団法人日中友好協会）、次いで同常務理事になり二〇〇五年に退職するまで、神田錦町にある協会のビルに三十三年間通い、日中両国間の民間友好交流活動に没頭した。

日中友好協会の専従に

高校卒業後三十八年目の二〇〇二年秋深い頃、京大医学部を出て島根県立中央病院の小児外科部長をしていた倉科彰夫君のいる出雲に、都合がつかず来られなかった川口くんを除く六人が集まった。『60年代』にそのときのことが以下のように書かれている。

しかし、酒井だって、いろいろあったんだろう、毛沢東に貸しがあるはずじゃないのか」七字くんはくいさがる。

酒井くんは日中友好協会の事務局長として、革命中国の崩壊と直面した。日中友好協会は一九五〇年十月一日に創立された。日本軍国主義の侵略は中国国民に多大な不幸を負わせた。しかし中華人民共和国の成立により、両国の関係が一新される転機が訪れたため、「日本国民の誤った中国観を深く反省し、是正に努力し」文化の交流、貿易の促進などを通じて、世界平和に貢献する目的をもった団体であった。共産党から自由党、財界人、豊島与志雄らあまり政治にかかわらなかった作家など創立役員の顔ぶれはかなり幅が広い。国交がなかった時代には、単なる友好団体を超えて両国間の重要なパイプであった。

しかし、その後の内外情勢の動きとともに、激しく左右にゆれた。日本共産党を追い出し、名称を「日中友好協会〈正統〉」とし、文革支持を明確にした六〇年代後半から、旧共産党系と社会党左派との対立が激化した。中国側はこれを憂慮し、周恩来らが諭したようだが、対立の種を播いたのは自分たちなのだし、日本の左翼はたいてい部外者から見て違いが理解できない些細なことで対立し、いがみあうのである。酒井くんはそんなところへ、両派の統一のために送り込まれたのであろう……。
酒井くんは、現在日中友好協会の事務局長である。彼の考えとしては、協会の初心に還って幅広い人々の結集する大衆団体に組織し直すということだったにちがいない。（中略）しかし、酒井くんは革命家の一人息子、成績優秀、品行方正で日本共産党の約束されたエリートの卵だったのだから、若い過ちの路線から自力で回復するのに、三十年かかってしまったのだ。

外から見ればそういう風に見えたのだろうな。確かにそれはそうではあったのだが……。六〇年代末の協会内部のゴタゴタの対立をほぐし、いがみ合いを解くのにはけっこう時間がかかった。私は一九九〇年までは東京都の組織を担当していただけだから、全国的な中央での対立とは若干距離があったが、それでも最初の頃は対立した相手と一緒に、協会の畳敷きの会議室のような部屋に雑魚寝して、夜を徹して話し合ったものだった。だが、協会内のゴタゴタはこのときだけでは終わらず、形を変え役者が入れ替わって九〇年代初頭まで続いた。無駄なエネルギーの消耗だったと思う。それがようやくひと段落して会長に迎えたのが、東京芸大学長を務めていた日本画家の平山郁夫さんだった。私は事務局長としてこの平山会長とコンビを組むことになったのである。

日中友好協会の会長が宇都宮徳馬から、一九九二年に平山郁夫に変わった。このころから会員の世代交代もあり、政治色が薄くなっていった。酒井くんは平山会長とはウマが合った。本来それほど政治的でなかった酒井くんの資質が、比較的に大衆性をもった日本画家との交流から、遅ればせながら目覚めてきたのだ。協会の創立五〇周年には大規模な中国国宝展の企画を成功させ、酒井くんは、これまでの活動の総仕上げとして協会の法人化をおこなった。それが自分の中国体験の総括であり、戦後の意味だったと思うのである。「酒井の話は『お葬式』の菅井きんみたいにしんみりさせるけど、なんか寂しいね、いつまでたっても、真面目ではあるけどな」と七字くん。倉科くんは中国にたいして関心がないし、浜下くんは、「中国は大きいねえ、そういう日本人の思いなんて黄河の砂の一粒にも、及ばないんだ。いまだに革命があったことも知らない人民がいっぱい暮らしているんだろう」などと言う。ぼくらは酒井くんが自分の責任のけじめということで棒に振った三十年を思った。しかしそれ以外にどうしようがあったのか。

この頃、協会の機関紙『日本と中国』二〇〇〇年六月一五日号のコラム『窓』に書いた小文がある。当時の私が抱いていた、いくらかの悔恨と自省を込めた思いが、少し遠慮がちな言葉で綴られている。「協会創立記念事業のひとつ、『日中友好運動五〇年』と題する協会五〇年史が近く刊行する。五〇年代から第一線の政治記者として日中関係を丹念に取材し、最近一〇年間は協会の中心的な幹部として実践の先頭に立ってきた、古川万太郎氏の手になる力作である。この種の本は自画自賛的なものとなりがちなのが通例だ。だが、いささか宣伝めいて恐縮だが、この本は協会の自分史にとどまらず、戦後日中政治関係史の教科書ともいえるものになっており、協会内外の大勢の方にお薦めしたい。

一読して深く胸を衝かれた。五〇年間に及ぶ協会の実践を点検し、社会的に広く認められた幾多の功績とともに、協会が犯した大きな誤りを、その客観的及び主観的原因を明らかにしつつ、鋭く分析している点だ。協会の結成と朝鮮戦争勃発が同じ年であったことが象徴するように、当時は内外ともに厳しい東西冷戦体制下にあった。協会は自らの限界を超え、次々に過酷な政治的課題に立ち向かわざるを得なかった。その結果、自己の柔軟な立場を失い、さまざまな政治的立場の人々と幅広く手を結べず、国交正常化の重要な局面で本来の役割を果たせなかった。この負の影響を払拭するために、協会はその後実に長い時間を費やさねばならなかったのである。日中友好運動が思想信条や政党政派の違いを超えた民族的な課題であることは、改めて繰り返すまでもない。だが、このことを現実の政治状況のなかで貫き通すことが、いかに至難であるかを、協会の歴史が語っている。

この五月、協会は社団法人として新たな出発をした。協会の社会的、国際的な責任は一層重くなった。協会の今後の歩みを確かなものにするうえで、この本から得るものは多い」。

5、革命幻想の崩壊

毛沢東の死と「中国の道」の破綻《はたん》

六〇年代後半から九〇年代初頭にかけての、私自身の思想の変化についても触れなければならないのだが、その前にまず私を取りまいていた外部世界、なかでも私が盲信に近いほど信じていた中国共産党の核心人物である毛沢東の考えはどのようなものであったかを見ておきたい。第五章で引用した楊奎松の文章から再び要点を書き出してみよう。

「すでに触れたように、スターリン死去後に登場したソ連指導者に対する毛沢東の警戒心は、対米緊張緩和政策や中印国境紛争(9)に対するソ連の態度などから、両党間のイデオロギー上の不一致へと深まった。さらに中国の自然大災害の最中にソ連技術者を大量に引き上げるなど、中ソ両国の国家関係をも悪化させていった。一九六〇年四月、中共中央はレーニン生誕九〇周年に際して『レーニン主義万歳』を発表し、暴力革命とプロレタリア独裁を堅持する原則的立場を明らかにしたが、これは名指しこそしなかっただけでソ連共産党中央を修正主義として批判するものであった。修正主義批判はさらにエスカレートし、一九六三年九月から翌年七月にかけて〝九評〟と呼ばれる九篇の論文を発表し、公然たるソ連批判へと続き、一九六九年七月八日、ついに中ソ国境のアムール川での軍事衝突を引き起こすことになる。

一方、中印国境紛争事件を契機に、毛沢東は米ソ二大陣営の間で中立的立場を取る資本主義国政府に対する融和的な態度を変え、徐々に〝三闘一多〟方針、すなわち帝国主義、修正主義、各国反動派とは断固闘争し手を緩めず、アジア・アフリカ・ラテンアメリカ各国人民の革命闘争に対する援助をいっそう増やす方針に切りかえていった。周恩来の言葉を借りれば、中国がすでに世界革命の中心となった以上は、必ずこれを指導する責任を負い、進んで自らの責務を果たすべきだ、ということであり、その指導方針の核心はかつての『中国の道』であった。

一九六五年八月、抗日戦争勝利二〇周年を記念して、国防部長林彪(10)は、中国革命の経験を系統的に総括した長編論文『人民戦争勝利万歳』を発表し、当時の世界情勢と中国革命の地理的条件を比較類推して、帝国主義は都市にあたり、立ち後れた国と地域は農村に相当するので、世界革命が『中国の道』にもとづくのは理の当然であり、至る処で武装闘争を展開し、農村が都市を包囲する戦略を実行すれば、小さな火花もやがて燎原を焼き尽くすことができる、とした。毛沢東は文化大革命がはじまった後に、各国の革命の鍵となる問題は、種明かしをすれば、武装闘争を展開すべきだということにあるとし、次のように明快に語ったことがある。『ソ連の道にせよ、中国の道にせよ、十月革命とはつまり〝武装闘争〟ではないのか。道とは何か？　武装闘争、これこそが道である』、と。

中国は、まさにこの戦略配置にもとづいて、一九六〇年代から関係づくりと援助の目標を、すべて各国の過激グループに振り向け、『迎え入れ、送り出す』方式で、中国国内に訓練基地を設け、中国革命の理論と経験、および各種の武装闘争の技術と戦術を学ばせ、さらに資金と武器を与えて彼らを送り出し、革命闘争を遂行させた。文化大革命が発動されると、そこには一つの重要な目標が含まれるようになった。それは中国を世界革命の手本にまで高め、毛沢東の革命思想を広く宣伝するとともに、中国式革命を各国へ輸出することであった。とりわけ支援が容易な周辺各国の党に対して、この類いの『道』を輸出するのはなおさら手慣れたものであった」(11)

ひとつの具体例を見てみたい。ビルマは、中国が一九五四年に外交方針を平和共存に切り換えてから、東南アジアでもっとも良好な関係を築いていた隣国であった。楊奎松は同じ文章のなかで、かつて「中国の道」を実践しようと志して犠牲となったビルマの革命者たちが、中国からの援助を断ち切られた末に絶望のあまり自殺した痛ましい姿を、次のように書いている。

「〝文革〟がはじまると、中共中央は上述の意図にもとづいて、中国に滞在して十余年になるビルマ共産党員と少数民族の武装勢力がビルマに戻って武装闘争を展開し、根拠地を建設することに同意を与え、これに協力した。かつてベトナムの党に対したのと同様に、中国政府は一九五四年に平和共存外交方針を実行した際、彼らの武装闘争を支持することをやめ、そのなかのかなり多数のビルマでは合法的に生きていけない青年中核分子を中国に撤退させ、雲南国境から遠く離れた四川省および貴州省の農場で生産労働にたずさわるよう手配した。さらに彼らのうち大多数の青年に中国の娘を娶せ、中国で家庭を築くよう手助けしたのである。

しかしこの頃、毛沢東は『中国の道』をもう一度押し進めることによってのみ、世界革命の大状況を創りだすことができると確信して、周辺国家でそうした実験をおこなうことを決意し、ビルマがその重点対象に選ばれた。まだ若い頃に中国へ撤退したビルマ人武装部隊のメンバーは当然のこと再訓練を施された後に本国へ送り出されて闘争をくり広げた。これら武装人員が安全に本国へ戻り、さらにビルマの革命者が集団で軍事を学び、装備を整えるために中国へ来られることを保証するため、中国軍部隊は専門の訓練キャンプを立ち上げ、後方補給基地を整備するとともに、武装護衛部隊を結成し、ひいてはビルマ共産党遊撃隊員に変装して直接ビルマ政府軍と対戦し、ビルマ共産党要員が中国ビルマ国境を出入りするのを援護した。このような『中国の道』の実験が成功する可能性が果たしてどれほどのものだったかは、推して知るべしと言えよう」

その当時ビルマ共産党中央の高級幹部だった楊美紅は、楊奎松のインタビューに答えて証言している。

「当時のビルマ共産党が存在していたところにはすべて毛沢東と林彪の肖像画が掲げられていた。それだけではなく、毎日必ず毛主席語録を読み上げ、毛主席の像に向かって〝朝に指示を仰ぎ、夕に結果を報告〟した。ビルマ共産党人民軍が着ていた衣服、使用した銃器、食べていた食糧、これらはみな中国製であった。ビルマ共産党部隊にはすべて中国の軍代表が送り込まれた。はじめの頃、軍事訓練キャンプ地は中国雲南省にあったが、後にはビルマ境界内に移った……」

楊奎松の文章はさらに続く……。

「『中国の道』が中国で成功しえたのは、中国自身の内的要因と当時の特殊な外的要因にまったく依るものであった。もしもこの道が世界中に通用すると信じるなら、今となっては一方的な願望にすぎないというほかない。じつのところ毛沢東自身が、中国革命の経験を言うなら、その最重要な点は世界中に通用する普遍的な理論と、中国の具体的な実際とを結合することである、とくり返し語っている。毛沢東は、ソ連の経験をひきうつすことに再三反対を表明したことがある。だが、自分の経験となるとことのほか盲信した。中国のことは、それが正しかろうと、そうでなかろうと、自分の方法に従って行ったが、外国のことについても自分の経験と意志に照らして是非と正誤を判断し、これを広く押し進めることとさえしたのであった。

毛沢東がまだ生きていたときからすでに、これら小国の兄弟党は〝意気地がない〟と不満を抱くようになり、一転して米国との接触をはじめた。毛沢東が世を去ると、中国は世界に対して開放かつ友好的となり、重点を経済建設に振り向けたから、ビルマ共産党など小集団の武装闘争に対する支持を放棄することは避けられなかった。一九七九年の末頃、中共中央はビルマ共産党の指導者と会見し、ビルマ共産党に五年間の移行期間を与えた上で、一九八五年一月一日より、中国はビルマ共産党への援助を全て中止する、という中国側の決定を宣告した。つづいて、中国顧問団と、ビルマ共産党の闘争に参加していた中国人民解放軍部隊をすべて中国へ引き揚げた。

ビルマ共産党内部ではたちまち人心が動揺した。楊美紅の回想録（注・「我在緬共十五年」）を読み進み、かつて『中国の道』を実践しようと志して犠牲となった人々が、援助を断ち切られた末に絶望のあまり自殺したその最後の情景を記した箇所まで至ったなら、きっと誰しも心を揺さぶられ切歯扼腕《せっしゃくわん》してやまないにちがいない」

ちなみに右の楊奎松の文中にでてくる回想録の作者、楊建軍（後に楊美紅に改名）は一九五二年に雲南省西端のビルマと国境を接する保山県（現・保山市）に生まれた。一九六七年、当時紅衛兵だった彼女は、文化大革命の最中に雲南省からビルマに越境し、ネ・ウィン軍事政権との武装闘争に身を投じ、ビルマ共産党の最高幹部の一人であった丁貌と結婚する。そして前後十五年にわたり同党武装部隊の中堅幹部、さらにはビルマ共産党の高級幹部としてビルマ国内を転戦し、一九八二年に帰国した。当時は、中国国内各地から多数の紅衛兵が、ビルマ共産党の武装闘争に参加したが、その多くが異国に命を落とし祖国へ戻ることはなかったといわれる。楊美紅は自身の感慨をこのように表現している。

「壮志いまだ叶わずして身先に死し、歴代英雄の襟を涙で濡らす。すべては幻の如き一場の夢なり」。


五〇年代から六〇年代にかけて中国人民保衛世界和平委員会で仕事をした国際政治学者の資中筠女史は、世界平和評議会中国代表団の一員として数多くの国際会議に参加し、国際平和運動の路線をめぐって中ソ両国関係が「揺るぎない団結」から「反目と敵対」に至る様を目の当たりにした。資女史は後年になって当時を回想し、一九六六年に文化大革命が始まった頃、毛沢東が世界をどのように考えていたかを、自らの体験を通して語っている。

「その当時、国際問題について毛沢東の頭の中にあった主な考えは、世界革命を支持し、武装闘争を強調することであり、平和会談だとか平和会議などというものにはうんざりしていた。また『革命的国際連合』創設論も提起したが、これは既存の「帝国主義、修正主義、反動派が独占する」国連を相手にせず、革命勢力で自らの国際連合をつくり対抗する、というものだった。いわゆる『革命勢力』には、中国の修正主義反対に呼応して各国の共産党から分裂した左派、毛沢東思想を掲げる新興の小党派、アジア・アフリカ・ラテンアメリカの親中派民族解放組織および少数の親中派第三世界独立国を含んでいた。そのころ康生（当時、康生は党内序列第四位の中共中央政治局常務委員・中央文革小組顧問として権勢を振るったが、文革後の一九八〇年に党籍を剥奪された）が中共中央対外連絡部でおこなった演説で、当時中連部と関係を持っている『マルクス主義を堅持する』共産党（いわゆる「毛派」）はすでに五十二カ国ある云々と言った、ということを党内伝達で聞いた。言うまでもなく、もしもこの『革命的国際連合』がつくられたら、当然にも中国共産党がその中核になる。だが私はこのような説を一度聞いただけで、それ以後は再び耳にすることはなかった。実際に、そうした小組織はほとんど物にならなかったのである」(12)

私が留学した一九六五年から一九六八年までを含む一時期が、まさに右に描かれたとおりであった。そして毛沢東の死とともに、それは破綻した。私はそうした大状況の底の小さな穴から世界を覗き、解釈しようと無理やりもがきながら、七字英輔君がかつて評した「道化」を演じていたのだ、と今にして思える。

「中ソ論争」とは何であったか

その発端は、一九五六年二月のソ連共産党第二〇回大会でフルシチョフがおこなったスターリン批判の秘密報告であった。これはソ連共産党内部で読み上げられ、一部の外国共産党の代表には演説内容を印刷した文書が閲覧に提供されたのだったが、たちまち外部へ流出し、六月五日付『ニューヨーク・タイムス』がCIAの入手した報告書全文を紙面に掲載した。昨日までの偶像は、いまや地べたに叩きつけられ粉々に砕け散った。その衝撃は大きく、ポーランドやハンガリーなど東欧社会主義諸国の共産党は混乱に陥り、西側諸国の共産党では知識人党員らの大量離党が相次いだ。

フルシチョフの秘密報告に鋭く反応したのは中国共産党だった。毛沢東は、三月一九日と二四日の中共中央拡大政治局会議の討議を経て、四月五日付『人民日報』論説「プロレタリア独裁の歴史的経験について」及びその続篇を発表し、スターリンの評価について、フルシチョフの全面否定に対して「功績七分、誤り三分」との評価を対置させ、自らの態度を明らかにしたが、このときはまだソ連の党に対する名指しの批判は控えていた。ところが、一九六〇年七月になって、ソ連共産党第一書記フルシチョフは、中国と結んでいた経済等援助項目を破棄するとともに、中国の経済・国防建設を支援していた千三百九十名の科学者と技術者などの専門家の一斉帰国を命じた。両党関係の対立を国家関係にまで拡大させたのである。

一九六三年半ばから中ソ論争は一気に公然化した。双方はお互いに公開書簡で批判の応酬を繰り返した。中国は、「国際共産主義運動の総路線についての提案」を六月にソ連邦共産党中央に送り、翌月、ソ連側はこれに反駁する公開書簡を発表し、名指しで中国指導者を攻撃した。これによって論争はエスカレートし、同年九月を皮切りに翌六四年六月までに、中国は九篇の批判論文を発表して反論を加えた。そのさなかの一九六四年一〇月にフルシチョフが失脚し、ブレジネフが後を継いだが、対立が解消されることはなかった。

中ソ論争が本格化したのは、私が高校二年から三年にかけての頃のことだった。私は、当時次々と発表された中国側の諸論文が、「ソ連修正主義」を歯切れよい言葉で批判するのに強く心を引きつけられ、中国留学の決意をさらに固くしたことを憶えている。この論争を通じて露わになった中ソ両大国の同盟関係崩壊と対立・敵対は、国際共産主義運動内部にとどまらず、二〇世紀後半以後の世界全体に、消すことの出来ない深い影響を残した。

中国自身について言えば、中ソ論争は実際には文化大革命の序幕であった。この論争のなかで、毛沢東は、幾つかの概念を定式化させた。中ソ論争を通じて毛沢東が中国共産党内に提起した「資本主義の道を歩む党内の実権派」という政治概念であり、その上に立った「党中央に修正主義が出ることを警戒せよ」「われわれの身辺に睡っている〃中国のフルシチョフ〃に警戒せよ」との論断である。これらは、一九六六年に始まった「プロレタリア文化大革命」の政治的な輿論を準備し、理論的土台となる「プロレタリア独裁の下における継続革命理論」の原型となった。

毛沢東もスターリンと同様に、党と国家の最高指導者として最後を終えた。スターリンは自己の権力を高度に集中化し、法ではなく人による統治と個人崇拝を大々的におこない、大量の冤罪事件をつくった。昨日まであらゆる称賛の言葉を浴びていたスターリンが、一夜明けると、その後を継いだフルシチョフから極悪人として糾弾されるのを目の当たりにして、毛沢東その人の胸には如何なる思いが湧いたであろうか。スターリン死後の悲惨な結末を、自分の身に重ね合わせたとしても不思議ではあるまい。〃中国のフルシチョフ〃とされた劉少奇は、中国の指導者序列第二位の国家主席の地位にあったが、党籍を剥奪されたうえ人身の自由を失い、文化大革命の最中に実名を隠されたまま非業の死を遂げたのであった。

中ソ論争の焦点となった問題のひとつは時代認識であった。第二次世界大戦後、ソ連を盟主とする東欧の社会主義陣営の出現、中国革命勝利と中華人民共和国の成立、さらに民族解放運動の大きな高まりなど、世界政治の構図に大きな変化が生まれた。こうした背景のもとで、資本主義の不均衡発展の法則が必然的に戦争を引き起こすとしたレーニンの論断は、既に時代に合わなくなったにもかかわらず、当時の中国の指導者は、現在は依然としてレーニンが二〇世紀初頭に論じた「帝国主義とプロレタリア革命の時代」であると見なし、それを出発点として内政と外交の基本国策を定めていた。時代に対するこうした基本認識の相違は、中ソ論争のなかで鋭く立ち現れることになった。中国共産党は、世界革命の大旗を掲げて、フルシチョフが唱えた「平和共存、平和競争、平和移行」「全人民の党、全人民の国家」に激しい批判を加え、暴力革命と階級闘争、プロレタリア独裁を強調した。

後に中共中央書記処書記・統一戦線工作部長として一九八九年五月の鄧小平・ゴルバチョフ会談にも参加した閻明復は、その当時、中国共産党中央弁公庁のロシア語通訳を務めており、毛沢東ら中共指導者とフルシチョフらソ連党指導者の会談に終始参加していた。彼は、二〇一五年に回顧録を出しているが、そのなかで。兄弟党の友好が対立・敵対に至る中ソ関係の変遷を、直接体験した当事者の目を通して語っており、真摯な深い内省を込めた貴重な証言となっている。閻明復は、中ソ論戦は、国家関係に於けるソ連の大国主義との闘争という面では中国側に分があり正しかったが、イデオロギー論争の面では双方とも空理空論に終始した、これは歴史の悲劇であり総体として否定されるべきだ、として次のように書いている。

「中ソ論争の実質は国際共産主義運動の指導権争いであった。」「中ソ大論争は形式的にはイデオロギー論争だが、実際には国際共産主義運動の指導権を争奪する政治闘争であった。中国はイデオロギー闘争という手段を通じて、『正統マルクス主義』とマルクス主義に対する解釈権をソ連共産党から剥奪し、それによってソ連共産党の国際共産主義運動における指導的地位を打ち砕こうとしたのである。この論争で双方とも努めて相手方の党最高指導者を失脚させようと図った」

「毛主席はフルシチョフを全く軽蔑しきっており、スターリンが死去した後は、当然のように自分が国際共産主義運動の指導者であると考えていた」

「ソ連の大国主義に反対する一方で、自らが大国主義をやった。ソ連を〝中心〟とすることに反対する一方で、自分が〝中心〟になろうと企図した。国際共産主義運動と社会主義国の間で、自分を基準にして一線を引き、それを他国に押しつけて、自分の観点に同意しない党に対してすべて〝修正主義〟のレッテルを貼った。その結果、一時、世界の圧倒的多数の共産党と社会主義国が〝修正主義〟になったのだった」(13)

毛沢東の死後、劇的な大転換を遂げた中国に、かつてソ連に浴びせた「ブルジョア市場経済」「拝金主義」「物質刺激」などの批判が、ことごとくブーメランとなって跳ね返っているように見えるのは、歴史の皮肉といえようか。

権威は疑わねばならない

私の内部で何かが崩れはじめた最初のきっかけは、一九七一年秋に公表された林彪事件だった。[14] 毛主席を暗殺しようとした計画が露見して、専用機でソ連に逃亡を図ったが、モンゴル砂漠に墜落して死亡した、という中国政府の発表は容易に信じがたいものであり、その背後には複雑な事情があることをうかがわせていた。公式発表を鵜呑みにしてはならないと思った最初であった。

中国が改革開放時代に入って間もない八〇年代前半のことだが、中国から迎えた経済視察団メンバーのひとりに北京市政府の局長をしていたYという三〇歳代半ばの男がいた。彼とは生年月日が一日違いの同年令で、私が文革時期に北京で留学して運動にも参加していたことが分かると直ぐに打ち解け、文革中には、当時の多くの青年と同じように、中国最北部の〝北大荒〟で下方生活を過ごして北京へ戻ったと話してくれた。私が、文化大革命によって何か得るものはあったか、とたずねると、ちょっと間をおいて、あらゆることに対し盲信せず、何故か、を問うようになったことだ、という答が返ってきた。それは私が痛切に感じていたことでもあった。

その思いを決定的なものにし、革命中国に抱いていたある種の幻想を捨てさせることになったのは、一九八九年六月四日に北京で起きた「天安門事件」であった。[15]「人民の軍隊」が、身に寸鉄を帯びない学生・民衆に銃を向け発砲したことは、どのような理屈をつけようとも承服できないことであった。権威は疑わねばならない、と胸に刻み込んだ事件だった。私は、党派を超えて中国との友好交流を進める民間団体である日中友好協会の性格と役割に忠実に従い、仕事を進めていく気持ちを改めて強くしていた。この事件で協会組織が受けた衝撃を、組織全体の力で乗り越えた末に得られた覚悟でもあった。言葉をかえれば、自由な心で、何ものにも縛られず、自分の直感と経験に基づいて、何事も自分の頭で考え、行動すること、である。考えてみれば、今更こと改めて言うのもおかしいぐらい当たり前のことなのだが、自分が歩んできた道を振り返ってみると、そこに至るには、やはりこれだけの時間が必要だったのだと思える。

数年前、中国人民解放軍の上将（大将）が発表した文章を目にした。文化大革命で国家主席の地位を追われ非業の死を遂げた元国家主席劉少奇の息子劉源(16)である。その特殊な家庭環境からいわゆる「太子党」という革命第一世代の子弟グループの有力な一員に数えられている。彼は大要つぎのように語っている。

「第一の問題は、人心の離反である。現在、共産党が依拠している勢力は誰なのか。かつては工農兵学商だったが、いまや労働者農民の大部分は怨嗟の声に満ちており、『あんたらは既得権益者であり、いくら経済成長しようと、自分とは関係がない』と感じている。富裕な者は度外れて金を儲け、貧乏人はあまりにも貧しい。我が党はこれまで都市建設や公共道路建設など沢山の仕事をしてきた。だが問題は、改革の果実は結局誰のものになったのか、ということだ。

又、かつて革命戦争と朝鮮戦争に従軍した元兵士たちに、当然報いられるべき待遇と栄誉が与えられていないことだ。我が国はいま、このぐらいの金を出すのには困らない。腐敗汚職官吏から没収した金だけでも十分お釣りが来るというものだ。一部の地方では、彼らを〝不安定〟要因と見なし、彼らが記念日の集まりを開けば何か騒ぎを起こすのではないかと怖れているが、これは党の方向にかかわる大問題である。彼らが団結すること、これこそが人民大衆の主体であり、その大多数である。だから私は、人心の離反の問題と依拠するべき対象の問題、これこそが革命にとって何よりも重要な問題だと考える。

第二の問題は、腐敗という悪疾である。現在、この上から下までを覆う腐敗は全く想像をはるかに超えている。その経済的数字もさることながら、最も恐るべき事は、腐敗がすでに党の肉体を蝕み、行政腐敗を形成していること、これこそが最も命取りだ。彼らは官僚同士互いにかばい合う利益共同体を形成し、贈収賄、官僚ポストの売買、権力と金銭の取引など厚顔無恥の極みだ」(17)

かつて私は中国で学び、日本に帰国してからは中国との民間交流に携わり、人生の大部分を中国とかかわってきた。仕事上でも、また個人的にも親しい友人が数多くいる。中国が良い方向を目指して前進して欲しいという気持ちは、自国日本がそうあって欲しいという気持ちと同様に、いつも頭を離れない。それだけに、劉源氏の言葉に共感を覚えた。

6、父の死

「白鳥事件」との不思議な縁

あれは一九六六年の終わり頃か、それとも次の年の初め頃だったろうか、北京にいた私たちの前に、何の前触れもなく突然、「四川グループ」と呼ばれる一群の人々が姿を現した。そのなかに唐沢明という中国名の男性がいた。「からさわ」さんとも呼ばれ、明らかに日本人なのだが、何処か謎めいていて、近づきがたい雰囲気をまとっていた。ところが、何の用事だったのかいまだに思い出せないのだが、あるときその唐さんを訪ねることになった。唐さんの自宅は、私がいた北京語言学院のキャンパスの一角にある、北京外国語学院付属中学の教員宿舎だった。開けたドアの鴨居に頭をぶつけそうにして出てきたのは、がっしりとした体格の上に四角い顔が乗った長身の人だった。逆算すると当時は三十代半ばであったはずだが、短く刈った頭髪には白いものが目立っていた。挨拶もそこそこに来意を告げて用事を済ませるなり辞去したのだったが、穏やかな笑みを終始浮かべて応対してくれたことを憶えている。

この唐沢明さんが、白鳥事件(18)で指名手配され日本から姿を消した元北大細胞キャップ、鶴田倫也氏であることを疑う余地なく確信したのは、数年前に、後藤篤志・元北海道放送記者が白鳥事件関係者のその後を追い、取材して書いた著書に掲載された、指名手配写真と一九九〇年代後半に北京で撮られたスナップ写真を見たときであった。(19) 年相応に若かったり、老けたりはしていても、鶴田氏の四角い特徴のある顔がそこにあった。今にして思うのだが、鶴田氏は、北京で自宅を訪ねてきたあのときの私が、酒井定吉の息子だと知っていたのではないか、という気がしてならない。十数年もの間、異国の地に隠れ潜んでいた彼が本能的に身につけた警戒心は、素性のわからない人間を寄せつけるはずはなかっただろうと思う。第五章に書いた如く、その十年前に騙すようにして中国へ送り込み、結果として二人の仲を裂くことになった酒井定吉を忘れるはずがないではないか。それを胸の奥深くにしまって応対してくれた、あのときの鶴田氏の穏やかな微笑が今もはっきりと目に浮かぶ。それにしても、父と子二代にわたる「白鳥事件」関係者との関わりに、不思議な縁を感じずにはいられない。

「過去」を捨て去ることはできない

第五章に登場した川口孝夫氏は中国で十八年間の亡命生活を送った後、七三年一二月に帰国した。川口氏は自著『流されて蜀の国へ』に次のような証言を書き残している。

「袴田氏は日共中央の代表として、私たちの処遇を中共中央に『委託』した。『委託』の正当な理由など最初からあるはずもない。あるとすれば、『党組織を守る』という彼ら流の大義名分のもと、六全協後の路線転換を進めるうえで、『極左路線』の生き証人である『事件関係者』の私たちを日本から追放し一生日本の土を踏ませまい、という意図しかなかったのだ」

「宮本氏は北京機関や『自由放送』など、六全協前の日中両党の関係を追及されると、党が分裂していた時期のことであり、徳田派のやったことで我々には関係がない、と言って逃げている。しかし、少なくとも私の追放については、関係がない、とは言わせない。私が中国に渡った一九五六年三月という時期は、党が統一して既に一年が経ち、志田重男氏も中央からいなくなっており、明らかに党中央の実権は宮本氏に握られていた。つまり当時、党内で私をペテンにかけ中国へ追放することのできた人間は、志田氏でも誰でもない宮本顕治氏以外にいないのである」

「武力闘争は党の実権を不法に独占した一派が勝手にやったことで党が正式に採用した方針ではない、というのが宮本顕治氏とその後継者らの今日に至るまでの主張である。かつての極左冒険主義時代の武力闘争を『なかったこと』にする。これは、現在の党とは縁もゆかりもないとして、この『国民に支持されない不祥事』から自分を切り離してみせたい一心でなされていることである。そして、川口や鶴田ら事件関係者を他国へ置き去りにして、後は知らぬ顔の半兵衛を決め込んだのであった。」

鶴田氏は、川口氏とは考えを異にし、「権力も決着をつけたし、いまさら帰って日共の歴史的歪曲やら犯罪性を暴くことの意味があるのか。我々は口をとざして墓にもっていけばいいんだ」との信念を持っていたといわれる。(19) このとき、鶴田氏にはすでに中国人女医の妻との間にもうけた一男一女があり、成績優秀の自慢の娘を日本へ留学させていた。すでに四十年前とは自分を取り巻く環境も一変していたのだ。とはいうものの気持ちが揺れ動かない日はなかったであろう。

その鶴田氏は二〇一二年三月一四日、心不全でこの世を去った。八十三歳であった。氏は生前に、「唐沢明として革命公墓に入ると骨を調べられる。ＤＮＡ鑑定もできないように海に流せ」と言い残していた。遺族はその言葉どおりに天津沖に船を出して海に散骨したという。

六全協の翌年、鶴見俊輔はこう書いた。

「過去三〇年において、日本共産党がその下におかれつづけてきた圧力状況を考えるとき、以上の批判は、すべて今後に望むべき言葉としてのみ、正当であるように思われる。家からうしろがみをひかれる思いに屈せず、日本の国家権力に向かって正面から挑戦しつづけた思想家集団は、昭和年代に入ってからは、日本共産党以外になかったのである。私たちは、思想を大切なものと思うかぎり、日本共産党の誠実さにまなびたい」(20)

党外の知識人の鶴見が、「今後に望むべき言葉としてのみ正当である」と書いた「批判」は、果たして克服されたのであったか。戦前はさておいて、戦後七十余年を経た日本共産党は、すでに鶴見の期待とは遠い方向へ進んでしまったようだ。父がかかわったのは、そのうちの敗戦後の激動期を含む二十九年間だが、それには死屍累々ともいうべき多大の犠牲を生んだ、重大な誤りを犯した一時期を含んでいる。

もの言わぬ父と対面

さて、その後の父であるが、一九七二年に党中央委員会党史資料室責任者となっている。それにしても、この年にはすでに七十九歳である。本部勤務員の中でも異例中の異例だったであろう。その父があるとき、犬丸義一氏に「子どもの問題があってねえ、あまり大きな顔はできないんだよ」と漏らしていたという。周りは気遣って触れないようにしても、父の胸には吐き出したくてもできない苦い思いが居座っていて、気の晴れない日々が続いていたようだ。

一九七四年一月二一日のことであった。この日、私は、折から文革以後に初めて来日した中国青年代表団の随行責任者として、宿舎のホテルニューオータニに投宿しており、夜遅くまで翌日のスケジュール調整を行っていた。(21)午後九時ごろであったろうか、そこへ母から電話が入った。父が午後八時三〇分に入院先の代々木病院で息を引き取った、ということだった。父は高血圧の持病を抱えていて、それまでも眼底出血や鼻出血を繰り返しており、一月一九日から検査のために入院していた矢先のことであったらしい。

電話口の母は弱々しい声で、「党中央の意向として、誠が党葬に出席することは遠慮してもらいたい、ということなので勘弁してほしい。その代わり病院までお別れにきてくれないか」と言った。否も応もない。すぐにホテルを抜け出した私は、降りしきる大雪の中を千駄ヶ谷駅近くの代々木病院へ駆けつけ、霊安室でもの言わぬ父の遺体と対面した。後に母から聞いた話では、父は病院の同室の人と雑談した後、ベッドに横になって間もなく、「アッ」という一声をあげて息をひきとったそうである。苦しむことのない大往生だったと言えよう。せめてもの慰めである。八十一歳の誕生日まであとひと月あまりを残したこの日は、奇しく

故酒井定吉氏の葬儀
31日に青山斎場で
葬儀委員任命
厳粛に故酒井氏の密葬
野坂議長、宮本委員長ら参列
共産党党史資料室責任者
酒井定吉氏が死去

『赤旗』紙に掲載された父の「党葬」関連記事。

も父が敬愛してやまないレーニンの死後五十年目の命日であった。

それからのこと

それから、長い時が流れた。母は父と歳が十九も離れていたから、父が亡くなったときは六十を少し出たばかりでまだ元気だった。だが年々老いていく一人暮らしの母を見かねて一緒に暮らすことになったものの、二人の間では父の話題に触れることもないままに月日がたった。母は九十五歳を過ぎたころから、めっきりとからだが弱り、わが家から一時間ほど離れた老人介護施設に入居することになった。

父の足跡を書き残そうと思い定めたのはちょうどその頃のことだった。父が遺した自筆経歴書だけでは筆が進まず、それを肉付けするものが欲しくて、毎月一度の母の見舞いの折りに、デジタルレコーダーを持参して、話を聞くことにした。第二章で子どもの頃に重病の淵から父の命を救ってくれた向かいの家の小母さんの話や、国鉄に就職していたときに一時期同棲した女性のことなどは、この時に母が記憶をたぐり寄せながら語ってくれたことである。

そうした話のなかでのことだった。母が突然、北京から帰国した私が両親を訪ねたときのことを話し出した。すでに書いたように、私は父と顔を合わせるなり口喧嘩となり、出された茶も呑まずに、そこを飛び出したのだった。母の話によれば、私が帰ったあと、母は父から「誠に少し金を渡したのか」と聞かれ、「あわてていて渡さなかった」というと、「母親なのに気が利かない」と叱られたそうだ。私はこのときにはまだ、これが父と言葉を交わす最後になろうとは露ほども思わなかった。だが、父はどうであったろうか、と近頃になって思う。今では私もあのときの父と同じ歳になった。老い先短い父が、心に受けた打撃は小さくなかったことだろうと想像がつく。

あれはロシア社会主義革命四十五周年にあたる一九六二年のことだったか、父が代表団に加わってソ連に行ったことがあった。私はすでに高校に入学していた。一九六〇年頃から表面化した中ソ論争は、その頃になると国家関係にも及んで、次第に激しさを増すようになっていた。当時の日本共産党は中国寄りと見られていて、日ソ両党の関係は微妙だったが、まだ決定的な対立には至っていない時期のことだ。モスクワ・ルムンバ大学への留学が家の中で話題にされるようになったのは、父がソ連から帰国した後、しばらくしてからだったように思う。小野民樹君は、あるとき父から、赤旗の上にマルクス・エンゲルス・レーニンの肖像が描かれたデザインの記念バッジをもらったそうだが、多分この時のことだったのだろう。三十数年ぶりに訪れたソ連で父の習ったロシア語が何処まで通用したのか分からないが、書棚に置かれた大学書林の露和辞典を繰って、ときどきソ連の文献を読んでいた姿が目に浮かぶ。

私が党の派遣で中国へ留学することが決まったのは、それから一年ほどが過ぎた頃だったろうか。序章にも書いたように、その頃、米・英・ソ三国が調印した部分的核実験停止条約の国会批准をめぐって、共産党内では、これを支持する志賀義雄・鈴木市蔵らの「ソ連派」と、反対する宮本顕治ら党主流の「中国派」の意見対立が次第に抜き差しならなくなりつつあった。やがて党議決定に反対して賛成票を投じた志賀、鈴木両国会議員の除名問題が起きたが、その背後にソ連共産党の不当な干渉介入があるとして、日ソ両党関係は最悪の状況に陥ったのだった。私は詳しい事情など知る由もなかったが、すでに中ソ両党間では公然たる論争が始まっており、機関紙『アカハタ』の紙面では中国寄りの報道や紹介がされていたから、薄々は事情が理解できた。

そのようなわけで、それまでのモスクワ行きは立ち消えとなり、突然、北京行きへと方向転換したのだった。それにしても、国交のない国へ行くことに、私も母も、何の不安や躊躇《ためら》いも感じていなかったようである。父に対する信頼の念はそれほど深かったといえる。私の中国留学も、父の勧めなら何も疑う余地などはなかった。こうしてすんなりと納得して受け入れたのは、高校三年に上がる前後ではなかったろうか。それまでは、家の経済事情から言っても、何とか国立大学に受からなければと気負っていたものだから、なんだか急に気が抜けたようだった。

それほどまでに信頼しきっていた父と私の間に、一年を経ずして、後戻りできないほどの断絶が生じたのは、いかにも不思議なことのように見える。それまでは、父と私の関係は、党と私の関係との二重写しであり、父の言葉はそのまま党の言葉であった。父との間に亀裂が生じた最初は、先述したように、党の北京駐在代表からの納得しがたい指導と指示に抵抗したことだった。そこへ当時の国際共産主義運動における中ソ両党の大論戦がかぶさった。革命路線をめぐる修正主義か、教条主義かという熾烈な思想・路線闘争である。父から見れば、私の思想は左翼小児病であり、北京に届く手紙にはそのような私を諫める忠告の言葉が綴られていた。しかし、レーニンと毛沢東の著作を金科玉条としていた当時の私には、日本の共産党は修正主義に堕落したとの確信は強くなる一方であり、それに加えて、文化大革命に沸き返っている北京の熱気も、十九歳の私に大きな影響を与えずにはおかなかった。そうしたことが、ついに周りの同志たちと行動を共にする決意を、私に固めさせたのだった。かつての父に対する尊敬は、その対象を変えて、毛沢東への崇拝に代わっていたのである。気がつけば、私が自分の頭で考えることを取り戻すまで、それから実に二十年余りの月日が経っていた。

往時茫茫《おうじぼうぼう》。思い返すと、父に対してもう少し違う態度が取れなかったものかと悔いる思いが胸に湧いてくるが、その思いを届けるすべはない。いまでは毎年欠かさなくなった墓参りの折り、墓石に呟いてみるだけである。

終章　エピローグ

父の歩いた道を追いながら書いてきた拙文も終わりに近づいた。この章を閉じる前に、いかにも父らしいと思わせる話について記しておきたい。

それは、白鳥事件関係者を中国へ密航させる際に、婚約者を必ず後から送ると約束して納得させたにもかかわらず、その約束を反故にせざるを得なくなったときに父が見せた態度である。その当時ともに一緒に活動していた大安和彬氏によれば、父には「自らの戦前の辛苦の体験に照らして党活動者たるものは、このような不幸も甘んじて受け入れるべきだという信念」があったようだという。戦前、父が革命運動に邁進したのは、治安維持法の下、むきだしの暴力が問答無用で襲いかかってくる時代であったから、それに抗して頑張りぬくには、なによりも先ず、強靭な意志がなくてはならなかったし、肉体的にも耐え抜かねばならなかった。そうした体験を経た末に生まれた信念ともいうべきものが前述のような態度を取らせたのであろうことは想像に難くない。

数年前、前述の大安氏から手紙を頂いた。私が信州上田に氏を訪ねたときのお礼状に対する返信だったが、そこには次のように書かれていた。

「私がお目にかかったお父上は六〇歳代後半以後ですが、六〇年程経て、現在の貴方にはその父上に再会しているように思えて、親子というものの不思議を感じます。（中略）

この前拝見させていただいたお父上の経歴書には、少年期から青年期（茶屋での奉公の後、鉄道員になるまで）が空白のようでしたが、人格形成の基本はその頃にあるのではと思います。どのような話の筋でのことであったか思い出せないのですが、『少年時代、芝の増上寺で小僧生活をした』と話されたことが記憶にのこっています。

労働運動出身の同世代の革命家たちの中で、私には異質と思える父上の学究的で修養的な人格特性は、その少年期の境遇にもよるのではなかろうかと思えるのです」

この手紙を一読して、なるほどと頷けるところがあった。父の経歴書には、この頃のことが、十二歳で製茶問屋の小僧になり「半封建的主従関係のもとに不正不義を常道とする資本主義道徳を強制され、虚偽と搾取に反抗的となる」と書かれている。母の話では、良質の茶葉に下級品を混ぜて上級品に見せるのが儲けのコツとされる商売が嫌になって辞めたのだという。だとすれば芝増上寺で小僧をしたのはその後のことになろう。他方、父は名古屋共産党事件で捕まった後、予審判事の尋問に、鎌倉、静岡で小僧をしていたと答えているが、鎌倉で何をしていたかまでは述べていない。大安氏が聞いた話とは違っているが、尋問に全て正直に答えていない可能性もないとはいえない。父は幼少期に「寺侍であった祖父の儒教的な教育」を受けている。それに加えて、少年時代に寺の小僧生活を送ったことが、父の学究的で修養的な人格特性をつくった、という大安氏の指摘は案外的を射ているかもしれないという気がする。

父は家庭でも何かにつけて厳しかった記憶がある。叔父はよく冗談を飛ばして私を笑わせる剽軽な一面があったが、父はそういう人ではなかった。約束の時間を忘れて頬を叩かれたことは既に触れたとおりだが、後になって母から、父が私の出生を喜び人から子煩悩と言われるほど可愛がったという話を聞いて意外に思ったものだ。そうしたことは、私の前では顔や言葉に表さない、明治の気質ともいえるものを色濃くのこした人であった。

ところで、党史や労働運動史の研究で父と接点のあった山辺健太郎は、父と同じ巳《み》年の生まれで、ひとまわり下になる。ともに大正期の労働運動から出発して、四・一六事件で捕まり、獄中で非転向を貫いた二人は、戦後の一時期、党史資料委員会で一緒に仕事をし、統制委員にも就くなど、その経歴には多くの似かよったところがある。だが、一人は共産党員として本部勤務を全うし、もう一人は党を離れ、優れた社会運動研究家として最後を終えた。山辺が蒐集・編纂した『現代史資料・社会主義篇』全七巻（みすず書房刊）は今なお高い評価を受けている。私もこの小文を書くうえで恩恵にあずかったひとりである。

二人を知悉する犬丸義一氏によると、父は党史編纂にあたって政治的に幹部の誰それに手心を加えたりすることはせず、実証的に事実を重んじたということだが、組織を第一義に考え、己を党組織の一個の歯車にして最後まで生きた。他方、「大正期のアナキストの反骨を一〇代から身につけて育った」といわれる山辺は、党の枠を越えて、歴史に埋もれた事実を掘り出し、史実を追究する生き方を貫いた。このように、二人は後年になって異なる道を歩いたのだが、五〇年問題を経た後の身の処し方を見ると、父は陰湿な党内闘争のなかで器用に立ち回るのは性に合わなかったのではないかと思える。そして山辺もまたそういう人だったのではなかろうか。


もう一つ触れておきたいことがある。つい最近のことだが、法政大学大原社会問題研究所所蔵資料の中から、父が書いた三通の書信を見つけた。一通は一九五九年六月二六日付で春日庄次郎に宛てた、一枚の日本共産党中央委員会事務用箋に書かれた手紙であり、他の二通は一九六八年八月一九日と一九七三年六月一一日に高瀬清宛に出された葉書である。

春日に出した手紙の内容は、その二十六年前の昭和八年一月二三日に亡くなった堺利彦の顕彰碑を堺の生地である大分県豊津町に建立する件に関することである。その話が父のもとへ持ち込まれて、その発起人には社共両党や労働組合、知識人など幅広い層の人々が名を連ねていることが分かった父は、党内でも募金活動に応じられないか試みようとするが、当時の支配的な空気は、堺利彦は党内に分派を作り混乱させた人物だというもので、カンパを「党内で集められる条件が皆無に思われるので、多少とも因縁のある貴兄に白羽の矢を立てた」のであった。父の考えは、「労農分派を作って三・一五前後に党内に大きな混乱は与えたが、創立当時の功績は、死後には大きく評価してもよい」というものであった。そこで父は、「社会運動の先駆者堺さんのカンパを党内から一文も集められないでは社党や労組関係の人にも何か面目ないように思われ」、「私は生前堺さんとはお目にかかる機会はなかった」が、「党内では野坂、志賀両同志の外は貴同志だけではないか」と、春日庄次郎になにか集めるよい知恵を貸してくれないか、と頼み込む内容であった。

高瀬清も日本共産党の創立に深く関わった人物である。一九二二年一月モスクワで開かれた極東共産主義的革命団体第一回大会に徳田球一と共に参加したことが直接、党結成へとつながり、また結党後には同年十一月の第四回コミンテルン大会でその報告をおこなって承認を受けており、高瀬は自著『日本共産党創立史話』にその詳細を書き残している。だが、この高瀬も結党した翌年の第一次共産党事件で捕まると、出獄後には離党し、社会民主主義者の道を歩んだ。高瀬は年齢が父より十歳下であったが、父が書いた葉書の文面はまことに丁重なもので、高瀬が中心となって自分の出身地である岐阜県社会運動史の編纂作業が進展していることを喜んで、その公刊を待望していると書き送っている。またもう一通の葉書には、会合の講師として出席してくれたことへの感謝を述べて、その講演が出席者に大きな感銘を与え、共産主義運動史研究を前進させるものだと綴っている。

堺利彦と高瀬清、この二人の人物と父はイデオロギーの違いから歩む道は異なることになったが、二人の党に対する功績を公平に評価し、敬意をもって相対していることに、私は気づかされた。

最後にその日本共産党にも触れておきたい。

この党はたしかに戦前戦後を通じて、侵略戦争に反対し、人民の権利を守るために勇敢に闘った歴史がある。だがその反面、大きな過ちを少なからず犯してきたことも、また歴然とした事実である。とくに戦後五〇年代の極左冒険主義は死屍累々とも言える多大の犠牲を出し、組織の誤った方針に従った数多の党員は深い傷を負い、絶望して党を離れていった。だが歴代の共産党指導部は今に至るまで、この時代のことを分裂した片一方が行ったことだとして党史から抹殺し、現在の党とは関係ないとする詭弁を弄してきた。これは党史の捏造というべき不真面目で無責任な態度であろう。過去に目を背けるものが未来を語る言葉は虚《うつ》ろに聞こえるだけだ。

近代日本における社会主義や日本共産党に関する研究で知られる田中真人（元同志社大学人文科学研究所教授）は生前、一九九四年に上梓した著書の後書きに次のように書いた。

「二〇世紀は社会主義の時代であったともいえる。近代と資本主義の体制に呻吟していた人民にとって、一九世紀に体系化された社会主義思想は大きな夢とロマンを与えるものであった。そして二〇世紀にはこの地上において社会主義・共産主義の巨大な実験が実現した。七〇年余のその実験は惨憺たる姿を露呈している。その惨状は、たんにロシア的特色、スターリンの誤り、本来の社会主義からの逸脱、形成期、あるいは現存社会主義ゆえの限界といったことから説明できるほど生易しいものではないように思える。いずれにせよ社会主義の歴史の現実を冷厳に見つめることからしか、『社会主義の二〇世紀』の意味を汲み取ることはできないであろう。現在の視点や利害からご都合主義的に歴史を改ざんしたり、言い換えたり、無かったことにする『神話的歴史』からの脱却が本格化しようとしている。……共産主義が歴史的分析の対象となる時代の幕が開けていることは間違いない」(1)

この文章は父の死から二十年後に書かれた。今はそこから更に四半世紀を超えた地点にいるわけだが、今日をも見通した鋭い言葉だと私には思える。この半世紀近くの間に、世界は実に大きな変化を遂げた。六〇年代後半から始まった中国の「プロレタリア文化大革命」は、七〇年代後半に至って、それを発動した毛沢東の死とともに完全に否定された。それと同時に建国以来の政治運動の誤りと経済建設上での失敗が露呈し、八〇年代に入ると、中国は共産党の指導下で、その実質は資本主義経済である市場経済路線へと大きく舵を切った。八〇年代が終わりを告げると間もなく、革命から七十四年にしてソビエト社会主義連邦があっけなく瓦解し、社会主義の旗は地に落ちた。また社会主義陣営を構成していた東ヨーロッパ諸国は、ソ連のくびきから放たれ、次々に社会主義の道から離れていった。父の死から十五年経った一九八九年、欧州ではベルリンの壁が東西両ドイツ市民の手で打ち壊され、アジアでは北京天安門で人民の軍隊が民衆に銃口を向け発砲した。九〇年代後半に入ると、衰退が云われて久しいアメリカを尻目に、中国はめざましい急成長を遂げコロナパンデミックが襲うまでは、十年を経ずして米国を追い抜き、世界最大の経済大国に躍り出るだろうといわれた。だがその一方で、かつて全世界で資本主義と拮抗した社会主義の存在感は、今やどこにも見当たらない。

この小文を書き終えて筆を擱こうとするいま、父が十五年もの歳月を獄に繋がれてなお節を貫き、あの苛烈な戦前・戦後の時代を誠実に生きたことを思い、言い知れぬ感慨に打たれる。「以て瞑すべし」との想いがわく一方で、私はその言葉に虚しい響きをおぼえもする。私たちの眼の前にあるのは、父が生涯をかけてそのために奮闘した国際共産主義運動も、プロレタリア国際主義も、すでに死語となって久しい現状に外ならないからである。「近代と資本主義の体制に呻吟していた人民にとって」、「大きな夢とロマン」を与えるものとされた〝社会主義思想〟は、現実社会の実体としては、その輝きを失ってしまったようだ。父ら無数の先人たちの失敗と挫折を乗り越えて、〝社会主義思想〟が再び輝きを取り戻す日が来ると信じたいが、それは未来の世代の手に委ねるしかないのだろう。

（完）

あとがき

この稿を書き終えたいま、肩にかかっていた重い荷物をようやく下ろした気がしている。私は、父との関係について、長い間、心の整理がつかなかった。その宙ぶらりんな状態に踏ん切りをつけるきっかけとなったのは、結婚して間がない頃に、私が父の墓参りを欠かしていることを知った妻から、どんな理由があろうとも、父母を敬わないのは人の道から外れる、と強く詰られたことであった。

私は、その言葉に背中を押されるようにして、それまで父との間で抱えていた胸のわだかまりと、正直に向き合うことになったのだったが、そのときになって父についてほとんど何も知らないことにはたと気づき、狼狽《うろた》える思いだった。ほどなくして父の遺品類から自筆の経歴書が見つかった。父と同時代に生き活動を共にした人々は大方すでに鬼籍に入っていて、肉声を聞けるのは難しいと思われたが、小野民樹君の示唆と斡旋で、戦後に父が担当した党史関係の資料蒐集・調査研究の仕事に関わった経歴のある犬丸義一氏から話を聞くことができたのは幸運であった。

犬丸氏は、かつて父と共に党史研究に携わった山辺健太郎の自伝をまとめて、岩波新書から出版したことがあるが、そのときの担当編集者が小野君であったことから、親しい関係だったのである。犬丸氏から聞き取りをおこなったのは二〇〇八年一〇月二八日のことである。これらを足がかりにしながら、休日を利用して国会図書館、法政大学大原社会問題研究所などに通い、またインターネットで検索して関連文献資料をぽつぽつと集める日々が十年余り続いた。数年前、たまたま三か月ほど入院したのを奇貨《きか》として、病室にパソコンを持ち込み、それまでに溜め込んでいた資料を使って、一気に初稿を書き上げることができた。

だが、調べて解明できたことは、父の足跡のほんの一部にすぎない。戦前の活動は非合法下でおこなわれたから、本人の記録の類いは一切なく、大部分は公安当局の資料と関係者の回顧録に頼った。戦後についても、一九五〇年前後から数年間の非公然活動時代は、厚いベールに覆われて推測の域を出られないことが多かった。朝鮮戦争を軸にして烈しく揺れ動いた日本共産党と非公然の地下活動、その深い闇を抱えて父は墓の中へ入ったのだった。

父の事跡をまとめるために費やした時間は、その間に集めた資料が語りかけてくるものに耳をすまし、それを自分のなかで発酵させ、消化するために必要な過程であったように思う。それはまた、私自身が歩んできた道を見つめ直す時間でもあった。それまでの私は、自分の人生には何一つ悔いは無いと信じて、ただひたすら目の前の仕事に打ち込んできた。だがそれは、心の奥底によどんでいた澱のようなものを見まいとしていたに過ぎなかったことに気づかされた。

もし仮に父が生きながらえて、世界と日本の現実と共産主義運動の現状を目にしたとしたら、どんな感慨にふけるであろうか。あの一九六六年を境にして父子の間に起きた対立と断絶とはいったい何であったのかと、今さらながら思う。近ごろになって、今なら父と向き合い、こだわりなく議論できるような気がしている。その気持ちはますます強くなるようだ。

原稿をまとめるうえでは、中学校時代からの友人である小野民樹君の著書から多くの引用をさせてもらったほか、少なからぬ助言と資料の提供を受けた。本書はあの60年代の熱気を思い浮かべ、それに刺激されながら書き進めたと言えよう。社会運動資料センター代表の渡部富哉氏からは折にふれて、資料の提供と貴重なアドバイスをいただいた。犬丸義一氏は数年前に鬼籍に入られたが、長時間の聞き取りに快く応じていただいた。資料の乏しい戦後の非公然時期の様子を、その一時期の活動を共にした大安和彬氏からうかがったエピソードは、ともすれば干からびた文章になりがちなところに血を通わせてくれた。上田の城跡をそぞろ歩きながら氏と交わした会話は、池波正太郎が贔屓にした名店刀屋でご馳走になった蕎麦の美味とともに忘れがたい思い出である。

また、一面識もない失礼を顧みず、メールや手紙で問合せた多くの研究者、研究機関の方々から懇切なご教示をいただいた。なかでも法政大学大原社会問題研究所には、戦前及び戦後の非合法・非公然活動時代の貴重な資料の閲覧・複写、とくに同研究所所蔵の「名古屋共産党事件」裁判資料の複写・翻刻及び本書への掲載を許可して頂いた。

当初は、出版することなど想定していなかった。自分の胸の中に溜まったものを吐き出してみようと云うことと、書き残しておきさえすれば、いつかは子どもや孫たちの目に触れて、祖父或いは曾祖父が生きた時代のことを身近に感じる手がかりにもなろうという、きわめて個人的な動機で書き始めたのであった。それが思いがけなく、このような形で本にすることができたのは、ひとえに周りの人々の励ましと協力のおかげというほかかない。

出版の糸口をつけてくれたのは、高校以来六〇年に及ぶ旧友の七字英輔君である。七字君は自著『演劇は越境する』の出版元、せりか書房の船橋純一郎編集長に話しを通し、その船橋氏の紹介で田中徳雄氏の面識を得た。田中氏は、長文の読後評を自身が主宰する『人物研究』誌に掲載し、出版を勧めたうえ、出版社紹介の労をとってくださった。その知道出版の奥村禎寛編集長には本書の編集全般で、山中千佳さんにはデザインと組版で、たいへんお世話になった。

併せてここに記し、お礼の言葉としたい。

最後に、逡巡する私が重い腰を上げるきっかけをつくり、本書の刊行に至るまで、終始支えてくれた妻友子に心から感謝したい。

二〇二四年一月二一日
父没後五十年目の命日に

水谷家の居間で親族一同と。
作者（前列左から１番目）、酒井定吉（前列左から４番目）、
母順子（後列左から２番目）

注釈

酒井定吉　年譜

参考文献

【注釈】

序章

(1)『60年代が僕たちをつくった』小野民樹／羊泉社／二〇〇四年、（増補版）幻戯書房／二〇一七年

第一章

(1) 風間丈吉（一九〇二―一九六八）中農の四男として新潟県で生まれる。高等小学校卒業後に上京し金属労働者に。一九二五年秋、モスクワのクートヴェに留学し、三〇年に帰国、三一年共産党中央委員長となり、共産党指導部再建をはかったが、翌年検挙され獄中で転向した。戦後、労農前衛党に参加。世界民主研究所事務局長となり反共活動をおこなった。著作に『モスコー共産大学の思ひ出』『雑草の如く』など。

(2) 松尾直義（一九〇〇―一九三五）一九二三年日本共産党に入党、関東金属労組委員長などを務める。翌二四年検挙され、懲役二か月執行猶予三年。二八年の三・一五事件で検挙され、懲役一〇年の刑で服役中に発病し、三五年仮出獄したが間もなく死去した。

(3) 徳田球一（一八九四―一九五三）沖縄県名護市出身。戦前の非合法時代から戦後初期に至るまでの日本共産党の指導者で、戦後初代の書記長。米軍占領下の一九五〇年、マッカーサー最高司令官による公職追放を受けて、野坂参三ら主要幹部と共に中国へ密航し、中国共産党の保護下に、北京機関（または孫機関とも）を組織し国内の党を指導し続けたが、五三年一〇月一四日北京で客死した。

(4)『雑草の如く』風間丈吉／経済往来社／一九六八年

(5) マンダート。日本共産党員の身分を証明する信任状のこと。小さな絹切れなどに英文で書かれたものを、服の裏地に縫い付けるなどして密かに持ち運ばれた。

(6)『中国問題を所管するコミンテルン組織機構の変遷』中国共産党中央党史研究室第一研究部／「炎黄春秋」誌所載

(7) ヴォイチンスキー（一八九三―一九五六）はコミンテルン創立期の活動家で中国研究家。二五年一月、上海へ密航した荒畑寒村、佐野学、徳田球一ら党再建ビューロー指導部は、ヴォイチンスキーの指導下に開かれた日本問題委員会に出席し、解党の根本的な誤りを確認するとともに、コミンテルンの指示のもとに党再建方針、いわゆる「一月テーゼ」を決議した。

(8)『中国問題を所管するコミンテルン組織機構の変遷』中国共産党中央党史研究室第一研究部／「炎黄春秋」誌所載

(9)『ソ連邦共産党、コミンテルンと中国国民革命運動（一九二〇―一九二五）』中国共産党中央党史研究室第一研究部・編纂／北京図書館出版社／一九九七年

(10) 袴田里見（一九〇四―一九九〇）青森県上北郡下田村（現・下田町）に生まれる。攻玉社中学を中退して労働者に。一九二五年、父らと入露、クートヴェで学び、二七年ソ連共産党員。二八年帰国後、関西で日本共産党再建運動に従事するが、同年検挙さ

れ三二年まで服役。出獄後、三三年中央委員。三五年逮捕され敗戦まで獄中。戦後、党中央委員、政治局員、幹部会員。七〇年党副委員長となるが、スパイ査問事件の供述も絡んで、七七年、除名処分を受けた。著書に『私の戦後史』『昨日の同志・宮本顕治へ』など。

(11)『党とともに歩んで』袴田里見／新日本出版社／一九六八年

(12)『モスコー共産大学の思ひ出』風間丈吉／三元社／一九四九年

(13)山本正美（一九〇六―一九九四）高知県幡多郡中村町（現四万十市）に生まれる。水平社運動、労働運動を経て、二六年クートヴェに派遣され、二九年共産党入党、三一年十二月に帰国。三三年野呂栄太郎らと共産党中央委員会を再建して委員長に。翌年五月に検挙され、十二年の刑で四二年出獄。戦後再入党し五七年東京都委員・組織部長。六全協後の党内対立のなかで、六二年除名され、労働運動研究所理事をつとめた。

(14)『激動の時代に生きて』山本正美／マルジュ社／一九八五年

(15)『共产国际、先进知识分子为何都看中上海？』熊月之／152期文匯講堂1・党史系列／文汇客户端 2021-04-28

(16)『雑草の如く』風間丈吉／経済往来社／一九六八年

(17)『党とともに歩んで』袴田里見／新日本出版社／一九六八年

第二章

(1)「戦前国鉄における現業委員会の構成と運営―大家族主義に包摂された国鉄労使関係の実態―」林采成・ソウル大学校日本研究所副教授／『経営史学』第四八巻第三号（二〇一三年十二月）

(2)「葉山嘉樹と名古屋労働者協会」／関西大学国文学会『国文学』四三号所収／一九六八年三月

(3)『名古屋地方労働運動史』斉藤勇／風媒社／一九六九年

(4)寄田春夫（一八九七―一九三八）大正時代の労働運動家。愛知県出身。一九二〇年名古屋労働者協会にはいり、労働運動、普選運動を指導。翌年愛知時計の争議に参加。二二年頃共産党に入党。二三年名古屋共産党事件で禁固八ヵ月。出獄後、名古屋合同労組組合長、日本労働組合評議会中部地方評議会政治部長などをつとめた。

(5)金子健太（一八九九―没年不詳）東京深川出身。十二歳で機械工徒弟となり、山川均主宰の水曜会に参加、二二年十一月共産党に入党。二三年関東機械工組合委員長。二八年の三・一五事件で検挙され、三一年に保釈されるが、三三年再検挙され、三六年まで下獄。戦後は主に労働運動の国際連帯活動に活躍。五一年五月、中国へ密航し世界労連執行委員として、北京の世界労連アジア太平洋連絡局で活動、五六年十二月帰国後、全国金属労組中執・国際部長、六二年以降、共産党労働組合部副部長、顧問。金子と父とは大正十二年以来、同志としての交友があった。父が地下に潜り、金子が中国へ密航した後、母と私は目黒区柿の木坂にあった金子の自宅の一間を借りて数年間暮らしていたことがある。私が六歳になって最初に入学したのは付近の目黒区立東根小学校であった。

(6) 田所輝明（一九〇〇―一九三四）大正・昭和時代前期の社会運動家。北海道出身。浅沼稲次郎らと建設者同盟を結成。一九二〇年日本社会主義同盟の発会式で検挙され早大を中退。山川均に師事。二二年共産党に入党、翌年第一次共産党弾圧事件で入獄。出獄後、福本イズムに反対して共産党を離れ日本労農党に加わる。著作に「社会運動辞典」など。

(7) 杉浦啓一（一八九七―一九四二）静岡県榛原郡金谷町の農家に生まれる。小学校卒業後、鉄工所労働者になり、一九年春に大日本機械技工組合をつくり、労働運動を始めた。一九二二年共産党に入党。二三年組合部長。レフト創立後、その機関誌『労働組合』を創刊して責任者になり。以後総同盟左派の指導者として活動し、日本労働組合評議会の創立に参加。二七年十二月中央委員。二八年、三・一五事件で検挙され懲役八年を科された。三三年佐野・鍋山の転向声明に賛同し獄中で転向した。

(8) 渡辺政之輔（一八九九―一九二八）戦前の日本共産党における労働者出身の指導的幹部の一人。千葉県市川町根本の畳職の家に生まれる。東京・亀戸町永峯セルロイド工場の職工となり労働運動に入る。一九一九年（大正八）二月新人会に入会、新人セルロイド工組合を組織、友愛会城東連合会に参加、二二年七月創立の日本共産党に参加、同年十月南葛労働協会（後に南葛労働会に改称）を組織した。六月五日の第一次共産党事件の検挙に連座し逮捕、起訴された。二四年二月東京東部合同労組を組織、四月日本労働総同盟に加盟し、総同盟戦闘化の先頭に立った。二五年五月の総同盟分裂後、日本労働組合評議会を創設、これを指導し、また党再建ビューローの一員となって党再建に尽力し、二八年二月の第一回普通総選挙以後、党中央委員長に。同年十月六日、国際連絡の帰途、台湾の基隆（キールン）で官憲と交戦、自ら命を絶ったとされるが、射殺されたとの説もある。

(9) 葉山嘉樹（一八九四―一九四五）小説家。福岡県京都《みやこ》郡豊津に生まれる。父は京都郡郡長。一九一三年早稲田大学予科文科に入学したが遊蕩のため年末に除籍処分。二一年名古屋セメント工務係のとき組合結成を図って解雇され、『名古屋新聞』（主筆・小林橘川）労働問題担当記者となり、同時に名古屋労働者協会に加入。共産党指導下の戦闘的な労働組織「レフト」に参加。二三年「名古屋共産党事件」で逮捕、二五年出獄。日本プロレタリア文学の傑作といわれる、長編『海に生くる人々』により一躍文壇の新進作家となる。労農派の『文芸戦線』派に属し、その代表的な作家として活動したが、後に日本の国論が中国大陸侵略の方向へ統制されていくと転向して、翼賛体制支持の立場に身を置いた。四五年六月開拓団員として満州（中国東北部）北安省に赴き、敗戦で引揚げる列車に乗車中、同年十月十八日徳恵駅付近で病没。享年五一歳。『葉山嘉樹全集』全六巻（筑摩書房）、『葉山嘉樹日記』（筑摩書房）、浦西和彦著『葉山嘉樹』（桜楓社）

(10) 清水石松（一八九七―一九七八）石川県能美郡苗代村（現小松市）の中農の家に生まれる。小学校卒業後、大阪市電で労働組合活動のため解雇され、一九二二年名古屋労働者協会に加盟。二三年六月の名古屋共産党事件で検挙され禁錮七か月の判決、十二月保釈出獄後、酒井定吉と総同盟大会を傍聴。二四年三月、名古屋機械技工組合を創立し組合長。総同盟傘下の名古屋労働組合を作り組合長になったが、後に組合活動を離れ敗戦を迎えた。戦後は総同盟愛知県連の専従、名古屋製陶労働組合など。

(11) 小沢健一（一八九九―没年不詳）愛知県愛知郡広路町（現・名古屋市汐見町）に大工の長男として生まれる。小学校卒業後、海軍工廠、砲兵工廠を経て名古屋工廠千種機器製造所フライス工。一九二〇年六月創立の名古屋労働者協会に参加。二二年一月中部労働組合連合会の創立に参加。二三年六月の名古屋共産党事件で検挙され禁錮七カ月に処される。保釈出獄中に酒井、清水と名古屋機械技工組合を結成し執行委員となった。総同盟分裂の際は評議会に参加し中部地方評議会を結成し同執行委員長、名古屋金属労働組合長など歴任。三〇年十二月無産者新聞名古屋支局長として治安維持法違反で検挙され懲役一年半に処された。戦後、共産党に入党した。

(12) 吉見春雄（一九〇一―一九八三）宮城県刈田郡白石町（現・白石市）生まれ。一九二三年、東京外国語学校ロシア語科中退。在学中社会問題研究会を創立、またＭＬ会に入会。中退後は静岡で青年運動を行ない、二五年無産政党組織準備静岡県協議会常任書記、二七年全日本無産青年同盟本部常任書記となり共青に加入。二八年の三・一五事件で検挙され懲役三年に処せられた。三二年共産党に入党。戦後は共産党に復党し静岡県委員。

(13) 大橋幸一（一九〇二―没年不詳）静岡県安倍郡豊田村に小作人で半農半商の家の長男として生まれた。静岡商業学校卒。一九二四年、酒井定吉、吉見春雄らと知り合い政治研究会・無産青年同盟静岡県支部の設立に参加。二六年労働農民党に入党、静岡支部連合会書記長、翌年同党中央委員。二八年、共産党に入党、同年の三・一五事件で逮捕、起訴され懲役二年執行猶予五年の判決。三六年、静岡の第一次人民戦線事件で一斉検挙された。戦後、吉見春雄らと共産党静岡県委員会を再建した。静岡市議会議員を三期つとめた。

(14) 福島義一（一八九二―一九七〇）埼玉県大里郡寄居町に養蚕農家の長男として生まれた。正則英語学校予備校、日本大学に学んだ。友人の影響で社会主義思想に目覚め、静岡県下の労働運動に参加、二四年沼津印刷所労働組合を結成。二五年五月の日本労働組合評議会創立大会に酒井定吉と出席、以後、政治研究会静岡県評議会、『無産者新聞』の支局設置などに参画。二八年労働農民党に加わり、三一年全農中央委員、全国労農大衆党全国委員、三二年社会大衆党中央委員。戦後、全農本部執行委員、社会党静岡県連会長を務め、吉原市会議員として活躍。

(15) 『葉山嘉樹』近代文学資料６／編纂：浦西和彦／桜楓社／一九七三年

第三章

(1) 治安警察法は日清戦争（一八九四～一八九五）後に高まった労働運動を取り締まるために、表現の自由や結社の自由の制限を目的として一九〇〇（明治三三）年に制定された治安立法で、それまでの自由民権運動を規制するための「集会及政社法」に労働運動の規制という新たな役割を加えて制定された。治安警察法が労働運動や政治活動を規制対象にしていたのと異なり、一九二五年に作られた治安維持法は明確に「国体を変革する者、私有財産制を否認する者（すなわち社会主義者・共産主義者）」を取り締まり対象としており、治安警察法は「労働運動・政治結社を取り締まる法律」として、治安維持法は「共産主義者・国体変革者を取り締まる法律」として運用され、住み分けがなされた。二八年年六月二九日、緊急勅令によって治安維持法の最高刑を死刑とした。

(2) 本書附録②『コミンテルンの密使』か挑発者か」

(3) 本書附録⑤「葉山外十一名治安警察法違反被告事件」裁判資料綴り

(4) 早稲田大学軍事研究団事件は、一九二三年に早稲田大学で起きた軍事教育反対事件。早稲田軍教事件ともいう。この年五月、陸軍との関係の深かった乗馬学生団を母胎とし、「学生軍事教育を率先支持し……同大学に巣食ふ赤化思想を一掃する」ことを目的とする軍事研究団が結成された。それに対して、大山郁夫や佐野学を顧問とする文化同盟（建設者同盟の学内団体）の学生たちが激しく反対する一方、早大雄弁会主催の軍事研究団撲滅演説会が中央校庭で開かれると、柔道部・相撲部などの運動部員らが殴り込みをかけ、浅沼稲次郎ら学生数名が負傷した。このため少壮教授や校友の小川未明、秋田雨雀らも軍研を非難し、十五日軍研はやむなく解散した。六月五日、佐野学、猪俣津南雄両教授の研究室が捜索を受けたが、このとき創立間もない共産党の中心的な幹部だった佐野学は、捜査の手が伸びることを予想して、研究室に保管していた党関係の文書のうち、「英国共産党暫定党規」「議事録」「中央委員の組織」等の書類を、渋谷杢次郎［注・渋谷の女婿坂口鶴治が警察のスパイだったとする説が有力］という夕張の元坑夫に預けたところ、この男が当局のスパイを働いていたことから、第一次共産党検挙の発端になったといわれる。佐野が渋谷に預けて押収された「英国共産党暫定党規」は、官憲の目を欺くために名付けたもので、実はこの年二月に千葉県市川市で開いた第二回党大会で決めた党規約の原案であった（『早稲田大学百年史』第三巻第六篇第十三章）。

(5) 一九一〇年五月、明治天皇暗殺計画という容疑で多数の社会主義者、無政府主義者が逮捕、処刑された事件。〇八年の赤旗事件前後から社会主義者への弾圧を強めた政府は、一〇年五月、長野県明科の職工宮下太吉の爆裂弾製造所持の事件をきっかけに、翌月から全国の社会主義者数百名を検挙、二十六名を大逆罪で起訴した。十二月から翌十一年一月にかけ大審院特別法廷は非公開裁判を行い、幸徳秋水をはじめ森近運平、管野スガら二十四名に死刑、二名に有期刑の判決を下し、結局幸徳ら十二名が一月二十四日処刑（管野は翌日処刑）された。以後、社会主義運動はきびしく弾圧された。全世界に衝撃を与えたこの裁判は一人の証人も出廷させず、裁判記録も弁護士の手にさえ残さないもので、事の真相は第二次世界大戦の敗戦にいたるまで隠された。一九六〇年、事件関係生存者の坂本清馬により東京高裁に事件の再審請求が提出されたが棄却、最高裁への特別抗告も棄却された。事件の大半はでっち上げと考えられている。

(6) 『日本共産党史研究によせて』渡部義通／日本共産党中央委員会機関誌『前衛』一九五八年第七号、第九号所載

(7) 片山潜（一八五九―一九三三）日本における労働運動の先駆者、社会主義者。美作国久米南条郡羽出木村（後の弓削町、現在の岡山県久米郡久米南町羽出木）に庄屋藪木家の次男として生まれる。一八八四年（明治一七）渡米しエール大学を卒業。キリスト教社会主義の影響を受けて労働・社会問題に興味をもった。九五年帰国。日露戦争の最中の一九〇四年、アムステルダムでの第二回国際社会主義者大会（第二インター）で、ロシアのプレハーノフとともに副議長となり、軍国主義打倒の演説を行なった。一〇六年日本社会党結党に参加。日本社会党第二回大会で議会政策論を主張し、幸徳秋水らの急進論と対立した。一〇年の大逆事件後、十一年の東京市電争議を指導して投獄され、十二年大赦で出獄。一四年アメリカへ亡命。二一年ソ連に渡り、コミンテルン執行委員。以後、日本の共産主義運動を指導し、国際反帝同盟はじめ反戦運動の面でも活躍した。一九三三年病没。ソ連は国葬を執り行い、遺骨はクレムリン宮殿赤の広場の壁に埋葬された。主著『日本の労働運動』（一九〇一）、『我社会主義』（一九〇三）、『自伝』（一九二二）

(8) 佐野学（一八九二年―一九五三年）社会運動家、歴史学者。大分県生まれ。一九一七年（大正六）東京帝国大学法学部政治学科卒業後、満鉄東亜経済調査局嘱託を経て、二〇年早稲田大学講師となる。この間、一八年には新人会の創立に参加。二〇年には全国坑夫組合を創立、早大文化同盟、建設者同盟、暁民会の指導にあたった。二二年日本共産党に入党、中央委員。二三年六月共産党の第一次検挙直前にソ連に逃れ、コミンテルン第五回大会に代議員として出席。二五年共産党再建のための上海会議に参加ののち帰国、『無産者新聞』を創刊した。二六年第一次共産党事件で十か月下獄。二七年（昭和二）コミンテルン第六回大会に出席、常任執行委員に選ばれコミンテルン本部で活動。同年十二月、中央委員長に。二九年六月上海で検挙され、三三年六月鍋山貞親と連名で獄中転向を声明、天皇制下での「一国社会主義」を唱え、大量転向のきっかけをつくった。戦後は早大教授。四七年日本政治経済研究所を創立、反ソ反共の民族社会主義の立場で運動した。

(9) 春日庄次郎（一九〇三―一九七六）労働運動家、日本共産党中央委員。大阪市出身。立命館中学中退。一九二二（大正十一）年上京し、博文館の印刷工。二四年関東印刷労働組合を組織、日本労働総同盟に参加。同年モスクワのクートヴェに留学、一九二六年帰国。二七年日本共産党関西地方委員長。翌年共産党一斉検挙（三・一五事件）で懲役十年の判決を受け、三七年満期出獄。日本共産主義者団を組織、三八年再び検挙され無期懲役判決。四五年釈放、四六年共産党中央委員。五〇年書記局員。同年の党分裂で宮本顕治とともに国際派を指導。同年六月マッカーサー書簡で公職追放。五五年党統一で中央委員、書記局員。五八年統制委員会議長。六一年党綱領論争で離党、統一社会主義同盟の組織を経て、六七年共産主義労働者党を結成した。

(10) 服部麦生（一九〇五―一九四九）昭和時代の社会運動家。東京有楽町に生まれる。神田電機学校（現東京電機大）卒。日本社会主義同盟の創立に参加した服部浜次の次男。横浜電気試験所・湯浅乾電池製作所などに勤務した後、一九二四年共産党から派遣されてモスクワのクートヴェに入学、二九年卒業。三〇年共産党大阪地方委員として活動中に検挙され、懲役八年の判決。戦後、共産党の再建につとめ東京都委員、中央委員候補。四八年十一月北海道地方で活動中に病死した。

(11) 吉村英（一九〇五―二〇〇二）東京市本郷区根津片町三番地で、飾利職人の家の五人兄弟の三男に生まれる。小学校四年卒業後、十歳から鉄工場で働く。一九一九年関東機械工組合に加入し、オルグの金子健太の指導を受けて労働運動へ入る。一九二四年、日本共産党から派遣されクートヴェに留学。一九二八年の三・一五事件直後に党再建の命を受け酒井定吉、南巌、舟貝幸作らと帰国したが、同年七月に大阪で検挙された。三九年、中外商業新報（日本経済新聞の前身）に大学卒と偽って入社し、工務部長、整理部長を歴任。戦後は新聞単一労組、産別会議の結成に参加し、四七年の二・一ゼネストでは日経労組闘争委員長を務めたが、同年、経歴詐称を理由に解雇される。同年十一月、日本機関紙協会を設立し事務局長。その後は赤旗編集局、労働者教育協会講師など。妹（きん）は作家山本周五郎夫人。

(12) 相馬一郎（一九〇三―一九三九）秋田県鹿角郡出身。日立鉱山に勤務のなかで友人川合義虎、丹野セツらと社会主義を知り、一九二〇年上京し暁民会に参加。二二年共産党に入党し、南葛労働協会の創立に参加する。翌年の関東大震災で川合義虎らが虐殺された亀戸事件後、労働運動の再建に尽力し、二四年入露してクートヴェに入学、卒業後ソ連共産党員候補。一八年三・一五事件後の党再建のため帰国し、活動中に検挙され懲役十年に処せられる。のち獄中で転向し、陸軍情報局の仕事をしたが、自責の念にかられて自殺したといわれる。

(13) 孫逸仙大学の正式名称は中国労働者孫逸仙大学（一九二八年以降は中国労働者孫逸仙共産主義大学）、略称は中山大学。二五年三月十二日に孫文が死去すると、ソ連共産党は孫文を記念し、中国革命の人材を養成する機関として、二五年一〇月七日、孫逸仙大学を創設した。三〇年に閉校となるまでの五年間に、王明、博古（秦邦憲）、張聞天、鄧小平、蔣経国ら中国の現代史に登場する数多くの指導的人物を輩出した。

(14) 謝雪紅（一九〇一―一九七〇）中国の女性革命家。台湾彰化県の貧しい労働者の家庭に生まれる。一九二一年反日団体に加盟、二五年上海の五・三〇事件に参加し、別名「飛英」で活躍、同年中国共産党に入党。クートヴェに入学、二八年に帰国後、日本共産党台湾民族支部（台湾共産党）の創設に加わった、三一年の台湾共産党事件（台湾総督府による弾圧）で逮捕され、三九年に重病のため釈放された。四七年台湾民主自治同盟主席として、国民党に対する武装蜂起（二・二八事件）を指導、のち捜索の手を逃れて、翌四八年に大陸の解放区に入り、四九年新中国の政治協商会議全国委員、五四年全国人民代表大会代表に選出されたが、五八年「右派分子」として代表資格を剥奪され、文化大革命の最中に死去した。

(15) 「二・二八事件」は、一九四七年二月二八日、台湾で起こった住民による反国民党暴動。台湾現代史のうえで重要な意味を持つ事件とされている。四七年二月二七日台北市内で闇タバコ取締りをめぐる紛争が起こり、二八日同市内で国民党軍がデモ隊に発砲、これをきっかけに、三月一日から主要都市で民衆が官庁や警察を襲撃占拠する事態となった。三月八日中国大陸から派遣された国民党の増援部隊による無差別の殺戮がおこなわれた。事件の犠牲者数は二万八千〜四万人と推定されている。事件は本省人と外省人の対立をはじめ深い傷痕を残したとされる。八〇年代後半の民主化のなかで、九六年から事件犠牲者遺族への補償金の支給が始まり、九七年には台北市二・二八記念館が開館した。台湾の侯孝賢監督が、「二・二八事件」に翻弄される船問屋の一族の悲劇を描いた映画『悲情城市』（一九八九）は、ベネチア国際映画祭で金獅子賞を受賞している。

(16)「佐野学予審尋問調書」山辺健太郎編『現代史資料⑳』所収／みすず書房

(17)『思想月報』第八号／司法省／一九三五年二月

(18)エロシェンコ（一八八九―一九五二）ロシアの盲目詩人。モスクワの盲人学校でエスペラントを習得、のちロンドンに学んだ。一九一四年（大正三）東京にきて、日本語とエスペラントで民話、童話を発表、大杉栄らと親交を結んだ。一九年、ソ連スパイの嫌疑でウラジオストクに送還された。二三年ソ連に帰国後、一時期、クートヴェで父ら日本人留学生の通訳を担当した。エスペラントの自伝『わが学校生活の一ページ』、『孤独な魂のうめき』、日本語の短編小説『提灯《ちょうちん》物語』その他、多くの詩、短編などがある。

(19)『コミンテルンは挑戦する』高谷覚蔵／大東出版社／一九三七年

(20)『激動の時代を生きて』山本正美／マルジュ社／一九八五年

(21)『現代日本の思想』久野収・鶴見俊輔／岩波新書／一九五六年

(22)志賀義雄（一九〇一―一九八九）福岡県に生まれ、一高、東京帝国大学文学部卒業。その間、新人会に参加、学生連合会を創立、一九二三年日本共産党に入党した。二八年三・一五事件で検挙され非転向で獄中生活十八年。四五年十月出獄後、党再建に従事し中央委員・政治局員。五〇年の党中央分裂に際しては国際派に属した。幹部会員。四六年衆議院議員に当選、六四年国会の部分核停条約批准に賛成投票し、党議違反で除名。同年ソ連共産党を支持する「日本のこえ」を結成し全国委員長に。著書に『獄中十八年』『国家論』『日本帝国主義について』など。

(23)青幇《チンパン》は中国の秘密結社。江南地方から米を北京へ運ぶための京杭大運河の水夫たちのギルドを源流とし、その一部が辛亥革命前の中国の暗黒面を代表する秘密結社になった。とくにアヘン戦争後、上海に列強諸国の租界が形成されると商工業が急速に発達し、中国各地から移民、流民が流れ込むようになり、青幇の組織はこれらを吸収して、地下社会を支配し、アヘン、賭博、売春を主な資金源とした。青幇ともう一つの組織洪幇を合わせると、当時の上海の人口三〇〇万人の四分の一を、組織構成員に擁していたといわれる。その頭目のひとり杜月笙の勢力は抜きん出ており、一九三〇年代には中国全土のアヘン流通を事実上支配するまでになった。二七年四月、杜月笙は蒋介石と手を組み上海クーデターを起こし多数の共産党員と革命的労働者を殺害した。この事件を通じて蒋介石との関係をいっそう深め、二九年には銀行を設立し、仏租界の莫大な資金を一手に吸い上げるまでになった。中国共産党が政権を握った四九年には香港へ脱出。五一年にアヘン中毒で死ぬと、青幇も組織としての力を失い、五〇年代半ばに消滅したといわれる。

(24)『解禁昭和裏面史――旋風二十年』森正蔵／（初版）鱒書房／一九四五年（再版）筑摩書房／二〇〇九年

第四章

(1) 一九二六年一月に起きた共同印刷争議は、同年四月の浜松日本楽器争議とならんで、前年に結成された日本労働組合評議会が指導した、日本の労働運動史上に残る大争議。会社側による操業短縮と賃金カットの発表に端を発し、全国からの支援を受けたストライキは六〇日間続けられ、三月一六日に終結したが、約一七〇〇人の労働者が職を失い、労働者側の敗北に終わった。共同印刷の労働者で、この争議の中心にいた徳永直は、自らの体験をもとにした小説『太陽のない街』を著している。

(2) 一九三〇年九月、陸軍中佐橋本欣五郎ら「桜会」を結成。同年十一月、浜口雄幸首相が東京駅で右翼の佐郷屋留雄に狙撃され重傷を負う。三一年三月、「桜会」一部将校と大川周明らが、軍部クーデターによる宇垣内閣樹立を画策するも未遂に終わる（三月事件）。同年十月、橋本欣五郎中佐ら、軍部内閣樹立のクーデターを計画するも発覚、未遂に終わる（十月事件）。三二年二月、日蓮宗僧侶井上日召を頭とする血盟団員が、前蔵相井上準之助を射殺。同年三月、血盟団員が、三井合名理事長団琢磨を射殺。同年五月、海軍将校ら、首相官邸を襲撃し、犬養毅首相が射殺された外、牧野伸顕内大臣官邸、立憲政友会本部、警視庁、変電所、三菱銀行などが襲撃された（五・一五事件）。三三年七月、愛国勤労党天野辰夫らを中心とする右翼は、閣僚・元老などの政界要人を倒して皇族による組閣によって国家改造を行おうと企図したが未然に発覚（神兵隊事件）。

(3)『昭和史の瞬間・上』所収／塩田庄兵衛／朝日選書／一九七四年

(4) 小林多喜二（一九〇三―一九三三）小説家。秋田県の農家に生まれたが、生家の没落により小樽に移住。一九二四年小樽高等商業学校卒業。北海道拓殖銀行に勤めながら次第に共産主義運動に近づき、特高警察の拷問と、それに耐える党員労働者の人間像を描いた『一九二八年三月十五日』（一九二八）で認められ、二九年『蟹工船』『不在地主』、三〇年『工場細胞』などを発表。二九年には銀行を解雇され、三〇年には不敬罪などで入獄、日本プロレタリア作家同盟の書記長に選ばれた三一年、共産党に入党した。三三年には党活動中再逮捕されて東京築地署で拷問を受けた末に虐殺された。早くから志賀直哉に傾倒して、対象把握の手法を学び、政治運動化したプロレタリア文学の最前衛で、特に集団描写にすぐれたリアリティを完成したとされる。最後まで思想を捨てなかったプロレタリア文学運動の象徴的存在とされている。

(5)『昭和史発掘5』所収／松本清張／文藝春秋／一九六七年

(6) 三田村四郎（一八九六―一九六四）金沢市出身。少年時より職を転々としたあと、大阪府巡査となったが社会主義に目覚め、一九一九年免職。上京して印刷職工となり、暁民会に加盟、翌年日本社会主義同盟に参加した。九津見房子と結婚して大阪に移り日本労働総同盟に加入、大阪印刷労働組合を組織した。二五年日本労働組合評議会の創設に参画、組織部長、政治部長を歴任。二六年、浜松の日本楽器争議を指導、同年日本共産党中央委員候補となる。二九年四・一六事件で検挙され無期懲役の判決を受け、控訴中に転向を表明。敗戦後、共産党への復党が認められず、日本労働組合会議、職場防衛連絡協議会などを創設、反共労働運動の旗振り役になった。

(7) 市川正一(一八九二―一九四五)日本共産党中央常任委員。山口県宇部市に生まれる。早稲田大学文学部英文科を卒業、一九一六年読売新聞社を経て、二二年青野季吉らと雑誌「無産階級」を創刊。二三年共産党に入党し、「赤旗」編集委員。同年第一次共産党事件で検挙され禁固八カ月。二五年共産党再建ビューロー委員となり「無産者新聞」主筆、二六年同党中央委員。二七年渡辺政之輔らがコミンテルンに派遣された後の国内留守中央委員長。代表団帰国後、中央常任委員。二八年三・一五事件後の党組織再建に従事。同年コミンテルン第三回大会に出席。二九年共産党大検挙(四・一六事件)で検挙、起訴され、統一公判廷で党史について代表陳述。三四年無期懲役の判決が確定、網走・千葉刑務所で服役、四五年三月一五日宮城刑務所で獄死した。宮城刑務所において栄養失調となり歯が抜けて噛むことができなくなった市川は硬い米と軟らかい米を一粒ずつより分けて指でつぶしながら生き抜こうとしたという。網走刑務所では肺炎を悪化させて、医師から死亡宣告されたが、僧侶の読経の最中に昏睡から目覚め、僧侶は驚いて逃げ出したという逸話がある。本籍地の山口県光市光井鮎帰の県道沿いに記念碑がある。著書に『日本共産党闘争小史』。

(8) 鍋山貞親(一九〇一―一九七九)福岡県出身の巡査の家の長男として大阪市に生まれる。一九一四年メリヤス工場で働きながら小学校を卒業。一六年友愛会に入会、二三年四月大阪電気労働組合を結成し、これを母体に総同盟大阪連合会委員・同関西労働同盟会理事になる。二二年七月共産党創立大会直後、荒畑寒村を中心に同党大阪支部結成会議を開いた。二五年五月評議会創立大会で中央委員・教育部長、二六年日本楽器争議を指導。左派労働組合の指導者として活動。二六年九月末、共産党組合運動特別委員会・レフト(第二次)結成大会に出席した後、十二月に入露、コミンテルン執行委員会総会などに出席し、二七年テーゼの作成に参加。二九年の四・一六事件で検挙され、三二年無期懲役の判決を受けると、翌年六月八日に佐野学と共同で転向声明書「共同被告諸君に告ぐ」を発表し、共産党を除名された。佐野・鍋山ら最高幹部の転向は大量転向を生むきっかけとなった。四〇年恩赦で減刑・出獄。四六年世界民主研究所を設立して反共運動家に。戦後政界の黒幕と言われる。著作に『私は共産党をすてた』。

(9) 国領五一郎(一九〇二―一九四三)日本共産党創立期の指導者。京都の西陣織物職人の家に生まれる。小学校卒業とともに織物工となり、働きながら独学。一九二〇年十八歳のとき友愛会京都連合会に加入し、翌二一年執行委員。二二年、創立直後の日本共産党に入党した。総同盟分裂後、二五年に日本労働組合評議会に加わり運動を指導、二八年二月にモスクワで開かれたプロフィンテルン第四回大会で日本代表として報告。同年五月に帰国し、三・一五事件後の党再建に尽力したが、一〇月に逮捕された。

三一年の統一公判で労働運動分野を担当して代表陳述。懲役十五年の刑を受け、健康が破壊され、四三年三月一九日、大阪堺刑務所の病舎で死去。京都市左京区黒谷に碑がある。

(10)『私は共産党をすてた』鍋山貞親／大東出版社／一九四九年

(11)『私は共産党をすてた』鍋山貞親／大東出版社／一九四九年

(12)丹野セツ（一九〇二―一九八七）福島県石城郡小名浜町（現・いわき市）に生まれる。小学校卒業後、日立本山病院の看護婦となり友愛会に参加。一九二一年家出して上京、暁民会、赤瀾会に参加。二三年の亀戸事件では危うく難をのがれる。二四年渡辺政之輔らと東京東部合同労組を結成、同年、渡辺政之輔と結婚。二六年共産党に入党、婦人部長となり、以来二度逮捕された。戦後は全日本進駐軍要員労組、自由病院などで働き、五六年葛飾区に四ツ木診療所を設立。八〇年共産党を除名された。

(13)『日本共産党の五〇年』日本共産党中央委員会出版局／一九七二年

(14)『丹野セツ　革命運動に生きる』山代巴・牧瀬菊枝編／一九六九年／勁草書房

(15)与田徳太郎（一九〇四―没年不詳）東京鉄工組合本部宣伝部員、全日本無産青年同盟創立準備委員などを歴任の後、一九二五年十一月に入露しクートヴェに留学、一九二八年七月頃帰国。河合悦三、間庭末吉らと連絡し日本共産党に入党。東京地方第五地区内の芝浦製作所細胞準備会に所属し、次いで京浜地方オルガナイザーを命じられ、二九年四月十日頃まで活動に従事した。四・一六事件で検挙投獄され、三二年十月東京地裁で懲役四年の判決を受ける。三六年頃出獄したと思われる。

(16)『日本共産党史（戦前）』片岡政治／現代史研究会／一九六二年

(17)砂間一良（一九〇三―一九九二）静岡県出身。東京帝大卒。一九二八年「無産者新聞」の責任者となり、同年共産党に入党。二九年検挙され、非転向で四三年まで在獄。四九年衆議院議員。党中央委員、書記局員。党北京駐在代表となるが、六七年文化大革命の時期に国外追放される。

(18)間庭末吉（一八九八―一九三八）埼玉県に生まれる。横浜に出て船員となり、一九二〇年頃アメリカ共産党日本人部に加入し、二二年モスクワで開かれた極東民族大会（日本からは徳田球一らが出席）に、在米日本人社会主義者団の一員として片山潜、鈴木茂三郎らと一緒に出席。翌二三年日本共産党に入党、海外連絡にあたった。ウラジオストックの海員ホームで活躍した後、二八年帰国し、中央事務局組織部を担当、二九年の四・一六事件で検挙され懲役十二年の判決を受け、三八年獄死した。享年三十九歳。父が一九二五年九月末に浦塩で下船し、三週間後にシベリア鉄道に乗り込むまで、その間の一切を手配したのが間庭末吉であった。

(19)『モスコウとつながる日本共産党の歴史』風間丈吉／天満社／一九五一年

(20)『社会主義半生記』山辺健太郎／岩波新書／一九七六年

(21)『獄中十八年』徳田球一・志賀義雄／時事通信社／一九四七年

(22)『葉山嘉樹日記』葉山嘉樹／筑摩書房／一九七一年

(23)「われらの陣頭に倒れた小林多喜二」『たたかいの作家同盟記 わが文学半生記』後編所収／江口渙／新日本出版社／一九六八年

(24) 一九三二年一月二十八日、日中両軍が衝突した上海事変が起きた。事変の最中、大阪毎日新聞学芸部に在籍していた西村真琴と、中国の文豪魯迅との間に、一羽のハトを介した友情が生まれた。西村が大毎児童使節団長として中国各地を慰問歴訪した一九三二年二月、上海市の三義里街で、傷ついて飛べなくなったハトを瓦礫の上に見つけ、「三義」と名づけて日本に連れ帰り、二世が生まれたら、日中友好のあかしとして上海に送るつもりだったが、残念なことにイタチに襲われて死んでしまった。西村は「三義塚」と刻んだ碑を建て、その思いを手紙にしたため、「西東国こそ異《たが》へ小鳩等は親善あへり一つ巣箱に」の歌と、三義の絵を添え、魯迅に送った。これに応えて、魯迅が西村に贈った漢詩「三義塔に題す」の結びには「度盡劫波兄弟在　相逢一笑泯恩讐」とあった。「荒波を渡り尽くせば兄弟がいる。会って笑えば、恩讐は消える」という意味である。その当時、身辺に危険が迫っていた魯迅は、上海内山書店主の内山完造に「大阪の友にもおくるべきものを送った」と語っている。二〇〇二年、豊中市日中友好協会が中心となり、豊中市立中央公民館の敷地に石碑「三義塚」が設置された。戦火の下での友情は今も語り継がれている。俳優の故西村晃は息子。

(25)『小林多喜二』手塚英孝／新日本出版社／二〇〇八年

(26) 西田信春（一九〇三―一九三三）北海道樺戸郡新十津川村橋本（現・新十津川町）に生まれる。東京帝国大学卒。東大在学中新人会に所属し、一九二七年卒業後は全日本鉄道従業員組合本部書記となり、東京鉄道管理局内の各支部を指導。同年共産党に入り一年間の兵役後「無産者新聞」の編集などをする。二九年の四・一六事件で検挙され、三一年に保釈出獄。三二年九州の共産党再建の責任者となるが、三三年に検挙され、福岡署で虐殺された。当局の隠蔽で消息不明とされていたが、戦後、東大新人会の同志石堂清倫らの調査で、事実が明らかになった。

(27) 野呂栄太郎（一九〇〇―一九三四）北海道夕張市に生まれる。慶応義塾大学在学中から学生運動、労働者教育運動に参加。卒業後は産業労働調査所で、日本および世界の政治・経済の現状分析および日本資本主義発達史研究に従事。一九三一年から『日本資本主義発達史講座』を企画し、中心となってその編集にあたったが、この『講座』に予定された彼自身の論文は、ついに書かれることなく終わった。三二年一〇月、日本共産党中央部がほとんど壊滅したあと、重い肺結核を病む身で、党中央部の再建を目ざして地下活動に入ったためであった。獄中の最高幹部佐野学、鍋山貞親が転向声明を発した困難な状況のもとで党中央部の再建と機関紙『赤旗』の刊行に努めたが、三三年十一月二十八日に逮捕され、翌三四年二月十九日東京・品川署で獄死した。享年三十三歳。生前に刊行された著作『日本資本主義発達史』（一九三〇）は講座派理論の礎石を据えたものであり、その後の日本資本主義論に多大の影響を及ぼした。

(28)『西田信春書簡・追憶』石堂清倫・中野重治・原泉編／土筆社／一九七〇年

(29)『独房・党生活者』小林多喜二／岩波文庫／二〇一〇年

(30)「家族国家の重み」『昭和史の瞬間　上』所収／塩田庄兵衛／朝日選書／一九七四年

(31)スパイM（一九〇二―一九六五）愛媛県に生まれる。一九三〇年代前半期に日本共産党内に送り込まれたスパイ・挑発者。当時、非合法組織とされていた日本共産党を壊滅させる目的で特高警察が同党内に潜入させて謀略を実行させたともいわれる。松村昇、峰原暁助、ヒヨドロフなどの変名をもつが、本名は飯塚盈延《みつのぶ》。三一年（昭和六）一月、風間丈吉を責任者として同党が再建されたとき指導部に入り、中央委員会直属の中央家屋資金局を掌握して、思想検事戸沢重雄、警視庁特高課長毛利基と連絡をとりつつ、その指示でスパイ・挑発行動を行ったという説が有力である。三二年十月、大森銀行ギャング事件を仕組み、また約千五百人の党員・活動家の検挙を手引きした後、姿を消していたが、六五年九月に北海道で死亡したことが確認されている。

(32)南巌（一九〇三―没年不詳）石川県出身。南喜一（国策パルプ会長）と吉村光治（関東大震災の際に起きた亀戸事件で虐殺された）の弟。一九二二年東京で南葛労働会の結成に参加。二五年モスクワのクートヴェにまなび、二八年共産党に入党。三〇年日本労働組合全国協議会（全協）の極左的指導に反対し、刷新同盟を結成。四一年検挙され、懲役三年。戦後、神奈川産別会議事務局次長。

(33)「スパイ〝M〟の謀略」『昭和史発掘５』所収／松本清張／文藝春秋／一九六七年

(34)「スパイ〝M〟の謀略」『昭和史発掘５』所収／松本清張／文藝春秋／一九六七年

(35)日本共産党スパイ査問事件。治安維持法下の一九三三年、日本共産党中央常任委員であった宮本顕治、袴田里見らが、当時の党中央委員大泉兼蔵と小畑達夫にスパイ容疑があるとして査問処分を行うことを決定し、十二月二十三日、二人を渋谷区内のアジトに誘い出した。宮本らは針金等で手足を縛り、目隠しと猿轡をした上に押し入れ内に監禁した。秋笹正之輔、逸見重雄らが二人に対して暴行を行ったため、小畑は二四日、外傷性ショックにより死亡したとされるが、宮本顕治が得意の柔道の落とし技で圧迫死させたとの説がある。小畑の死体は床下に埋められた。裁判では、宮本顕治に無期懲役、袴田里見に懲役十三年の判決が下ったが、敗戦後、ＧＨＱから司法省に対する超憲法的な指示により、判決は無効となり資格回復の措置がとられた。一九五二年、戦時中の司法省刑事局第五、第六課長であった太田耐造は、雑誌「ジュリスト」で、「一時有名になったいわゆる『共産党リンチ事件』の被害者大泉兼蔵、小畑達夫は警視庁のスパイであった」「起訴された後の予審において大泉は、自分が警視庁のスパイであることを自白したが、検察側は、このようなスパイ政策を容認していなかったので、これに対して断乎たる態度で臨んだ」「小畑は撲殺された」という記事を発表している。

(36)山辺健太郎（一九〇五―一九七七）東京市本郷区台町に生まれる。一九二一年大阪で初のメーデーに参加、労働運動に従事、四・一六事件で検挙されたが、三三年暮れ非転向で出獄。四一年日米開戦で検挙、非転向のため予防拘禁所入りし獄中細胞に参加。

四五年一〇月一〇日治安維持法廃止で徳田球一、志賀義雄らと出獄、戦後の日本共産党で書記局員、統制委員となる。党史委員にもなり、党史研究の分野では父と関係が深かったようだ。五八年の第七回大会後に離党し、以後は日本社会運動史や朝鮮近代史の執筆に専念した。自伝に『社会主義運動半生記』（岩波新書）、編著書に『現代史資料　社会主義運動一〜七』（みすず書房）、『日韓併合小史』（岩波新書）などがある。

(37) 多数派成立の契機は、一九三三年十二月の「スパイ査問事件」後、ただ一人検挙を免れた中央委員袴田里見が、スパイ摘発のため指示した「党員再登録」に対し、当時の党組織・細胞の大半が反発したことに始まる。一九三四年三月、宮内勇ら「全農全会派」（共産党傘下の農民団体）内の党フラクションは、山本秋を中心とする日本無産者消費組合連盟（無消）中央フラクションの支持を得て、宮内の執筆になる「日本共産党△△××細胞会議の声明」を発表、党中央への批判を公表した。彼らは前年来の党の混乱と指導の逸脱を、党中央に巣くうスパイ分子の挑発と考え、中央部で唯一残った袴田をスパイと断定、五月二〇日には「中央奪還全国代表者会議」を開催し、「多数派」分派を結成した。この分派には無消・全農全会派内部の党フラクションおよび関西の地方組織など、当時かろうじて残っていた党組織の大半が結集していた。多数派は、党が上意下達的に下部組織に対して、方針の押しつけを行ってきたことを批判し、下部の意思を尊重した上で、全農全会派を中心とする大衆運動の建て直しをはかったが、十月から十一月にかけて宮内・山本ら中心的活動家が全国で一斉に検挙され、一方、コミンテルンは多数派を「党攪乱者」「党分裂者」として非難し、直ちに解散することを求める声明（野坂参三執筆による）を送りつけたため、不満を残しながらもコミンテルンの批判に従い、一九三五年九月二〇日に「解体決議」を発し多数派は解散した。

(38) 西沢隆二（一九〇三―一九七六）東京都出身。筆名、ぬやま ひろし。第二高等学校中退。一九二六年中野重治、堀辰雄らとともに「驢馬」を創刊。のち政治運動に入り、二八年「戦旗」の創刊に参加。三〇年日本プロレタリア作家同盟書記長。三一年共産党に入党、「赤旗」地下印刷を担当。三四年治安維持法違反で検挙され、終戦まで獄中生活を送る。戦後は徳田球一の女婿となり、共産党中央委員、統制委員を歴任、文化活動を指導したが、宮本体制移行後の六六年除名された。その後、毛沢東思想研究会を結成した。詩集「編笠」「ひろしぬやま詩集」のほか、「ぬやまひろし選集」（全十巻）がある。

(39) 『社会主義運動半生記』山辺健太郎／岩波新書／一九七六年

(40) 伊藤憲一（一九一二―一九八一）元・共産党衆院議員。朝鮮に生まれる。一九二五年小学校を中退して東京モスリン亀戸工場に入社し、総同盟関東紡織労働組合に加入。二六年東京帝大セツルメント市民学校に入学し、社会主義を学ぶ。以後多くの労働運動に参加し、二九年検挙されて懲役四年六か月に処せられる。出獄後は党の再建をはかるが、四三年石井鉄工場に入社。戦後共産党に再入党し、「赤旗」再刊の実務を担当し、また労働運動の指導に携わった。四九年、衆議院議員に当選するが、翌年占領軍の追放を受けた。六三年から七九年まで地元の大田区議をつとめ共産党議員団長として活動。

(41) 加藤四海（一九一〇—一九四〇）東京・港区下高輪で農商務省地質技官の末子に生まれる。麻布中学在学中に社会主義運動に関心をもち、一九二七年東京商科大学（現一橋大学）に入学、二九年反戦活動で退学処分に。十九歳で農民運動に参加する決意をかためて茨城県南部の農村へ入り、各地の村々に農民組合を組織し、三〇年から翌年にかけての原村羽原と美並村の小作争議を指導。三一年、日本共産党に入党、二九年の四・一六事件後、再建された党茨城県委員会の責任者。三二年十一月に検挙され、懲役五年に処せられ、函館刑務所に投獄された。出獄後、酒井定吉、山代吉宗、春日正一、山代巴、徳毛宜策らと連絡をとり京浜グループを形成、東京と神奈川にわかれて、工場別の学習サークルをつくり、党再建を準備中の四〇年五月、二十五人が検挙された。加藤四海は、同月十一日に東京・目黒警察署に検挙され、翌十二日に虐殺されたとされる説が有力だが、自殺説もあり、詳細は不明なままである。

(42)『牢獄の青春』伊藤憲一／浅間書房／一九四八年

(43)『羊の歌』加藤周一／岩波新書／一九六八年

(44) 春日正一（一九〇七—一九九五）長野県上伊那郡赤穂村（現・駒ケ根市）に生まれる。電機学校卒。一九二七年全日本無産青年同盟中執、二八年共産党に入党。同年三・一五事件で検挙され、懲役五年。四〇年党再建活動中、京浜グループ事件で再検挙され敗戦まで獄中。四九年衆院議員、翌五〇年公職追放、臨時中央指導部議長、統制委員会議長、中央委員会幹部会員など歴任。

(45) 山代吉宗（一九〇一—一九四五）福島県石城郡磐崎村（現・いわき市）に生まれる。明治大学政経科卒。家業の磐城炭鉱飯場頭となる。社会主義運動に近づき、一九二六年総同盟日本坑夫組合磐城支部を、続いて同常磐地方連合会を結成。このため解雇され、二七年一月磐城炭鉱争議が起き、ストライキを指導。同年五月の入山炭鉱争議も支援した。また労働農民党磐城支部を結成して支部長となり、中央執行委員に選ばれた。二八年の三・一五事件後は茨城県で地下活動に入る。この間、共産党に入党。二九年の四・一六事件で検挙され懲役六年に処せられる。四〇年党再建運動活動中に京浜グループ事件で再検挙され懲役六年に処せられ、敗戦の年の一月十四日に広島刑務所で獄死した。

(46) 山代巴（一九一二—二〇〇四）小説家。広島県生まれ。旧姓徳毛《とくも》。広島県立府中高女卒業後、上京して女子美術専門学校に入ったが、家運が傾いて中退。紙芝居や図案を描いて自立しながら工場生活者に近づき、一九二九年、四・一六事件で検挙。非転向を貫いて出獄した山代吉宗と知り合い、京浜工場街に家をもったが、四〇年、党再建運動活動中に京浜グループ事件で夫とともに検挙、敗戦までを獄中で送った。服役中、女囚たちとの交流から農家の女性への関心を深める。著書に『蕗《ふき》のとう』（一九四八）など。『荷車の歌』（一九五五〜五六）は戦後農民文学の代表作の一つ。

(47)「山代吉宗のこと」『獄中手記書簡集・増補版』所収／牧原憲夫編／而立書房／二〇一三年

(48) 板谷敬（一九〇八—一九四五）東大中退後、労働運動へ入り、一九四〇年日共再建運動中に京浜グループ事件で検挙され、敗戦の年二月十六日に横浜刑務所で獄死した。浪江虔は弟。

(49)『新版　不屈の青春―戦前共産党員の群像』山岸一章／新日本出版社／一九八四年

(50)『田中ウタ　ある無名戦士の墓標』牧瀬菊枝編／未来社／一九七五年

(51)伊藤律（一九一三―一九八九）岐阜県土岐村（現瑞浪市）に生まれる。一九三〇年第一高等学校に入学後、共産青年同盟に加入。三三年日本共産党に入党、治安維持法違反で検挙されたが、転向を表明して釈放される。三九年南満州鉄道株式会社に入社、尾崎秀実と交遊、同年共産党再建グループの一員として検挙される。翌年保釈になり満鉄調査部に復職する。四一年三度目の検挙を受ける。このとき、ゾルゲ事件摘発のための有力な情報を漏らしたという説が有力だったが、近年これを否定する論考が発表されている。戦後復党し、政治局員としてはなばなしく活躍したが、五〇年六月公職追放で地下活動に入り、五一年中国に密航し北京機関に加わった。中国滞在中の五三年、スパイとして日本共産党を除名され、中国共産党に身柄を拘束された。二十八年間の獄中生活で聴力・視力をほぼ失い、八〇年車椅子で帰国。現代史の生き証人といわれたが、何も語らずに逝った。

(52)法政大学大原社会問題研究所雑誌六五五号／二〇一三年五月

(53)浅原正基（一九一六年―一九九六年）戦前最後の東大細胞の一員で検挙され、懲役二年執行猶予五年の刑を受けるが、一九四一年三月、山下奉文将軍のシンガポール陥落の「武勇伝」が伝えられると、その恩赦で巣鴨刑務所を出る。その後に召集を受けて出征し、戦後はシベリアに十一年間抑留され、一九五六年に帰国した。シベリア抑留の際、兵士・下士官などの労農プロレタリア階級から「自発的」に発生したとされる民主運動のリーダーとなり、ソ連国内で発行された抑留者向けの新聞『日本しんぶん』（日本新聞とも）の編集委員をつとめた。KGB中佐イワン・コワレンコ（後にソ連共産党国際部日本課長）らソ連軍と結託して抑留者の吊し上げを行ったとされ、袴田里見の弟の袴田陸奥男とともに、抑留者から「シベリア天皇」と恐れられたと云われる。

(54)『苦悩のなかをゆく――私のシベリア抑留記断章』浅原正基／朝日新聞社／一九九一年

(55)浪江虔（一九一〇―一九九九）元・私立鶴川図書館館長。北海道札幌市に生まれる。旧姓（旧名）板谷虔《いたやけん》。一九三〇年武蔵高等学校高等科文科卒業。東京帝大文学部入学後間もなく、全農東京府連合会書記となり大学を中退。三一年秋共産党に入党。三三年三月農民部員になり、全農全国会議派本部の党フラクションになったが、同年九月検挙され、三五年執行猶予で出獄。三九年一月鶴川村に移住し私立南多摩農村図書館を開設したが、四〇年京浜共産主義グループ事件で検挙され、懲役二年六か月に処せられ四四年満期出獄した。敗戦後、四六年共産党に復党し、翌年村会議員に当選。五二年農業綱領に関して離党。この間、農山漁村文化協会常任理事、国民文化会議常任幹事を務め、私立鶴川図書館を設立した。地域利用者のための図書館づくりに取り組み、農業技術書の著作と編集に努力、自治体改革に力を注いだ。著書に『図書館運動五〇年』。

(56)「特集：破天荒な図書館人　浪江虔」『ず・ぼん5』所載／ポット出版／一九九八年

(57)『新版　不屈の青春—戦前共産党員の群像』山岸一章／新日本出版社／一九八四年

(58) 鶴見俊輔・久野収共著『現代日本の思想』／岩波新書／一九五六年

第五章

(1)　長谷川浩（一九〇七—一九八四）東京都出身。東京帝大法学部中退。在学中の一九三〇年日本共産党に入党。治安維持法などでたびたび検挙され敗戦まで服役。戦後、党政治局員として「二・一スト」を指導したが、五〇年六月公職追放で徳田球一、伊藤律らとともに地下潜行した。六〇年のハガチー事件の際、指揮者として逮捕される。六一年八月党指導部と対立して離党。六七年共産主義労働者党に参加。八一年統一労働者党を結成、全国委員となる。著書に『二・一スト前後と日本共産党』。遺稿に「占領下の労働運動」。

(2)　岩田英一（一九〇六—一九九九）東京市牛込区矢来町（現新宿区神楽坂）に生まれる。早稲田実業学校卒。一九二六年労働農民党に入党。二九年日本共産青年同盟（共青）に加盟。同年五月の京浜合同労働組合結成の中心となり、前後して日本労働組合全国協議会（全協）のオルグとなった。三〇年京浜合同労組の書記長。三一年日本共産党に入党。三三年名古屋に移り、電気溶接の理論と技術を学んだ。三四年六月、東京市杉並区馬橋に日本最初の電気溶接学校「東京高等電気溶接学校」を設立、三六年四月、同校を東京市代々木に移転。四五年十一月党東京地方委員会委員、四六年党中央委員候補、四七年東京都議会議員に当選。六一年に離党した。

(3)　法政大学大原社会問題研究所雑誌六五六号／二〇一三年六月

(4)　松本一三（一九〇七—一九八八）静岡県沼津市に生まれる。天理外国語学校（現・天理大学）ロシア語科中退。一九二七年沼津日日新聞社で編集長を務め、この間文学愛好者の結集をはかる。二八年退社し、日本プロレタリア作家同盟長野県オルグとして活動。三三年共産党に入党、共青、全協で活動するが、同年検挙され懲役四年に処せられた。戦時中は東京予防拘禁所に収容される。戦後は共産党の再建に尽力し「アカハタ」編集局長、中央委員などを務めたが、五〇年GHQにより公職を追放される。五五年の六全協で中央委員に再選され、中央委員会事務室長などを歴任した。私の両親が結婚したときの仲人である。

(5)　金天海（一八九八—没年不詳）朝鮮の革命家、在日朝鮮人の共産主義運動指導者。慶尚南道蔚山《うるさん》出身、本名金鶴儀《きんかくぎ》。一九二〇年渡日し、二二年東京朝鮮労働同盟会実行委員、二五年朝鮮人マルクス主義団体「一月会」メンバーとして在日本朝鮮労働総同盟を組織。二八年第四次朝鮮共産党日本総局の責任秘書となったが、検挙され懲役六年。出所後、日本共産党に入党して再検挙された。四五年一〇月、徳田球一らと府中予防拘禁所から釈放され、在日本朝鮮人連盟創立に参加して最高顧問に推された。また再建日本共産党の中央委員、政治局員、朝鮮人部長に就任し、全国を遊説して朝鮮人を大量入党させた。四九年九月、在日本朝鮮人連盟解散、公職追放処分を受けて、北朝鮮に逃れた。五六年以後、朝鮮労働党、最高人民会議、祖国統一民主主義戦線、祖国平和統一委員会等の役職についたが、七〇年代以降は消息が不明。

(6)『アカハタ』第六九号一九四六年一〇月一三日付

(7) 戦後日本占領期の研究者竹前栄治は、その著『占領戦後史』(岩波現代文庫 二〇〇二年)で、政治犯釈放の一〇日間を丹念に跡づけている。それによると、敗戦後もなお府中の予防拘禁所に収監されていた徳田、志賀ら共産党員は、一〇月一日、米軍将校服を着て偽装したR・ギランほか二人のジャーナリストの訪問を受け、これによって外部世界との扉がこじ開けられることになった。これがきっかけとなって、GHQ政治顧問部員のエマーソン(延安で野坂参三と面談している)による一〇月五日の府中訪問へつながった。一〇月一〇日に出獄する前の七日、徳田、志賀ら数名の共産党員は、GHQの尋問を受けているが、その中の志賀義雄の陳述を記したエマーソン自筆の尋問書に、次の記載がある。

「酒井定吉、共産主義者。一九三二年に市ヶ谷で森口(藤松)自身から皮帯で殴るという拷問を受けた。酒井は気を失ったが意識を回復すると再び殴られた。片目を失い、右耳は聞こえなくなった。神経痛が悪化し、顔面が歪んだ。体にひどい傷がある。酒井と志賀の両名は函館刑務所で一緒に収監されており、志賀は秘密の手紙を交換し合った。酒井は恐らくまだ横浜刑務所にいるものと思われる。」

(8) 金斗容(キム・ドゥヨン、一九〇四—没年不詳)朝鮮咸鏡南道咸興郡に生まれる。父親は小学校校長。渡日年月は不明だが、開成中学、旧制三高を経て、一九二六年東京帝大文学部美学美術史学科入学、中退。在学中に新人会に加入、日本プロレタリア芸術連盟(プロ芸)会員、後に全日本無産者芸術連盟(ナップ)に加盟。一九三〇年に最初の検挙、二年投獄、以後検挙投獄を繰り返す。敗戦後、椎野悦郎を通じて、獄中の金天海からの伝言を受け取り、朝鮮人政治犯釈放委員会を組織し、十月十日、府中予防拘禁所の徳田球一、志賀義雄、金天海らの出獄を迎える。四五年十月、在日本朝鮮人連盟(朝連)結成に参加、同連盟情報部長。十二月、日本共産党第四回大会で中央委員候補、朝鮮人部副部長、東京都委員会委員。四七年中ごろに北朝鮮へ帰国。四八年朝鮮労働党第二次全党大会で中央委員会候補委員。朝鮮戦争が勃発した直後は健在であったことが分かっている。後に、その思想が民族虚無主義と批判される。以後の消息は不明。

(9)『アカハタ』第二号一九四五年一一月七日付

(10)『法政大学大原社会問題研究所雑誌』No.五三四/二〇〇三年五月

(11)『法政大学大原社会問題研究所雑誌』No.五二三/二〇〇二年六月

(12) 丸山一郎(生年、没年ともに不明)一九四五年十二月、酒井定吉、内野竹千代、泉盈之進らと労農救援会を組織し、出獄同士の救援援助をおこなう。四九年当時共産党横浜市委員会委員長、一九五一年十月五全協で中央委員。同年十二月二日、当時関東地方委員会軍事委員長だった丸山は、葛飾区柴又で同地方委員会所属の各都県軍事委員長会議を招集したところ、事前に張り込んでいた官憲によって一斉に検挙され、米軍の軍事裁判によって、米軍に対する軍事諜報工作をおこなったとされて、重労働七年の判決を受ける（いわゆる「柴又事件」）。（翌年四月講和条約発効で釈放）志田重男派の「代貸し」といわれた。

(13) 泉盈之進（一九〇四―一九八三）北海道室蘭市石川町に生まれる。東京歯科医学校中退。早くから洗礼を受け、学生時代から社会運動に入る。一九二三年政治問題研究会に参加し、また無産者病院設立につとめ、二六年労働農民党に参加。二九年の四・一六事件で検挙される。のち歯科医院を開業し、三一年日本労農救援会の設立に参加。四五年解放運動犠牲者救援会の再建に参加し、初代書記長となる。また新日本医師協会に加入、日ソ協会理事をつとめた。父が最も親しくした友人の一人。

(14) 解放運動犠牲者救援会は戦前一九二八年、野田醤油争議をきっかけに創立された。同年の三・一五事件以来、検挙された共産党員の救援にも活動するが、しだいに社会民主主義系のメンバーが離脱し、三〇年に国際赤色救援会（モップル）に加盟して日本赤色救援会となった。自らも治安維持法の対象団体となりながら活動したが、弾圧のため三七年に消滅した。第二次世界大戦後の一九四五年一〇月に解放運動犠牲者救援会として再建され、同年十二月勤労者生活擁護協会、四六年労農運動救援会、四八年日本労農救援会と改称・改組されたが、五一年救援の対象を一般国民にまで広げる必要があるとして日本国民救援会に改組された。六三年に最高裁で被告全員の無罪を確定させた松川事件では、同会が大衆的裁判闘争を主導した。

(15)『旅人（河上肇詩集）』興風館／一九四六年一一月（小林輝次氏のあとがきから引用）

(16) 民主主義科学者協会は、第二次世界大戦の敗戦後、科学運動を推進した科学者団体。略称、民科。一九四六年一月十二日に結成された。「民主主義的科学者」の統一戦線として「日本の民主主義革命」に科学を通じて貢献することを目的に組織された。中心はマルクス主義者であった。社会科学、自然科学の各専門別の部会組織と地域別の支部・班組織をもっていた。『民主主義科学』『自然科学』『理論』などの機関誌を発刊、青年、学生に大きな影響を与え、四九年末の最盛期には百十支部、会員一万一千人に達した。しかし、五〇年の日本共産党の分裂・偏向の影響もあり、以後弱体化した。

(17)「労働運動史研究会の二五年」二村一夫／『労働運動史研究会会報』No.5／一九八三年四月

(18) 犬丸義一（一九二八―二〇一五）歴史学者。専門は日本近代史。朝鮮平壌に生まれる。一九四九年東京大学に入学し、同年日本共産党に入党。中国北京郊外につくられた日共党学校（馬列学院）で日本人労働者農民に日本近代史を教える仕事に就くため、五三年三月静岡県焼津港から漁船（いわゆる人民艦隊）で密航して中国に渡り、同校の助教となる。五八年七月白山丸にて帰国。密出国のため舞鶴で帰国と同時に逮捕され、懲役三年執行猶予一年の判決を受ける。帰国後、六四年アジア・アフリカ研究所所員、七九年長崎総合科学大学教授。歴史科学協議会の創立に参加。マルクス主義の立場から労働運動史、日中関係史、女性史、天皇制批判など幅広い分野を研究した。九三年「第一次共産党史の研究」で京都大学から文学博士号を授与された。

(19)「戦後天皇制をめぐる毛沢東、野坂参三、蒋介石」加藤哲郎／http://netizen.html.xdomain.jp/top.html

(20)慶應義塾経済学会出版のDiscussion Paper Series Vol. 10, No. 2（2010）所載

(21)『マルクスを巡る知と行為―ケネーから毛沢東まで』寺出道雄／日本経済評論社／二〇一二年

(22)『激動の時代に生きて―一共産主義者の手記』山本正美／マルジュ社／一九八五年

(23)『葬られた夏 追跡下山事件』諸永祐司／朝日新聞社／二〇〇二年

(24)共産党・労働者党情報局の略称。一九四七年九月ヨーロッパ九ヵ国の共産党および労働者党が相互の連携強化と情報交換を目的として創設。当初の参加政党は、ユーゴスラビア、ブルガリア、ソ連、フランス、チェコスロバキア、イタリアの各共産党、ルーマニア労働者党、ハンガリー勤労者党、ポーランド統一労働者党の九つであったが、四八年六月、プロレタリア国際主義に反する反ソ的態度、ブルジョア民族主義的偏向などの理由でユーゴスラビア共産党が除名された。創設の理由は、四三年五月コミンテルンの解散以後、各国共産党、労働者党間の組織的連絡が存在しなくなっていたところに、四七年三月のトルーマン・ドクトリン、六月のマーシャル・プランなどにみられるようなアメリカを先頭とするヨーロッパ資本主義諸国の国際協調政策が積極化したため、これに共同して対抗する必要が生じたことにある。本部は最初ユーゴスラビアのベオグラード、のちルーマニアのブカレストにおかれ、機関紙として隔週刊（のち週刊）の『恒久平和と人民民主主義のために』が十数ヵ国語で発行された。五六年四月十七日、八ヵ国の党中央委員会は、コミンフォルムの解散と機関紙の発行停止を声明した。

(25)世界労連は第二次世界大戦直後に結成された国際的労働組合組織。略称世界労連（WFTU）。第二次世界大戦中、反ファシズム統一行動を展開した世界の労働者階級は、この経験に基づき、労働組合組織を国際的に統一する必要があると考えるに至り、一九四五年二月にロンドンで各国労働組合の代表者が集まって協議した結果、同年十月、パリに六千万の労働者を代表する五十三か国ないし国際組織の代議員らを結集して世界労働組合大会を開催、世界労連を結成した。結成のイニシアティブをとったのは、戦時中にすでに連携をとり、統一行動を展開しつつあったソ連労働組合中央評議会、イギリス労働組合会議（TUC）、アメリカ産業別組合会議（CIO）、フランス労働総同盟（CGT）などであった。本部はパリに設置された。四七年の東西冷戦開始、とりわけアメリカによるマーシャル・プラン（ヨーロッパ復興計画）の実施を契機にして、アメリカ、イギリスの組合を先頭に分裂的行動が開始された。そして四九年にはついに、ヨーロッパ諸国の大部分の組織は、CGT、イタリア労働総同盟（CGIL）を除いて世界労連を脱退、アメリカ労働総同盟（AFL）とともに国際自由労連（ICFTU）を結成した。さらに、八〇年代後半から九〇年代前半にかけて、東欧諸国内の民主化やソ連の崩壊の影響をうけて、多くの主力組合が脱退し、その組織勢力はきわめて弱体化した。

(26)『私の戦後史』袴田里見／朝日新聞社／一九七八年

(27)「六〇年前的〝中国道路〟」楊奎松／『同舟共进』誌二〇一一年第一期所載

(28) 椎野悦郎（一九一一―一九九三）旧満州・撫順に生まれる。高小卒。炭鉱労働者として、一九三〇年全協（日本労働組合全国協議会）に加盟し、筑豊炭田争議などに参加し、三二年検挙されて懲役五年に処せられる。四二年獄中で共産党に入党。四四年出獄。戦後も共産党の再建運動に尽力し、統制委員会議長、臨時中央指導部議長、中央委員を歴任したが、五八年、規律違反と腐敗行為を理由に除名された。

(29) 鈴木市蔵（一九一〇―二〇〇六）神奈川県真鶴町に生まれる。日本プロレタリア科学同盟を経て一九三五年に鉄道省へ入省。四六年国鉄労働組合総連合（のち国労）の結成に参加、翌年の二・一ストを中央闘争副委員長として指導。四九年公布の行政機関職員定員法によって免職される。その後日本共産党に加入し、五〇年に党臨時中央指導部員、五五年に労働組合部長・幹部会委員。六二年共産党参議院議員。部分的核実験停止条約批准案に賛成し、六四年共産党を除名され、志賀義雄らと「日本のこえ」を結成した。

(30) 聴涛克巳（一九〇四―一九六五）敗戦後の四五年、日本共産党に入党、朝日新聞労働組合初代委員長となる。四六年二月全日本新聞通信放送労組（現・日本新聞労働組合連合）を結成、委員長となり、八月産別会議を結成、議長。四八年朝日新聞を退社。共産党本部に入り「アカハタ」編集局次長。五一年密出国、ベルリンの世界平和評議会第一回総会に出席、五八年帰国。同年共産党幹部会員、書記局員、「アカハタ」編集局長。六四年の春闘で公労協の四・一七ストを挑発行為と非難した四・八声明の責任を問われて自己批判、中央委員に降格された。長男の聴涛学は、一九六〇年代中期に北京人民大学へ留学、北京留学生細胞キャップ。一九六六年、日共の路線に反対し、私を含む他の三名とともに、同年十月除名処分を受けた。

(31) 河田賢治（一九〇〇―一九九五）京都府与謝郡岩滝村に生まれる。東京工科学校機械科。小学校を卒業後、舞鶴海軍工廠、富士電機、日本鉄工で働き、一九年友愛会東京鉄工組合支部に入会し労働運動に加わる。二一年解雇され、二二年総同盟関東同盟会主事となり、同年日本共産党創立とともに入党。二八年三・一五事件で捕えられ四三年に出獄。戦後共産党再建にあたり、四六年京都府委員長、四九年衆院議員。五一年レッドパージで議席を剥奪され、地下活動に移る。五八年中央委員、六四年中央委員会幹部会員。六八年以来参院議員二期。のち名誉幹部会委員。父の葬儀では党代表として弔辞を述べている。

(32) 北京機関は一九五〇年、書記長の徳田球一や野坂参三ら日本共産党の主要幹部が、GHQ指令による公職追放のため、非合法活動に移行するなか、中国に渡航してつくった機関。当時日本を占領統治していた連合国軍最高司令官総司令部（GHQ）は、五〇年六月六日に共産党中央委員二十四名を公職追放し、さらに同年七月には九人の日本共産党幹部について、団体等規正令に基づく政府の出頭命令を拒否したとして団体等規正令違反容疑で逮捕状を出した。逮捕状が出た九人の日本共産党幹部は地下に潜行した。伊藤律の回想によると、この状況を受けて毛沢東が直接「徳田を日本から救い出せ」と指示したことが、北京に移るきっかけの一つであったという。徳田は当初渡航に強く反対したが、八月上旬頃に極秘に開かれた政治局会議で中国への渡航が決まった。八月十五日、徳田が伝書使として中国に派遣した宮島義勇が帰国し、「日本共産党の指導者を迎え入れる用意がある」という中国共産党の意向を徳田に伝えた。十月に徳田は、大阪湾から船で密かに出国し、北京に渡った。徳田球一、西沢隆二に続いて、九月に野坂参三らがそれぞれ中国に亡命。同月北京機関が結成された。五一年九月には伊藤律が密航し北京機関に移った。北京機関は日本に残った公然指導部、臨時中央指導部（議長＝椎野悦郎）に指示を与え、四全協、五全協で決定した極左的な軍事方針を遂行した。五八年七月の第二十一次在中国日本人引揚船白山丸で、北京機関従事者のほとんどが帰国した。北京機関のおもな構成員は、徳田球一（中国名・孫、五三年北京で死去）、野坂参三（中国名・丁）、伊藤律（中国名・顧、五三年除名処分を受け収監。八〇年帰国）、西沢隆二（ぬやま・ひろし、中国名・林）、聴涛克巳（中国名・何）、高倉テル（中国名・文）、土橋一吉（中国名・周）、紺野与次郎、河田賢治、袴田里見（一時期北京に滞在した）、安斎庫治（中国名・劉）などであった。

(33) 一九五〇年の朝鮮戦争勃発前後の時期に、アメリカ占領軍の指示と支援のもとで、政府や企業が実施した日本共産党員とその支持者に対する一方的解雇のこと。四九年には行政機関職員定員法による〈行政整理〉や民間産業の〈首切り・合理化〉による〈企業整備〉が下山事件、三鷹事件、松川事件などが相つぐなかで強行されたが、この間、約三万人に事実上のレッドパージが行われた。また四九年から五〇年にかけて総司令部民間情報教育局顧問イールズが全国を回り〈赤色教員追放〉を演説し（イールズ声明）、小・中・高校の教職員約二千人が解雇された。「赤狩り」とも呼ばれた。

(34) スターリン・徳田会談。一九五一年八月、スターリンとコミンフォルムは同年二月の日共四全協の「分派主義者に関する決議」を支持、宮本顕治らを批判した。モスクワ郊外のスターリン別荘等でのクンチェボ会議において、徳田球一、野坂参三、西沢隆二、袴田里見、マレンコフ、モロトフ、ベリヤ、中国共産党の王稼祥らは日本における武装革命方針を作成し、これが五全協において五一年綱領として日本共産党から発表された。

(35) 山村工作隊は、一九五〇年代前半、日本共産党書記長徳田球一ら主要幹部が中国に亡命して設置した北京機関の指導下で、共産党臨時中央指導部の指揮のもとに、武装闘争を志向してつくった非公然組織とされる。一九五一年二月二十三日の第四回全国協議会（四全協）において反米武装闘争の方針を決定し、中国共産党の抗日戦争期の戦術を模倣して、山村地区の農民を中心として、全国の農村地帯に「解放区」を組織することを指示した。同年十月十六日の第五回全国協議会（五全協）では、上記方針をさらに具体化し、「日本の解放と民主的変革を、平和な手段によって達成しうると考えるのは間違いである」として「農村部でのゲリラ戦」を規定した『日本共産党の当面の要求――新しい綱領』（五一年綱領）が採択され、「われわれは、武装の準備と行動を開始しなければならない」とする軍事方針が打ち出された。これを受けて「山村工作隊」や「中核自衛隊」などの非公然組織が作られ、各地で列車の爆破、交番への焼き打ちや警察官へのテロ行為などの武装闘争が展開された。五二年七月に破壊活動防止法が制定・施行され、直接的な火炎瓶闘争は同年夏頃から下火になったが、軍事方針は続き、農村部での活動が継続された。この運動方針は世論からも批判を浴び、一九五二年十月の総選挙では共産党候補者全員が落選した。共産党は一九五五年一月一日に武装闘争が〝極左冒険主義〟だったとする自己批判を公表し、同年七月二九日の第六回全国協議会（六全協）で武装闘争路線は否定された。山村工作隊の方針は、地域の実情からまったく遊離したもので、住民から工作隊への支持は得られなかった。例外は、派遣された医師班による巡回診療で、多くの無医村であった活動地域で、好感を持って受け止められたといわれる。封建地主を攻撃する紙芝居などの芸術文化活動は、住民に受け入れられることなく、新聞や情宣ビラは、そのまま警察官に渡された。山村工作隊の活動は全く成果を上げることなく消滅した。摘発を逃れたメンバーの一部は、そのまま山中に籠もって自活の道を目指したが、共産党からも放置されたまま自然消滅したといわれる。

(36) 日本政府は、一九五〇年一月、主に在日朝鮮人を狙って、外国人登録証を更新する者及び未登録者の強制送還を行うことを決め実施に移した。これに対抗するため、非合法に結成された在日朝鮮人による地下組織で、「祖防隊」と略称された。同年六月二五日の朝鮮戦争の勃発を、日本社会に革命情勢が到来したと捉えて、日本共産党朝鮮人部の指導下で、非合法組織（山村工作隊や中核自衛隊）と共同戦線を組み、日本各地で南朝鮮に向けた軍需物資の輸送の妨害闘争を展開した。朝鮮戦争停戦後の五五年には朝鮮総連が結成され、非合法闘争を行ってきた祖防隊は発展的に解散した。上述の妨害闘争には、五二年の「血のメーデー事件」、「吹田事件」、「枚方事件」「大須事件」などがある。

(37) 『まっ直ぐ』大窪敏三／南風社／一九九九年

(38) 「北京追憶 若者が体験した戦後日中関係秘史」国谷哲資／『アジア社会文化研究』所載／二〇一九年三月三一日

(39) 趙安博（一九一五―一九九九）浙江省上虞人。日本の旧制第一高等学校中退。国共内戦の際、八路軍第一二〇師の工作員をつとめ、延安では日本労農学校（野坂参三校長）教務主任として日本人捕虜の教育にあたった。一九四五年東北人民政府外事局日僑管理委員会主任、五九年以降人民外交学会理事。五四年中国紅十字訪日代表団員として来日。以後数回来日したが、六四年原水爆禁止世界大会の際には日本入国を拒否された。六三年一〇月成立した中日友好協会の秘書長に就任。文化大革命以来、公式の場から姿を消していたが、七七年中日友好協会理事として北京に姿を見せた。中共中央対外連絡部副部長、第五、六、七期全国政治協商会議委員を務めた。

(40) 王稼祥（一九〇六―一九七四）安徽省生まれ。一九二五年九月中国共産主義青年団に入団。同年冬、モスクワの中山大学に留学。二八年二月に中国共産党党員に転入。三〇年に上海に戻り、革命戦争時代に中国労農紅軍総政治部主任、中華ソビエト共和国外交人民委員、中央革命軍事委員会副主席、六期中央委員、中央政治局委員、中央書記処書記（一九三四年一月から一九五六年九月までの中央書記処書記は中央政治局常務委員に相当）を歴任した。コミンテルン駐在中共代表を終えて帰国後、抗日戦争中には中共中央軍事委員会副主席、総政治部主任兼八路軍総政治部主任代理、八路軍軍政学院院長、解放後は、駐ソ連中国大使、外交部副部長、中共中央対外連絡部部長、中央国際活動指導委員会主任委員、八期中央委員、中央書記処書記、十期中央委員。文化大革命では、長年来の外交活動に対して投降主義との批判を浴び、深刻な迫害を受けた。

(41)『「反日」以前　中国対日工作者たちの回想』水谷尚子／文藝春秋社／二〇〇六年

(42)張香山（一九一四—二〇〇九）浙江省寧波市に生まれる。三三年天津中日学院で学び、三三年天津左翼作家連盟書記を務める。三四年東京高等師範に留学、左翼作家連盟東京分会に参加。三七年に帰国し、延安で八路軍に参加。三八年中国共産党入党。八路軍一二九師団敵工作部副部長、北平軍事調停処中共側新聞処副処長を歴任。建国後は五五年中共中央対外連絡部秘書長、同副部長、中国アジア・アフリカ団結委員会副主任、中日友好協会副会長、外交部顧問、中央広播（放送）事業局長、中共中央宣伝部副部長、中共中央対外連絡部顧問など党中央の宣伝部門と国際連絡部門で要職を務めた。また日本との関係では、日中友好二十一世紀委員会中国側委員、同首席委員として活躍し、九二年日本政府より勲一等端宝賞を受賞。第五〜七期中国人民政治協商会議常務委員。

(43)志田重男（一九一一—一九七一）兵庫県津名郡浅野村（現・北淡町）に生まれる。小学校を卒業後、旋盤工となり労働運動にはいる。一九三一年全協に入り同大阪支部協議会常任となり、同年共産党に入党。三二年全協本部常任になり全協中央フラクションとして活動中、三三年三月治安維持法違反で検挙、投獄され懲役七年の刑を受けた。四〇年満期出獄、四一年予防拘禁で拘留され四四年出獄。戦後、党再建に参加し、大阪地方委員になり、四六年第五回大会で党中央委員・政治局員・大阪地方委員会議長。五〇年徳田球一らと地下に潜行し、国内指導部の中枢にあって、軍事委員長を兼任し、火炎びん闘争などの極左冒険主義路線を指導したとされる。五五年の六全協で中央委員に選ばれたが、その後、党から除名された。

(44)劉徳有（一九三一—　）大連に生まれる。大連中学に学ぶ。一九五二年中国外文出版発行事業局に勤務、日本向け月刊総合誌『人民中国』の翻訳・編集の仕事に従事。六四年から七八年まで『光明日報』記者、新華社記者として東京に駐在。帰国後、中国外文出版局副局長、中華人民共和国文化部副部長。八四年から八八年まで中日友好二十一世紀委員会中国側委員。中国対外文化交流協会常務副会長、中華日本学会会長など歴任。九二年十月、天皇皇后訪中の際、北京故宮博物院参観の案内役をつとめた。著書に回想録『風雨幾星霜』（二〇一八年五月、三聯書店刊）がある。

(45)『風雨幾星霜』劉徳有／三聯書店／二〇一八年

(46)『日中関係の管見と見証』張香山／三和書籍／二〇〇二年

(47)『忘れられた朝鮮戦争』クレイ・ブレア／タイムズブックス／一九八七年

(48)『毛沢東の朝鮮戦争—中国が鴨緑江を渡るまで』朱建栄／岩波現代文庫／二〇〇四年

(49)『ザ・コールデスト・ウィンター　朝鮮戦争　上・下巻』デイヴィッド・ハルバースタム／文藝春秋／二〇〇九年

(50)「川口孝夫著『流されて蜀の国へ』を紹介する」中野徹三／『労働運動研究』356・357号／一九九九年

(51)川口孝夫の『遺稿　いまなぜ「白鳥事件」の真相を公表するか』を発表した小樽商科大学名誉教授の今西一氏は、中部大学発行誌「アリーナ2020」第二三号に、「白鳥事件と中国―川口孝夫の「遺書」―」を発表し、次のように書いている。「この年（一九五三年）の一二月末、共産党は翌五四年五月まで第二次総点検運動を展開する。……五四年初めには、東京に潜行中の八名は党中央統制委員酒井定吉から、組織の公然化のため匿うことができないと言われる。そして、それぞれ個別に中国行きを伝えられる。この通知をされた者はその年の春から三カ月ほど乗船訓練を受ける。……五五年一月一日、共産党は「赤旗」社説で、極左冒険主義を自己批判し、共産党は公然化を宣言する。」

(52)『白鳥事件　偽りの冤罪』渡部富哉／同時代社／二〇一二年

(53)岡田文吉（一九〇一―一九六六）鳥取県出身。鳥取中学中退後の昭和初め頃に上京。一九二九年十月プロ科（プロレタリア科学研究所）創立と共に書記局に属した。三一年日本戦闘的無神論者同盟結成で中央部役員、組織部長。三三年共青機関紙を配布・連絡中に逮捕され、懲役四年に処され、網走刑務所で服役。獄中指導部徳田球一、国領五一郎らの指示を受け、出獄後の四一年、太平洋戦争勃発前に中国へ渡って延安に赴き、野坂参三と連絡をつけた。野坂と共に日本人反戦同盟員として活動。四三年在華日本共産主義同盟に加わった。敗戦を延安で迎え、四五年十二月帰国。翌年日本共産党第五回党大会で中央委員・書記局員。GHQの追放による党主流派の地下潜行後は、財政部長や党中央海事部最高責任者となり、「人民艦隊」を秘密裡に指揮し、また「トラック部隊」の活動にも加わったとされる。五五年六全協で党中央委員・書記局員。

(54)「トラック部隊」については、未解明なことが多く、警察当局からも共産党側からも、その全貌は明らかにされないままである。トラック部隊を扱った文学作品には、江崎誠致『十字路』（文藝春秋新社　一九六四年）、水上勉『霧と影』（河出書房新社　一九六二年）がある。とくに江崎は自身が深く関わった事実をもとに、創作を交えてではあるが、自身の作品に詳細に記録している。

(55)『戦後期左翼人士群像』増山太助／つげ書房新社／二〇〇〇年

第六章

(1)若月俊一（一九一〇―二〇〇六）農村医学者。東京都生れ。東京大学医学部卒。一九四四年一月、治安維持法に抵触したとして検挙され、巣鴨拘置所に一年間拘留された。四五年より長野県農業会佐久病院（JA長野厚生連佐久総合病院の前身）で勤務、外科医長、院長、総長、名誉総長を務めた。日本農村医学研究所所長、日本農村医学会理事長、国際農業医学会事務総長なども歴任。農業労働による慢性疲労、農村・農家の非衛生的環境、農村での封建的人間関係などに起因する健康障害を〈農夫症〉として体系づけるとともに、住民の健康手帳・健康台帳の作成、無医村への出張医療などを行い、在宅看護の先駆けにもなった。住民自らが健康意識を高めることをめざし、芝居・人形劇を通じた予防知識の普及にも努めて地域医療に貢献した。著書に《農村医学》

《村で病気とたたかう》など。《若月俊一著作集》全七巻がある。七六年マグサイサイ賞受賞。

(2)「山本有三氏の境地」宮本百合子全集 第十一巻／新日本出版社／一九八〇年

(3) 一九五五年七月二七〜二九日に開かれた。一九五〇年以来アメリカ占領軍の弾圧下で分裂を深めてきた日本共産党が、講和以後の新しい条件のもとで統一を回復し、公然活動に転換する画期となった。〈党活動の総括と当面の任務〉では、極左冒険主義の克服、セクト主義の反省にもとづく党の団結がうたわれ、民族解放、民主統一戦線のスローガンが打ち出された。〈党の統一にかんする決議〉では、一九五〇年に発生した分裂・抗争の責任が当時の指導部にあるとされ、〈伊藤律の除名確認〉が決定された。六全協直後に所感派（主流派）の志田重男が失脚すると、対立した国際派（反主流派）の宮本顕治が優位に立って、翌五六年七月の第七回党大会で五一年綱領は廃棄され、宮本が書記長に就任した。

(4) 今村英雄（一九〇六—没年不詳）青森県下北郡東通村に小作人の家に生まれる。一九二四年青森商業学校五年を中退し、労働・農民運動に参加。二七年日本農民組合秋田県連書記。二八年末共産党に入党、翌年四・一六事件で検挙され懲役三年に処された。その後二度の逮捕、投獄を経て、四一年十月末釈放されたが、ほどなく日米開戦となり予防拘禁される。四五年十月十日府中予防拘禁所から出獄、再建された共産党書記局勤務、事務次長。四六年八月共産党東海地方委員会勤務。四七年三月岐阜県にて反税闘争で検挙、懲役三か月、以後名古屋港で沖仲仕生活七年、五九年全日自労愛知県本部執行委員・教宣部長。六八年青森市に移り、スモン病と闘病しながら、生活と健康を守る会会長を務めた。戦後すぐに、私の母の妹と結婚したが、その後離婚している。

(5) 昭和二二年十一月、ソビエト映画の輸入、配給を業務とする北星商事㈱として創立、その後北星映画株式会社と改称、昭和二六年七月から新生映画と前進座の提携作品『どっこい生きている』（今井正監督、河原崎長十郎主演、宮島義勇撮影）を配給。その後も独立プロ作品の配給や『シベリア物語』『森は生きている』などのソ連映画の輸入配給と独立プロの映画上映運動につくした。東映の二本立て興行や日活の製作再開等の影響を受けて一九五四年に経営破綻し、資産・人員・配給業務を独立映画（代表・伊藤武郎）に譲渡した。

(6) 岡部隆司（一九一一—一九四二）広島県神石郡豊松村（現・豊松町）に農家の三男として生まれる。一九二五年産業労働調査所の給仕となり、夜間中学で学びながら、相次ぐ弾圧で野坂参三、野呂栄太郎、岩田義道らが失われるなかで、二九年頃には、産労の中心的活動家となる。三一年共産党中央が再建されると、宣伝煽動部・農民部を担当した岩田義道のよき協力者となり、『第二無産者新聞』の編集責任者になった。同年十一月検挙され、三四年五月まで広島刑務所に投獄された。三五年夏上京して木材通信社に就職、三六年七月コミンテルン第七回大会に出席した小林陽之助が帰国すると、これと連絡を取り、コミンテルンの統一戦線方針の普及に尽力するが、四〇年七月に検挙され、四二年七月三十一日巣鴨刑務所で獄死した。

(1)　一九六二年に設立された外国留学生高等予備学校が、一九六五年一月に北京語言学院（現・北京語言大学）に改称、当時の校名は毛沢東の直筆である。教育省直属の、外国人に中国語教育をおこなうことを主とする中国で唯一の高等教育機関として開学した。校舎は海淀区魏公村の北京外国語学院の西キャンパスにあったが、文化大革命が始まった六六年に休校となり、七二年に同区学院路の現在地に移転して再開された。現在では学生数が一万数千人の規模に膨れ上がっているが、私が在籍した六五、六年当時は百名にも満たない、全員の顔と名前が一致する程度の小規模な学校であった。六〇年代の中国の外交政策を反映して、六四年に国交を結んだフランスからの留学生以外は、社会主義国か、民族独立運動や武装革命闘争をおこなっている国・地域からの左派留学生が大多数であった。

(2)　プロレタリア文化大革命の胎動期を、一九五〇年代の大躍進をめぐる路線の対立、その出発点を「絶対に階級と階級闘争を忘れてはならない」という一九六二年の毛沢東指示とすれば、のちに四人組の一員となる姚文元が、一九六五年十一月十日に上海の文滙報紙に発表した論文「新編歴史劇『海瑞免官』を評す」は、まさに文革の口火を切るものであった。評論の対象は、一九六一年に発表された京劇「海瑞罷官」の作者・北京市副市長の呉晗である。姚文元は、「海瑞罷官」は封建地主階級の海瑞を美化し、劇中の民衆冤罪取り消し（平冤獄）と地方官僚が没収した土地の民衆への返還（退田）は、反革命分子らの冤罪取り消しと集団化された土地の農民への再分配・人民公社解体を主張するもので、『海瑞罷官』はプロレタリア独裁と社会主義に反対する「毒草」であると攻撃するものであった（ただし姚文元はこの評論の中で、海瑞解任を彭徳懐罷免と結びつけて論じてはいない。両者を結びつけたのは、毛沢東である）。この文章の発表で、批判の対象は呉晗一人にとどまらず、その上司の中央政治局員・北京市党委員会第一書記・市長彭真ら、さらに彭真を抜擢した劉少奇へと、実権派批判の火の手が芋づる式に拡大していく導火線となった。さらにこの文章の発表には、一九六五年に上海に長期滞留した毛沢東の妻、江青が深くかかわっていた。当時上海市委員会第一書記の柯慶施の段取りで張春橋と姚文元の両人がその工作に協力した。江青、張春橋、姚文元は後に文化大革命で重要な役割をはたした四人組の三人で、この論文の執筆と発表は、このグループの最初の重要な政治活動であった。

(3)　日本共産党代表団（団長・宮本顕治、副団長・岡正芳、団員・蔵原惟人、米原昶、上田耕一郎、不破哲三、工藤晃）は、二月九日から四月四日まで、中国・北ベトナム・北朝鮮を訪問した。この時の「毛沢東・宮本会談」の一部が漏洩しており、毛沢東の武装革命理論に宮本が辟易させられ、青くなって逃げるように帰国したと伝えられている。この時の日中両党会談は双方の間に深刻な亀裂を生じさせた。一つは、反帝国際統一戦線問題で、日本共産党がソ連も含めた反帝闘争の必要を主張したのに対し、中国共産党は「反米・反ソ統一戦線」でなければならないという考えを譲らず、国際路線の問題で深刻な対立が生じることになった。もう一つは、日本共産党の革命路線問題について、中国共産党が、議会制民主主義を評価し合法的平和的闘争を志向する日本共産党の路線を修正主義だと断じて、批判したことであった。これに関連して、代表団副団長の岡正芳が、帰国後に理論部門担当幹部党員会議でおこなった報告がある。「今度の訪問で、朝鮮とベトナムの党と我が党とは意見が一致したが、中国とはかなり意見の相違が明らかとなった。それには毛沢東の意向が反映していた。毛沢東は、革命勢力の根拠地である中国に対して、ソ連も含むアメリカ軍の反革命的勢力が戦争を仕掛けつつあり（中米戦争必死論、ソ連軍侵入論）、これに対応するのに中国・ベトナム・朝鮮・日本の党と人民の支援と革命行動が必要である。『その時、君たちは中国を援助し、また君たち自身の革命のために蜂起する腹を決めているのか』と、武装闘争の決意と準備を迫った。この毛沢東の情勢分析と日共の『アメリカ帝国主義のベトナム侵略の凶暴化に対する、ソ連も含めた国際反帝統一戦線の結成』との主張は平行線を辿った。毛沢東は、『沖縄の党の勢力は幾らあるか、沖縄でゲリラ活動を起こすことを、日本の党は考えたことがあるか』と大まじめに問いかけ、日共側は面食らわされた」。

(4) 前出の国谷哲資は、「日中青年友好大交流」について、次のように回想している。

「もう一つ中国が力をいれたのは、一九六五年と六六年の日中青年友好大交流であった。これは、一九五〇年代初頭にソ連が主催して欧州の社会主義諸国で毎年開催していた国際青年平和友好祭の中国版であった。六五年夏の「大交流」には中国の三団体（中日友好協会、中華全国青年連合会、中華全国学生連合会）の招請を受けて、日本の各界青年団体からおよそ五百数十名が、中国を好まない外務省との旅券獲得闘争を経て、順次訪中した。約一カ月かけて、中国各地の工場・人民公社などを見学、抗日戦争時の根拠地であった延安も訪問して中国青年らと交流した。歌や踊りの文化交流、スポーツ交流もして、友情を深めた。バレエ「白鳥の湖」や現代バレエ「女性第二中隊（紅色娘子軍）」なども鑑賞した。北京に集結した日本の青年を、毛沢東をはじめとした中国の指導者らが接見して励ました。六六年十一月には、外務省の妨害と日共中央のボイコットで訪中が遅れた青年百余名が第二次の交流団として訪中し、第一次と同様に中国青年や各階層の人々と友情を深めた。当時上海に滞在していた毛沢東ら指導者が、この交流団とも会見した。私は交流活動には参加していなかったが、この会見には同席させてもらった。私の脳裏にやきついているのは、第一次交流団の青年らを前に廖承志が言ったという言葉であった。廖氏は、「われわれは戦争を恐れない。東からはアメリカと日本が、北からはソ連が、南からはインドが攻めてくるかも知れない。この人民大会堂などを含めて北京が廃墟になるかも知れない。だがわれわれは必ず勝利して、もっとすばらしい北京を建設するだろう」と述べた。アメリカがベトナム侵略を拡大し、中米戦争も取沙汰されていたときの中国の姿勢を示すものと受けとめられた。当時、日本の商業マスメディアの記者が田舎の農民に取材しても一様に「世界革命」という言葉が返ってくると嘆いていたことが思い出される。」

(5) 一九六六年八月五日、毛沢東は「司令部を砲撃せよ ― 私の大字報」と題する指示を『光明日報』に発表し、劉少奇打倒を示唆した。八月十八日には、自ら天安門広場に赴き、広場を埋め尽くした百万人の紅衛兵を謁見して、「四旧打破」のスローガンを打ち立てた。その後、紅衛兵運動は全国の学生ら、青年層に一気に拡大していった。

(6) 『日本人の文革認識 歴史的転換をめぐる「翻身」』福岡愛子／新曜社／二〇一四年

(7) 一九六五年九月三十日、インドネシアに起こった、インドネシア共産党率いる革命評議会の軍隊によるクーデター未遂事件。スカルノ大統領親衛隊ウントン中佐らは軍部の反革命派一掃を唱え、ヤニ陸軍司令官ら六名の将軍を殺害したが、スハルト将軍ら軍部主流に鎮圧された。軍部は進んで大規模な反攻に転じ、共産党員はじめ中国系住民を含む数十万人が虐殺され、スカルノ失脚の契機となった。資本主義国最大の三百万党員を誇ったインドネシア共産党は徹底的に弾圧され、壊滅的な打撃を受けた。

(8) ザ・ビートルズ日本公演は、一九六六年六月三〇日から七月二日にかけて東京・日本武道館において行なわれた。三日間の公演の総観客数は五万人とも二万五千人ともいわれる。

(9) 中印両国の国境について、インドは旧宗主国の英国から譲渡された領土の境界線マクマホン－ライン（一九一四）を原則としたのに対し、中国はヒマラヤ山系の南側に沿う習慣上の境界線を主張。この紛争は一九五九年以来表面化し、六二年十～十二月に武力衝突に発展した。中国は両地を占領後ただちに大部分の地域から撤退し、周恩来・ネールの首脳会談となったが、未解決に終わった。こののち、インドの対ソ接近、パキスタンの対中接近、中ソ関係悪化が始まり、中印国境紛争は、現在に至るも、険悪な状況が続いている。

(10) 林彪（一九〇八―一九七一）中国の軍人・政治家。湖北省黄安県に生まれる。黄埔軍官学校卒業後、中国国民革命北伐軍に参加し、一九二八年井崗山で毛沢東、朱徳らのもとで紅軍を創設。長征に参加し、三六年抗日軍政大学校長。三七年抗日戦争が始まると八路軍第一一五師長として平型関で日本軍の板垣師団を撃破した。負傷して治療のためソ連に滞在し、帰国後、四五年東北民主聯軍総司令、その後東北人民解放軍司令、第四野戦軍司令。五四年国務院副総理、五八年党中央委員会副主席、五九年彭徳懐の失脚に伴い国防部長に就任。六五年『人民戦争の勝利万歳』と題する論文を発表して毛沢東の人民戦争戦略を賛美し、文化大革命では先頭に立ち、六六年八月の八期十一中全会でただ一人の党副主席に選ばれた。六九年四月の九全大会で改正された党規約のなかで毛沢東主席の後継者と規定された。七一年九月毛沢東の殺害を企んだクーデター計画が露見して飛行機でソ連へ逃亡の途中、モンゴルで墜落死したとされる。七三年八月の十全大会で「ブルジョア階級の野心家、陰謀家、反革命二面派、裏切者」として党から永久に追放された。

(11) 楊奎松「六〇年前的〝中国道路〟」『同舟共进』誌二〇一一年第一期所載

(12) 「従『牢不可破』到反目成仇」資中筠『夕照漫筆』所収／IPlus Books／二〇一三年

(13) 『閻明复回憶録』閻明复／人民出版社／二〇一五年

(14) 一九七一年、林彪が起こしたとされるクーデター未遂事件。六九年の九全大会で、林彪は毛沢東の後継者として指名され、夫人葉群、部下の黄永勝（軍参謀総長）、呉法憲（空軍指令員）、李作鵬（海軍政治委員）、邱会作（総後勤部長）も政治局員に昇進、陰謀手段を使い権力の拡大をはかったとされる。林彪グループから権力の潜在的な脅威を感じた毛沢東は、七〇年の九期二中全会で「天才論」や国家主席ポストの設置を主張する林彪グループを批判し、また江青ら四人組を用いて林彪を牽制しようとした。これに対し、林彪の息子林立果は前途に危機感を抱き、腹心の手下を集めて、「五七一工程紀要」と称するクーデター計画を作成、毛沢東を暗殺して別に中央委員会を樹立しようとしたが失敗に終わった。一九七一年九月十三日、林彪は妻の葉群、息子の林立果とともにソ連に亡命する途中、飛行機がモンゴルのウンデルハンに墜落し死亡したとされる。林彪グループは粛清され、林彪批判が全国で展開された。だが、これら一連のいわゆる「林彪事件」については、関係資料が秘匿されていて謎の部分が多い。

(15)　一九八九年四月十五日の胡耀邦前共産党総書記の死去を契機として起った、民主化を求める学生や市民に対する武力弾圧事件。北京の学生たちはデモやストライキを組織し、党・政府に腐敗反対、政治改革および民主化の実行などを求めた。四月二十六日当局は学生運動を動乱として糾弾した。これに対し学生たちはさらに大規模なデモで対抗し、五月十三日から、党内の意見対立や、ソ連共産党書記長ゴルバチョフの訪中を利用して、ハンストを組織し天安門広場を占拠、デモなどの街頭活動が全国の大中都市に広がった。五月二十日、当局は北京地区に戒厳令を発動し、市民および学生は戒厳軍と数日間対峙したが、六月四日戒厳軍は学生や市民に発砲し、天安門広場から排除した。その結果多数の死者を出し、学生の運動のリーダーが多数逮捕された。責任を問われた趙紫陽共産党総書記は解任され、後任に江沢民が選任された。この事件は国際的な非難を浴び、西側諸国は中国に対する経済制裁を行った。なお、死亡者は三百人から三千人、或いは一万人を超えるなど諸説があるが、正確な死者数は今なお公表されていない。

(16)　劉源《りゅうげん》（一九五一―　）父は元中華人民共和国主席の劉少奇。北京市生まれ。原籍は湖南省。文化大革命勃発当時は中学（日本での高等学校）在学中だったが、父が打倒の対象とされたことで、劉源も校内でつるし上げにあう。過酷な日常から逃れようと、上山下郷運動（下放）が始まるとすぐに応募したが、山西省の下放先でも批判大会の対象とされる。農村の窮状に衝撃を受け、やがて地元からの信頼を得て県長となった。後に、北京師範学院（現・首都師範大学）歴史学部を卒業後、軍事科学院政治委員、総後勤部政治委員、解放軍上将を歴任。太子党と呼ばれる「二世政治家」の有力者としても名前を挙げられる存在である。軍内の反腐敗闘争の火付け役も務め、制服軍人のトップである党中央軍事委員会副主席の徐才厚、郭伯雄らを失脚へ導いた。中国共産党第十七期、十八期中央委員。二〇一五年、満期定年により退役した。

(17)　初出は「老兵創業匯」（中国版ツイッター〝ウィチャット〟上のアカウント名）の名前で発信された二〇一八年十一月六日付《刘源：有些地方一天到晚防着复转军人、这是出现了方向性的大问题》

(18)　一九五二年一月二十一日、札幌市警本部警備課長白鳥一雄警部が射殺された事件。捜査当局は日本共産党関係者の犯行と断定、同党札幌委員会委員長村上国治らを逮捕した。しかし実行行為者とされる人物ほか多くは行方不明のままであり、事件と村上を結ぶのは、いわゆる転向組の供述と、射撃訓練を行ったという幌見峠で掘り出した弾丸二発だけであった。判決は六三年十月最高裁判決で確定（懲役二十年）したが、村上は終始無実を主張し、確定後も再審請求・請求棄却に対する異議申立てを続けた。この間、事件は社会的関心をよび、百十万人余の署名、七十九市町村の地方決議、白鳥大行進など大衆的裁判運動が進められる一方、唯一の物証たる弾丸の証拠価値が崩され、裁判所も権力犯罪が存在する可能性に言及せざるをえないほどであった。七五年最高裁は特別抗告を棄却したが、その際、再審についても「疑わしいときは被告人の利益に、という刑事裁判の鉄則が適用されるものと解すべきである」との画期的判断を下し、「開かずの門」といわれてきた再審請求の道を開く判例となった。二〇一二年に刊行された、社会運動資料センター代表渡部富哉の著書『白鳥事件　偽りの冤罪』は、大量の資料を駆使し精査して事件の真相に迫り、「冤罪」ではなかったことを立証した。松本清張も『日本の黒い霧』（文春文庫）でこの事件を扱っている。

(19)『亡命者　白鳥警部射殺事件の闇』後藤篤志／筑摩書房／二〇一三年

(20)『現代日本の思想』久野収、鶴見俊輔／岩波新書／一九五六年

(21) 団長は李素文・党中央委員、後に全国人民代表大会常務副委員長。団員には大慶油田の先進労働者で後に国務院僑務弁公室主任、政治協商会議全国委員会副主席を務めた李海峰、文化大革命中の白紙答案で有名になった張鉄生などがいた。日本側では、日本青年団協議会、東京青年会議所、日中友好協会青年委員会をはじめ数十に上る多数の青年団体が歓迎実行委員会を組織して、日中青年交流を成功させた。この成功体験が基礎となり、一九八四年の胡耀邦総書記が提案した日本青年三千人訪中、翌年の胡錦濤を団長とする中国青年代表団五百人の訪日につながった。

終章

(1)『一九三〇年代日本共産党史論』田中真人／三一書房／一九九四年

酒井定吉　年譜

一八九三年（明治二六年）　0歳

三月一日　静岡県安倍郡千代田村（現静岡市葵区）で出生。桶製造の手工業者で、静岡県静岡市鷹匠町に開いていた雑貨店主（郵便局も兼ねていた）の父松五郎と母たけの長男として生まれた。すぐ下に生まれた妹は産後の肥立ちが悪く早世し、母親も産褥で二才のときに亡くなっている（自筆経歴書では、三才の時に母死亡と書かれているが、戸籍謄本を調べた結果、母親は明治二十八年四月二十七日に死亡していることが判った。）

寺侍であった祖父の儒教的な教育を受ける。

この年、毛沢東が湖南韶山に生まれる。翌年、日清戦争始まる。（一八九五年、李鴻章来日、下関条約締結、台湾を日本へ割譲）

一九〇〇年（明治三三年）　七歳

四月　静岡県師範学校附属小学校（現・静岡大学教育学部附属小学校）に入学。

一九〇一年（明治三四年）　八歳

片山潜、安部磯雄、木下尚江、幸徳秋水ら、社会民主党を結成。

一九〇三年（明治三六年）　十歳

幸徳秋水、堺利彦らによって週刊『平民新聞』創刊。

一九〇五年（明治三八年）　十二歳

三月　静岡県立師範学校附属小学校単級編制尋常小学科内部学習生五年終了。

高等科に進学したが一年次で中途退学し、製茶問屋の小僧となる。半封建的主従関係のもとに、不正不義を常道とする資本主義道徳を強制され、虚偽と搾取に反抗的となる。一時は東京御成門増上寺（或いは鎌倉か？）で小僧をしていたともいわれるが詳細不明。

一九一〇年（明治四三年）　十七歳

大逆事件。この年、日本、韓国を併合。

一九一一年（明治四四年）　十八歳

辛亥革命起こる。

一九一四年（大正三年）　二十一歳

第一次世界大戦勃発。翌年、大隈内閣は対華二十一か条要求を提出。

この年、徴兵検査不合格を機会に労働者生活に入る。足尾銅山機械工見習、三菱新入炭鉱鉱夫、高島炭鉱三池炭坑鉱夫及び日本紡績福島（大阪）工場、東洋紡績工場機械工として労働する。

一九一六年（大正五年）　二十三歳

南洋ポナペ島（現在のミクロネシア連邦）南洋繊維会社の繊維採取夫に雇われるが、体調を崩して約一年あまり働いただけで、翌年帰国する。

一九一七年（大正六年）　二十四歳

ロシア十月社会主義大革命。日本、対ロシア革命干渉戦争に参加し、シベリアに出兵。

一九一八年（大正七年）　二十五歳

一月　国鉄神戸鉄道局に採用される。大阪荷扱所貨物掛、大阪車掌室車掌、伊賀上野駅の駅務員を務める。

富山県魚津に米騒動が起こる。寺内内閣、軍隊を出動して鎮圧。この年から一九二一年にかけて、スペイン風邪が猛威をふるい死者約三九万人に達す。

一九一九年（大正八年）　二十六歳

朝鮮独立宣言発表（三・一運動）。コミンテルン創立。中国に五四運動起こる。

一九二〇年（大正九年）　二十七歳

「大日本機関車乗務員会」結成。日本社会主義同盟創立。

この年、大日本機関車乗務員会に加入し、労働問題の研究会を組織する。

一九二一年（大正十年）　二十八歳

中国共産党創立。国際赤色労働組合同盟（プロフィンテルン）創立。

四月　研究会を同僚と組織したため国鉄を解雇される。解雇された後は渥美郡伊良湖畔に滞在し哲学書などを読んでいたが　其の後一ヶ月半程かけて名古屋から日光まで徒歩で旅行をし、さらに大阪に行き駅前の運送屋に一ヶ月半程いた。

九月頃　徒歩で大阪を発って名古屋へ着き、西枇杷島町長谷川青物店に雇われ仲仕同様の仕事をする。

十一月　運転主任をしていた縁戚のつてを頼り名古屋鉄道に就職、同鉄道柳橋駅の駅務助手、まもなく名古屋労働者協会に参加。

一九二二年（大正十一年）　二十九歳

極東共産主義的革命的諸団体（通称、極東民族大会）第一回大会（モスクワ）。日本共産党創立。

十一月十六日　名古屋市電協友会名鉄支部を結成し、支部長になる。

一九二三年（大正十二年）　三十歳

一月十二日　名鉄を解雇される。解雇撤回を要求して争議が勃発したが、敗北し協友会名鉄支部は組織が壊滅した。
二月下旬から三月上旬頃まで、労働問題の勉強に上京し、金子健太・田所輝明・谷口鉱次郎らと交流。
二月二十三日に行われた普選即行大会（大示威行進）に参加。三月なかば、谷口から赤色労働組合インターの規約を書いたものを渡され、間もなく名古屋に帰る。
渡辺政之輔、杉浦啓一ら党の直接指導の下に各組合内の革命的労働者を結集した秘密組織「労働組合レフト」の組織化を決定。
四月ごろ、杉浦啓一（党執行委員・労働運動担当）が来名し、葉山嘉樹宅で、葉山嘉樹・寄田春夫・酒井定吉・清水石松・小沢健一の五名が集まり、杉浦から左翼労働運動について話があり、五人は雑誌『労働組合』の同人になることを承諾した。労働者協会および中部労連の左翼化を課題として、信頼できる仲間を増やし、メンバーは十二名となった。
五月一日　名古屋市中区鶴舞公園奏楽堂で労働者約五、六百名が参加して開催された、名古屋市最初のメーデーに参加。
五月六日　名古屋市中区西日置町北鵜垂九番地の寄田春夫宅で、酒井定吉、寄田春夫、篠田清、三好覚、清水石松、小沢健一、大野正己、鈴木箕三郎、南部岩造、倉林次郎ら十二名が秘密に集会し、労働組合赤色インターナショナル規約について協議し、「エルピー会」を組織した。
六月二十一日　名古屋自由労働組合の金八十二円を横領していた倉林次郎が、第一次共産党事件に恐れをなし、笹島警察署に秘密結社「レフト・プロレタリア会」のことを自供した。その日から葉山嘉樹ら同会関係者に刑事の尾行がついた。
六月二十四日　改組された中部労働組合連合会の第一回役員総会で書記に選出される。
六月二十七日　いわゆる名古屋共産党事件（LP＝「レフト・プロレタリア会」事件）で、葉山嘉樹ら十一人と共に検挙、送検される。
関東大震災。大杉栄（甘粕事件）、日本共産主義青年同盟委員長河合義虎ら労働者十数名（亀戸事件）と朝鮮・中国の労働者数千名が検挙、虐殺される。
十月二日　予審終結し、有罪が決定。
十一月某日　保釈が許可され、名古屋刑務所を出獄。
一九二四年（大正十三年）　三十一歳
レーニン死去。
二月十日　清水石松と共に上京し、機械技工組合本部で杉浦啓一、田所輝明、金子健太らに会い、そこから直ぐに総同盟大会に出席した。総同盟大会での左右両派の論戦に強烈な印象を受ける。大会を傍聴する一方、杉浦、田所、金子らと名古屋の組合再建について相談し、ほぼ方針をまとめる。

山川均、赤松克麿らにより日本共産党の解党決議がおこなわれる。コミンテルン、党の即時再建を指示。「無産政党」の樹立を目的とする「政治研究会」設立。

三月十九日　第一審名古屋地裁で第一回公判。四月七日、懲役八ヶ月の判決。直ちに控訴。六月二十七日、控訴審で禁錮七ヶ月の判決。

三月　控訴中、小沢健一らと名古屋機械工組合を設立し、組合事務所を御器所町砂田の酒井名義の借家に置く。

四月二十八日　機械技工組合本部にいたとき、名古屋紡績（名紡）の労働争議応援の依頼を受け、二十九日に清滝寺で開かれた最終的な作戦会議に出席する。

五月一日　名古屋第二回メーデー。誕生したばかりの唯一の左翼組合である名古屋機械技工組合の幹部として、警察の予備検束名簿に載っていることがわかり、中津川の葉山嘉樹の家に避難する。のちに静岡に戻って清水市の従兄の家（福本家？）に寄寓する。

五月中旬　小沢健一、篠田清の直話によると、葉山嘉樹が名古屋へ出かけて留守の間に、妻・喜和子が酒井定吉と一緒に出奔。葉山嘉樹は、小沢健一に母・トミと二児の世話を頼み、静岡まで喜和子を連れ戻しに行ったといわれる。

五月二十七日　控訴審判決、禁固刑七カ月。

この年の初夏から秋にかけて、吉見春雄、大橋幸一らと「政治研究会」静岡県支部の結成と組織づくりをおこなう。

十月十四日　名古屋共産党事件、大審院で上告棄却、判決確定し、下獄する。（翌年四月頃まで）

一九二五年（大正十四年）　三十二歳

コミンテルン「一月テーゼ」。治安維持法成立。普通選挙法成立。総同盟が分裂。左翼三十二組合（一万二千五百名）、総同盟三十五組合（一万三千百十名）。

四月中旬頃　刑期満了し出獄。

五月二十四日　神戸で開催の日本労働組合評議会結成大会に福島義一と一緒に参加する。この年、政治研究会静岡県支部を設立。党の合法機関紙「無産者新聞」第一号発行。

九月上旬　日本共産党派遣のクートヴェ留学生に選抜され、長崎を出航して上海に行き、袴田里見らと合流する。

九月二十五日　クートヴェ留学生一行十五名がノルウェー国籍のソ連政府チャーター船で上海を出港し、三十日ウラジオストックに着。十月二十一日シベリア鉄道でウラジオストックを出発、途中イルクーツクで車中一泊しモスクワに向かう。

十一月六日　ロシア十月社会主義大革命八周年記念日の前日に、モスクワ到着。クートヴェに入学する。

一九二六年（大正十五年・昭和元年）　三十三歳

日本共産党再建大会。福本イズム全盛。コミンテルン、極東ビューローを上海に設置し活動を開始。労農党再組織（委員長大山夫）。大正天皇没、昭和と改元。

一九二七年（昭和二年）　三十四歳
上海で蒋介石の反共クーデター起こる。コミンテルン、「二七年テーゼ」を作成。東方会議開催（7／7田中義一兼任外相、対華政策綱領を発表し、権益自衛方針を声明）。
八月　**モスクワで渡辺政之輔より党員資格審査を受ける。**
十二月　**コミンテルン執行委員片山潜より党員確認通告を受ける。**

一九二八年（昭和三年）　三十五歳
党中央機関紙『赤旗』非合法で創刊。第一回普通選挙。三・一五事件。労働農民党、日本労働組合評議会などに解散命令。
三月下旬　**三・一五事件のあと、コミンテルンの指示によりモスクワを発ち、日本共産党再建のため帰国の途につく。四月帰国す。**
五月上旬　**京橋区銀座松坂屋呉服店で相馬一郎と連絡する。その翌日、下谷区鶯谷附近の陸橋で、渡辺政之輔（委員長）と会合し、神戸地方オルガナイザーを命ぜられ、「神戸地方で自活の道を講じ組織の基礎を固めるように」との指示を受けて神戸に派遣される。三・一五弾圧により破壊された党再建の調査、評議会、労農党、青年同盟等の活動分子獲得のために活動する。**
関東軍、謀略で張作霖を爆殺。治安維持法改正、「国体変革」の最高刑を死刑に。全県警察部に特別高等課設置。
七月中旬　**神戸で川崎造船所の人夫に雇われたが、大阪における袴田里見らの検挙により、警察の警戒が厳重になったので、直ちに上京する。この間に湊川神社境内で袴田里見と秘密連絡をおこなう。**
七月十三日　**吉村英を訪ね、その翌朝、千葉こと河合悦三を吉村に引き合わせる。**
八月　**中央部検挙のため連絡が切れる。**
九月　**与田徳太郎とともに自発的に九州へ行き八幡製鉄所に就労し、九州地方の調査とオルグ活動に当たる。ここも警戒厳重のため間もなくやめ、建築工事人夫をやりながら、大牟田から山口県宇部などを転々とする。**
国領五一郎、検挙される。共産党委員長渡辺政之輔、台湾基隆で警官に追い詰められ自決（三十歳）。
十二月　**帰京し翌年二月まで中央との連絡回復のため服部麦生、与田徳太郎と連絡する。**

一九二九年（昭和四年）　三十六歳
二月中旬　**同志部（与田徳太郎）の紹介に依り、中央事務局の間庭末吉と連絡が付く。**
労働農民党代議士山本宣治、暴力団七生義団員黒田某に刺殺される。
三月中頃　**中央組織局間庭末吉と連絡し、九州地方オルガナイザーとして派遣の指示通告を受ける。**

四月十五日　その出発準備中、三月二十八日に逮捕された間庭末吉の名簿暗号が解読されたため検挙される（四・一六事件、全国で三千余名が検挙投獄、起訴三百三十九人）。治安維持法違反で起訴され市ヶ谷刑務所に収監される。以後、一九三四年四月まで市ヶ谷、小菅等にて、三・一五、四・一六同志らと獄内細胞を作り待遇改善、釈放要求、各種反対闘争を行い、統一公判闘争を闘う。

ニューヨーク株式市場大暴落、世界大恐慌始まる。

一九三〇年（昭和五年）　三十七歳

一九三一年（昭和六年）　三十八歳

第十一回メーデー、川崎で竹槍武装デモ。中国吉林間島で朝鮮人武装蜂起（間島事件）。

六月二十五日　三・一五、四・一六両事件の統一公判が始まる。

風間丈吉・岩田義道ら、共産党中央部を再建。満州事変。

一九三二年（昭和七年）　三十九歳

日本、傀儡「満州国」建国を宣言。「日本における情勢と日本共産党の任務」（三二年テーゼ）発表される。

四月十九日　東京地裁で宮城実裁判長のもと、四・一六事件公判代表陳述がおこなわれる。裁判長の公判傍聴禁止に対して、父ら被告席から強く抗議する。

七月二十五日　東京地裁にて懲役六年、未決通算二百五十日の判決を受け、ただちに控訴する。

七月二十七日　統一公判中の法廷闘争の報復として、残忍で有名な典獄佐藤乙一、典獄補森口藤松らにより、市ヶ谷刑務所内で共産党員酒井定吉ほか三十数名に対する白色テロが行なわれ、片目の視力と片耳の聴力を失う。

一九三三年（昭和八年）　四十歳

「赤色銀行ギャング事件」おこる。熱海で一斉検挙される（熱海事件）。同日、風間丈吉、紺野与次郎ら検挙される。

独ヒトラー内閣成立。小林多喜二、警視庁築地署で虐殺。佐野学・鍋山貞親、獄中で転向を声明、以後、共産党被告の転向続く。片山潜、モスクワで客死。野呂栄太郎検挙。共産党中央委員宮本顕治、同袴田里見らによるスパイ「査問」事件、宮本顕治検挙。

一九三四年（昭和九年）　四十一歳

四月　獄内中央部の指示により控訴を取り下げ下獄、函館刑務所に移送される。以後三八年八月まで、志賀義雄、伊藤憲一、多田留治の諸同志と獄中細胞を作る。一九三二年の熱海事件の後に検挙された加藤四海がとなりの独房にいた。

十月　函館刑務所に移送された伊藤憲一（戦後の中央委員）は、独居房の五舎十二号に転房すると、十一号に酒井定吉がいた、

と回想記に記している。

この年、住友財閥を先頭に大財閥の満州進出始まる。東北冷害・西日本干害・関西風水害のため大凶作。東北地方は凶作のため娘の身売り・欠食児童・自殺などの惨状。軍需景気で工場は拡張、熟練工は引っ張りだこ。

一九三五年（昭和十年）　四十二歳

袴田里見検挙、共産党中央委員会壊滅。コミンテルン第七回大会、人民戦線戦術採用。

一九三六年（昭和十一年）　四十三歳

野坂参三・山本懸蔵、「日本の共産主義者への手紙」を発表。二・二六事件。中国で西安事件起こる。

一九三七年（昭和十二年）　四十四歳

中国、第二次国共合作が成立。盧溝橋事件、日本の対華全面侵略が始まる。南京大虐殺事件。第一次人民戦線事件。

一九三八年（昭和八年）　四十五歳

第二次人民戦線事件。石川達三「生きてゐる兵隊」発禁。

八月　函館刑務所を満期出獄する。

九月　函館刑務所における顔面神経麻痺の治療が不充分だったため、労働のかたわら治療を受ける。以後四〇年四月までの間に春日正一、山代吉宗、加藤四海らと連絡し、「三二年テーゼ」の研究・討論、党再建活動についての意見交換・討論などをおこなう。

一九三九年（昭和十四年）　四十六歳

この年、上京し、板谷敬の連絡により加藤四海と再会する。

八月六日　山代方において山代夫婦、春日正一、板谷敬と会合し、当来する革命の性質および日本資本主義の特殊性等に関する研究討論を行い、これを当面の研究対象とする。

独ソ不可侵条約調印。英仏、対独宣戦、第二次世界大戦勃発。鹿地亘ら、桂林で日本人民反戦同盟結成。

十月　山代吉宗、山代巴、加藤四海らと神奈川県大倉山へピクニックと称して会合し、運動の諸問題について意見を交換する。

十一月三日（或いは五日）　山代吉宗・山代巴・加藤四海ら三人と、神奈川県下綱島及び三ツ池方面にハイキングを行い、①転向者問題、②「三二年テーゼ」問題、③党機関紙問題、④党細胞組織問題、⑤指導理論研究会開催等につき意見を交換し、その帰路、横浜市鶴見区の春日正一方に立ち寄り、更に、一、現在の客観的並びに主観的情勢、二、当面の任務等に関し意見を交換した。その結果、最高研究会を開催する事を決定し、これを以て日本共産党再建グループ（京浜共産主義者グループ）が成立する。

十一月二十六日　第二回研究会を川崎市北谷町一〇六、須藤末男方に於いて開催する。山代吉宗、加藤四海、春日正一らが出席。席上、同志西村桜東洋からの情報によって警視庁が京浜方面のグループの検挙を計画しているとのことであり、この研究会を

中止すべきではないかという山代の提案につき協議した結果、第三回以降は中止することを決定。以上の事情により酒井は途中から出席を中止する。

一九四〇年（昭和十五年）　四十七歳

五月十三日　党再建のために完全に地下に入る準備をしていたとき、山代吉宗・春日正一・加藤四海（いずれも五月十一日に検挙）ら二十五名と共に、党再建活動グループ（いわゆる京浜共産主義者グループ）事件の関係者として検挙され、渋谷警察署に留置される。加藤四海は即日警察に虐殺された（官憲当局は自殺と発表）。

第二次近衛内閣が「基本国策要綱」を決定。米国、航空用ガソリンの対日輸出禁止。日本、南進政策を決定。日独伊三国同盟調印。

一九四一年（昭和十六年）　四十八歳

日ソ中立条約調印。

五月　東京地裁にて治安維持法違反により、懲役六年の判決を受ける。

六月　下獄し横浜刑務所に移送される。

独ソ戦開始。ゾルゲ諜報団事件。御前会議、対米英蘭開戦を決定。日本軍、マレー半島上陸・ハワイ真珠湾空襲。

一九四二年（昭和十七年）　四十九歳

スターリングラード攻防戦始まる。大本営、ガダルカナル島撤退を決定。（一万一千人撤退、戦死・餓死者二万五千人）。

一九四三年（昭和十八年）　五十歳

コミンテルン解散決議。野坂参三、延安に到着。中・米・英首脳、カイロ会談。ソ・米・英首脳、テヘラン会談。

一九四四年（昭和十九年）　五十一歳

米英軍ノルマンディー上陸、第二戦線結成。ゾルゲ・尾崎秀実、死刑を執行される。

一九四五年（昭和二十年）　五十二歳

米英ソ、ヤルタ会談。米英ソ、ポツダム会談。（二十六日、対日ポツダム宣言発表）広島に原爆投下。（九日、長崎）ソ連、対日参戦（八・八対日宣戦布告）。天皇、「終戦」の詔書放送。連合国最高司令官マッカーサー、厚木に到着。GHQ、天皇に関する自由討議・政治犯釈放・思想警察全廃・内相特高警察全員の罷免・統制法規廃止等を指令（民主化指令）。

十月五日（或いは九月二十五・六日頃？）　横浜刑務所を出所する。その翌日、府中予防拘禁所在所中の徳田球一、志賀義雄、椎野悦郎らを訪ね、代々木党事務所の接収、留守居と併せて国鉄オルグ活動を指示される。

十月十日　政治犯釈放、徳田球一・志賀義雄ら「人民に訴う」を声明。この日、芝田村町の飛行会館講堂で開催された、府中予防

拘禁所から出獄する徳田球一、志賀義雄らを歓迎する集会に出席、壇上で獄中生活を語り、天皇制廃止を訴える演説をする。

『赤旗』再刊。

十一月八日　日本共産党第一回全国協議会に出席する。（～十日）

十二月一～三日　共産党第四回大会に出席する。徳田球一を書記長に選出。この頃、党本部モップル（労農救援）部責任者として労農救援会中央グループキャップになる。

十二月二十三日　第一回東京地方党会議が開かれ、長谷川浩、岩田英一、伊藤憲一、伊藤律、服部麦生、寺田貢、金斗鎔らとともに暫定東京都委員に選出される。

※この年の十二月まで次の諸活動を行った。①岩田英一と本部事務所を接収し、全国各地から来訪の同志を応援。②岩田英一、野本らと国鉄労働者の間に宣伝活動を行い、宣伝紙『動輪』を発行。③丸山一郎、内野竹千代、泉盈之進らと労農救援会を組織し、出獄同志を救援・援助。

一九四六年（昭和二十一年）五十三歳

二月二十三日　早稲田大学大隈講堂における「故河上肇博士追悼講演会」を計画、労農救援会の主催で開催する。

二月二十四日　日本共産党第五回全国大会に出席。平和革命方式を採択。（～二十六日）

野坂参三、中国から帰国（1-14天皇制・民主戦線につき共産党と共同声明。1-26帰国歓迎国民大会）。

※この年、出獄同志の連絡、救援、各労働組合その他大衆団体、党活動家の犠牲者の救援活動に当たる。

※西岡順子と結婚。

一九四七年（昭和二十二年）五十四歳

この年の年頭から日本共産党創立二十五年史のために「党史に関する覚え書き」を執筆する。

一月六日　日本共産党第二回全国協議会に出席。（～九日）

二月二十六日　長男誠が出生。

八月　党創立二十五周年記念事業として党史資料委員会が設置され、党史資料委員会書記を命じられる。

コミンフォルム（共産党・労働者党情報局）結成。

十月　中央党学校主事を命じられる。

この年、労働組合の結成相次ぐ（私鉄総連、電産、国労、日教組、自治労連、全石炭等）。

一九四八年（昭和二十三年）五十五歳

この年、一月より四九年三月まで、党史資料蒐集のために専心活動する。

ロイヤル米陸軍長官、日本は共産主義への防波堤と演説。ソ連、ベルリン封鎖実施。コミンフォルム、ユーゴ共産党を除名。

七月十一日　橋浦時雄氏から党創立前後の時代の思い出を聞き取り。

七月三十日　浦田武雄氏から党創立時代の思い出を聞き取り。

八月十一日　高瀬清氏から日本共産党創立前後の思い出を聞き取り。

九月　高津正道氏から党創立時代談を聞き取り。

十一月末頃　「民主主義科学者協会東京支部歴史部会労働運動史研究会」の発会に参加する。ほかに参加者は石母田正、長谷川博、林基一、平野義太郎、守屋典郎ら。

一九四九年（昭和二十四年）　五十六歳

ソ連・東欧五か国、コメコン創設。戦後、新憲法施行後初の衆議院選挙で、日本共産党は三十五議席を獲得。

四月　『アカハタ』資料部長を命じられる。

NATO発足。徳田共産党書記長、九月までに吉田政府打倒と発言（九月革命説）。下山、三鷹、松川国鉄三事件。中華人民共和国成立宣言。北京で国家副主席の劉少奇が「中国の道」を演説。毛沢東、ソ連を訪問し、スターリンと会談。

一九五〇年（昭和二十五年）　五十七歳

コミンフォルム機関紙『恒久平和と人民民主主義のために』が「日本の情勢について」を発表、共産党の平和革命論を批判。以後「所感派」と「国際派」に分かれた党内対立が次第に激化していく。中ソ友好同盟相互援助条約が調印される。

六月　『アカハタ』通信部長を命じられる。

GHQ、日本共産党中央委員二十四名の公職追放を指令。翌日、機関紙『アカハタ』編集委員十七名も追放処分。中央委員会に代わる臨時中央指導部員八名を発表。朝鮮戦争が勃発。徳田球一ら日本共産党九幹部に逮捕状。『アカハタ』、無期限発行停止。

八月　A紙発刊準備委員として伊藤律指導の下に非公然機関紙部指導部員を命じられ、A紙、B誌、C誌の配布部責任者の任に就く。引続き後継紙（『平和と独立』）通信部長として活動する。この前後、非公然地下活動へ入る。

※A紙↓『平和と独立』。同紙は一九五〇年代初頭に朝鮮戦争の勃発により半非合法化された日本共産党が発行した非合法機関紙で、発禁となった共産党中央機関紙『アカハタ』の代わりに発行された。

B誌↓『内外評論』（「球根栽培法」などの表紙で偽装）。C誌が何を指すかは不明。『党活動指針』か？

書記長徳田球一が大阪から中国へ密航。政治局員野坂参三が神戸から中国へ密航。この年の年末には、徳田、野坂らを中心とする「北京機関」（日本共産党在外代表部）の施設と組織の整備が始まったといわれる。

一九五一年（昭和二十六年）　五十八歳

国連総会、中国を侵略者と決議。第四回全国協議会、反主流派を追放、反米軍事闘争方針を決定、全国の農村に「解放区」の組織を指示。従来の二重構造を非公然組織の中央ビューローに一本化。徳田球一、袴田里見ら、モスクワで、スターリンの承認の下に「五一年綱領」草案を討議決定。共産党第五回全国協議会。新綱領〔民族民主革命方針〕採択。全国組織会議を開催。新綱領に基づく具体的軍事行動、軍事戦術を決定。北海道、東北、関東、中部、西日本、九州にそれぞれ軍事委員会が設けられ、軍事指導が強化される。

十一月　書記局連絡、配布部責任者を命じられる。

一九五二年（昭和二十七年）　五十九歳

札幌で白鳥事件が起こる。サンフランシスコ平和条約発効、日本が主権を回復。「血のメーデー事件」、『アカハタ』復刊。衆議院選挙（抜き打ち解散）で全議席を失う。

十一月　組織局事務局責任者を命じられる。

一九五三年（昭和二十八年）　六十歳

スターリン死去。「トラック部隊」関連の太陽鋼管が倒産。拠点企業が将棋倒しに倒れる。

六月　統制委員会人事部責任者を命じられる。

朝鮮休戦協定が調印。伊藤律、スパイとして除名される。徳田球一書記長が北京で客死。

十月　ＳＭ（特殊財政、トラック？）部隊整理担当者を命じられる。

一九五四年（昭和二十九年）　六十一歳

二月　統制委員を命じられる。人事部責任者を命じられる。

一九五五年（昭和三十年）　六十二歳

共産党、『アカハタ』で党中央の極左冒険主義軍事方針の誤りと組織の官僚主義を自己批判。

この年七月より公然活動に移る。

日本共産党第六回全国協議会、五〇年以降の分派闘争、極左冒険主義による軍事闘争を全面的に自己批判、党活動を統一して公然活動に転換する方針を確認。野坂参三・志田重男ら姿を現わす。野坂参三、第一書記になる。

九月　白鳥事件、その他犠牲者とその家族の救援活動等を担当する。

六全協（一九五五年七月）後、川口孝夫氏（元北海道地方委員会軍事委員、白鳥事件関係者）に、『誰にも言ってはならない』と口止めしたうえで、同氏が近く中国に行くことになることを伝える。さらに大阪の各アジトで待機生活をしている白鳥事件の関係者の鶴田倫也、大林昇、桂川良伸の三氏を統括していた。白鳥事件関係者は大阪以外にも九州など数カ所に分散して潜伏してお

り、これらの潜伏先アジトを訪ねて党からの指示を伝えていた。白鳥事件関係者のほかにも長野地方裁判所事件の主犯とされた石坂英夫氏も大阪で潜伏しており、この件も終始担当していたとされる。

一九五六年（昭和三十一年）　六十三歳

「トラック部隊」関連の纖研事業部が倒産。

三月　川口孝夫、鶴田倫也ら白鳥事件関係者が焼津港から中国へ密航、これを見送る。

コミンフォルム解散。八中総で椎野悦郎の中央委員罷免、志田重男の離党確認。トラック部隊事件の報道が各新聞紙上で広がる。

一九五七年（昭和三十二年）　六十四歳

「トラック部隊」初代隊長とされる大村英之助が逮捕される。モスクワで社会主義十二か国共産党・労働者党会議、モスクワ宣言。

一九五八年（昭和三十三年）　六十五歳

岡田文吉、人民艦隊事件で逮捕される。日本共産党第七回全国大会（党の統一を回復、大会議案として提案された「党章草案」のうち、「党規約」部分を採択する。党綱領については継続審議とし、行動綱領を決定する。宮本顕治を書記長に選出。）

一九五九年（昭和三十四年）　六十六歳

安保反対国民会議が成立、共産党はオブザーバー参加。

六月二十六日　堺利彦顕彰碑が郷里の大分県豊津町に建立される件で、党内でカンパを集められる条件が皆無なことから、堺と面識のあった春日庄次郎に、何か集めるよい知恵がないかと相談する内容の手紙を出す。

最高裁、松川事件の原判決破棄、差し戻し判決。

一九六〇年（昭和三十五年）　六十七歳

この年、党中央委員会資料室長の任に就く。

安保反対闘争、全国五百八十万、国会十五万の大動員。樺美知子さんが犠牲となる。米大統領アイク訪日中止。中ソ論争公然化。社会党委員長浅沼稲次郎、右翼少年に刺殺される。八十一カ国共産党・労働者党会議、モスクワ宣言を発表。

一九六一年（昭和三十六年）　六十八歳

第八回全国大会（党新綱領を決定）春日庄次郎らを除名。周恩来、第二十二回ソ連共産党大会でソ連のアルバニア批判に反論、帰国。

一九六二年（昭和三十七年）　六十九歳

「いかなる国の核実験にも反対」をめぐり社会・共産両党対立。米、ソ連のミサイル基地建設に対し対キューバ海上封鎖宣言

（キューバ危機、一〇・二八ソ連、キューバのミサイル撤去回答）。ハンガリー・伊・チェコ共産党、中国共産党を公開批判。

この年、ロシア革命四十五周年にあたり、党訪ソ団に加わりソ連を再訪。

一九六三年（昭和三十八年）　七十歳
幹部会声明で部分核停条約不支持を表明。原水禁世界大会で中共代表団を支持。「人民日報」「紅旗」、ソ連共産党批判公開書簡を公表（「九評」）。七中総で中国寄りの立場を明らかに。この後、党内でソ連批判・中共支持の工作と教育が強力に進められる。

一九六四年（昭和三十九年）　七十一歳
衆議院、部分核停条約批准。志賀義雄は衆院本会議で核停条約に賛成票を投じる。八中総で志賀義雄、鈴木市蔵を除名。日ソ両党間の批判・攻撃が強まる。神山茂夫、中野重治を除名。フルシチョフ、第一書記を解任される。

一九六五年（昭和四十年）　七十二歳
林彪中国国防相「人民戦争の勝利万歳」発表。インドネシア九・三〇事件（一〇・三共産党大弾圧始まる）。

十月二十五日　北京留学のため中国へ向かう長男誠を東京駅で見送る。誠は、翌二十六日、神戸港を「玄海丸」で出港、二十九日朝上海港着。折から上海滞在中の袴田里見と面会した後、十一月三日、列車で上海を発ち、翌四日北京着。北京語言学院に入学。

姚文元、呉晗批判論文「『海瑞罷官』を評す」発表。

一九六六年（昭和四十一年）　七十三歳
日本共産党代表団（宮本団長）と毛沢東主席が上海で会談するも、ソ連修正主義批判問題で、深刻重大な対立が生じ、決裂。両党共同コミュニケの発表が中止になる。以後、中国の文化大革命と対応して、教条主義批判＝自主独立強調の党内工作が強力に進む。

この後、砂間一良中国駐在党代表から北京留学生細胞に対してこの年に計画中の第二回日中青年大交流への参加を妨害するよう執拗な指導が行われ、対立が激化していく。夏から秋にかけて日本革命の路線と原則の問題をめぐり、誠との間で頻繁に書簡が往復され、お互いに説得を試みたが、溝を埋めることはできず、秋も深まる頃、遂に親子関係が断絶することとなる。

民主青年同盟中央、日中青年大交流への不参加を表明。原水禁世界大会に出席した中国代表団（劉寧一団長）が一斉に退場し、帰国する。日中友好協会その他大衆団体に党員間の対立が拡大。毛沢東、天安門楼上から紅衛兵の大集団と会見。各界の著名な人びと三十二氏が、「内外の危機に際し、再び日中友好の促進を国民に訴える」との声明を発表、日共指導部に反省と自重を促す。

十月二日　党中央機関誌「赤旗」はこの日の一面で、中央委員会の決定として、聴涛学ら北京留学生細胞指導部四名（酒井誠を含む）の除名を発表する。

十月五日　長男誠は、日本共産党中央委員会中国駐在代表砂間一良名の十月四日付「除名通告」を受け取る。（宛先：**北京大学留学生寮26楼、差出人：北京二四七一信箱　砂間一良**）

日中友好協会が分裂。日中友好協会（正統）中央本部が確立。中日友好協会、黒田寿男日中友好協会副会長などに「日中友好協会正統本部を断固支持する」との支持電を送り、その中で「現代修正主義と分裂分子に断固反対して日中友好を貫くあなたがたの行動に対し最大の信頼と断固たる支持を表明する」、「われわれは友好の旗をうちふり友好に反対するさまざまな現代修正主義とあらゆる往来を断絶し、彼らの仮面を徹底的にはぎ取ることをあなた方に保証できる」と表明。

一九六七年（昭和三十二年）　七十四歳

共産党、『赤旗』ではじめて公然と中国共産党を批判。善隣学生会館事件。

六月　日本共産党中央委員会は、議長野坂参三名で、水野津太に対する党資料返還の仮処分請求を、東京地方裁判所民事第九部に提出した。共産党は中央委員会資料室長酒井定吉以下二〇数名が弁護士同行でトラック二台分を持ち去ったといわれる。

一九六八年（昭和四十四年）　七十五歳

四月　長男誠が天津港から中国貨物船『団結号』で横浜港へ入港、帰国。

この年の夏頃、千葉県我孫子市の父母宅を訪ねた誠と顔を合わせたが喧嘩別れに終わり、これが今生の別れとなる。

ソ連等五か国軍、チェコに侵入し全土制圧。中共第八期十二中全会　劉少奇の解任・除名を決議。

一九六九年（昭和四十四年）　七十六歳

ウスリー江珍宝島で中ソ軍事衝突。中共九全大会で林彪を後継者に規定。

一九七〇年（昭和四十五年）　七十七歳

パキスタン大統領訪中、ニクソン親書を携行。

一九七一年（昭和四十六年）　七十八歳

米大統領補佐官キッシンジャー、北京を秘密訪問、周恩来と会談。米大統領ニクソン、訪中計画を発表。林彪の搭乗機がモンゴルで墜落、林彪死亡。国連総会で中国が国連代表権を獲得。

一九七二年（昭和四十七年）　七十九歳

この年の夏頃、党中央委員会党史資料室責任者の任に就く。

浅間山荘事件。ニクソン訪中、毛沢東と会談。田中角栄首相と周恩来総理、北京で日中共同声明に調印。日中国交正常化が実現。

一九七三年（昭和四十八年）　八十歳

ベトナム和平協定調印（パリ）。米中両国がワシントンと北京に米中連絡事務所を開設。

一九七四年（昭和四十九年）　八十歳十一か月

一月二十一日　午後八時三十分、入院先の東京都渋谷区代々木病院内で脳溢血のため死去。

【参考文献】

『コミンテルンは挑戦する』高谷覚蔵／大東出版社／一九三七年
『モスコー・共産大學の思ひ出』風間丈吉／三元社／一九四九年
『モスコウとつながる日本共産党の歴史』風間丈吉／天満社／一九五一年
『雑草の如く』風間丈吉／経済往来社／一九六八年
『私は共産党をすてた』鍋山貞親／大東出版社／一九四九年
『コミンテルンの密使』近藤栄蔵／『世界評論』四、五月号所載／一九四九年
『苦悩のなかをゆく――私のシベリア抑留記断章』浅原正基／朝日新聞社／一九九一年
『「転向期」のひとびと』小林杜人／新時代社／一九八七年
『60年代が僕たちをつくった』小野民樹／羊泉社／二〇〇四年
『増補版　60年代が僕たちをつくった』小野民樹／幻戯書房／二〇一七年
『夜明けを信じて』水谷安子／私家本／二〇〇一年
『嶽水荘の青春―倉科彰夫と仲間たち―』発行委員会（47有志）／私家本／二〇一三年
『増補　山代巴獄中手記書簡集』牧原憲夫・編集／而立書房／二〇一三年
『牢獄の青春』伊藤憲一／浅間書房／一九四八年
『中国革命と毛沢東思想』中西功／青木書店／一九六九年
『紅萌ゆる』土屋祝郎／岩波新書／一九七八年
『歪みくねった道』（『葉山嘉樹全集　第二巻』所収）葉山嘉樹／筑摩書房／一九七五年
『葉山嘉樹日記全一巻』葉山嘉樹／筑摩書房／一九七一年
『葉山嘉樹』浦西和彦／桜楓社「近代文学資料シリーズ6」／一九七三年
『社会主義運動半生記』山辺健太郎／岩波新書／一九七六年
『草の実――いとしき子らよ　お母ちゃんよ』春日庄次郎／ウニタ書舗／一九八六年
『オホーツク海を越えて』石坂英夫／私家本／一九九八年
『田中ウタ――ある無名戦士の墓標』牧瀬菊枝／未来社／一九七五年
『名古屋地方労働運動史―明治・大正編―』斉藤勇／風媒社／一九六九年
『獄中十八年』徳田球一・志賀義雄／時事通信社／一九四七年

『新版　不屈の青春──戦前共産党員の群像』山岸一章／新日本出版社／一九八四年
『「反日」以前　中国対日工作者たちの回想』所収「趙安博回想録」／水谷尚子／文藝春秋／二〇〇六年
『毛沢東秘録（上）』産経新聞取材班／扶桑社／一九九九年
『冬の時代と花の蕾と』（『ドキュメント太平洋戦争③』所収）山口正之／汐文社／一九七五年
『まっ直ぐ』大窪敏三／南風社／一九九九年
『予防拘禁所の記録』今村英雄／政経ヘラルド社編集部／一九七六年
『「天皇」と呼ばれた男』宮島義勇／愛育社／二〇〇二年
『下山事件　最後の証言』柴田哲孝／祥伝社／二〇〇七年
『中国共産党　葬られた歴史』譚璐美／文春新書／二〇〇一年
『夢追い人よ』斎藤茂男／築地書館／一九八九年
『葬られた夏　追跡　下山事件』諸永祐司／朝日新聞社／二〇〇二年
『謀殺　下山事件』矢田喜美雄／講談社／一九七三年
『十字路』江崎誠致／文藝春秋新社／一九六四年
『トラック部隊』小林一郎／朋文社／一九五七年
『革命家失格』大井広介／拓文館／一九五七年
『共同研究　転向』思想の科学研究会編／平凡社／一九五九年
『現代支那論』尾崎秀実／岩波新書／一九三九年
『四十年目の証言』島田政雄／窓の会／一九九〇年
『流されて蜀の国へ』川口孝夫／私家本／一九九八年
『亡命者　白鳥警部射殺事件の闇』後藤篤志／筑摩書房／二〇一三年
『白鳥事件　偽りの冤罪』渡部富哉／同時代社／二〇一二年
『スパイM　謀略の極限を生きた男』小林峻一・鈴木隆一／文藝春秋／一九九四年
『昭和史発掘5』松本清張／文藝春秋／一九七八年
『キッシンジャー回想録　中国』上・下／岩波現代文庫／二〇二一年
『ザ・コールデスト・ウィンター　朝鮮戦争　上・下巻』デイヴィッド・ハルバースタム／文藝春秋／二〇〇九年
『現代日本の思想』久野収・鶴見俊輔／岩波新書／一九五六年

『占領戦後史』竹前栄治／岩波現代文庫／二〇〇二年
『解禁昭和裏面史――旋風二十年』森正蔵／筑摩書房／二〇〇九年
『戦後期左翼人士群像』増山太助／つげ書房新社／二〇〇〇年
『伊藤律と北京・徳田機関』藤井冠次／三一書房／一九八〇年
『党とともに歩んで』袴田里見／新日本出版社／一九七三年
『在日朝鮮人運動』篠崎平治／令文社／一九五五年
『日本の中の三十八度線』李瑜奐／洋々社／一九八〇年
『占領期の労働運動　上・下巻』長谷川浩／亜紀書房／一九八四年
『昭和史の瞬間　上・下』朝日ジャーナル編集部／朝日新聞社／一九七四年
『マルクスを巡る知と行為――ケネーから毛沢東まで――』寺出道雄／日本経済評論社／二〇一二年
『20世紀の意味』石堂清倫／平凡社／二〇〇一年
『日本共産党運動年表　一九一九年三月～一九三四年』慶応大学図書館「水野資料」所収
『日本共産党の四十年』日本共産党中央委員会／日本共産党中央委員会機関誌経営局／一九六二年
『日本共産党の五十年』日本共産党中央委員会／日本共産党中央委員会機関誌経営局／一九七二年
『日本共産党の七〇年』全三巻　日本共産党中央委員会／新日本出版社／一九九四年
『日本共産党史を語る（上）』不破哲三／新日本出版社／二〇〇六年
『戦後日本共産党史』小山弘健／芳賀書店／一九六六年
『一九三〇年代日本共産党史論』田中真人／三一書房／一九九四年
『日本共産主義運動史』山本勝之助・有田満穂／世紀書房／一九五〇年
『日本共産党史（戦前）』（公安調査庁調査資料）片岡政治／現代史研究会／一九六二年
『日本共産党にたいする干渉と内通の記録　上・下』不破哲三／新日本出版社／一九九三年
『日中友好運動五十年』日中友好協会編／東方書店／二〇〇〇年
『マオとミカド　日中関係史の中の「天皇」』城山英巳／白水社／二〇二一年
『紅太陽是怎様升起的：延安整風運動的來龍去脈』高華／香港中文大學出版社／二〇〇〇年
『日中関係の管見と見証』張香山／三和書籍／二〇〇二年
『風雨幾星霜』劉徳有／生活・読書・新知　三聯書店／二〇一八年

『閻明復回憶録』閻明復／人民出版社／二〇一五年
『毛沢東の朝鮮戦争―中国が鴨緑江を渡るまで』朱建栄／岩波現代文庫／二〇〇四年
『三八度線設定の地政学／対日軍事作戦と国際政治』小此木政夫（慶應義塾創立百五十年法学部論文集／二〇〇八年
『毛泽东、斯大林与朝鲜战争――兼论冷战在亚洲的起源　第三版』沈志華／広東人民出版社／二〇〇三年
『面临危机的抉择：关于朝鲜战争之中国决策述评』沈志華／《歴史教学問題》二〇一九年第四・五期所載
『「保障苏联在远东的战略利益――试论朝鲜战争起因与斯大林的决策动机」沈志華／華東師範大学学報哲学社会科学版二〇一二年第
四期
『共产国际负责中国问题的组织机构的历史演变一九二〇―一九三五』中共中央党史研究室・李颖
『牛兰事件及其共产国际在华秘密组织』杨奎松
『六〇年前的〝中国道路〟』杨奎松／『同舟共进』誌二〇一一年第一期所載
『従「牢不可破」到反目成仇』資中筠『夕照漫筆』所収／IPlus Books／二〇二三年
『追根溯源　战后美国对华政策的缘起与发展（一九四五―一九五〇）』资中筠／上海人民出版社／二〇〇〇年
『抗美援朝的五个重要决策』黄迎旭／『炎黄春秋』誌二〇一七年第三期所載
『关于赫鲁晓夫的假共产主义及其在世界历史上的教训』人民日報編集部・紅旗雑誌編集部／一九六四年七月十四日
『前衛』日本共産党中央委員会機関誌／一九五〇年一月～十二月
『現代史資料』一四～二〇、四五、続七／みすず書房
『現代史資料　社会主義運動（一）』資料解説／山辺健太郎／みすず書房
『現代史資料　社会主義運動（二）』附録月報解説／犬丸義一／みすず書房
『現代史資料　社会主義運動（二）』附録月報解説／山辺健太郎／みすず書房
『現代史資料　社会主義運動（三）』資料解説／山辺健太郎／みすず書房
『日本社会運動人名辞典』塩田庄兵衛編／青木書店／一九七九年
『日本史年表　増補版』歴史学研究会編／岩波書店／一九九三年
『世界史年表』歴史学研究会編／岩波書店／一九九四年
『講演記録　解明されたゾルゲ事件の端緒』渡部富哉／社会運動資料センター／二〇〇八年
『講演記録　尾崎秀実と中共諜報団事件』渡部富哉／社会運動資料センター／二〇〇八年
『戦後日本共産党関係資料』一九四五年十一月十六日日共中央委員会議事録／不二出版

『在露共産大学ノ邦人主義者ニ対スル共産主義教育外』外務省（外務省文書マイクロ・フィルムR.S.401）／一九二九年
『露国ヨリ帰還ノ邦人共産党員調』警視庁（米軍没収資料マイクロ・フィルムOJ34(R.1)／一九二五年
『秘密結社日本共産党再組織運動関係者検挙概況』警保局保安課／学習院大学法経図書館所蔵「山岡万之助関係文書」／一九二九年
『共産主義運動の実態』国家地方警察本部／一九五四年
『特高月報（党再建G関係）』
『特高月報』昭和一五年五月分、一〇月分、十二月分、一六年二月分
『思想月報』昭和十六年十一月分／司法省刑事局思想部編／文生書院（復刻版）
『思想月報』昭和十七年一月分（同右）
『思想月報』昭和十七年四月分（同右）
『思想月報』昭和十八年五月分（同右）
『思想月報』昭和十八年八月分（同右）
『社会運動の状況（一）』昭和二〜四年／内務省警保局
『社会運動の状況』昭和二〜七年／内務省警保局
『社会運動の状況』昭和十五年／内務省警保局／三一書房（復刻版）
『大正一五年中に於ける社会主義運動の状況』内務省警保局
『昭和二年中に於ける社会主義運動の状況』内務省警保局
『コミンターンの日本に及ぼしたる影響　自大正十一年至昭和八年七月』憲兵司令部思想研究室
『戦後社会運動未公開資料集成　第一期』法政大学大原社会問題研究所
『「平和と独立」復刻版』社会運動資料センター
「『平和と独立』復刻版刊行にあたって」由井格
「『平和と独立』復刻版　解説」樋口弘志
『労働運動史研究』三四・三五号／座談会「総同盟第一次分裂」
『労働運動史研究』三五号／座談会「純労働者組合・南葛労働会および亀戸事件」
『労働運動史研究』三三号／座談会「友愛会時代を語る」
『労働運動史研究』三八号／秋山長三郎「評議会運動史の問題点」
『日本労働年鑑第五集　一九二四年版　復刻版』法政大学大原社会問題研究所編／法政大学出版局

『葉山外十一名治安警察法違反事件裁判資料』法政大学大原社会問題研究所所蔵
「日本共産党史研究によせて」渡部義通／日本共産党中央委員会機関誌『前衛』一九五八年第七・九号所載
「現代史の扉　私の戦後と歴史学」犬丸義一／『年報　日本現代史』所載／編集委員会編／現代資料出版／二〇〇二年
「座談会　若き共産党員の悩み」／『中央公論』一九五七年一月臨時増刊号所載
「日共トラック部隊の背後」大井広介／講演時報／聯合通信社
「帝國ニ對スル蘇聯邦ノ共産主義宣伝等調査ニ関スル件通報」昭和八年十一月九日
「聴取書　市ヶ谷刑務所在監中　風間丈吉」昭和八年十一月一日
「昭和八年十月二十六日付ニテ治安維持法違反被告人風間丈吉ヨリ戸澤検事ニ宛テタル上申書ノ一部」司法省
「第〇一三回国会　法務委員会　昭和二七年二月六日議事録」
「『第一次共産党』に関する聞き取り稿本」寺出道雄／慶應義塾経済学会三田学会雑誌 Vol.103,No1 所載／二〇一〇年
「『第一次共産党』史のメタヒストリー」黒川伊織／同志社大学人文科学研究所『社会科学』第四〇巻第三号所載
「強制と自主独立の間―日本共産党『軍事方針』をめぐる国際環境」松村史紀／宇都宮大学国際学部研究論集第四七～五四号所載

附録　①〜⑤

附録①　自筆経歴書

（一）氏名　年令
（二）出身地
（三）現部署
（四）入党年月、細胞
（五）推薦者、部署
（六）党活動経歴

経　歴　書

63 58 54 63 22 68 59 69。62才
静岡市鷹匠町
統制委員会
一九二七年一二月、中央直属
故渡辺政之輔同志

自一九二七年一二月
至一九二九年二月

(1)一九二七年八月東洋勤労者共産主義大学在学中、故渡辺政之輔同志より資格審査をうけ、一九二七年一二月故片山潜同志より確認通告をうく。
(2)一九二八年四月帰国し、五月上旬故渡辺政之輔同志より神戸地方オルガナイザーを命ぜられ派遣さる。三・一五弾圧により破壊された党再建設の調査、評議会、労農党、青年同盟等の活動分子獲得に活動す。
(3)七月大阪における袴田同志らの検挙により、追及はげしく、八月中央よりの指示に上京したるも検挙のため連絡切れる。
九月自発的に九州地方の調査とオルグ活動（命令ではなかったが話のあったため）。一二月上京二月まで中央との連絡回復のため故服部麦生同志、与田徳太郎と連絡す。

自一九二九年三月
至一九二九年八月

(1)一九二九年三月、中央組織局間庭末吉と連絡し、九州地方オルガナイザーとして派遣の通告をうく。
(2)九州オルグ出発準備中、検挙された間庭末吉の名簿暗号解読のため、一九二九年四月一五日検挙さる。治安維持法違反として起訴され市ヶ谷刑務所に収容さる。
(3)以後一九三四年四月まで市ヶ谷、小菅などにて、三・一五、四・一六同志らと獄内細胞を作り待遇改善、釈放要求、各種反対闘争を行い、統一公判闘争を闘う。
(4)三二年七月東京地裁にて懲役六年の判決をうけ控訴す。その二日後、統一公判中の法廷闘争報復として市ヶ谷拘置所にて報復テロをうく。
(5)三四年四月獄内中央部の指示により控訴を取り下げ、下獄、函館刑務所に移送さる。以後三八年八月まで、志賀義雄、伊藤憲一、多田留治の諸同志と獄中細胞を作る。

自一九三八年九月 至一九四〇年四月	三八年八月満期にて函館刑務所を出所す。 ⑴函館刑務所における顔面神経麻痺の治療不充分のため労働のかたわら治療す。 ⑵この間、春日正一、山代吉宗、加藤四海同志らと連絡、三二年テーゼ研究、討論、党再建活動についての意見交換、討論などを行う。
自一九四〇年五月 至一九四五年九月	⑴山代、加藤、春日同志らの党再建活動グループ関係者として四〇年五月検挙さる。四一年五月東京地裁にて治安維持法違反により懲役六年の判決をうく。六月下獄し横浜刑務所に移送さる。 ⑵四五年九月下旬政治犯釈放により横浜刑務所を出所す。
自一九四五年一〇月 至一九四五年一二月	⑴出所の翌日、府中予防拘禁所在所中の徳田、志賀、椎野等の諸同志を訪ね、代々木党事務所の接収、留守居、兼国鉄オルグ活動を指示さる。 ⑵岩田英一同志と本部事務所を接収し、全国各地より来訪の同志と応接す。 ⑶岩田、野本同志らと国鉄労働者の間に宣伝活動を行い宣伝紙「動輪」を発行す。 ⑷丸山一郎、内野竹千代、泉盈之進ら諸同志と労農救援会を組織し、出獄同志の救援援助を行う。 ⑸四五年一一月、党主催にて解放運動犠牲者追悼大会を開催す。 ⑹一一月第一回全国協議会に出席す。 ⑺〃　一二月第四回全国大会に出席す。 ⑻救援部責任者として労農救援会中央Gキャップを指命さる。
自一九四六年一月 至一九四七年七月	⑴四六年二月第五回全国大会に出席す。 ⑵四七年一月第二回全国協議会に出席す。 ⑶四七年　河上肇博士追悼大会を計画、労救主催にて開催す。 ⑷この間、出獄同志の連絡、救援、各労働組合その他大衆団体、党活動家の犠牲者の救援活動に当たる。
自一九四七年八月 至一九五〇年七月	⑴党創立二五周年記念事業として、党史資料委員会の設置により同委員会実務責任者を命ぜらる。 ⑵四七年一〇月第　回中央党学校主事を命ぜらる。 ⑶四八年一月より四九年三月まで専心、党史資料蒐集のため活動す。 ⑷四九年四月アカハタ資料部長を命ぜらる。 ⑸五〇年六月アカハタ通信部長を命ぜらる。

自一九五〇年八月　アカハタ停刊後、引続き後継紙通信部長として活動す。
(1)五〇年八月A紙発刊準備委員として伊藤律指導の下に、高橋、河村、島田、宮本同志らと非公然機関紙部指導部員を命ぜられ、A紙、B誌、C誌の配布部責任者を命ぜらる。
至一九五一年一〇月　C誌の配布部責任者を命ぜらる。
自一九五一年一一月　(1)五一年一一月、書記局連絡、配布部責任者を命ぜらる。
至一九五三年六月　(2)五二年一一月、組織局事務局責任者を命ぜらる。
自一九五三年六月　(1)五三年六月、統制委員会人事部責任者を命ぜらる。
(2)五三年一〇月、SM部隊整理担当者を命ぜらる。
(3)五四年二月、統制委員を命ぜられ、人事部責任者を命ぜらる。
至一九五五年六月　(4)五五年七月より公然活動に移る。

（七）生立ち及前歴

自一八九三年三月　(1)父は手工業者（桶製造業）、母は自作農の子。
至一九一八年一月　三才の時母死去。寺侍であった祖父の儒教的な教育をうく。
(2)一二才の時小学校五年を終了後、製茶問屋の小僧となる。半封建的主従関係のもとに不正不義を常道とする資本主義道徳を強制され、虚偽と搾取に反抗的となる。
(3)二一才の時徴兵検査を機会に労働者生活に入る。
足尾銅山機械工、三菱新入炭鉱鉱夫、高島炭鉱三池炭坑鉱夫及び日本紡績福島（大阪）工場、東洋紡績工場機械工として労働す。
(4)一九一六年、南洋ポナペ島南洋繊維会社の繊維採取夫に雇われ約一年間労働す。
自一九一八年一月　(1)国鉄雇員に採用され、大阪荷扱所貨物掛、大阪車掌室車掌、伊賀上野駅駅務員を勤務す。

※自筆経歴書の記載はここまでで終わっている。六全協前後に書かれた草稿であったと思われる。

附録② 遺稿

『コミンテルンの密使』か挑発者か

酒井定吉

（一）

近藤栄蔵氏の『コミンテルンの密使』という本誌四、五両月号に連載の漫談は、明治三十年に始まった日本の近代的労働組合運動が、三三年の治安警察法の制定と高等警察の弾圧の下に、数年ならずして全く衰え、長い間立ち遅れていたが一九一七年のロシア革命、一九一八年の米騒動などに鼓舞されて再び急速に起ち上がり、その運動がようやく組織的となり全国的となった一九二〇年代、この労働階級の成長とその運動の発展に刺激された、旧い社会主義者と所謂アメリカ帰りの冒険主義的社会主義者の人々が、これと結びつきその指導にのりだそうとした時代の、この人々のボス的運動の漫談としては面白い読み物であるが、しかし氏のいわれるような、日本共産党創立時代の事情を正しく物語るものでは決してない。それは多くの間違いと不正確な点があるだけでなく、事実をひどく歪められ似ても似つかぬ近藤氏創作の私小説となっている。まさに流行の反共読物の一つである。

氏は、日本共産党の創立を日本における階級闘争の激化発展と、労働階級の階級的成長の結果と見ることなく、ただ数人の社会主義者の陰謀的組織と見ているが、これは階級的大衆党である共産党を、少数の主義者のセクト的組織にすり替えようとする古い手口である。

かような読物に対し、不正確であるとか、間違っているなどと批判することは、おかしなことであるが、現在、市川正一氏の公判廷における代表陳述をそのまま出版したものである『日本共産党闘争小史』を除いては、どれもこれも、検事局や解党主義者らによって歪められた、調書や転向者らの手記（詫証文）を基にして、特高警察とジャーナリストらとの共謀によって書き上げられた、反共的日本共産党史文献のみが公然と出されている現在、これを機会にその不正確な点や間違いを明らかにすることは最近高まっている日本労働運動史研究に多少なりと役立つことであろう。

第一に、近藤氏によると、日本共産党は山川氏とか、堺氏とか近藤氏らの二、三人の社会主義者の相談の結果、結成されたようになっているが、これは大きな間違いである。かような運動が行われていたのは、近代的労働者がようやく階級的に成長しはじめた、明治三十年代のことである。まだ幼弱な労働階級は、日本労働運動の父といわれる片山潜氏らに指導されて、労働運動の第一歩をふみだしたばかりの頃であった。この頃片山潜氏の外には、労働運動と直接結びついている社会主義者はほとんどいなかった。そこでこの階級に根をもたない、少数の社会主義者によって社会民主党、社会平民党、日本社会党など様々な社会主義政党が、労働運動とは直接的関係もなく結党されたのである。

しかし労働階級が階級的にも政治的にも長足の発展をとげた、一九二〇年代にはもはやかような少数社会主義者の一夜づくりの政党創立は許されなかった。労働階級を超越しては、労働運動を無視してはもはや何事もできなかったのである。政党ではないが、当時の社会主義勢力を一丸に結合した、一九二〇年の社会主義同盟さえ、その創立発起人三〇名の中には、十余名の労働者と組合幹部とが名を連ねている。

かように成長し、革命化した労働階級は、激化発展する闘争の指導組織として、ついに自己の前衛党の結成を要求するようになったのである。この階級的要望にこたえて結成された共産党を、あたかも二、三人の社会主義者の相談によって結成されたようにいうことは、余りにも労働階級を愚弄した放言であるまいか。

日本共産党はかように、労働階級の成熟、階級闘争の激化、労働運動の発展等の諸条件のうえに、はじめて結成されるにいたったのである。この結成の世話役をつとめたのが、当時の古い社会主義者を中心に、多くの精鋭な革命的労働者、インテリゲンチャを結集していた水曜会、エル・エム会、暁民会、北郊自主会などの共産主義グループであった。

（二）

第一次世界大戦以来飛躍的発展をとげた日本資本主義と同時に、労働階級もまた、量的にも質的にも急速な発展をとげた。近代的工場労働者の数は戦前の二倍を超え、重工業労働者が圧倒的となった。一九一七年のロシア革命の勝利と、それに引きつづく世界的な革命の波は、この発達しつつあった労働階級に大きな影響をあたえた。明治三三年以来長い間、治安警察法によって、ストライキ権も、労働組合組織の自由も全く奪われていた労働階級は、この重圧をはね返して闘争に起ちあがったのである。

有名な革命的大衆行動として知られている米騒動は、かような革命的情勢のなかに勃発した。参加人員数百万といわれ、強大な天皇制支配の土台石まで、揺り動かしたこの大闘争も、これを全国的統一行動にまで高め、指導する革命的組織が欠けていたため、ついに次々と鎮圧され終わったのである。しかしこの革命的大衆闘争の中心となり、先頭に起って闘った労働階級は、自己の階級的力と、その大衆行動の威力を知ることができた。

米騒動に引きつづいてストライキ闘争はさらに発展し、また組織的となり、全国的となった。組合組織は急激に増加し、ストライキの波は大工場、大経営に次々と、全国的に高まり、その大多数は勝利を収めた。

この大正八年の労働攻勢時代を峠に、九年四月戦後初の経済恐慌がおこった。所謂資本攻勢の時代がはじまった。資本家階級の必死の攻勢と天皇警察の弾圧、暴力団の横行で、ストライキはいたるところで騒擾化し、流血の犠牲者まで生じた。ストライキ闘争と検挙投獄は紙一重であった。しかもみじめな敗北で退却を余儀なくされたのである。このみじめな敗北を通じて労働階級は、つくづく天皇制国家の本質を教えられた。サンジカリズムは闘争が発展すればストライキさえ指導できない、日和見理論であることを知らされた。

一九二二年の綱領草案によって、はじめて労働階級の前に提示された『天皇制廃止』のスローガンを、堺、佐野学らの日和見指導者が、恐れはばかってその審議さえ拒んだ時、他方ではマルクス主義を学んでいないという理由で、党の門戸を閉ざされていた党影響下の革命的労働者が、このスローガンに賛成し、独自に地方組織を作ろうとして活動していたのはこのためである。

また当時の革命的労働者が、これこそ革命的指導組織であろうと期待した社会主義同盟——あらゆる社会主義者と革命的労働者、革命的インテリとが、はじめて一つの組織に結合された社会主義同盟が、内部対立のため弱体であったとはいえ、官憲の弾圧に僅か半年で解散された時、その再建闘争に立ちあがらなかったのもこのためである。

闘争を通じて革命的になった労働階級は、その頃ボルシェビキといわれていた共産主義こそ、労働階級の唯一の正しい革命的理論であることと、共産党こそ唯一の労働階級の前衛党であるということを知った。前衛党結成の要望が労働者の集会の席上で公然と語られはじめたのである。かような労働階級の革命化と、このもゆるような要求のうえに、はじめて日本共産党は結成の条件と基盤をもつことができたのである。

（三）

第二に、日本共産党成立の具体的事情についても、近藤氏の記述は正しくない。

この点については、日本共産党の指導者として、十数年の獄中闘争に、ついに虐殺同様に獄死した、市川正一氏の『日本共産党闘争小史』はこういっている。「東洋に注意を払ったコミンテルンは、一九二一年その主唱のもとに極東民族大会（極東共産主義的、革命的団体第一回大会）を招集した。二一年の末にイルクーツクで準備会議を開き、二二年の一月から二月にモスコウにおいて極東民族大会を開いた。この大会は進んで極東における共産主義運動の結成、民族革命運動の支持を重要なる目的とした。……この大会において、日本の労働者は中国、朝鮮における共産党の結成運動と並んで、日本共産党の結成を急がねばならぬことに決定したのである」

さらに、この大会に出席した日本代表の一人で、現に日本の革命運動の先頭に立っている徳田球一氏の手記が、同氏の著書『わが思い出』の中にある。また一九二九年獄中において同志を裏切った解党主義者水野成夫らが、検事局と通謀しその援助の下に、党の切崩しと挑発をはじめた時、これまで警察、検事局、予審と、一切の訊問に対し答弁を拒みつづけてきた徳田球一氏が、「これまで事件の具体的内容については一切答弁を拒絶しておりましたが、記録（予審調書、手記類）の全体を通覧（す）れば、今や私の任務は党の全体の姿をなるべく完全に描きだすことに努力することであることを自覚しました」という前提の下に一九三〇年一月予審廷で、党創立前後からの全活動を具体的に述べ、解党主義者の党に対する歪曲と中傷に対して、党の正しい姿を明らかにしている。その中において極東民族大会についても詳しく且つ正確に陳述されている。

これらの諸文献によって日本代表の大会参加の前後の事情がよくわかる。そして近藤氏の上海行きと、日本共産党の結成との間には全く直接的関係のないことが明白である（いちいちは指摘しないが近藤氏の記述には記憶違いか、でたらめか、間違いと矛盾がありすぎる）。これを氏はいかにも直接的な関係があるように記述しているが、それはただ当時ようやく国際的な運動との、つながりを持ち始めた頃の近藤氏らの一つのアドヴェンチュアにすぎない。

第三に、党結成の年月にも近藤氏には記憶の間違いがある。氏によると大正十二年二月四日の市川の大会が第一回大会となっているが、実はその前年大正十一年七月十五日に渋谷の通称伊達跡のある民家で創立第一回大会が開かれている。この大会において、極東民族大会に出席した代表の一人高瀬清氏から⑴、極東民族大会についての報告、共同戦線結成方針についての報告があったのち、⑵、四八カ条からなる暫定党規を審議決定、⑶、コミンテルンに党創立を報告しその日本支部たる承認を得るため、第四回世界大会に代表として高瀬氏を派遣することなどが決定されている。

一九二二年一一月モスコウに開かれたコミンテルン第四回世界大会において、日本代表の一人故片山潜氏により日本共産党創立が報告された。満場喚呼と拍手の嵐の中に、日本共産党の加盟と日本支部たることが承認されたのである。

（四）

第四に、所謂暁民共産党についてであるが、この暁民共産党という名称は実は検挙の後に官憲によって名づけられたものであることは、まだ記憶に新たなことである。この組織が共産党ではなく、地方的な一共産主義グループであることは、共産党の組織原則について一通りの知識のあるものなら、すぐわかることである。

当時かような共産主義グループは幾つか組織されていたのである。官憲はこれにいちいち名古屋共産労働党、長野青年共産党、群馬共産青年党などと同じような肩書きをつけ、事件を誇大に且つ歪めて逆宣伝し、弾圧を合理化したのである。暁民共産党はその母体である暁民会の名をつけたものである。日本共産党は暁民共産グループから、伝統においても組織においても継承されたものではない。日本共産党の組織と革命的伝統とは、コミンテルンを通じて国際的革命運動の経験から学んだものであり、明治以来の農民と労働者の革命的闘争の伝統である。暁民共産主義グループから継承したものありとすれば、実はそれは長らく日本共産党の大衆化を阻害していたセクト主義である。しかしこの暁民グループは当時最も活動的な組織の一つであり、故川崎悦行、浦田武雄氏など優秀な多くの同志がいたのである。

第五に、すでに述べたことであるが、日本共産党は決して「旧くからの社会運動に〝ロシア革命の精が宿って〟必然に実った成果にすぎぬ」というような、自然成長的な、当時の労働階級と階級闘争から全く遊離し、超越して結成されたものでは決してない。実に労働階級の革命的成長と階級闘争の激化との社会的基礎のうえに結成されたものである。

その母体は決して「堺、山川、荒畑等々が苦難の長い年月護りぬいてきた、日本社会

（原稿はここで終わっており、この後は見つかっていない。）

附録③　遺稿

山本勝之助・有田満穂共著『日本共産主義運動史』について

酒井定吉

共産主義運動史は、労働者階級を先頭に全勤労人民が、少数独占資本家の独裁支配である資本主義社会を廃絶し、勤労人民の新しい民主主義であるプロレタリア独裁を通じて、共産主義社会の建設を目的とする革命運動史である。それ故に、労働者階級の最高組織形態として、この全運動の最高指導部である共産党の活動と発展の歴史である。

かような共産主義運動史は、共産党並びにその影響下の労働組合その他大衆諸団体の機関紙等あらゆる重要文書の正確な資料に基づいて、主要関係者の共同労作のもとに、また相当の年月を経て書かれない限り、信憑のおける正しい運動史はできがたいことである。

ところがこの『日本共産主義運動史』は、暗黒時代に共産主義運動弾圧のため、特高警察と検事局とが、残忍な拷問と長い投獄の中で、むりやりに作りあげた虚構だらけの調書を重要な資料としている。それ故に、この著者の共産主義運動に対する理解は反動的であり、共産党の組織、活動等に対しても正しい認識を欠いている。さらに今日においては明らかに虚構と判明している諸事件に対して、その真偽の調査も是正も行われておらず、そのまま収録している。かようなやり方によって書かれたこの運動史が、いくら共産党の諸テーゼを膏薬ばりしても、共産主義運動史とは似ても似つかぬ特高の共産主義弾圧史となっているのは当然である。

吉田内閣の非日政策による人民生活の深刻な破綻により、全勤労人民の益々高まる党への支持と信頼とを、極度に怖れる独占資本は、さまざまな虚構の、下山、三鷹、松川事件近くは徳田書記長要請問題等つぎつぎに虚構の事件を作りあげて、党の信望を傷つけ、党と人民とを切り離し、あわよくば党を破壊しようとさえ企てている。また新聞雑誌その他あらゆる反動的出版を援助し、反共宣伝に狂奔している。このエセ共産主義運動史も著者の意図の如何にかかわらずこの反共宣伝の一つに数えられる。

党は既に廿八年の輝かしい闘争と発展の歴史を持っているが、党史としては一九三一年同志市川正一が統一公判闘争の法廷で述べた代表陳述『日本共産党闘争小史』があるだけである。ここにかようなエセ共産主義運動史が反共の波に乗って現れるすきがある。

この運動史が全く信憑のおけない内容であることは、その目次と図表を見ただけでもうなずけることである。余りにも多い虚構と間違いとをいちいちあげることはできないので、そのうちの二、三を示して参考としたい。

この書によると党は検挙の度毎に、新しい党、武装共産党、非常時共産党、リンチ共産党等と次々に組織されたり、壊滅したことになっているが、これは党組織に対する特高の旧い見解と全く同じ無理解を示すものである。

党廿八年の歴史は幾百度の検挙にも十萬人を越える投獄にも屈せず、壊滅どころかさらに組織を拡大強化し英雄的闘争を展開したことを示している。この烈しい闘争の中で幾百名の優秀な同志達が虐殺され革命の犠牲となった。今日の民主主義革命の礎は実にこのプロレタリア英雄の流した尊い血汐の上に築かれていることを忘れてはならない。

日本プロレタリアートの英雄的な闘争と云われて国際プロレタリアートから賞賛された、党の全活動を貫く反戦闘争も全く抹殺されている。このことは国際独占資本の第三次世界大戦が準備され、この日本が軍事基地化されつつある現在特に強調され想（い）出さねばならぬことである。

党創立について少数の共産主義者の協議によって結成されたように書かれているが、これは当時の国際的革命運動、特に十月革命の大きな影響、国内における階級闘争の激化と労働者階級の急速な政治的成熟による前衛党結成への要望と参加、この結成過程におけるコミンテルンの絶大な援助を無視するものである。

所謂暁民共産党事件を「党」として取（り）扱っているが、党はこのような宣伝機関ではない。これは当時各地に結集されていた共産主義グループの一つの組織である。このことは共産党の組織原則を知るものにはすぐ解ることである。

一九二二年モスコウで開かれた極東共産主義的革命団体第一回大会を、極東民族大会と書いているがこれも正しくない。また、一九二三年三月の石神井の臨時大会を中央委員会と呼び、ご丁寧に五月に臨時大会を開かしているが、これも両方とも間違いである。

山川、赤松らの解党決議についてはは党を傷つけようとする解党主義者の言うことをそのままであるが、これは大きな誤りである。一九二四年三月、山川、赤松ら解党主義者による解党決議により党活動が一時全く麻痺されたことは事実であるが、この決議は当時の最高機関である細胞代表委員会の決定又は、その承認を得たものではなく、またそれに代（わ）る正当な機関の決議でもなく、全く少数解党主義中央委員の陰謀的決議であったのである。それ故に、この解党決議は党の正式の決定でなく、したがって無効であることは明らかである。

殊にスパイ松村の挑発した川崎第百銀行のギャング事件、同志岩田義道、小林多喜二らの虐殺事件、スパイ査問委員会におけるスパイ小畑達夫の特異体質による急死事件等、今日においては、その真相が明白に発表されているにも拘わらず、なほ当時の特高警察が発表した虚構の事実をそのまま収録していることは、かびの生えた暴力革命説と全く同じ党の信望を傷つける常套手段である。

したがって引用されている党の重要諸文献の内容も信頼のおけないことは当たり前で、日本共産主義運動史としては全く信憑のおけない不正確な反共産主義運動史であることに注意すべきである。

附録④　聞書

金子健太君の想い出　口伝

聞き手　酒井定吉

一九四八年五月一六日

私が入党したのは一九二二年八月で大阪の労働組合総連合大会の前であった。新富細胞は大井町の田所を中心とした細胞で、細胞名は番号で呼ばれていた。当時はまだ工場に根がなかったから工場細胞は一つもなかった。

キャプテンが田所輝明で杉浦啓一と私と三名であったが間もなく谷口幸太郎（注・「鉱次郎」の間違い）と寄田春夫の二名が加入して五名になった。田所を除いて全部関東機械工組合員であった。寄田は間もなく名古屋地方のオルグとして派遣され所謂名古屋共産労働党といわれている赤色労働組合グループの中心となった。谷口は震災の直後ある事情のためソ同盟に亡命しソ同盟共産党員として極東地方で働いていたそうだが、一九三一年頃モスコウの病院で死んだそうだ。

関東機械工組合はアナルコ・サンジカリズムの影響の強い組合であったので、組合内部ではこれと闘争した。闘争としては戦線統一の問題が一番重要であった。集権的合同論の立場から自由連合論のサンジカリズム指導者と盛んに闘争した。到頭このサンジカリストを克服して組合内をボリシェビキ化に成功して左翼労働組合として党指導の下に組合運動の先頭に立って活動するようになった。組合員は百二三十名であったが戦闘的であった。

（一九二二年）九月三〇日天王寺公会堂の労働組合総連合会創立大会に私は代議員として出席した。総同盟を中心として集権的合同論で自由連合論の組合同盟と闘争した。大会はアナキストの横車のため会場が混乱し、それを口実に官憲の解散命令によって、ついにこの総連合問題は決裂した。しかしこれ以来サンジカリズムとアナキズムは労働運動の指導的理論として役立（た）ないことが明白になり、共産主義理論が労働運動を指導することになった。

この大会は戦線統一運動の頂点をなすもので、アナキズム系とは決裂したが総同盟を中心として弱小組合は合同を進めていった。

細胞の主な活動はこの戦線統一運動であったが細胞活動の未熟のためと街頭組織などのためフラク的活動に流れた。

機械工組合の組織のためと、工場地帯へ党の勢力を拡大するため大井細胞は分裂して一つは田所と機械工組合員中心に桐ヶ谷細胞となり、杉浦、谷口、私の三名は機械工組合月島支部を中心にして月島細胞となった。これに同志徳田が転籍所属した。キャプテンは私がなった。

当時は共青同盟の力が弱かったので独自的活動が行われなかったので大衆青年団体の組織運動をやったが、山川の解党主義理論によって正しい共青同盟の組織発展を阻害したようである。

党指導の下に行った活動は、対露非干渉同志会に参加して、シベリヤ出兵反対、対露通商要求、労農政府承認運動やロシヤ飢饉救済運動のため義援金募集、絵ハガキ、パンフレットなどの販売等をやった。この運動で全国の革命的労働組合や文化団体と連絡がとれて宣伝運動としても大きな収穫であった。

一九二二年十二月頃戸塚の川崎悦行方で第一回組織会議が開かれた。出席者は同志渡辺満三、河合義虎、上田茂樹、川内唯彦、高津正道、荒井邦之助、高瀬清、田所輝明、杉浦啓一と私の十名位であったと記憶する。この会議で決定された問題は次の三問題であった。

(1)党員獲得には労働者を第一とする。
(2)各地の革命的労組、文化団体と連絡を強化し、その中の革命的分子を獲得する。
(3)党員として直（ち）に獲得する人を候補者として影響下におく人を人選し、その交渉責任者を決めること、などであった。

これと前後してプロフィンテルン第二回大会（一九二二年一一月）から帰った山本懸蔵君によって伝えられたプロフィンテルン日本支部組織問題から『レフト』組織が問題となり総同盟その他各組合内の党員が中心となって革命的労働者を結集して赤色労働組合中核体レフトが組織された。

レフトの任務と性格は現在のフラクションとほとんど同じものであった。

一九二三年二月十一日当時第四六議会に提案されることになった過激社会運動取締法案、労働争議調停法案、小作争議調停法案の三大悪法案反対全国大会が党指導の下に各労働組合を中心に芝公園で開催された。各重要都市でも反対大会がもたれ、全国的に反対闘争の波が高まった。この勢（い）に政府は三大悪法案の議会提出を取りやめた。

二三年第五回メーデーには党は無記名であったが独自の四六版位のアジビラを会場で撒いた。

二三年二月の第二回大会には出席しなかった。同年三月の石神井豊島園で開かれた臨時大会には月島細胞代表として出席した。私のほかに細胞代表者は二十名位出席したと記憶する。それと執行委員が十名位出席していた。

当日の議題は綱領審議、合法政党組織問題、コミンテルン派遣代表決定等であった。

綱領審議は佐野がブハーリン綱領草案を基にして起草することになっていたそうだが、彼は委員の中に意見の相違があって書けなかったというので、ブハーリンの綱領草案を基礎として審議した。

堺が解説的な説明の後、佐野、山懸、小岩井等はプロレタリア革命を主張し、田所、杉浦などは段階論、渡政はロシア革命経験論等を主張、その他の同志も盛んに討論に加はり、ついに結論がつかず審議未了に終（わ）った。

合法政党問題については高津から執行委員会の決定案として、（A）合法政党は組織する。（B）議会は利用する。（C）労働者農民を構成要素とする等の報告があった。これに対し近藤は議会利用は反対、政治学校として政党組織に賛成すると主張した。渡政は非合法政党のみでは駄目だ、普選対策として合法政党を組織し議会は利用すべきであると主張し、その他色々議論が沸騰し遂に採決をとることができなくなり次回の拡大委員会で決めることになった。この議事録を佐野学が他の重要文献と一緒に、元坑夫総連合の組合員の坂口（鶴治）に預けたため押収されて六月検挙〔注・第一次共産党事件を指す〕の証拠品となった。私は首実見に出なかったので　同志市川正一が私の身代わりになってしまった。田代常二君は党員ではなかったが鍋山の身代わりになったとのことだ。

当時労働者出身党員は相当増加していた。まず時計工の渡辺満三、本沢、高野、関東機械工から杉浦、谷口、金子、総同盟の山縣、河田、田口、高野実ら、南葛の河合義虎、吉村、北島の三君と渡政、大阪の鍋山、中村、花岡ら、京都の辻井、佐々木、谷口、国領兄弟等私の知っている同志達だ。

治安警察法違反被告事件

葉山外十一名

（於名古屋地方裁判所）

① 聴 取 書

名古屋市東区南外堀町十の三
無職　酒井定吉
当三十一才

右の者大正十二年六月二十八日本職に対し左の通り陳述なしたり

問　前科ありや
答　ありませぬ
問　其の許の本籍地は如何
答　自分の籍は静岡市鷹匠町二の六十に在り両親も同所に居住して居ります
問　其の許の教育程度は如何
答　原籍地で高等小学校一年を修業し更の上は大阪に行った際関西大学専門部予科へ半年ばかり通学致しました
問　其の許の経歴は如何
答　原籍地で小学校を退学後鎌倉及び静岡で徴兵検査まで丁稚奉公を致して居りました　その後足尾、大阪、長崎、﨑戸等で職工を働き二十五歳の時南洋へ労働に来たりしましたが病気に罹って一年ばかりで内地へ帰り暫く紡績職工に這入りしが二十六歳の冬、神戸鉄道局に雇われ貨物係又は車掌として勤務し居りし所大正十年四月に解雇せられ暫く旅行して名古屋へ参りました
問　名古屋へ来たのは何時なりしや
答　鉄道局を解雇せられし后将来労働で身を立てる考えを起こし大正十年九月頃当地に立ち越し西枇杷島町長谷川青物店に雇われ仲仕同様な仕事をして居りました　同十一月中名古屋鉄道株式会社柳橋駅の駅務助手に転ぜしに本年一月中会社より解雇せられました
問　如何なる理由で解雇せられしや
答　昨年十一月中自分が主唱して協友会名鉄支部なる労働組合を組織し同会社の従業員全部を加入せしめた為解雇したものと思います
問　右名鉄支部を組織しただけでは別に不都合がない訳でないか
答　組織后従業員に配布する会報中に会社の待遇が誠意を欠いて居ると記載致せし所支配人が自分に対し不都合だと叱責したこと

が有りましたから左様な関係上解雇したものと思います
問　其の許は当地に於ける労働団体に加入し居るか
答　昨年十一月中中部労働組合聯合会へ直属会員として加入し現今では評議員並びに書記をして居ります
問　山崎常吉の組織せる自由労働者組合に関係し居るや
答　同会には更に関係しては居りませぬが自分が右名古屋鉄道より解雇せられた際山崎常吉が会社と従業員間の争議に付き自分等の方で援助してくれたので其の后は山崎と親密に交際しております
答　右中部労働組合聯合会に加入し居るだけでその外の労働組合には関係しておりませぬ
問　其の許は労働問題に付き何等かの意見を持って居るか
答　労働問題に付いては之れ迄多少研究して居りましたが目下の急務としては労働組合を組織して資本家に当たること、職工の待遇を改善し今少し余裕のある生活をなさしむる事が必要だと考えております
問　其の許は何かの主義に興味を有しおるや
答　本年初め頃から社会主義を研究して居りますが同主義には多少興味を有し共鳴しております
問　共産主義に興味を有しおるや
答　共産主義の事も多少知っておりますが深く興味を持って居る云う訳ではありませぬ
問　本年一月名古屋鉄道を解雇せられし后如何にして糊口を過ごし居るや
答　名古屋鉄道より解雇手当と同僚の餞別並びに鉄道省の賜金等で合わせて二百数十円ばかり有りましたから其れで今日まで糊口を過ごしております
問　其の許は本年五月八日西日置町の南部岩造方へ立ち越しせしや
答　其の家には南部の外、寄田春夫、小沢健一、三好覚、清水石松、篠田清等が合宿し居り同家は労働組合社名古屋支局を設置して居りましたから多い時は一日に二回くらいも参り又三日目位に参る事もあり一か月にすれば少なくとも二十回位は参りますので五月八日同家へ参ったか否かの事は今確たる記憶はありませぬ
問　此の謄写物を承知するや
此の時証第一号を示す
答　お示しの謄写物は承知しませぬが自分が所有する東京の社会主義研究社より発行せる「社会主義研究」なる雑誌に之れと同様な記事があったので読んだ事が有り又多分東京の労働組合だろうと思いますがお示しの如き謄写物を郵送しましたから一見し

たように記憶しております

問　同五月八日南部岩造方にて其の許はじめ十二名ばかりの者が会合した席で只今示したような謄写物を列席の者に交付し何か秘密の相談を致せしにあらずや

答　左様な記憶はありませぬ

問　その際其の許外十一名ばかり会合の席上で寄田が会合者に対し名古屋労働者の先頭に我々が団結し資本主義を転覆し革命的大運動の扇動に当たる旨説明し列席は何れも其の趣旨を賛成せしにあらずや

答　自分はお尋ねの如き会合に列席した事もなく亦南部方でお示しの如き謄写物を受け取った事は断じてありませぬ

問　しかし其の許もその会合に列席し居りし旨供述し居る者があるが如何

答　誰が何と申しましても左様な相談の場所へ行った事は更にありませぬ

問　同月十五日並びに二十二、三日頃にも南部方で同様其の許はじめ十一名が会合し右革命的運動扇動方に付いて色々協議せしにあらずや

答　五月十五日と同二十二、三日頃に南部方へ行ったかも知れませぬがお尋ねの如き革命運動の扇動などに付き協議した覚えはありませぬ

酒井定吉

右録取読み聞けたる処相違なき旨承認自署したり

於名古屋地方裁判所検事局

同検事　三島恒三郎

裁判所書記　小出権次郎

②　調　書

被告人　酒井定吉

治安警察法違反被告事件に付き大正十二年六月二十九日名古屋地方裁判所予審廷に於いて予審判事石田伊太郎は裁判所書記宮地長一立会の上右被告人に対し尋問をなす事左の如し

問　氏名年令職業住所及び本籍出生地は如何
答　氏名は酒井定吉、年令は三一歳、職業は無職、住所は名古屋市東区本外堀町十の三横井忠義方、本籍は静岡市鷹匠町二の六十、出生地は静岡県安倍郡千代田村
問　位記勲章従軍記章年金恩給又は公職を有せざるや
問　労働運動に従事するか
答　労働運動に判然関係するようになったのは昨年十一月頃からです
問　当市中区西日置町南部岩造方へは出入するや
答　始終行きます　東京で労働組合なる雑誌を発行せるがその支局が其処に在るし又寄田、小沢、清水、三好、箕田、佐々木等労働運動の同志が其処に宿泊し居るから始終其処に行きます
問　本年五月八日夜同所へ同志十二人程集合した事があるか
答　雑誌「労働組合」の読者や同人を作るため集まった事がありますが五月八日に集まったか否かに付いては記憶がありませぬ又十名以上集まったような事はなかったと思います
問　其の席にて何か秘密の会を作ったのではないか
答　私は知りません　そうしたことを聞いた事もありません

右読み聞けたるに相違なき旨申立自署したり

被告人　酒井定吉
裁判所書記　宮地長一
予審判事　石田伊太郎

③　第二回　調　書

被告人　酒井定吉

治安警察法違反被告事件に付き大正十二年七月五日名古屋地方裁判所予審廷に於いて予審判事石田伊太郎は裁判所書記宮地長一立会の上前回に引き続き右被告人に対し尋問をなす事左の如し
問　被告は之れ迄の経歴については斯様に検事に対して申立おるがこの通りか

此の時被告に対する検事聴書中其の許の経歴は如何以下三問答を申し聞けたり

答　その通りであります

問　大正十年四月鉄道局解雇後何処を旅行したか

答　渥美郡伊良湖畔に滞在し哲学書などを読み居りたり　其の後一ヶ月半程名古屋から日光迄徒歩旅行をなし大阪に行き駅前の運送屋に一ヶ月半程居りたり　更に徒歩で大阪から名古屋へ来て足を止め居ることになりました

問　被告は中部労働組合聯合会に入り居るか

答　昨年十一月一五、六日頃に入りました　同会は荒谷宗治がが理事長をなし居ります

問　会員はどんな人か

答　労働組合を聯合したものなるが私たちは直属会員として入ったのです　市電の従業員、機械工、陶画工等五十名くらい直属会員になり居ります

問　今後どうして暮らすつもりか

答　労働で生活するつもりです　鉄道の方へは使ってもらえぬから不熟練工として各所の労働に従事するつもりです

問　続いて労働運動をやるつもりか

答　其の考えで居ります

問　之れ等は被告の書いたものか

此のとき証第十一号を示す

答　皆私の書いたものです

問　其の封筒、「赤旗」代金の文字も被告が書いたか

答　私が書きました

問　被告の住所には謄写版があるではないか

答　あります　協友会名鉄支部のものにあったが私が名鉄を解雇されたとき同時に名鉄支部も解散し其の謄写版道具を私に送られたのです

問　いつ頃から被告方にあったか

答　本年一月頃に私が貰いました

問　被告の住所には社会主義の書籍が沢山あるようではないか

答　「社会主義研究」やマルクスの資本論が揃い居るだけです
問　此の「唯物史観説」は被告のものか
此のとき証第十二号を示す
答　私のものです
問　其の書中欠字の箇所に書き入れを致したのは誰か
答　私です　他の人の持ち居る本に依り書き入れました
問　大野正己とはいつから知り合いになったか
答　本年二月頃陶画工組合にあったとき知りました　同組合へ研究会でもあれば私が研究会の直属会員で出席するからその時にも会いました
問　大野が被告方へ遊びに行ったことがあるか
答　一度あります
問　いつのことか
答　記憶しませぬ　五月一日のメーデー前でなかったかと思う
問　国技館に学生相撲のあったことを知るか
問　私の居る所は国技館の傍ら故学生相撲のあったことは記憶あるも日は覚えませぬ
問　其の日大野が被告方へ遊びに行ったのでないか
答　そう云われるとそういう風な感じもするがよく記憶しませぬ
問　其の晩大野と共に北鶉垂の南部方へ行ったのでないか
答　確たる記憶はありませぬ
問　大野と途中で待ち合わせて南部方へ行ったことがあるか
答　洲崎橋の停車場で一緒になりました（あります）
問　其の時刻は
答　午後七時頃でしょう
問　雨か晴れか
答　雨の降り居りました

問　夫《そ》れが学生相撲のあった日でないか
答　夫れは結び付けては思い出せぬが
問　大野と共に行ったとき南部方にどんな人が集まったか
答　寄田、小沢、清水、篠田、大野、三好、鈴木、私くらいなものです
問　南部岩造はどうか
答　同人は自分の家のこと故居っただろうと思います
問　其の晩何時帰ったか
答　九時頃帰りました
問　十一時過ぎとのことでないか
答　そう遅くはありません　其の様におそければ私の印象にも残り居ります
問　大野と待ち合わせて行ったのは其の晩だけか
答　左様です
問　其の晩はどんな話があったのか
答　名古屋の労働組合の運動が確《しっか》りし居らぬから互いにしっかりやろうでないかと云うだけです
問　もう少し他の話があったのではないか
答　別に変わった話は出ませぬ
問　其の晩は誰の発議で其処へ集まることになったか
答　誰の発議と云うことなく私や寄田や其の家に泊まり居る人の間に話が出来集まったのです
問　いつ其の話を致したか
答　始終遊びに行くからその時に話が出来たのです
問　其の晩何人集まったか
答　七人か八人です
問　其れ等の人にはどうして通知したか
答　私は大野に申したが其の他のことは知りませぬ
問　大野に何処で話したか
答　私方へ遊びに来たときです

問　其処へ集まる人の人選はどうして決めたか
答　労働組合の運動に従事していくに付いてしっかりした人と思ってあつめた様に思います
問　其の会合は其の晩初めて催されたのか
答　其の晩初めてです　しかしそんな風の会合は始終やり居りました
問　どうして確りした人を集めたか
答　一纏めにするに付いては確りした人が中堅になってやらねばならぬからです
問　一纏めにすると云えば組合総聯合のことならんも、そんな為に集まった会合ではないではないか
答　夫れが重大な目的です
問　其れなら前にもっと集めねばならぬ重要な人があるでないか
答　表面には土曜会があるから裏面だけで内部から動かすため集まったのです
問　総聯合の話ならば土曜会だけで沢山でないか
答　理論の通りに行きませぬ
問　況《いわ》んや其の晩其処へ集まったものは各組合に渉り居らぬではないか
答　渉りて居りませぬ
問　訝《いぶか》しいではないか　どうしてそんな人だけで総聯合の話を致すか
答　聯合気運を作るのと内部から動かすためです
問　そんなことをせねば聯合側と同盟側と総聯合が出来ぬ様な場合であったか
答　左様です
問　其の晩斧田は来ていたか
答　覚えませぬ
問　葉山はどうか
答　居らなんだ様に思います
問　此の労働組合赤色インターナショナル規約は被告の書いたものでないか
此のとき証第十一号を示す
答　私ではありません
問　被告の筆跡だという人もあるがどうか

答　誰が云って居るのでしょう
問　被告が自己の筆跡なりと認め之れ等書簡中の赤旗代金の文字、産業別の字を見ると規約の字と形及び誤りの点が同じの様なるがどうか
此のとき証第十一号及び二号を示す
答　――
問　実際被告の書いたものでないか
答　私が書きました
問　何時書いたか
答　覚えませぬ　一月失業以来ずっと家に居ったからその時に書いたのであります
問　現在の横井方へ来てから書いたのか
答　もっと前です
問　横井方へは何時来たのか
答　此の四月中です　考えてみると横井方へ来てから書きました
問　誰と協議して書いたか
答　私一人です
問　どんな様に書いたのか
答　横井に中部聯合会の事務所になり居り、時々色々の本を送り来るが其の送り来たものの中にあったから其れによって書きました
問　何処から送り来たものか
答　そういう秘密のものは先方の出先を書いて来ぬから分かりませぬ
問　其の原本が謄写版刷りの印刷物か
答　肉筆であったとおもいます
問　毛筆かペンか
答　ペンであったと思います　罫紙に書きありました
問　夫れはどうしたか
答　よくないと云っては変であるがそうした物は皆焼いて了うから焼いてしまいました

問　送り来たものでなく誰かより受け取りしものではないか
答　郵便で送り来たものです　封書の肩を切り二銭切手で来ました
問　肉筆で書いたものをそんなことして送って来まいでないか
答　当時はそうした矛盾には気づきませぬでした
問　何の為に其れを書いたのか
答　確たる目的はなく漠然と書きました
問　何通ほど行《おこな》ったか
答　私方に紙があっただけで十四、五部刷ったかとおもいます
問　其れを誰に渡したか
答　倉林、大野、三好、等に渡しました　何でも四、五部渡したがそういうものはよくないと思い多く渡しませぬでした
問　何処で渡したか
答　鵜垂の会合のとき二、三人に渡しました
問　夫れは何時か
答　覚えませぬ
問　大野と一緒に行ったときの会合の際でないか
答　多分其の時と思います
問　其の時会合したものに全部渡したでないか
答　全部渡したかどうか覚えませぬ
問　どういう目的で其れを渡したか
答　参考の為です
問　被告自身に書いたものを何故書かぬと申し立てたか
答　――
問　答弁しない訳か
答　答える言葉を知りませぬ
問　其の晩その規約に基づいて協議したのでないか
答　別に基づくという訳ではありませぬ　只参考と思い渡しただけです

問　其の規約によると労働組合赤色国際同盟なる団体が出来居り其の団体は資本主義制度とブルジョア国家を転覆するため革命的大衆運動を広く扇動し宣伝するを目的とするよう記載しあって其の晩其の団体に加わり得べき会を作る話があったのでないか

答　そんなことはありませぬ　名古屋の労働運動は其の様に深刻にはなりおらず階級的意識も其の様にはっきりしたものはありません

問　其の国際同盟は何処に出来居るとのことか

答　ロシアのモスコーに出来居る様雑誌などに書いてあります

問　いつ頃出来たものか

答　知りませぬ

問　日本にも其れに加入する団体はあるか

答　日本にはまだ出来居らずと思います

問　名古屋に於て将来其れに加入する目的で会を作ったのでないか

答　私丈は其れ等までの考えはありませぬ

問　其の晩エルピー会なる名称で会を作ったと云うではないか

答　夫んなことはありませぬ

問　其の国際同盟に加入する目的で会を作った様申すものあるがどうか

答　夫んなことはありませぬ　夫れは何かの間違いです　名古屋の労働運動は東京や大阪よりはるかに劣り居るので到底そんな運動などは出来ませぬ

問　其の数は前に被告や寄田等四人ほどが集まって人選等に付き協議したと云うがどうか

答　そんなことはありませぬ

問　月二曜日、火曜日に集まる話になり只今月だけは創立早々で多忙故毎週集まるという協議ではなかったか

答　別に日を定めて集まろう様といった話はなかったと思います

問　五月十五日及び二十二日頃にも集まったと云うがどうか

答　夫れに付いて集まった様に思います

問　他のことに付いても十五日や二十二日に集まったことあるや

答　夫んなことは記憶もないし又あの家は時々集まるから覚えありませぬ

問　東京の徳田弁護士が来て何か話したことあるか

答　私は一度聞きました　夫れは山崎常吉と亀田了介に対する事件の弁護に来た時です　労働運動に付いての話は聞きませぬ
問　何処で聞いたか
答　私方であります
問　其の時はどんな人が集まったか
答　二十人くらい集まった故確と覚えませぬ
問　労働運動のどんな話か
答　ロシヤの労働組合のことなどを引例して話されたが論旨は漠然としておりました
問　どんな縁故で被告方へ来たのか
答　外に泊まる所もないし私方は私一人故来ました　私は前にも東京へ行った時徳田が共同で借り居る家に泊まり居たこともあるから来たのです
問　何時徳田方へ行ったか
答　本年二月下旬から三月上旬までずうっと東京に居たが其の時其処に居りました
問　当時労働運動をなす人に交際したか
答　各組合の集会にはなるべく出ていたが然し誰とか交際したと云うこともありませぬ
問　其れ等は如何
此のとき証第五号乃至七号を示す
答　証第五号は此の間出来た研究会の役員名を書いたものです　同六号は六月二十四日に研究会の役員総会で決議したもので露西亜共和国を承認し対露通商を開始せよという宣言です　同七号は同日の議事録です

裁判所書記　宮地長一
予審判事　石田伊太郎

④ 第三回 調 書

被告人 酒井定吉

治安警察法違反被告事件に付き大正十二年七月十九日名古屋地方裁判所予審廷に於いて予審判事石田伊太郎は裁判所書記宮地長一立会の上前回に引き続き右被告人に対し尋問をなす事左の如し

問 酒井定吉か
答 左様です
問 被告は東京月島の金子方行ったことあるか
答 あります
　本年二月下旬頃行き谷口鉱次郎や寄田に会いました
問 金子は労働運動に従事せるものか
答 左様です 社会主義の色彩は無いと思いました
問 金子方には労働運動又は社会主義の運動をなすものが沢山に居るか
答 私が行った時は寄田と谷口だけでありました
問 其の頃葉山は金子方に居らなんだか
答 居りませんでした
問 労働運動はどんなことが目的か
答 結局の目的は生産権の獲得と管理だと思います
問 労働者の経済的福利増進智識の向上等はどうか
答 目下の問題は其れです 然し終局は生産権の獲得と管理と思う
問 社会主義はどんなことを目的となすと思うか
答 無政府主義ですか共産主義ですか 社会主義は終局は現在の国家が自滅し万民が労働を基礎として生活をなすことを目的とするものと思います
問 それでは被告の考えでは社会主義は国家の如き権力団体を認めたものと思い居る訳か
答 そういう権力団体は必要がない様になるものと思い居ります

問　被告の考え居る社会主義では私有財産に付いてはどうすると思い居ったか
答　私有財産は認めませぬ
問　私有財産は公有にするものと思うか或いは公有となすものか
答　公有と思います
問　誰が公有するか
答　地域的に区劃し例えば朝鮮とか本州とか云う如く区劃せねばなりませぬ　其の区劃が公有するものと思います
問　生産機関は誰のものか
答　労働組合です
問　名古屋所在の労働組合はそういう意味の社会主義の傾向を持ち居るか
答　持ち居らぬと思う
問　名古屋の労働組合はいつ初めて出来たか
答　大正九年に名古屋労働者協会が出来たとのことです
　　その前に豊田式織機会社の人達が中心になって友愛会金城支部を大正五年に作ったとのことです　その後昨年末頃からだんだん組合が出来ました
問　名古屋の労働組合団体は単純に労働運動だけをなすか或いは社会主義的の運動をなすものもあるか
答　社会主義運動をなすものはないと思います
問　其れ等組合の幹部等に社会主義又は共産主義等を奉じ若しくは研究する人あるのか
答　寄田や葉山は研究し居るかも判らぬが外にはそういう人はないと思う
問　北鶉垂で会合した際名古屋の労働組合が単に労働運動だけ故にこれに社会主義的の運動をなさしめる傾向を与えようという話でもあったのでないか
答　そういう話はありませぬ
問　資本主義のからくりを研究し夫れから各組合に研究会を起こしそこで同一の思想を研究しようと云う様な話があったのでないか
答　夫れはありました
問　資本主義のからくりなる本は社会主義のことを書いたものでないか
答　当時は別に夫んなことも考えず只其の頃その本が来た様故夫れに依って研究しようかという話があったのです
問　赤色労働組合インターナショナル規約の出所に付いてもう少し確実なことを申してはどうか

答　前回申したとおりであります　私が東京に行き一か月ほど滞在せる間に色々の本を集めたり何か致したから夫れで私方へ送り来たものかと思います

問　送り来たのは誰か

答　判りませぬ

問　其の印刷した規約を何時何処で誰に渡したかに付いて確かなことを申してはどうか

答　鵜垂で渡したのです　渡したと云っても私がこういうものを刷ったから欲しい人にあげるからと云い会合の席上へ出したから三好、大野、倉林ほか其れを取って見ていたのです　その前に私が刷った時そういうものを刷ってはやられるとか不可《まずく》ないか注意してくれた人があったから只欲しい人にあげると云って出しただけです

問　その外の場所で渡したものはないか

答　ありませぬ

問　斧田には何処で渡したか

答　鵜垂に残り居たので貰ったのでないでしょうか

問　斧田に特に郵便で送りやったようなことはないか

答　ありませぬ

問　そういうものを刷ってはやられるとか不可くないとか注意した人は誰か

答　覚えませぬ

問　何時注意を受けたか

答　メーデーの前です　夫れに付いて特に注意を受けたという訳ではなく私方に尼港《にこう》事件の顛末を書いたものがあるから夫れをある会合の席で見せた所こういうものは不可くないものだと云うたのでありました　尚本年六月上旬東京で共産党が検挙された翌日頃から私、寄田、葉山、伊藤、山崎、小沢、清水、篠田等に刑事が尾行するようになりました

若し私共が秘密結社という如きことをやりおるなれば其の間に公開の会合にするか解散するか何れかにしてます　然しそうしたことがないから何等の方法も講ぜなんだ訳です

問　六月に至りエルピー会が開かれなんだのは尾行者がいた為でないか

答　例会に尾行が付いても夫れを開こうと思えば尾行を巻いて開くことは幾らも出来ます

現に私共が検挙される前夜汽車会社のことで半秘密の会合を私方で開いたくらいです

問　鵜垂の最初の会合の時赤色労働組合インターナショナル規約を寄田が之れに研究材料や会の目的が書きあるから読んでくれ給

答　えと云い渡したと云うがどうか
答　夫んなことは聞きませぬ
問　尚其の晩寄田が葉山は此の席に出席せざるも無論加盟するのだから異存ないかと皆に計ったと云うがどうか
答　夫んなことは聞きませぬ
問　尚其の会に加盟せしむるもののことについて会員二人以上の紹介があって二、三か月其の行動を見た上加盟せしむることになったと云うがどうか
答　そんな規約などしたことはありませぬ
問　篠田は其の様に申すがどうか
答　私たちはそうしたことを云うたことも聞いたこともありませぬ

右読み聞けたる処相違なき旨申立自署したり

被告人　酒井定吉

裁判所書記　宮地長一
予審判事　石田伊太郎

⑤ 第四回　調　書

被告人　酒井定吉

治安警察法違反被告事件に付き大正十二年八月七日名古屋地方裁判所予審廷に於いて予審判事石田伊太郎は裁判所書記宮地長一立会の上前回に引き続き右被告人に対し尋問をなす事左の如し
問　尼港事件の顛末書なるものは何処から手に入れたか
答　東京の金子方にあったのを私が写して来ました
問　赤色労働組合インターナショナル規約を開封で無名者より送り来たるという如きは信用できぬがどうか
答　是迄申した通りです

問　其の規約の出処に付いて再考して申し立てたらどうだ
答　考えてみます
右読み聞けたる処相違なきことを認め自署したり

被告人　酒井定吉

裁判所書記　宮地長一
予審判事　石田伊太郎

⑥　第五回　調　書

被告人　酒井定吉

治安警察法違反被告事件に付き大正十二年八月二十日名古屋地方裁判所予審廷に於いて予審判事石田伊太郎は裁判所書記宮地長一立会の上前回に引き続き右被告人に対し尋問をなす事左の如し

問　被告は第三インターナショナルの規約を持ち居ったことあるか
答　あります
問　夫れも印刷したか
答　しませぬ　送って来た侭であります
問　何に書きあったか
答　謄写版に書いてありました
問　夫れはどうしたか
答　私方に置いてあった積もりです
問　赤色労働組合インターナショナル規約の出所に付いて考えてみたか
問　是迄申した通り送り来たのが事実です
倉林と飯田正行とが私方へ来て紡織労働組合の革新会の規約を謄写版で刷ったことがあります

問　其の時に私が両人に対しこういうものを送りくれたと云うて赤色労働組合インターナショナル規約を見せたと思います
答　夫れはいつか
問　本年四月下旬かと思う
答　何時から送り来たかは判らぬか
問　判りませぬ
答　第三インターナショナルの規約は何処から送って来たのか
問　夫れも判りませぬ
答　赤色労働組合インターナショナル規約と前後した頃に送り来たものです
問　被告は赤名会を承知か
答　知りませぬ　本年二、三月頃例の過激思想取締法案が議会へ提出されるという話のあった時夫れに反対する宣伝ビラが出来私は夫れを見たことがあります
夫れに同地の思想団体の名が書いてあった　その内に赤名会とし其の下に括弧して名古屋と書きあったから私は誰がやって居るか知らぬと思った丈です
問　被告は赤名会の人名簿でも持ち居るのでないか
答　持ち居りませぬ
問　ノートに人名簿と書いたものを持ち居ったか
答　夫れは中部労働組合聯合会の役員名を書いたものであります
問　赤名会は葉山等がボルセヴィキの人々で組織したものだというでないか
答　知りませぬ
右読み聞けたる処相違なき旨申立自署したり

被告人　酒井定吉

裁判所書記　宮地長一
予審判事　石田伊太郎

⑦ 第六回　調　書

被告人　酒井定吉

治安警察法違反被告事件に付き大正十二年九月十一日名古屋地方裁判所予審廷に於いて予審判事石田伊太郎は裁判所書記宮地長一立会の上前回に引き続き右被告人に対し尋問をなす事左の如し

問　被告が二月から三月かけて上京し居たというのは普選大会のころでないか
答　其の時でありました
問　此の一月に伊藤長光が東京に行ったことを知るか
答　其の時は私も行き一、二日滞在して帰ったが東京で伊藤に会った覚えです
問　伊藤が寄田から何か書面を預かり来たとのことは聞かざりしや
答　聞きませぬ
問　被告が普選大会で東京に行った時寄田から伊藤に書面を渡したとのことを聞かざりしや
答　聞きませぬ
問　寄田が伊藤に赤色労働組合インターナショナル規約を托したとのことを聞いたのでないか
答　聞きませぬ
問　是れを知るか
　此のとき証第三十七号を示す
答　見たことありませぬ
問　飯田正行を調べると赤色労働組合インターナショナル規約様を見せて貰ったことはないと云うがどうか
答　其の晩は倉林と二人で来て革新会の規約を刷るので二時か三時頃まで掛かったが其の時確かに見せました　飯田は累が及ぶとでも思い云わぬのでないかと思います
問　伊藤長光が被告方へ行ったことあるか
答　本年一月中旬頃から四月中旬頃まで五、六回来たが其の後は更に来ぬ様になりました
問　同人が被告方に於いて第三インタナショナル規約の謄写版で刷ったものを見たと云うがどうか

答　そんな事は断然ありませぬ　同人が私方へ来ぬように為ったのは私が同人に対し以前の如く親しみを持ち得ない様になり敬遠主義を執ったためであるが同人にそんなものを見せた様なことはありませぬ

問　是れは如何

この時証第三十八号を示す

答　私のものです

問　その内に赤色労働組合国際同盟なる冊子あり　夫れは発売禁止になり居るものの様なるがどうして手に這入ったか

答　横井方は中部労働組合聯合会の事務所になり居るが其処へ来たもので発信者は労働問題研究所と書きありました

問　何時送り来たか

答　私が横井方へ引っ越す一寸前の様であります

内容を見れば秘密出版なる事が判るから横井に聞いたら遂この頃来たと云い居りました

問　夫れに依ると共産党は赤色労働組合の関係等の詳細書きあるが夫れを読んで見たか

答　半分程読みました

問　是れ迄の申立中に相違の点はないか

答　ない積もりです

問　赤色労働組合インターナショナル規約の出所に付いて何か考えてみたか

答　前申した通りです

問　被告に対する控訴は別の如くなるが弁解又は私蔵の証拠あるか

此の時起訴状記載の犯罪事実を読み聞けたり

答　初めて聞くがそんな事は夢想だもなさぬ事であります

倉林次郎が検挙された様聞いたが同人は山崎常吉及び亀田了介の麻裏争議事件で入監中百何円かを費消した為自己の横領の状を虚名的な政治犯に替える為自己の錯覚や組合各所で聞いたことなどに依って左様な秘密結社様と云う申立を致したことと思うが私共は全く夢想だもせぬ事であります

別に考えても見ぬが反対の証拠もありませぬ

右読み聞けたる処相違なきことを認め自署したり

被告人　　酒井定吉
書記　　宮地長一
判事　　石田伊太郎

⑧　秘密結社組織に関する件

大正十二年六月二十日

笹島町警察詰
巡査　天野康之助

笹島町警察署長
警視　都築銀太郎殿

名古屋市中区西日置町北鵜垂九番地　寄田春夫
名古屋市東区南外堀町十の三　酒井定吉
右両名発起の許に本年五月八日前記寄田春夫方にて市内中区水主町二丁目山崎常吉方同居倉林次郎外九名合計十二名を以て秘密結社を組織したる趣き探知為条此段及報告為也

聴取書

本籍　栃木県足利市家富町二一一二
住所　群馬県邑葉郡鏑木町足利町
中村源太郎方　倉林次郎
当二十二年
右の者大正十二年六月二十一日本職に対し左記の通り陳述を為したり（以下、陳述内容は省略）

注：この倉林次郎の自供が端緒となり、外十一名の検挙となった。

⑨ 予審決定に付意見書

葉山嘉樹
寄田春夫
酒井定吉
清水石松
篠田　清
三好　覚
小沢健一
倉林次郎
大野正己
鈴木箕三郎
斧田重治
南部岩造

右の者に対する治安警察法違反被告事件
左記の理由に依り当裁判所の公判に付するの決定可成ものと思辨し茲に意見を附し別冊訴訟記録及返還為也

大正十二年九月二十七日

於名古屋地方裁判所検事局
同検事　増田時産
名古屋地方裁判所予審掛
判事　石田伊太郎

理　由

被告等は何れも共産主義に共鳴し、労働運動に従事し居たるものなる処、最近労農露西亜に永久的なる赤色労働組合国際同盟の組織せらるるあり、其の目的は資本主義制度国家を転覆し、労働者を圧迫搾取より解放し、無産階級独裁を為し共産社会を建設せんとするにありて、被告寄田春夫、酒井定吉は右同盟規約を入手したるより、名古屋市に於いても該規約に基づき其の同盟に加入する資格ある労働団体を組織するには、先ず各労働者に対し該規約に定むるが如き革命的意識を注入宣伝して同主義の下に結合する必要あるより、茲に被告定吉、春夫、嘉樹は当時労働運動に従事する者の中にて、もっとも意志の強固なりと認むる他の被告等を糾合して赤化運動の中心団体を組織せんことを企て、大正十二年五月六日頃並びに同月十五日頃名古屋市中区日置町南部岩造方に他の被告等と会合し、予て被告定吉の手にて謄写されたる労働組合赤色インターナショナル規約を分配し、協議の末該規約に基づき各労働組合員に対し革命的意識を注入する為、被告等十二名に依り、新たに加盟せんとする者の資格条件、宣伝方法、会合期日等を協定し、以て秘密結社を組織したるものなり。

右事実は其の証拠充分にして被告等の行為は治安警察法第二十八条に依り処断すべきものと思料す。

予審終結決定

本籍　福岡県京都郡豊津村大字豊津六百七十二番地　著述業
住所　名古屋市中区御器所町荒屋七十二
葉山嘉樹
三十歳

本籍　静岡県静岡市鷹匠町二の六十　無職
住所　名古屋市東区南外堀町十の三
酒井定吉
寄田春夫
篠田　清
三好　覚
清水石松
小沢健一

右の者等に対する治安警察法違反被告事件に付き予審を遂げ決定すること左の如し

倉林次郎
大野正己
鈴木箕三郎
斧田重治
南部岩造

主 文

本件を名古屋地方裁判所の公判に付す

理 由

被告等は何れも労働運動に従事し共産主義に共鳴せる者なる所、最近労農露西亜に永久的国際団体として労働組合赤色国際同盟の組織せらるるあり、該同盟は資本主義を転覆し、労働者を圧迫搾取より開放《ママ》し、共産社会を建設する為万国労働大衆を組織し、及び資本主義制度とブルジョア国家を転覆する為、革命的大衆闘争、社会革命の原理、無産階級の独裁、革命的大衆運動を広く扇動し宣伝すること等、過激の目的を標榜せるものなるが、偶々被告寄田春夫、酒井定吉は其の同盟規約を入手したるより、名古屋市に於いても該規約に基づき、其の同盟に加入し得べき革命的労働団体を組織するには、先ず各労働者に対し該規約に定むる如き革命的意識を注入宣伝して之れを同主義下に結合するの必要ありとし、被告春夫、嘉樹、定吉等相謀り、当時労働運動に従事せる者の中にて、最も意思の鞏固なりと認むる他の被告等を糾合して、之が運動の中心団体を組織せんと企て、茲に各被告は通謀の上大正十二年五月六日及び同月十五日名古屋市中区西日置町字北鶉垂九番地なる被告春夫の寓居に会合し、予て被告定吉の手にて謄写されたる規約を分配し、協議の末該規約に基づき各種労働組合員等に革命的意識を注入するため、被告等十二名により「エルピー」と称する秘密の団結を作り、新たに加入せんとする者の資格条件、宣伝方法、会合期日等を協定し、以て秘密結社を組織したるものなり。

以上の事実は之を認むべき証拠十分にして其所為は治安警察法第十四条第二十八条に該当する犯罪と思料するを以て刑事訴訟法第百六十七条に従い主文の如く決定す。

大正十二年十月二日

名古屋地方裁判所

予審判事　石田伊太郎

＊カナ書きの原文をかな書きに変えている。

著者プロフィール

酒井 誠（さかい まこと）

1947年、東京都に生まれる。65年、東京都立西高等学校（第17期）卒、北京語言大学留学。72年から東京都日中友好協会事務局長。（公社）日中友好協会事務局長、常務理事。05年から（公財）文化財保護・芸術助成財団参与。特定非営利活動法人日中医学交流センター事務局長、常務理事。（一社）対外文化交流協会理事長を歴任。この間、（公財）平山郁夫シルクロード美術館評議員、（公財）松山バレエ団理事、日中韓文化交流フォーラム日本委員会事務局長を務める。中国国際友人研究会名誉理事。

酒井定吉《さかいさだきち》とその時代《じだい》 一共産主義者《いちきょうさんしゅぎしゃ》の星霜《せいそう》

2024年1月21日　初版第1刷発行

著　者　酒井誠

発行者　友村太郎

発行所　知道出版

〒101-0051　東京都千代田区神田神保町1-11-2

天下一第二ビル3F

TEL 03-5282-3185　FAX 03-5282-3186

https://www.chido.co.jp

印　刷　ルナテック

ISBN978-4-88664-355-1